옆으로
읽는
동아시아
삼국지
2

옆으로 읽는 동아시아 삼국지 2

초판 1쇄 찍은날 2018년 6월 4일
초판 1쇄 펴낸날 2018년 6월 12일
지은이 이희진
펴낸이 한성봉
책임편집 안상준
편집 하명성·이동현·조유나·박민지
디자인 전혜진·김현중
본문조판 윤수진
마케팅 박신용·강은혜
기획홍보 박연준
경영지원 국지연
펴낸곳 도서출판 동아시아
등록 1998년 3월 5일 제1998-000243호
주소 서울시 중구 소파로 131 [남산동 3가 34-5]
페이스북 www.facebook.com/dongasiabooks
전자우편 dongasiabook@naver.com
블로그 blog.naver.com/dongasiabook
인스타그램 www.instagram.com/dongasiabook
전화 02) 757-9724, 5
팩스 02) 757-9726

ISBN 978-89-6262-232-4 93910

이 도서의 국립중앙도서관 출판예정도서목록(CIP)은
서지정보유통지원시스템 홈페이지(http://seoji.nl.go.kr)와
국가자료공동목록시스템(http://www.nl.go.kr/kolisnet)에서
이용하실 수 있습니다.(CIP제어번호: CIP2018016566)

※ 잘못된 책은 구입하신 서점에서 바꿔드립니다.

한중일 동아시아史를
한 바늘로 꿰어낸 신개념 역사서

옆으로 읽는 동아시아 삼국지

2 이희진 지음

동아시아

일러두기

- 저자와 협의하여 2권에서는 〈연표〉를 생략했다.
- 본문 중에서 중국 인명은 우리나라 한자음으로 표기하고 한자를 병기했다.
- 중국 지명은 현재 사라진 곳도 있으므로 우리나라 한자음으로 우선 표기하고, 최초 출현 시 한자와 중국 한자음을 병기했다.
  예) 양주揚州(양저우)
- 일본 인명과 지명은 대부분 일본어 표기법에 맞게 표기했다. 단, 이해를 돕기 위해 우리나라 한자음으로 표기하고 한자를 병기한 경우도 있다.

들어가면서

2013년에 출간된 『옆으로 읽는 동아시아 삼국지』 1권은 일단 '고대古代'라는 시대에서 일단락되었다. 그리고 이후 적지 않은 세월이 흘렀다. 출간이 늦어지다 보니 이제야 마무리를 짓게 되었고, 본의 아니게 기대하던 독자들께 실례를 범한 셈이다.

그래도 그 시간을 헛되이 흘려보낸 것은 아니라 할 만하다. 사실 한중일 동아시아 세 나라의 역사가 얽히는 양상을 보자는 측면에서라면, 이번에 출간된 2권(중세편)이 좀 더 부합하는 측면이 있을 듯하기 때문이다. 지금으로부터 먼 과거인 고대는, 일본의 역사가 워낙 늦게 시작된 데다가 고립되어 있기도 했기 때문에 주변 국가와 얽히는 양상이 상대적으로 잘 나타나지 않는다. 일부 문제가 되는 시기가 있기는 하지만, 이 부분은 사료가 부족하기도 하고 워낙 거짓이 많은 기록 때문에 학설이 너무 엇갈려 명확한 그림을 보여주기가 쉽지 않다.

그런데 시대가 '중세'로 접어들면 이런 문제 일부가 해소된다. 한정된 지면에 긴 역사를 요약해 넣어야 한다는 문제는 그대로 남지만, 고대처럼 일본이 국제사회에 고립되어 있던 시기가 그렇게 길지는 않다. 또 서로 밀접하게 얽히며 영향을 주는 양상도 고대에 비해 훨씬 강하게 나타난다.

따라서 고대보다 훨씬 다이내믹한 역사가 전개될 것으로 기대한다. 이러한 양상은 인류 역사상 가장 넓은 영토를 차지했던 몽골제국시대와 동아시아 전체를 전란으로 몰아넣은 이른바 '임진왜란' 등에서 부각된다. 이 부분의 역사는 '일국사―國史' 관점에서 서로 묻어놓으려 했던 양상을 조금이라도 주목시켜볼 수 있다.

2권은 이른바 '율령체제'를 기반으로 통치하던 동아시아의 고대국가가 무너지면서 새로운 체제로 전환되는 과정부터 시작된다. 중원에서는 당唐이 무너지며 후량後梁, 후당後唐, 후진後晉, 후한後漢, 후주後周의 이른바 5대代가 교체되었다. 그리고 중원 제국이 약화된 틈을 타 거란족의 요遼가 성장했다.

한국사는 발해와 신라가 멸망하고 난 이후부터 시작된다. 발해는 요에 흡수되었고, 신라 지역에서는 태봉과 후백제가 세워져 이른바 후삼국시대로 접어들었다. 그리고 태봉의 정권을 탈취한 왕건의 고려가 나머지 나라들을 흡수하고 통합된 왕국으로 등장했다.

일본에서도 율령체제로의 지배가 불가능하게 되면서 변화가 일어났다. 토지 지배는 장원莊園을 통해서, 공권력은 무사단을 통해 유지하기 시작했다. 이는 간파쿠, 셋쇼의 영향에서 벗어나보려는 천황가의 시도와 맞물려 결국 사무라이의 성장과 함께 이들의 수장인 쇼군이 실권을 잡는 막부정치가 시작되었다.

동아시아에 율령체제를 대치한 새로운 체제가 자리 잡을 즈음, 몽골족이 세운 제국이 등장했다. 이는 또 다른 충격을 주었다. 중원은 그들의 직접적인 지배 아래로 들어갔고, 상당 기간 저항하던 고려도 결국 그 영향 아래 놓였다. 일본만이 이들의 침공을 물리쳤으나, 그 충격으로 막부가 교체되는 등 사회 내부에 심각한 변화를 겪어야 했다.

중원을 장악했던 몽고족의 원元 제국이 몰락하면서도 이에 따른 변화가 수반되었다. 중원은 다시 한족漢族이 세운 명明이 지배하게 되었다. 한국에서는 여러 문제가 해결되지 못해 붕괴하던 고려에서 조선으로 왕조 교체가 이루어졌다. 일본에서는 서로 다른 세력이 옹립한 천황 두 명이 존재했던 일본사의 '남북조시대'를 거쳐 새로운 집단이 막부를 장악하는 변화가 있었다. 이 때문에 일본에서는 대규모 내란이 발생해서 100여 년 동안 지속되었다.

이 내란은 도요토미 히데요시가 등장하며 수습했다. 그런데 이는 또 다른 전란을 낳았다. 일본 열도를 장악한 도요토미 히데요시가 조선을 침공하면서 전쟁이 일어났던 것이다. 여기에 중원 제국 명도 말려들었다. 전쟁 자체는 결국 일본이 조선에서 철수하며 끝이 났으나 그 후유증이 더 컸다.

이 전쟁에서 큰 비용을 소진한 명의 국력이 약화되면서 만주에서 일어난 여진족의 청淸에 중원을 빼앗기고 말았다. 전쟁의 피해를 회복해가던 조선도 여진족의 침공으로 큰 곤란을 겪었다. 침공 당사자인 일본에서도 도요토미 가문이 몰락하고 도쿠가와 가문이 막부를 장악하는 변화가 일어났다. 이후 동아시아 사회는 중원의 청, 한국의 조선, 일본의 도쿠가와막부체제가 유지되었다. 이러한 내용을 살펴보는 과정에서 동아시아 세 나라의 현대 문명을 구성하는 '전통적 요소'들이 어떻게 형성되어갔는지 윤곽이나마 그려볼 수 있을 듯하다.

여기에 서양 세력이 동아시아로 진출하면서 변화의 조짐이 생겨나기 시작했다. 그리고 이후의 역사는 이른바 '근대近代'라는 전혀 다른 시대로 접어들게 된다. 이와 관련해서 언급해놓아야 할 내용이 있다. 이 책의 기획 단계에서부터 불거져 나왔던 문제가 '왜 이 책의 범위는 근대 이전에서 마무리되었느냐' 하는 점이다.

출판사 내부에서부터 이런 의문이 제기되었지만 알고 보면 당연한 귀결이다. 동아시아 세 나라의 역사를 비교해가면서 써나간다는 기본 콘셉트에 충실하자면, 이 세 나라 역사가 핵심적인 내용이어야 한다. 하지만 근대로 접어들게 되면 세계정세를 주도하는 나라가 영국이나 프랑스 같은 서양 세력으로 바뀌게 된다. 따라서 이들 나라의 속사정을 살펴보지 않고서는, 드러난 역사의 원인과 배경을 제대로 이해하기 어렵다. 자연스럽게 이 책의 핵심이 되어야 할 세 나라의 역사가 주인공 자리를 내어주는 결과가 된다.

이 때문에 근대 이후의 역사는 '세계사'라는 차원에서 다루어야 한다. 그렇기 때문에 '동아시아 삼국지'라는 콘셉트의 책은 근대 이전에서 마무리 지을 수밖에 없었다. 아쉬움이 남는 부분은 누군가가 다른 콘셉트로 완성시켜주기를 바랄 수밖에 없는 사정을 이해해주었으면 한다.

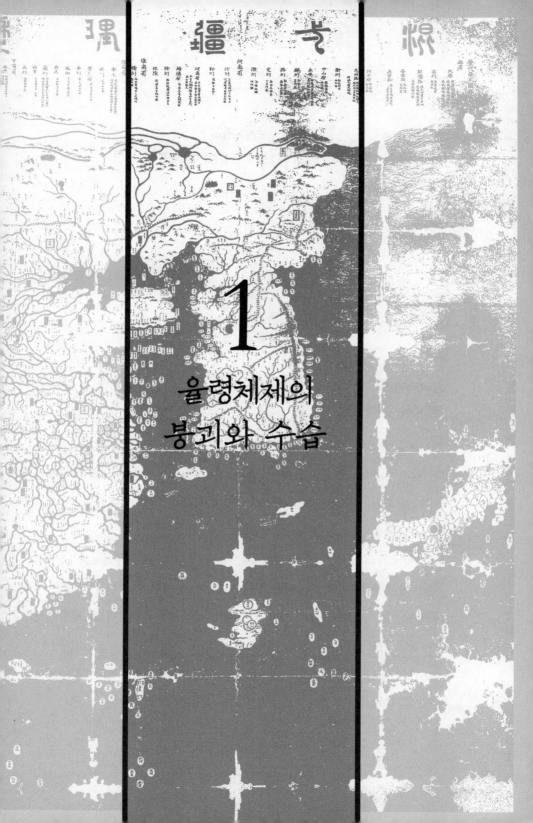

1

율령체제의
붕괴와 수습

1

중국
5대10국시대의 혼란

**당의 멸망과
5대10국시대의 시작** ┃ 주전충朱全忠이 후량後梁을 세운 907년부터, 조광윤趙匡胤에 의해 송宋이 세워진 960년까지를 5대10국시대五代十國時代라 한다. 황하黃河(황허)를 중심으로 한 화북華北(화베이)의 중심 지역을 통치했던 5개의 왕조와, 화중華中·화남華南(화난) 및 화북의 일부를 지배했던 여러 지방정권(10국)이 흥망을 거듭한 격변기였다.

5대10국의 5대는 양梁, 後梁, 당唐, 後唐, 진晉, 後晉, 한漢, 後漢, 주周, 後周의 5왕조이다. 나라 이름 앞에 후後자가 붙는 이유는 그 이전에 존재했던 같은 이름의 왕조와 구별하기 위해서이다. 10국은 화남과 기타 주변 각 지방에서 나타났던 왕조들이다. 오吳, 남당南唐, 오월吳越, 민閩, 형남荊南(또는 남평南平), 초楚, 남한南漢, 전촉前蜀, 후촉後蜀, 북한北漢을 말한다. 이 밖에도 단기간 독립을 유지하고 있던 연燕, 기岐, 주행봉周行逢 정권 등이 있었다.

이러한 격변기는 주전충이 당의 애제哀帝에게 선양받아 후량을 세우면서부터 시작되었다. 주전충이 세운 후량은 남북조시대 괴뢰정권인 후량이나 남조 양나라와 구별하기 위해 주량朱梁이라 부르기도 했다. 주전충은 당 말기 선무군절도사宣武軍節度使로 임명받아 변주汴州(지금의 하남 개봉 부근)를 다스리게 되었다. 변주가 당나라 말기 최대의 번진으로 성장하면서, 주전충은 양왕梁王에 봉해졌다.

이때는 당 황실에서 권력을 장악한 환관들이 천자를 폐하고 세우기를 거듭하고 있었던 시기였다. 그러한 사태의 중심에 당 소종昭宗이 있었다. 실권을 장악하고 있던 환관 양복공楊復恭에 의해 889년 제19대 황제로 옹립된 소종은 900년 11월 일부 환관 세력의 반란으로 퇴위당하고, 황태자 이유李裕가 즉위했다. 그러나 다음 해인 901년 1월 다른 파의 환관 세력이 봉기하여 소종이 복위되었다. 그렇지만 이무정李茂貞을 중심으로 하는 반란군이 장안長安을 압박하자, 소종은 봉상鳳翔으로 피신해야 했다. 903년 이무정이 조정의 군대를 맡고 있는 이온도李溫度와 화의를 맺고 나서야 소종은 장안으로 돌아올 수 있었다.

소종이 장안으로 돌아왔다고는 하지만, 신변의 위협이 줄어들지는 않았다. 이런 와중에 주전충의 번진 세력이 성장하자, 이를 중앙의 권력투쟁에 끌어들이려는 무리가 생겨났다. 그 대표적인 인물이 최윤崔胤이다. 그는 평소 주전충과 사이가 좋아 그의 힘으로 네 차례 재상에 올랐다.

소종이 봉상으로 피신하는 사태가 벌어지자, 최윤은 주전충을 끌어들여 황제를 맞이하게 했다. 그러나 이는 화근이 되었다. 904년 1월 주전충은 대신들의 반대를 누르고 낙양洛陽(뤄양)으로 천도를 감행했다. 그리고 소종도 낙양으로 데려와 살해해버렸다. 최윤도 주전충의 야심을 눈치채고 대비하려 하다가, 주전충의 아들 주우량朱友諒에게 살해당했다.

소종을 암살한 주전충은 13세가 된 이축李祝을 즉위시켰다. 이렇게 즉위한 이축이 애제哀帝이다. 주전충은 907년 6월 1일, 자신이 즉위시킨 애제로부터 선양을 받아 나라를 세웠다.

국호는 대량大梁, 건원개평이라 했다. 후량의 지배 영역은 중원의 5개 왕조 중 가장 작아 지금의 하남성河南省(허난성), 산동성山東省(산둥성) 지역과 섬서陝西(산시), 호북의 대부분, 하북河北(허베이), 영하, 산서, 강소, 안휘성 등의 일부를 다스렸다. 수도는 개봉開封이다.

그렇지만 후량이 중원의 모든 세력에게 인정받지는 못했다. 이와 함께 5대10국의 분열시대가 찾아왔다. 이 시기 중앙을 두고 다투었던 이들이 변주를 산동·하남을 지배한 주전충, 태원을 중심으로 산서를 지배하던 이극용李克用, 하북을 지배한 유인공劉仁恭, 섬서 일대를 지배한 이무정 등이다.

특히 진왕晉王 이극용 등이 후량에 대한 저항에 앞장섰다. 이극용은 돌궐突厥계 사타족沙陀族 출신의 최대 군벌이었다. 그는 검은색 복장으로 통일된 정예부대를 이끌었는데, '검은 갈가마귀 군대黑鴉軍' 혹은 갈가마귀군鴉軍이라 불렸다. 이 정예부대를 이끌고 황소黃巢의 난을 진압하는 데 세운 공으로 하동절도사河東節度使에 임명되었고, 이를 기반으로 당 조정으로부터 진왕에 봉해졌다.

이극용이 주전충에 대한 저항에 앞장서게 된 것은 황소의 난을 진압하면서 두 사람의 사이가 나빠지는 사건이 있었기 때문이다. 이극용이 술자리에서 주전충을 공개적으로 모욕했던 것이다. 모욕을 당한 주전충이 병사를 이끌고 이극용의 군대를 습격했고, 이 때문에 이극용이 태원太原(타이

위안)으로 피신하게 되면서 둘 사이의 원한은 깊어졌다.

이극용은 군대의 운용에는 능력이 있었으나, 정치적 역량이 부족했다. 그의 군대가 횡포를 부리는 것을 막지 못한 데에서 그런 문제가 드러났다. 이 때문에 이극용은 민심을 얻지 못했다. 그렇게 주전충과의 분쟁에서 밀리면서, 901년 주전충이 하중河中(허중)을 점령한 이후에는 태원에 고립되었다.

후량이 세워진 뒤, 주전충은 8만의 군사를 이끌고 이극용이 있던 노주潞州를 포위했다. 다음 해인 908년 1월, 포위된 상태에서 이극용은 주전충 타도라는 과제를 큰 아들 이존욱李存勗에게 맡기고 병으로 죽었다. 이존욱은 아버지의 뒤를 이은 후 전열을 정비하고 반격에 나섰고, 이 기세에 밀린 주전충은 포위를 풀었다.

이후 910년에는 후량의 공신들이 반란을 일으켰고, 이 반란에 이존욱이 개입했다. 그 결과 911년 초, 백향柏鄉에서 이존욱의 군대과 후량군이 격전을 벌였다. 이 전투에서 후량은 대패했고, 이후 후량의 세력은 쇠퇴했다. 다음 해 주전충이 반격에 나섰지만 무위로 그쳤다.

그러면서 후량 황실에 내분이 생겼다. 후량 태조 주전충은 912년 병에 걸려 누우면서, 친아들인 주우규朱友珪와 양자 주우문朱友文 사이에 후계를 둘러싼 갈등이 일어난 것이다. 주전충이 주우문을 중앙으로 불러들이고 주우규를 지방으로 보내려 하자, 주우규가 아버지를 살해하고 그 죄를 주우문에게 전가해 죽이면서 즉위했다.

이렇게 해서 주우규가 즉위했지만, 그는 인심을 얻지 못했다. 무능하고 인품이 잔인해서 아버지로부터도 인정받지 못했다고 한다. 이를 만회하기 위해 호화스러운 생활을 하면서 포상을 남발하여 주위의 불만을 샀다.

913년, 결국 금군禁軍을 지휘하던 시위친군도지휘사侍衛親軍都指揮使 원상선袁象先 등이 궁중에서 쿠데타를 일으켜, 주우규를 살해하고 이복동생 주우정朱友貞을 황제로 추대했다. 이러한 과정을 거쳐 즉위한 주우정이 후량의 말제末帝이다. 그는 즉위하자 이름을 굉鍠이라 고쳤다. 다시 연호를 건화乾化라 부르고, 얼마 뒤 이름을 다시 진瑱으로 고쳤다.

5대의 변화

이러한 내분을 겪으면서 후량의 국력이 약화되어갔다. 그 때문에 이존욱과의 전쟁에서 밀리기 시작했다. 923년 이존욱은 위주魏州에서 황제를 칭하고, 나라 이름을 대당大唐이라 하며 나라를 세웠다. 앞선 왕조 당의 후계자임을 자칭하여 이와 같은 국호를 택한 것이라, 이 나라를 앞의 왕조와 구별하기 위해 후당後唐이라고 부른다. 수도는 낙양이다.

이렇게 해서 황제에 오른 이존욱이 바로 후당의 장종莊宗이다. 황제에 오른 이존욱은 직접 군대를 이끌고 후량과의 전쟁을 이끌기도 했다. 결국 후량의 말제 주우정은 자살하고, 이존욱은 923년 11월 19일 후량을 멸망시켰다. 이로써 후량은 3대 16년이라는 짧은 역사를 마쳤다. 후량을 멸망시킨 후, 장종은 중원의 재통일을 추진했다. 사신을 파견해 오지 않은 전촉前蜀에 대해 925년 정벌을 감행하여 멸망시킨 것도 중원 통일을 위한 정지작업으로 볼 수 있다.

바로 이 925년, 후당은 후백제와 우호적인 관계를 맺었다. 그런데 다음 해 후백제에 파견된 거란 사신이 돌아오면서, 폭풍을 만나 등주에 표류해

온 적이 있었다. 이 거란 사신이 후백제의 호위를 받고 돌아가던 길이었음에도 불구하고, 후당 측에서는 이들을 모두 학살해버렸다.

그렇지만 장종은 중원에 대한 정복사업이 순조롭게 진행되자, 사치와 향락에 빠져 민심을 잃었다. 이로 인하여 926년, 반란이 일어났다. 하북 지방에서 일어난 반란을 진압하기 위하여, 장종은 이극용의 양자 이사원 李嗣源에게 하북의 반란 토벌을 지시했다. 그러나 이사원은 오히려 반란군에게 황제로 옹립되었다.

장종은 이사원을 토벌하려 했으나, 반란군에 의해 수도 낙양에 고립당했다. 결국 고립된 후당의 내부에서 장종을 살해하고 반란군에 항복하는 사태가 일어났다. 이렇게 해서 즉위했던 이사원이 후당의 제2대 황제 명종明宗이다. 그는 대북代北 지역의 미천한 유목민의 아들로 태어났다. 그렇지만 무용이 뛰어나고, 성실한 인품을 지니고 있었다. 이 덕분에 이극용의 신망을 얻어 양자가 되었다.

926년에 즉위한 후, 명종은 여러 개혁에 착수했다. 환관과 궁인의 숫자를 줄여 그 세력을 억제했고, 전국적인 토지 측량을 통해 세금을 공정하게 매기려 했다. 사치를 금하고, 명종 자신부터 검약에 노력해 솔선수범에 나섰다. 재정 개선을 위하여 삼사도三司徒를 창설하기도 했다. 이러한 개혁 조치로 정국은 일시적으로 안정을 찾았고, 명종은 이러한 업적을 인정받아 5대시대의 뛰어난 천자 중 한 사람으로 평가받는다.

그렇지만 절도사의 군대를 감시하기 위해 만든 감군사監軍使를 폐지한 점은 무장과 절도사의 세력을 키워주는 결과를 낳았다. 자신을 추대한 무장들을 배려하기 위한 것이었지만, 이 조치가 이후 불안 요소가 되었다. 이를 보완하기 위하여 천자의 친위군인 시위친군侍衛親軍을 제도적으로 키웠으나 이 정도로는 무장들의 세력을 억제하지 못했다.

명종의 치세 기간 동안 비교적 평온하게 보냈으나, 933년 명종이 병으로 쓰러지자 이 문제가 불거졌다. 진왕秦王으로 있던 아들 이종영李從榮이 찬탈을 노리고 명종을 살해하려 병사를 이끌고 궁전에 들어왔던 것이다. 결국 이 정변은 실패하고 이종영은 살해되었지만, 명종도 아들이 자신을 살해하려 했던 사실에 충격을 받고 사망했다.

그런데 명종은 932년 사신을 보내온 고려에 화답하여, 다음 해 책명冊命을 내려주며 우호 관계를 맺었다. 내막이 밝혀져 있지 않기는 하지만, 후백제에 적대적인 고려와 통교했다는 것은 이전까지 후백제와의 관계에 변화가 생겼다는 뜻으로 해석할 수 있다.

명종의 뒤는 삼남 송왕宋王 이종후李從厚가 이어, 후당의 제3대 황제로 즉위했다. 그가 바로 민제閔帝이다. 민제는 즉위 후, 대신들의 제안을 받아들여 절도사의 권력을 억제시키는 개혁을 시도했다. 이와 같은 개혁에 많은 절도사와 무장들이 반발했다.

이러한 상황을 이용하여 명종의 양자인 이종가李從珂가 봉상에서 군사를 일으켰다. 이종가는 진주鎭州에서 태어났다. 10세 때 어머니 위씨魏氏와 함께 명종 이사원에게 납치되었지만, 그 뒤에 이사원의 양자가 되어 이종가로 불리게 되었다. 성장하면서 용맹을 보여 의붓아버지 이사원의 총애를 받았다. 이종가는 이사원이 하북 반란 토벌을 명받고 나갔을 때, 이사원의 사위 석경당石敬瑭과 함께 하북 반군이 이사원을 황제로 옹립하도록 하는 공작을 했던 사람이다.

이때 세운 공을 기반으로, 명종 즉위 후 세력을 키워가던 이종가는 한때 좌절을 겪었다. 추밀사인 안중회安重誨와의 권력 쟁탈에 패배하여 930년에

는 모든 지위를 잃고, 수도인 낙양에 거주하기도 했던 것이다. 그러나 931
년에 안중회가 실각하자, 이종가는 재기에 성공했다. 그러다가 정국 혼란
의 틈을 이용해서 정변을 일으켰다.

민제는 반군에 대항하지 못하고 낙양을 탈출했다. 그렇지만 붙잡혀 폐
위당하고 결국 살해당했다. 민제를 살해한 이종가는 낙양 입성 후에 후당
의 황제로 즉위하고, 연호를 청태清泰로 고쳤다. 이렇게 즉위한 이종가가
후당의 마지막 황제 말제末帝 또는 폐제廢帝이다.

말제가 즉위했지만 이번에는 이종가와, 명종의 오랜 심복이자 사위였던
석경당 사이에 불화가 생겼다. 처음에는 하북의 반란을 진압하러 출동했
던 명종을 반란군이 옹립하도록 하는 공작에 같이 참여했던 석경당과 이
종가는 협력 관계였다. 석경당의 출신은 사타족으로, 이극용李克用의 부장
部將 얼렬관臬捩鶲의 아들이다. 태원이 근거지였다. 나중에 성을 석씨로 고
쳤다. 후당의 명종 이사원을 섬겨 전공을 세우고, 이를 인정받아 사위가
되었다.

그러나 이종가가 즉위한 이후에는 강력한 세력을 가진 석경당을 견제
했고, 석경당 역시 찬탈에 나선 이종가를 경계했다. 결국 이종가는 936년,
석경당을 그의 근거지에서 떼어놓고자 천평군절도사天平軍節度使로 임명해
서 산동 지방으로의 이주를 명했다. 이에 불안을 느낀 석경당은 부하 유
지원劉知遠 등의 권유를 받아들여 반기를 들었다.

그러자 이종가는 석경당의 직위를 박탈하고 토벌을 명령했다. 이 토벌
에 고전하던 석경당은 상유한桑維翰을 거란契丹에 보내 신하를 자청하면서
구원을 요청했다. 구원 요청의 조건은 거란의 군주를 아버지로 섬기겠으
며, 지금의 하북·산서 북부 지역인 이른바 연운 16주燕雲十六州를 거란에 할

양할 것 등이었다. 연운 16주는 북경北京. 燕(베이징), 대동大同. 雲(다퉁)을 중심으로 장성長城 남쪽에 있는 탁涿, 계薊, 단檀, 순順, 영瀛, 막莫, 울蔚, 삭朔, 응應, 신新, 규嬀, 유儒, 무武, 환寰, 유幽, 운雲의 16주를 말한다.

거란의 태종 야율덕광耶律德光은 석경당의 구원 요청을 받아들였다. 이에 따라 야율덕광은 5만 정예기병을 파견해주었고, 거란의 원조를 얻은 석경당은 후당에 대한 공세에 나섰다. 석경당의 군대와 거란군의 협공을 받은 후당 군대는 대패했다.

석경당은 936년 낙양으로 진격하며 여러 번 승리를 거두었다. 그러면서 황제를 칭하며 국호를 진晉이라고 했다. 이 나라를 중국 역사의 다른 진晉과 구별하기 위해 후진後晉 또는 창업자 석경당의 성을 따 석진石晉이라고 불렀다. 이렇게 나라를 세운 석경당이 후진의 고조高祖이다. 수도는 개봉이고, 이전 국가였던 후당과 마찬가지로 돌궐 사타족 계열의 왕조였다.

937년 1월 거란과 합세한 석경당의 대군이 낙양을 공격하자, 그 기세에 말제는 궁전에 불을 지르고 온 가족과 함께 불에 뛰어들어 자살했다. 이것으로 후당은 멸망했다. 후진이 세워져 표면적으로는 중원을 장악한 듯했지만, 그 장악력은 강력하지 않았다.

우선 후진은 막강한 군사력으로 후원해준 거란에 저자세를 취할 수밖에 없었다. 후진 고조 석경당은, 열 살이나 어린 거란의 군주 야율덕광을 '부황제父皇帝'(아버지 황제)라고 부르고 자신은 '아황제兒皇帝'(아들 황제)라고 칭했다. 이와 같이 후진은 거란과 부자父子 관계를 맺었을 뿐 아니라, 연운 16주를 거란에 양도하고 매해 비단 30만 필匹을 세공歲貢으로 바쳤다.

이러한 외교 때문에 국내에서도 갈등이 생겼다. 저자세 외교에 불만이 컸던 경연광景延廣 등의 강경파와, 굴욕적이지만 현 상태를 유지하자는 상유한桑維翰의 세력이 격렬하게 대립했다. 이런 갈등에 시달리던 석경당은 942년, 황제에 오른 지 7년 만에 죽었다.

이어서 조카인 석중귀石重貴가 즉위했는데 그가 바로 출제出帝이다. 출제의 즉위에는 거란에 대한 강경파 경연광의 힘이 컸다. 그는 출제를 옹립한 뒤 실권을 장악했다. 경연광의 영향을 받은 출제는 거란에 대해 강경한 자세를 취했다. 출제는 거란 군주에게 상주서를 올릴 때 신하라고 하지 않고 그저 '손자'라고 쓴 것이다.

거란에서는 이를 불경不敬이라고 여겨 침략해 왔다. 944년과 945년의 침공은 후진이 격퇴에 성공했으나, 946년의 침공은 그렇게 되지 않았다. 2대 황제 야율덕광이 직접 군을 이끌고 세 번째로 원정을 하자, 후진의 중신 두중위杜重威가 거란에 항복했다. 결국 후진의 주력은 요양遼陽(랴오양)에서 격파되었다. 거란군은 그대로 수도를 함락시키고 후진을 멸망시켰다. 거란군은 출제를 포로로 삼아 거란으로 압송해 갔다.

후진의 수도를 함락시킨 후인 947년, 야율덕광은 거란의 국호를 요遼로 고치고 자신은 대요황제大遼皇帝가 되었다. 이렇게 후진을 정복한 거란군은 약탈을 일삼았고, 각 지방에서도 공물을 수탈했다. 이러한 수탈에 시달리다 못한 중원의 백성들은 각지의 번진을 중심으로 봉기를 일으켰다. 이에 위협을 느낀 야율덕광은 중원에서 물러났다. 그러나 연운 16주는 여전히 거란 귀족들이 다스렸으며, 이 지역은 거란이 중원 지역을 침공하는 기지가 되었다.

거란이 후진을 침공했을 때 후진의 절도사였던 유지원劉知遠은 이 침공을 막는 데 힘쓰지 않고 형세를 관망했다. 그러다가 거란군이 돌아간 뒤, 개봉에 입성해 948년 황제가 되어 나라 이름을 한漢이라 칭하고 후진을 대신하는 왕조를 열었다. 이 왕조를 후한後漢이라 부른다.

후진後晉 황제 석경당의 부장이었던 유지원이 유씨란 성씨 때문에 국호를 한이라고 했다. 1세기 광무제에 의해 세워진 한도 후한後漢이라 부르기 때문에, 이를 구별하기 위해 광무제의 한은 동한東漢이라 부르고, 유지원의 한은 후한이라 부르면서 구별하기도 한다. 이렇게 후한 왕조가 세워지면서 5대五代의 명맥이 이어졌다.

그렇지만 후한 왕조도 오래가지 못했다. 왕조를 열었던 유지원이 1년도 채우지 못하고 죽었던 것이다. 이 뒤를 이어, 차남 유승우劉承祐가 황제가 되었다. 그러면서 유지원의 시호를 고조황제高祖皇帝라 하고, 자신은 은황제隱皇帝라 했다. 은제는 즉위하면서 절도사들이 가지고 있는 군권을 제한하고 자신의 권력을 강화하려 했다. 그러나 이러한 조치는 내분으로 발전했다.

특히 거란을 격퇴하는 데 큰 공을 세웠던 절도사 곽위郭威를 제거하려 했던 것이 화근이었다. 은제에 의해 일족들이 몰살당하면서, 자신에게도 위험이 닥치는 것을 느낀 곽위는 군사를 일으켜 수도로 진격했다. 곽위의 군이 수도에 접근하던 중인 950년, 은제는 신하에게 살해당했다.

곽위는 수도에 입성하기 전, 유지원의 동생인 유숭劉崇의 아들 유빈劉贇 (유지원의 조카로 한때 유지원의 신임을 받아 그의 양자가 됐었다)을 황제로 옹립했다. 그러나 거란의 침공 소식을 듣고 북상하던 중, 후한의 수도였던 개봉에 입성하면서 부하들의 추대로 황제의 자리에 올랐다. 이렇게 세워진 나라가 후주後周였다. 이 과정에서 불필요한 존재가 된 유빈을 살해했다. 그러자 유빈의 아버지였던 유숭이 자신이 절도사로 주둔하던 진양에 북한北漢을 세웠다.

후주를 세운 태조 곽위는 개혁에 나섰다. 사타족 출신이 세운 후당, 후진, 후한 세 왕조는 약탈을 아무렇지도 않게 여기는 풍조에 젖어 있어, 이것이 사회 혼란을 가중시키는 원인이 되었다. 이는 백성들에 대한 착취와 탄압으로 이어져 많은 불만을 야기했다. 곽위는 어려운 시절을 겪은 적이 있어, 백성들의 이러한 고통을 이해하고 있었다.

이를 개선하기 위한 개혁은 백성들의 부담과 고통을 덜어주는 데에 중점을 두었다. 우선 관리들이 정해진 액수 이상의 세금을 걷지 못하도록 했으며, 이를 어기면 엄벌에 처했다. 지나치게 잔혹한 형벌도 폐지시켰다. 큰 권력을 가지고 있던 절도사들을 감시하고 통제하는 데에도 힘을 썼다. 그러면서 장수들이 쓸데없이 향촌에 들어가 백성들을 괴롭히는 행위도 통제했다.

이와 함께 군대가 관리하고 있던 토지를 농민들에게 나누어주었다. 유랑하던 농민들이 돌아오면, 주인 없는 황무지를 경작하게 하며 역役을 면제시켜주었다. 이러한 정책은 피폐해진 농민의 생활을 개선하는 효과를 거두었다. 이러한 개혁 조치를 취하면서, 곽위는 스스로도 검소한 생활을 하며 그동안 사치로 인한 폐해를 극복하는 데에 앞장섰다.

후주 태조 곽위는 954년에 죽었지만, 이와 같은 정책은 뒤를 이은 세종世宗도 계승했다. 후주 세종의 이름은 시영柴榮이다. 원래 황후 시씨柴氏의 조카였으나, 후주 태조는 시영을 양자로 삼아 후계자로 지명했다. 태조가 죽자 양자인 시영이 황제에 오른 것이다. 후주 세종은 5대의 여러 황제 중에서 가장 인정받는 황제로 꼽힌다.

그는 태조의 정책을 계승하여 한층 더 발전시켰다. 그는 후주 영내의 민전民田과 호구戶口를 조사하여 균세법均稅法을 시행했다. 권력을 가진 호족이나 무인, 관료들이 토지를 신고하지 않고 세금을 회피하는 사태를 막기 위한 조치였다. 이렇게 조세租稅 부담을 나누는 정책을 펴면서 농민들의 부담이 많이 줄었다. 또한『대주형통大周刑統』,『대주통례大周通禮』등의 법전을 편찬했다. 법을 제정하고 엄격하게 시행하면서 법에도 없는 상벌을 주는 행위와 과도한 착취가 줄어들었다.

또한 구리를 사사로이 생산하고 유통시키는 행위를 금지시켰다. 당시 화폐, 특히 동전의 원료인 구리가 부족했기 때문이다. 화폐의 수요가 증가하기도 했지만, 5대10국이 흥망을 거듭하는 혼란 속에서, 편중된 구리 생산지에서 나는 물품이 제대로 유통되기도 곤란했다.

이러한 문제는 폐불령을 통해 일부 해결되었다. 불교를 탄압하면서, 구리로 만든 불상을 몰수하여 여기서 나온 구리로 주원통보周元通寶라는 동전을 만들어 유통시켰다. 여기에는 세금과 병역 기피를 목적으로 한 출가를 막고, 재산의 사찰 유입을 방지하거나, 불교 세력을 견제할 목적도 있었다. 이 조치가 삼무일종의 법난 중 세 번째 것이다. 이렇게 불교를 탄압해서 얻은 세금과 몰수 자산은 군대 재건 비용으로 충당했다.

후주 세종은 즉위하면서 북한의 침공을 받아 위기를 겪었다. 후주 태조가 죽고 세종이 즉위하는 권력의 공백을 이용해서, 북한이 거란의 지원을 받아 침공해 왔다. 초반에 후주군의 일부가 패배하면서 고전했지만, 후주 장군 조광윤의 분전으로 물리쳤다. 그리고 반격에 나서, 오히려 북한의 수도 태원을 포위하기까지 했다.

후주 세종은 이를 통해 군사력의 중요성을 절감했다. 즉위 초의 반격으로 북한을 멸망시키지 못했으나, 이때의 경험을 바탕으로 군 개혁에 나섰다. 당 이래로 중원은 강력한 세력을 구축한 절도사들 때문에 많은 갈등을 빚어왔다. 이를 해결하기 위해 5대의 왕조에서도 절도사를 통제할 조치는 꾸준히 등장해왔지만 큰 효과를 보지는 못하고 있었으며, 심지어 절도사를 견제하려다 왕조가 무너지는 경우도 있었다.

그렇지만 후주가 세워지면서 이에 대한 조치도 강력해졌다. 우선 황제가 직접 장악하는 금군禁軍을 키웠다. 물론 이러한 조치는 후당 명종 때부터 취해지고 있었지만, 부작용도 적지 않았다. 황제가 강력해진 금군의 눈치를 봐야 하는 상황이 벌어지기도 했던 것이다. 또 금군을 우대해주니, 포상이 없으면 싸우지 않는 풍조가 생기기도 하고 전투력이 떨어지는 병사를 내보내는 것마저 곤란해지는 경향이 생겼다.

후주 세종은 이러한 문제를 개선하기 위한 조치를 취했다. 우선 절도사의 군대에서 우수한 병사를 차출하여 시위사侍衛司 같은 금군에 편입시켰다. 이를 통해 절도사의 군대를 약화시키면서, 상대적으로 친위부대를 강화시켰다. 그러면서도 황제가 강력해진 금군의 눈치를 보게 되는 사태를 막기 위해 새롭게 전전군殿前軍을 창설했다. 금군을 나눈 다음, 전체 부대를 지휘할 수 있는 권한을 황제에게만 집중시키는 조치를 취한 것이다. 이렇게 해서 아무도 황제보다 강력한 군대를 지휘할 수 없게 만들었다.

후주 세종은 이런 개혁을 통해 키워낸 군대를 이용해 중원 평정에 나섰다. 955년 후촉, 남당, 북한, 요 등에 대한 공략을 시작했다. 후촉과 남당에게서 주요 거점을 빼앗고, 북한, 요를 공략하며 후진이 거란에 할양한 연운 16주의 일부도 회복했다. 그러나 연운 16주를 공략하던 도중, 병이 들어 돌아왔다. 결국 후주 세종은 이 병에서 회복되지 못하고 959년에 죽었다.

그러자 뒤를 이어 7세의 공제恭帝가 즉위했다. 공제의 즉위와 함께 요와 북한의 군대가 후주를 침공해 온다는 소식이 전해졌다. 이를 막기 위해 출동한 조광윤이 장군들에 의해 황제로 옹립되었다. 황제로 옹립된 조광윤은 군대를 돌려 공제를 내쫓고 송宋을 세웠다.

10국의
부침

당이 망하고 화북 지방을 중심으로 5대 정권이 교체되는 동안, 화중·화남·사천·선서 등의 지방에서 독립 정권이 세워졌다. 이 중 북한을 제외하고는 모두 화북 지방의 남쪽에서 세워진 정권이었다.

가장 먼저 세워진 나라가 오吳였다. 양오楊吳 또는 남오南吳로도 불린다. 892년 회남淮南(화이난)절도사로 임명된 양행밀楊行密이, 당 말기의 사회 혼란을 틈타 일어난 다른 군벌들과 싸우는 과정에서 이 지역을 장악했다. 902년 오왕吳王에 봉해지며 양주揚州(양저우)를 거점으로 세력 기반을 닦았다. 보통 이 시점을 오의 시작으로 본다.

905년 양행밀이 죽자 아들 양악楊渥이 뒤를 이었다. 그러나 908년 서온徐溫 등에 의해 살해되고, 양악의 동생 양륭연楊隆演이 이들에게 옹립되었다. 옹립된 양륭연은 허수아비에 불과했고 실권은 서온이 잡았다. 양륭연 집권 시기인 919년 국호를 오吳, 연호를 무의武義라 하며 독자노선을 선포했으나 정작 왕조의 지위는 나아지지 않았다.

양륭연이 922년 병으로 사망하자, 그 뒤는 양륭연의 동생인 양부楊溥가 이었다. 그러나 937년, 서온의 양자인 서지고徐知誥가 양부에게 선양을 받아 제齊를 세웠다. 이로써 오는 4대 36년 만에 멸망했다.

오를 무너뜨린 서지고의 본명은 이변李昪이다. 어려서 양행밀의 양자가 되었으나, 그의 아들들과 관계가 좋지 않아 서온의 양자로 보내졌다. 정권을 잡은 서지고는 곧 자신의 원래 이름으로 돌아갔다. 대제大齊로 정했던 국호도, 이름을 원래대로 고치며 자신이 당나라 황족 이각李恪의 후예라면서 당唐으로 변경했다. 정식 국호는 대당大唐이지만, 다른 당과 구별하기 위해 보통 남당南唐이라고 부른다. 금릉金陵에 수도를 두었다.

이변은 주변 국가와 전쟁을 하지 않고, 내정에 전념하는 정책을 폈다. 이러한 정책으로 국력이 많이 성장하여 10국 중 최대 세력을 자랑했다. 국력을 바탕으로 문화도 발전시켰다. 남당은 화북에서 피신해 온 당나라의 귀족을 받아들여 당 문화를 계승했다. 그렇기 때문에 남당에서 유명한 문장가와 예술가들이 많이 배출되었다. 남당의 후주后主 이욱李煜은 유명한 시詩와 사詞를 남겼고, 5대의 대표적인 화가 고굉중顧閎中과 조간趙幹도 남당의 궁정 화가였다.

이변이 죽자, 아들 이경李璟이 뒤를 이었다. 이경은 아버지와는 달리 대외적으로 팽창 정책을 펼쳤다. 뒤에서 설명할 민閩에서 후계자 자리를 둘러싼 분쟁이 생긴 틈을 노려 945년 민을 멸망시켰다. 이어 복주福州를 공격했으나, 이 공세는 오월의 전홍좌錢弘佐에게 좌절되었다.

이경은 초楚의 내전에도 개입했다. 950년 마희악馬希萼이 당시 초왕이었던 마희광馬希廣을 살해하는 것을 지원한 것이다. 마희악은 초왕이 된 뒤, 남당의 신하를 자처했다. 그러나 다음 해 951년 마희악이 부하에게 쫓겨나자 남당은 군사를 보내 초나라를 병합했다. 이때 남당은 현재 중국의 행정구역으로 보자면 강소성江蘇省(장쑤성), 강서성江西省(장시성), 안휘성安徽省(안후이성), 호북성湖北省(후베이성), 호남성湖南省(후난성), 복건성福建省(푸젠성)을 차지해 40년 역사 중에 가장 판도가 넓었던 시기였다.

그러나 곧 후주 세종의 위세에 눌리기 시작했다. 955년 11월 후주 세종은 직접 군사를 거느리고 남당을 침공해 정양正陽에서 남당군을 크게 격파하고 수주성壽州城을 포위했다. 거기에 조광윤에게 명하여 저주滁州(추저우)를 점령하게 했다. 956년 남당은 수주성에 구원군을 보냈으나, 세종이 직접 이끄는 후주군에게 자금산紫金山에서 패퇴하고 수주성을 빼앗겼다. 이것으로 호주濠州(후저우), 사주泗州(쓰저우), 양주揚州, 태주泰州(타이저우)가 후주에게로 넘어갔다. 이쯤부터 남당의 군대는 전의를 크게 잃고 말았다.

결국 남당은 양자강揚子江(양쯔강) 이북 14주를 후주後周에게 넘겨주었다. 그리고 황제가 아닌 국주國主로 칭하며, 후주에 복속하기로 하고 강화를 맺었다. 961년 이경이 죽고, 이욱李煜이 뒤를 이었다. 후주后主로 불린 이욱은 시詩와 사詞로는 유명했지만, 통치자로서는 능력을 보이지 못했다. 결국 975년 송宋의 침공으로 수도 금릉金陵이 함락되며 멸망했다.

후량에 의해 당이 망하며 중원이 혼란스러웠던 907년을 전후하여 10국에 해당하는 나라 대부분이 세워졌다. 항주杭州(항저우)를 중심으로 세워진 오월吳越도 그중의 하나였다. 오월의 시조 전류錢鏐는 항주 출신으로 젊은 시절 소금 밀매에 관여했던 인물이었다. 당나라 말기 황소의 난이 일어났을 때, 이 지역에서 일어난 동창董昌의 밑으로 들어갔다. 황소의 난을 평정하는 데 공을 세우면서 출세가도를 달려 887년 항주자사가 되었다. 895년에는 옛 상관이었던 동창의 반란을 진압하면서, 896년 진해鎭海, 진동鎭東 양군절도사兩軍節度使가 되었다. 900년에는 후백제왕을 자칭하기 시작한 견훤과도 외교관계를 맺었다. 이 관계는 상당 기간 유지되었고, 견훤은 왕건과의 교섭에 오월에서 보낸 국서를 이용하기도 했다.

907년 주전충이 후량을 세우자, 그에게 복속되어 오월왕에 봉해졌다. 보통 이때 오월이 세워졌다고 본다. 후량을 후당이 멸망시키자 이번엔 후당에게 복속하면서 북쪽의 오吳, 남쪽의 민閩과 경쟁했다. 수도 항주를 중심으로 농지 등을 개발하고, 해상무역을 통해 고려 및 일본과도 교류했다. 여기서 얻는 막대한 이익을 이용하여 문화를 일으켰다.

932년 전류가 죽자, 다섯째 아들인 전원관錢元瓘이 뒤를 이었다. 본명이 전전관錢傳瓘(932년 개명)인 전원관은 조세를 감면하는 시책을 펼쳐 좋은 성과를 거두었다. 전원관의 치세에 북쪽의 오를 무너뜨린 남당이 오월에 공세를 취해 왔다. 이 공세는 잘 막아냈으나, 전원관은 941년 항주에서 일어난 큰 화재에 부상을 입으며 사망했다.

전원관의 뒤는 여섯째 아들인 전홍좌錢弘佐가 이었다. 946년 남쪽의 민에 내분이 발생했고, 이를 틈타 남당이 민을 침공했다. 민은 오월에게 구원을 요청했으나, 오월은 오히려 민을 공격하여 요충지인 복주福州(푸저우)를 점령했다.

그러나 이런 성과를 거둔 다음 해에 전홍좌가 죽었다. 그의 아들이 어렸기 때문에 동생 전홍종錢弘倧이 뒤를 이었다. 전홍종은 군인들을 통제하기 위한 개혁을 시도했으나, 반발이 일어났다. 947년 말 반란이 일어나 전홍종은 퇴위와 함께 연금당하고, 이복동생 전홍숙錢弘俶이 옹립되었다. 전홍종은 971년 사망했다.

전홍숙의 집권기에는 큰 위협이었던 남당이 후주의 공격을 받아 영토를 빼앗기면서 약체화되었다. 이 덕분에 오월은 안정을 유지할 수 있었다. 오히려 오월이 남당에 대한 후주의 공세를 틈타 남당을 침공했으나 실패로 끝났다. 960년 송나라가 세워지고, 송이 975년 남당을 공격하자 오월은 이에 참가했다. 그러나 송나라에 남당이 멸망한 다음에는 오월도 978년 이후 송에 복속되었다.

전촉前蜀 역시 907년 당唐 말기 황소의 난 때 활약했던 왕건王建에 의해 세워졌다. 그는 891년 서천으로 진출하여, 서주西川(시촨)절도사 진경선陳敬瑄을 살해하고 그 자리를 차지했다. 그는 성도成都(청두)를 중심으로 동천東川, 한중漢中 등까지 흡수하며 세력을 키웠다.

후량이 당을 멸망시킨 907년, 왕건은 후량을 인정하지 않고 독립하여 황제를 자칭했다. 왕건은 국호를 대촉大蜀이라 정했지만, 역사적으로는 전촉前蜀이라고 부른다. 전촉은 지리적으로 험한 곳에 자리 잡고 있음에도, 비옥한 토지를 보유하고 있어 경제적으로는 부유했다. 왕건이 집권한 초기에는 관개시설을 복구하고, 농업과 잠업을 발전시켜 국력을 키워갔다. 험한 지형 덕분에 비교적 전쟁을 피하기 쉬워, 당 말에 유명한 관리들과 문인들이 이곳으로 피난 오며 문화도 발달했다.

918년 왕건이 죽자 왕건의 아들과 양자 사이에서 계승권 다툼이 일어나, 결국 왕건의 막내아들 왕연王衍이 뒤를 계승했다. 집권한 왕연은 사치에 빠지면서 정치적 혼란을 불러일으켰다. 후당의 장종은 이 기회를 이용하여 전촉을 침공해 멸망시켰다.

전촉을 멸망시킨 후당은 이극용의 조카사위였던 맹지상孟知祥을 서천절도사로 임명하며 이 지역에 대한 통치를 맡겼다. 그 후 앞서 서술했듯이 후당에서는 장종이 살해당하고 명종明宗이 옹립되었다. 명종은 장종과 가까웠던 맹지상에 대해 경계심을 품고 그를 견제하려 했다. 이에 반발한 맹지상은 930년, 후당군을 촉 땅에서 몰아내기 시작했다. 사태가 이렇게 진행되자, 명종은 맹지상의 반발을 무마하려 933년 그를 촉왕에 봉했다.

다음 해인 934년 명종이 죽자, 맹지상도 완전히 자립하여 황제를 자칭했다. 이를 후촉後蜀이라 부른다.

그러나 맹지상은 황제에 오른 그해에 죽고, 삼남 맹창孟昶이 그 뒤를 이었다. 천연의 요새와 전촉이 발전시켰던 농업, 양잠업 등의 경제력을 물려받은 후촉은 중원의 전란을 피해 몰려들어 온 인재들을 활용하여 문화를 꽃피웠다는 점까지 전촉을 이어갔다. 여기에 험준한 지역 덕분에 비교적 전쟁을 자주하지 않는 이점도 살려 군대를 잘 통제하며 나라를 유지해 나갔다.

또한 후촉은 후진에서 후한으로 대체되는 혼란을 틈타 진秦, 계階, 성成, 봉鳳 4개 주를 차지했다. 그러나 후한이 후주로 교체되고, 후주 세종이 활약하던 955년에는 이 지역들을 후주에 도로 빼앗겨버렸다. 만년에 맹창이 방탕해지며 후촉의 국력이 약해졌기 때문이다. 960년 송이 세워지자 맹창은 북한과 손을 잡고 송에 대항했으나 성과를 거두지 못했다. 오히려 965년 송의 침공을 받았다. 결국 맹창은 송에 투항하고 그해 세상을 떠났다.

후촉을 정복한 송나라는 촉 땅에서 심한 수탈을 자행했다. 이로 인해 촉 지역 사람은 송나라에 대해 강한 원한을 품게 되었고, 이후 993년부터 995년에 걸쳐 사천균산 반란이라 불리는 대규모 농민 반란이 일어나는 원인이 되었다.

초楚 역시 후량이 세워진 907년에 성립되었다. 초의 시조는 목공木工 출신 마은馬殷이다. 그는 당 말기의 혼란을 틈타 일어난 군벌을 따라 여러 지역을 떠돌다가, 상관인 무장 손유孫儒가 죽은 후 부대를 장악하고 호남 일대를 점령했다. 당 조정이 이를 인정해 896년 마은을 호남절도사로 임명해주었다. 양행밀과의 경쟁에서 밀리는 와중에 차지한 호남 지역이지만 경제적인 여건은 나쁘지 않았다.

초의 영토에서 생산되는 특산품인 차의 수요가 많았고, 목화나 비단 등의 생산물도 초의 경제력을 키우는 데 도움이 되었다. 마은은 담주潭州(탄저우)를 수도로 삼아 이후 귀주歸州, 광서 지역의 일부에까지 진출했으나 견제를 심하게 받지는 않았다. 후량이 세워지자 입조入朝하여 초왕楚王에 봉해졌다.

930년 마은이 죽자, 그의 아들들 사이에서 후계 다툼이 일어났다. 결국 차남 마희성馬希聲이 즉위했으나 안정적인 통치를 하지 못했다. 마희성은 집권한 지 얼마 되지 않은 932년에 죽고, 마은의 다섯째 아들 마희범馬希範이 뒤를 계승했다. 마희범은 후량을 이은 후당에 입조하여 초왕에 봉해졌다. 그러나 그도 사치스러워 초의 재정을 악화시켰다.

947년 마희범이 죽고 마은의 15번째 아들 마희광馬希廣이 즉위했지만, 이에 불만을 품은 배다른 형인 마희악馬希萼이 남당의 지원을 얻어 마희광을 공격했다. 950년 마희악의 군대는 수도 담주를 함락시키며 마희광을 살해하고 초왕이 되었다. 그러나 마희악도 동생 마희숭馬希崇에게 배신당하고 유폐당했다. 그렇게 권력을 장악한 마희숭은 국정을 안정시키는 데 실패했다. 이와 같은 혼란을 틈탄 남당은 초에 대한 침공을 감행하여 951년 초나라를 멸망시켰다.

그 후 마희악의 무장이었던 주행봉周行逢이 남당을 몰아내고, 956년 다시 호남을 차지했다. 그러나 962년 아들 주보권周保權이 제대로 정권을 계승받지 못하고 반란이 일어났다. 이 때문에 다음 해 송나라에게 병합되었다.

형남荊南 역시 후량의 건국과 함께 세워졌다. 또 다른 명칭으로는 남평南平 혹은 북초北楚라고도 한다. 호북성에 자리잡고 강릉江陵(장링)에 수도를 두었다. 형남은 10국 가운데 영토와 세력이 가장 약했다. 그래서 주변의 강국에 복속을 청하며 명맥을 이어갔다. 교역의 중계지라는 이점을 살려 재정을 충당했으나, 워낙 열악한 상황이라 부족한 재정을 보충하기 위해 지나가는 사람들을 약탈하기도 했다. 이 때문에 주변국에서는 고뢰자高賴 者('뇌자'는 무뢰배라는 뜻)라고 불렀다 한다.

형남 시조 고계흥高季興은 주전충의 군에 투신·활동하며 신임을 얻었다. 907년 주전충이 후량을 세우자, 고계흥은 형남절도사로 임명되었다. 고계 흥은 이 지역 경영에 힘을 기울이다가, 주전충 사망 후 형주荊州, 귀주, 협 주峽州를 중심으로 자립했다.

후량이 후당에게 멸망당하자, 고계흥은 후당에게 신하를 자청해 925년 남평왕南平王에 봉해졌다. 그러나 후당이 전촉을 공격하려 하자, 이에 불만 을 품은 고계흥은 후당과의 관계를 끊고 오吳에 복속을 청했다.

다음 해 926년 고계흥이 죽자 장남 고종회高從誨가 뒤를 이어 형남절도사 가 되었다. 고종회는 다시 후당을 섬겼고, 934년에 다시 남평왕에 임명되 었다. 이후에도 주변의 오, 민, 남한, 후촉 등 다른 나라에 대해 신하를 자 청하며 명맥을 유지하려고 애썼다. 그러면서 형남이 차지했던 형주는 각 국의 완충지대와 교역중계지 역할을 했다.

고종회는 948년에 죽고, 고종회의 삼남 고보융高保融이 뒤를 이었다. 이 때는 중원에서 후당 멸망 이후 후진, 후한, 후주의 정권 교체가 이루어지 고 있었던 시기였다. 고보융은 후주에 대해 복속을 요청했고, 954년 남평 왕에 봉해졌다. 후주 세종이 남당을 공격하려고 할 때, 고보융도 병사를 보내며 협력했다. 송이 세워지자 송에도 신하를 자청했다.

고보융은 960년에 죽고, 고종회의 10번째 아들 고보욱高保勗이 형남절도사의 지위를 이었다. 이때 고보욱이 향략에 빠져 혼란이 생겼다. 고보욱은 962년에 죽고, 고보융의 장남 고계충高繼冲이 형남절도사의 지위를 이어받았다. 송이 통일사업을 개시하자, 가장 약하면서도 요충지에 자리 잡은 형남이 첫 목표가 되었다. 963년, 송은 초를 공격하기 위해 길을 빌려달라며 형남에 진입해서 정복해버렸다.

민閩 역시 후량의 성립에 즈음하여 세워졌다. 민의 시조라 할 수 있는 왕심지王審知는 당나라 말기 혼란 속에서 형 왕조王潮와 함께 지금의 복건 지역으로 진출하여 이곳을 차지했다. 896년 왕조는 당나라로부터 무위군절도사武威軍節度使 자리를 인정받았으며, 다음 해 왕조가 죽자 왕심지가 지위를 이어받았다.

후량이 세워지자, 왕심지는 후량에 입조하여 909년 후량으로부터 민왕閩王에 봉해졌다. 도읍을 복주로 정하고 복건성 전체를 지배했다. 왕심지는 검소한 생활로 비용을 줄여, 백성들에 대한 세금을 경감해주는 정책을 폈다. 또 해상무역으로 얻은 이익 등을 활용하여 문화 진흥에도 힘썼다. 이를 통해 당시 낙후된 지역이었던 복건 지역을 개발해 크게 발전시켰다. 이러한 정책으로 왕심지는 나름대로 성공한 통치자로 인정받는다.

그러나 925년 왕심지가 죽은 후 내분이 생겼다. 바로 다음 해 왕심지의 장남 왕연한王延翰이 뒤를 이었으나, 동생 왕연균王延鈞이 형을 살해하고 그 자리를 빼앗았다. 민은 후량을 이은 후당에 대해서도 신하를 자처했으나, 후당 명종 이후 생겨난 혼란을 틈타 933년에 황제를 칭했다.

왕연균은 935년 장남 왕계붕王繼鵬에게 살해당했다. 그렇게 등극한 왕계붕은 937년 후당을 쓰러뜨린 후진에게 복속하며 민왕으로 지위가 내려갔다. 즉위 후, 이름을 왕창王昶이라고 개명했다.

왕계붕이 통치하면서 많은 살육을 벌이자, 근위대장 주문진朱文進과 연중우連重遇가 939년에 쿠데타를 일으켜 왕창을 살해하고, 왕심지의 삼남 왕연희王延羲를 황제로 옹립했다. 그러나 왕연희도 폭정을 펴고 살육을 벌이자, 943년 왕연희의 아우 왕연정王延政이 임지인 건주建州에서 자립하면서 나라 이름을 은殷이라고 했다.

다음 해 왕연희는 주문진과 연중우에게 살해되고, 주문진이 민왕에 즉위했다. 그러나 왕연정이 이끄는 군대의 공격을 받는 과정에서, 주문진과 연중우는 부하의 손에 죽임을 당했다. 이후 왕연정이 민왕의 지위를 물려받았으나, 재위 기간 동안 재정을 방만하게 운영하며 과도하게 세금을 걷는 등의 정책으로 백성들의 원성을 샀다. 이 혼란을 틈타 왕연정의 두 조카 왕계훈王繼勳과 왕계성王繼成이 각자 자립하여 나라가 쪼개졌다. 이러한 상황을 이용하여 남당의 이경李璟이 군대를 이끌고 공격하여 민을 멸망시켰다.

917년에 세워졌다고 보는 남한도 기원을 따지면 당나라 말기로 거슬러 올라간다. 황소의 난을 진압하는 데 공을 세운 유겸劉謙이 당 조정으로부터 봉주封州자사로 임명되었다. 유겸이 죽자 아들 유은劉隱이 그 지위를 이어받았다. 후량은 유은을 909년에는 남평왕南平王에, 911년에는 남해왕南海王에 임명했다.

그 후 917년 유은이 죽고 동생 유엄劉龑이 뒤를 이었다. 즉위한 유엄은 황제를 칭하며 독립했다. 처음에는 국호를 대월大越이라고 했으나, 전한·후한을 건국한 유씨劉氏와 같은 성씨라고 하면서 918년에 한漢이라고 고쳤다. 원래 명칭은 '대한大漢'이지만 다른 한漢 왕조들과 구별하여 '남한南漢'이라고 부른다.

비슷한 시기 군벌 성격을 가진 절도사 위주의 정치가 이루어졌던 다른 나라와 달리, 남한에서는 문신이 주도하는 정치가 이루어졌다. 당나라 시대 중앙의 권력투쟁에서 패한 관료들이 많이 좌천되어 온 곳이 이 지역이기 때문에 이들이 남한 정권에 참여하게 된 영향이 컸다. 유은 자신도 적극적으로 이러한 정책을 폈다. 이를 통해 정국은 안정을 이루며 교역으로 막대한 이익을 올리며 성장했다.

그러나 942년 유엄 사후, 후계를 둘러싼 다툼 때문에 혼란이 일어났다. 유엄의 삼남 유분劉玢(본명 유홍도劉弘度)이 뒤를 잇자, 943년 동생 유성劉晟(본명 유홍희劉弘熙)이 유분을 살해하고 즉위했다. 유성은 다른 형제들까지 모두 죽여 정권의 기반을 다진 뒤, 한때 초楚의 내분을 틈타 영토를 넓히기도 했다. 그러나 환관들에게 정치를 맡기면서 정치적 부패와 혼란이 일어났다.

958년 유성이 죽고, 장남 유창劉鋹(본명 유계홍劉繼興)이 뒤를 이은 다음에도 이러한 정치적 혼란은 계속되었다. 이로 인하여 반란이 일어나는 등 곤란을 겪다가, 971년 송나라의 침공에 멸망했다.

후주가 건국되면서 유빈이 살해되자, 그의 아버지였던 유숭劉崇이 진양에서 자립하여 세운 나라가 북한이다. 유숭은 후한의 계승과 부흥을 주장하며 국호를 한漢이라 정했으나, 이 나라는 이전의 다른 '한' 왕조들과 구분하기 위해 '북한北漢'이라고 불린다.

북한을 세운 세조世祖 유숭은 후주에 맞서기 위해 요遼의 지원을 받았다. 954년 곽위가 죽자 요의 지원을 얻어 후주를 공격하기도 했다. 초반에 순조로웠던 이 공세는, 후주의 2대 황제인 세종의 반격을 받아 결국 실패로 돌아가 수도인 진양성晉陽城까지 공격을 받았다.

954년 유숭이 죽고 그의 차남인 유균劉鈞, 睿宗이 새로 황제가 되었지만, 후주와 그 뒤를 이은 송宋의 압박을 받아 세력은 크게 위축되었다. 968년 유균이 죽은 뒤에는 유계은劉繼恩이 뒤를 이었지만 살해되고 말았다. 그 뒤 유계원劉繼元, 英武帝이 등극했지만 내분을 극복하지 못했다.

이와 함께 요와의 동맹 관계도 약화되었고, 결국 979년 송의 2대 황제인 태종太宗이 이끈 군대에 멸망했다. 송은 북한을 멸망시켜 5대10국으로 분열되었던 중원 통합에 성공했다.

10국 이외에도 5대시대의 군웅群雄 중 한 사람인 이무정이 세웠던 기岐가 있다. 당이 망한 후, 한때 주전충에 저항하며 독자노선을 걸었지만 924년 후당 장종莊宗에게 복속되었다. 그렇게 당대에 독립성을 잃었기 때문에 10국에서 제외되었다.

후량의 장수였던 유수광劉守光이 세운 걸연桀燕(또는 대연大燕)도 비슷하다. 911년 연燕의 황제라 자칭하며 나라를 세웠지만, 913년에 역시 후당 장종의 공격을 받아 몰락했다.

**요의 건국과
세력 확장**

9세기 후반, 중원의 당 제국이 쇠퇴하면서 자연스럽게 주변 이민족에 대한 압력도 약화되었다. 이에 따라 몽골고원 지역을 통제할 세력이 없어져, 여기서는 한동안 통합적인 세력 없이 부족 단위로 분산된 상태가 지속되었다. 이런 상황에 종지부를 찍고, 거란족을 통합하여 왕국을 세운 인물이 야율아보기耶律阿保機(본명 야율억耶律億)이다.

그가 나라를 세울 수 있었던 배경에는 9세기 후반 당 제국의 정치적 혼란이 있었다. 이 때문에 당 조정은 물론 변경의 번진 세력조차 중원의 권력투쟁에 말려들어, 내몽골 지역을 중심으로 살고 있는 거란족을 통제할 엄두를 내지 못하고 있었다. 여기에 거란족을 견제하던 위구르維吾爾 역시, 안사安史의 난 같은 당의 혼란을 수습하는 데 원군을 보내며 토번吐蕃과도 전쟁을 벌이고 있었다. 이렇게 주변 세력의 견제가 현저하게 약화된 상황은 거란족 세력이 팽창하는 데 중요한 요인이 되었다.

거란족은 주변의 혼란을 틈타 축적된 역량을 바탕으로 주변 세력을 침략했다. 이 침략을 통해 물적 자산은 물론, 선진 기술과 문화를 흡수하여 역량을 더욱 키워나갔다. 야율아보기는 내부에서 권력투쟁을 벌이면서, 이렇게 축적된 거란족의 역량을 좌우할 수 있는 위치에 올랐다.

그러던 916년, 그는 황제를 자칭하며 거란국契丹國을 세웠다. 거란식으로는 '대거란'이라는 의미의 카라키탄, 지금의 서남아시아 지역에서는 '키타이'라 불렀다. 938년 연운 16주를 얻은 뒤에야, 나라 이름을 중국식으로 요遼라 바꿨다.

거란의 태조가 된 야율아보기는 즉위한 해, 돌궐·토욕혼吐谷渾·사타 등의 세력에 대한 정벌에 친히 나섰다. 이때부터 923년에 이르기까지의 정벌을 통해 거란의 영역은 서쪽으로 알타이산, 북쪽으로는 케룰렌강에 이르기까지 확장되었다. 그러면서 꾸준히 중원 지역을 흡수하며 포로로 잡아 온 한족들을 정착시켰다. 이렇게 이주시킨 지역에는 사람들이 원래 살던 지역의 이름을 붙여주는 경우가 많았다.

세력이 커지며 거란 내부가 안정되어가자, 중원의 혼란을 피해 자발적으로 거란에 이주하는 사람들이 늘어갔다. 그러자 거란은 926년 발해渤海를 멸망시키면서 흡수한 요동과 중원 지역 등에 주현州縣을 새로 만들어,

자발적으로 이주해 온 사람들을 배치시켰다. 이와 함께 능력 있는 한족 등을 기용하는 정책을 통하여 거란의 국력을 더욱 키워나갔다. 그 일환으로 920년에는 거란문자契丹大字를 창제해 보급했다. 이와 함께 내부의 행정구역도 개편하며, 황제의 권력에 저항할 세력 기반을 약화시켰다.

이렇게 기반을 닦아놓은 태조는, 발해를 멸망시키고 난 뒤 세운 동단국東丹國에 맏아들 야율배耶律倍를 국왕으로 임명하고 돌아오던 중 병으로 죽었다. 이는 후계자를 둘러싼 파란으로 연결되었다. 야율아보기가 죽자 실권은 부인 술율평述律平에게 넘어갔다. 둘째 아들 야율덕광耶律德光을 후계자로 삼고 싶었던 그녀는, 반대하는 대신 일부를 살해하면서 거란의 부족장들을 모아놓고 후계자를 선택하는 방식을 취했다. 그녀의 의도를 눈치챈 부족장들 대부분이 야율덕광을 추대하여, 맏아들이 아닌 둘째가 후계자로 선택되었다. 이렇게 즉위한 야율덕광이 요의 2대 태종太宗이다. 어머니 술율평은 자연스럽게 태후가 되었다.

둘째 아들을 내세워 권력을 다진 술율평은, 자신의 권력에 방해가 될 요인들을 제거해나갔다. 동단국왕인 맏아들 역시 예외가 아니었다. 그는 동생이 즉위하자 발해인들을 이주시킨 동평東平으로 가 살았지만, 여기서도 견디지 못하고 후당으로 망명해야 했다. 망명 후의 인생도 순탄하지 않아, 결국 이종가李從珂에게 살해당하는 최후를 맞았다.

이러한 갈등에도 불구하고 거란의 세력은 확장되었다. 936년, 후당에서 벌어진 이종가와 석경당의 싸움이 거란에게는 좋은 기회였다. 요 태종은 석경당의 원조 요청을 받아들여 군대를 파견해 그가 권력을 잡도록 해주었고, 그 대가로 연운 16주를 할양받았다. 나라 이름을 중국식인 '대요大遼'로 바꾼 시기가 요 태종이 연운 16주를 얻은 뒤인 938년이라고도 한다.

하지만 연운 16주는 이후 두고두고 문제의 핵심이 되었다. 우선 요의 입장에서 통치하기가 쉽지 않았다. 그래서 초기에는 중원 제국의 통치 시스템을 그대로 도입했다. 그러면서 거란 지역은 거란의 관습으로, 새로 흡수한 중원과 발해 지역은 중국 제도로 통치하는 이원적 구조가 확립되었다. 그리하여 거란의 관습에 의하여 성립된 기구는 북면관北面官, 당唐의 제도에 의거한 기구는 남면관南面官이라 불렀다.

이런 와중에 942년 즉위한 후진後晉의 출제出帝는 고조高祖의 거란 정책에 변화를 꾀했다. 거란에 대해 신하를 자칭하던 태도를 바꾸려 한 것이다. 요 태종이 이에 격노하면서 944년부터 후진을 공략하기 시작했다. 후진은 한두 해 요의 공세를 견뎌냈으나, 946년 요 태종이 친히 나선 정벌에는 견디지 못했다. 그 결과 수도인 개봉을 점령당하면서 후진도 없어졌다. 947년 개봉에 들어온 태종은 공식적으로 나라 이름을 '대요'로, 연호는 '대동大同'으로 정했다.

이렇게 하여 거란족인 요가 중원을 정복했으나 중원에 대한 통치는 쉽지 않았다. 중원에 진입한 거란 병사들이 이른바 '타초곡打草穀'이라 하여, 현지에서 식량과 말먹이를 약탈하는 관행이 문제였다. 더욱이 요 태종은 병사들의 봉급까지 현지에서 거둬들이려 했다. 이에 반발한 중원 백성들은 거란 관리를 죽이며 격렬하게 저항했고, 이에 따라 거란인들은 중원에 대한 통제력을 유지할 수 없었다. 중원에서의 철수를 결심하고 돌아오던 요 태종은, 도중에 병으로 죽었다.

그러자 아직 중원에 남아 있던 요의 진영에서 야율배의 아들 야율원耶律阮이 장수들의 추대를 받아 황제로 등극했다. 그가 요 세종世宗이다. 이는 태후 술율평의 승인을 받지 않은 것이어서, 불안했던 야율원은 군사들을 이끌고 수도로 진입하여 태후 측 군대를 제압하고 권력을 차지했다. 그는 거란 귀족보다 항복해 온 한족 출신들을 많이 기용하며 개혁에 나섰다. 이를 통해 요의 체제를 정비하며, 북면관·남면관 체제 확립과 동단국에 대한 통제 강화 등에 힘을 썼다. 이에 상당수의 거란 귀족들이 그의 개혁에 저항했고, 결국 세종은 즉위한 지 5년 만에 암살로 최후를 맞았다.

세종의 뒤는 태종의 아들 야율경耶律璟이 이었다. 그가 요의 목종穆宗이다. 하지만 그는 무능하여 정사를 돌보지 않았고, 이 때문에 요 내부의 권력투쟁이 심해져 여러 곳에서 반란이 일어나며 사회가 불안했다. 이런 끝에 목종 역시 피살되었다. 그래서 세종의 아들 야율현耶律賢이 그 자리를 이어받았다. 그가 요의 경종景宗이다. 그 역시 네 살 때 아버지의 죽음을 겪은 후유증으로 평생 질환에 시달리는 상황이었다. 그 결과 정치적으로 불안정한 상황이 지속될 수밖에 없었다.

한국
신라의 붕괴와 고려의 성립

신라의 붕괴와
후삼국 성립

신라 하대下代의 정국이 혼란했음은 분명한 사실이지만, 진성여왕眞聖女王 이전에는 중앙에서 서로 정권을 잡으려 싸우는 정도였다. 그런데 진성여왕 대부터 이런 양상에 변화가 일어나기 시작했다. 권력투쟁이 지방으로 번져나가는 양상을 보이는 것이다. 진성여왕 즉위 이후 국고가 고갈되자, 889년 중앙정부에서 지방에 관리를 파견해 세금을 독촉한 것이 하나의 계기였다.

이후 각 지역에서 농민 반란이 일어나고 지방마다 할거 세력이 나타나 전국이 내란에 휩싸였다. 상주 지방의 원종元宗과 애노哀奴의 반란을 시작으로 해서 여러 세력이 반란을 일으켰다. 반란군 가운데에는 붉은 바지를 입고 있어 당시 '적고적赤袴賊'이라 부르는 무리도 있었다. 적고적은 수도인 경주 서남 방면까지 진격할 정도로 기세를 올렸다. 적고적이나 원종과 애노의 반란은 진압되었지만, 양길梁吉·기훤箕萱·견훤甄萱 등 여러 세력이 신라의 통제에서 벗어났다.

이때의 반란은 중앙정부의 권력을 탈취하고 집권하려 한 것이 아니라, 중앙정부의 통제에서 벗어나려는 것이었다. 이러한 과정에서 대두한 세력이 '호족豪族'이다. 신라의 지방통치력이 현저히 약화된 신라 하대, 특히 진성여왕 대부터 지방 세력의 호족화가 본격적으로 진행되었다.

호족은 그 출신에 따라 고향으로 내려간 귀족, 군진軍鎭을 기반으로 하는 진장鎭將, 촌주村主, 성주城主 등이 있었다. 이들은 골품체제로부터 벗어나려는 경향을 보였으며, 새로 건국되는 고려왕조의 기반이 되었다.

호족

호족豪族이란 말은 중국에서 나왔다. 원래 호豪는 중국 남쪽의 털이 곧고 질 좋은 짐승을 뜻한다. 이 글자에 친족집단을 뜻하는 족族이 합쳐져 이루어진 말이다. 그래서 호족은 중앙의 귀족과 대비되어 지방에서 힘을 쓰는 친족집단, 즉 지방의 토착 세력이라는 의미를 지니고 있다. 한국사에서는 보통 신라 말, 고려 초에 활동한 지방 세력을 가리킨다.

여러 호족 중에서 죽주竹州의 기훤, 북원北原의 양길, 무진주武珍州의 견훤 등의 세력이 강했다. 시간이 흐르면서 기훤의 부하였던 궁예弓裔의 세력이 커져갔다.

이들이 강력하게 대두했다는 사실은 신라의 중앙정부가 지방 세력을 통제할 능력을 상실했다는 뜻이 된다. 이렇게 되자 호족들끼리의 경쟁도 치열해졌다. 이 과정에서 일본 중앙정부가 신경을 써야 할 정도로, 대규모 신라 해적이 쓰시마對馬(대마도)와 일본 열도에 출몰해 약탈을 자행했다. 이에 따라 일본에서는 신라에 대한 위기의식이 높아졌다.

이 과정에서 부각된 인물이 궁예와 견훤이다. 이전까지 일어난 세력은 반란 집단에 불과했지만, 이들은 하나의 국가로 성장해갔다.

궁예는 어린 나이에 세달사世達寺의 승려가 되어 선종善宗이라 불렸다. 성장한 이후 고구려를 잇는다는 뜻에서 성을 고씨高氏로, 활 잘 쏘는 주몽朱蒙의 후예라 자처해 이름을 궁예라 고쳤다.

궁예의 출생

신라 제47대 헌안왕憲安王과 이름이 알려지지 않은 후궁 사이의 소생이라는 설, 제48대 경문왕景文王의 아들이라는 설, 제45대 신무왕의 숨겨진 아들이자 장보고의 외손이라는 설 등이 있다. 『삼국사기』 궁예 열전에는 태어난 지 얼마 되지 않아 왕이 그를 죽이라고 명했는데, 젖 먹이던 유모婢女가 그를 구해 몰래 길렀다고 한다. 이때 떨어지는 궁예를 받다가 손으로 눈을 찔러 한쪽 눈이 멀었다고 되어 있다. 이를 근거로 궁예가 왕위 다툼에 희생되었던 왕자였음을 의미하는 것으로 풀이하기도 한다. 고려시대에도 궁예의 부왕이 누구인지 명확히 알려져 있지 않았다는 점, 구출된 과정이 사실이라고 보기에는 지나치게 극적이라는 점 등을 들어 왕자라는 설을 의심해, 정쟁政爭에서 패배해 몰락했던 유력한 진골 귀족 가문 출신으로 보기도 한다.

각지에서 반란이 일어나던 891년에 궁예는 기훤의 부하가 되었다가 892년에 양길 휘하로 들어갔다. 그 후 양길의 부하를 거느리고 강원·경기·황해 일대를 공략해 독자적으로 세력을 키웠다. 896년, 궁예는 이를 바탕으로 철원鐵圓에 자리 잡았다.

궁예의 세력이 강해지자 패서浿西(예성강 서쪽 황해도 지역) 지역의 호족들 중 귀부歸附하는 자들이 많아졌다. 이즈음 해상에서 세력을 떨치던 왕건王建의 가문이 궁예 세력에 귀부해 왔다. 그들을 비롯한 패강진 호족들의 강력한 요청에 의해 궁예는 898년 7월에 도읍을 송악으로 옮겼다.

이렇게 확보한 군사력과 경제력을 기반으로, 궁예는 899년 7월에 양길의 군대를 격파하고 자립했다. 그 결과 당시 신라의 영토 중 고구려의 옛 땅이었던 지역 상당 부분을 지배하게 되었다. 901년에는 이 지역에 나라를 세우고 그 이름을 고려高麗라고 선포했다. 이때의 고려는 삼국시대의 고구려와 왕건의 고려와 구별해 흔히 후고구려라고 부른다.

그는 신라에 대한 반감을 드러냈다. 신라를 멸도滅都라 부르고, 부석사浮石寺에서 경문왕의 초상화에 칼질을 하는가 하면 신라에서 항복해 온 자들을 처단했다. 궁예가 나라 이름을 고려라고 했던 것이나, 신라에 대한 복수를 다짐했던 것은 고구려 유민들의 호응을 얻기 위한 것이었다. 또한 900년에 견훤이 백제를 위해 복수하겠다며 후백제를 세운 사실을 의식한 것이기도 했다.

904년에 궁예는 나라 이름을 마진摩震으로 바꾸고, 도읍을 다시 철원으로 옮겼다. 그리고 연호는 무태武泰에서 성책聖冊으로 고쳤다. 그러면서 세력을 더욱 키웠다. 909년에는 왕건을 금성錦城(나주)에 파견해 후백제군을 몰아내며 남서 해안 지역에 대한 지배권을 장악하는 계기를 마련했다.

궁예는 대외적으로 오월이나 후량과 국교를 맺는 데에는 적극적이지 않았다. 또한 동아시아의 신흥 세력으로 떠오르고 있었던 거란과의 관계를 중시했던 반면에 발해와는 가깝지 않았다.

911년에는 나라 이름을 태봉泰封으로, 연호를 수덕만세水德萬歲로 바꾸었다가, 914년에 다시 연호를 정개政開로 고쳤다. 그러면서 패서호족과 관계가 먼 청주淸州 민호民戶 1,000호를 철원으로 옮겨 그의 세력 기반으로 삼았다. 궁예는 국사를 총체적으로 관리하는 광평성廣評省을 비롯해 병부兵部 등의 10부와 9관 등의 관제를 정비해 국가의 면모를 갖추었다.

이때 바뀐 국호 마진은 마하진단摩訶震旦의 약자이다. 마하는 산스크리트어로 '크다'라는 뜻이다. 진단은 원래 중국을 뜻하는 말이었으나, 후에 '동방의 제국'을 뜻하는 말로 바뀌었다. 즉, 마진은 '대동방국大東方國'이라는 뜻이 된다. 따라서 궁예는 나라 이름에서 대동방국을 이룩하겠다는 포부를 선포한 것이다. 태봉은 크게 봉한다는 뜻이다.

궁예와 함께 이른바 후삼국後三國의 또 다른 축을 이룬 사람이 견훤(진훤이라 해야 한다는 주장도 있다)이다. 『고기古記』에는 광주光州의 북촌에 한 부자가 살았는데 그 딸이 지렁이와 관계해 견훤을 낳았다는 이야기가 있다. 외가 가문이 광주 지역 호족이었음을 시사한다.

견훤의 아버지 아자개阿慈介는 상주 가은현加恩縣(지금의 문경)의 농민 출신으로, 뒤에 장군이 되었다고 한다. 이와는 달리 『삼국유사』 권2 후백제 견훤조에 인용된 『이제가기李磾家記』에 의하면, 아자개는 신라 진흥왕과 사도부인思刀夫人 사이에서 태어난 구륜공仇輪公의 후손이라고도 한다.

견훤은 군에 몸을 담아 신라의 변방비장邊方裨將이 되었다가, 진성여왕의 즉위를 계기로 백성들의 유망과 초적草賊의 봉기가 심해지자 독자적인 세력을 키워갔다. 그러면서 최치원崔致遠, 최언위崔彦撝(초명은 신지愼之·인연仁渷)와 더불어 '신라 말기의 3최三崔'로 꼽히는 최승우崔承祐를 책사로 맞았다.

최승우는 890년에 당으로 건너가 국학에서 3년간 공부하고, 893년에 빈공과賓貢科에 급제한 뒤 관직에 있다가 귀국한 경력이 있다. 대부분의 경주 최씨들이 왕건 밑에서 문한직文翰職을 맡았던 것과는 달리, 견훤 아래에서 봉사한 점이 특이하다.

892년에 이르자 견훤은 무진주武珍州를 점령하고 스스로 왕위에 올랐다. 900년에는 완산주完山州에 도읍을 정하고 백제의 후예를 자처했다. 910년에 왕건에게 빼앗긴 나주에 반격을 가하면서 궁예·왕건 세력과의 경쟁이 본격적으로 벌어졌다. 이와 같이 궁예와 견훤의 세력이 커져가면서, 각지에 난립하던 호족 세력은 서서히 태봉과 후백제를 중심으로 뭉쳐나갔다. 이른바 '후삼국시대'가 열렸다.

왕건의 정변과 후삼국의 통일┃ 궁예가 세력을 키워갈 당시 중국은 5대10국의 혼란에 빠져 있었다. 궁예는 이 기회에 대동방국의 이상을 실현하려 했다. 궁예는 나라 이름을 태봉으로 바꾸면서부터 미륵불彌勒佛을 자칭하며 나라를 이끌어갈 권위를 찾았다. 자신의 큰아들을 청광보살靑光菩薩, 작은 아들을 신광보살神光菩薩이라 하고, 복장이나 행차에 있어 나름대로 미륵불처럼 꾸몄다.

궁예는 불교 경전 20여 권을 짓고 강설하기도 했다. 이를 통해 자신이 하생한 미륵불이며, 이상 세계를 만들겠다는 메시지를 전하려 했다. 미륵불로서의 능력을 과시하기 위해 내세운 것이 미륵관심법彌勒觀心法이었다. 관심觀心은 본래 마음의 본바탕을 바르게 살펴본다는 것인데, 이를 통해 사람들의 비밀을 알 수 있다고 주장했다. 그리고 반란의 음모를 알아본다며 의심 가는 사람들을 제거해나갔다. 심지어 부인 강씨康氏와 두 아들까지도 역모로 몰려 죽었다.

그러자 기득권에 위협을 받은 호족들과 승려들이 반감을 가졌다. 또한 새 수도 건설을 위한 노역勞役과 세금 부담이 커졌다. 흉년으로 백성의 생활이 곤궁해지자 민심도 돌아섰다. 이와 같은 반발로 궁예 정권이 위기에 처하자, 궁예의 대안으로 등장한 인물이 왕건이다.

왕건의 가문은 예성강·임진강과 강화도를 연결하는 해상 세력이었다. 896년에 왕건의 아버지 용건이 궁예 휘하에 들어가며 용건은 철원태수로, 왕건은 금성태수金城太守로 임명되었다. 용건과 함께 궁예 밑으로 들어간 이후, 왕건은 자신의 능력으로 전공戰功을 세우면서, 913년에는 파진찬波珍湌 벼슬을 받고 시중侍中에까지 올랐다.

궁예가 미륵관심법을 핑계로 많은 인물을 제거하는 동안, 왕건 역시 역모 혐의를 받아 위기에 처했으나 제거되지는 않았다. 결국 918년 6월, 왕건 수하의 장수들인 신숭겸申崇謙, 홍유洪儒, 복지겸卜智謙, 배현경裵玄慶 등이 정변을 일으켜 궁예를 쫓아내고 왕건을 추대했다.

궁예는 천한 사람의 복장을 하고 도망쳐 산골짜기에 숨어 있다가 부양斧壤(지금의 평강)에서 백성들에게 피살되었다고 한다. 궁예의 개혁은 중앙집권체제 건설의 모범이 되었으나 호족들의 반발로 무산되고 말았다. 호족의 영향력에서 벗어나기 어려운 한계를 보여줬던 것이다.

918년 왕위에 오른 왕건은 나라 이름을 고려高麗라 하고 연호를 천수天授라 했다. 919년 1월에는 도읍을 다시 송악으로 옮겼다. 궁예와 달리 신라와도 우호적인 관계를 맺었다. 왕건은 고려를 세우면서 견훤과도 화친을 시도했다. 견훤도 인질을 교환하며 화해를 맺기도 했지만, 견훤이 보낸 인질이 병으로 죽으면서 화친이 깨졌다.

927년, 신라가 왕건과 가까워지는 기미가 보이자, 견훤은 경주로 진격해 포석정에서 경애왕을 살해했다. 그리고 세워진 김부金傳가 신라의 마지막 왕인 경순왕敬順王이다. 이 소식을 듣고 달려온 왕건도 공산公山 싸움에서 크게 패해 죽을 고비를 넘겼다. 이후 견훤과 왕건의 분쟁은 더욱 심해졌다. 고려와 후백제가 직접 국경을 맞댄 지역은 물론, 신라 영역을 두고도 전투가 벌어지게 되었다. 견훤은 후당, 오월, 거란, 일본 등과의 외교를 통해 무역을 하며 배후에서 고려를 위협하려 했다. 그러나 경순왕이 고려에 접근하면서 고려와 후백제 전쟁도 고려에게 유리하게 기울었다.

이러던 중 견훤이 배 다른 아들인 넷째 금강金剛에게 왕위를 물려주려고 하다가, 형들인 신검神劍·양검良劍·용검龍劍 등의 반발로 내분이 생겼다. 이 결과 견훤은 금산사金山寺에 유폐당했다가 탈출해 고려로 망명했다. 이후 견훤은 자신이 세운 후백제 정벌에 앞장서게 되었고, 결국 스스로 후백제를 멸망시켰다. 935년 10월에는 신라왕이 고려에 귀순해 왔다. 다음 해에는 일선군一善郡의 일리천一利川을 사이에 두고 신검이 이끄는 후백제군과 최후의 결전을 벌여 후백제를 멸망시켰다. 왕건은 견훤을 비롯한 후백제 왕족들을 받아들였으나, 신검·양검·용검 등은 얼마 뒤 모두 살해되었다. 견훤 또한 연산連山의 절(개태사開泰寺)에서 병으로 죽었다.

**왕건의
정책**

왕건이 집권했을 때부터 이에 반발하는 호족들이 있었다. 이들을 진압하면서 왕건은 호족 세력을 회유해 제도권으로 흡수하는 데에 역점을 두었다. 940년에는 후삼국 통일에 공을 세운 조신

朝臣과 군사軍士 등에게 지위가 높고 낮음에 관계없이, 인품과 공로에 따라 수조지收租地를 주었다. 이를 역분전役分田이라 한다. 분급의 기준은 관계官階나 관직이 아니라 고려왕실에 대한 충성도와 공로에 따른 것이었다. 사실상 지배하고 있는 토지를 역분전이라는 이름으로 공인해준 것이라고도 본다. 이것이 고려시대 토지분급제도인 전시과田柴科의 선구가 되었다.

그리고 각 지방의 유력한 호족의 딸들을 왕비로 맞아들이는 혼인정책을 썼다. 또한, 호족들에게 왕씨 성姓을 주어 유사동족類似同族을 만들었다. 태조가 호족들에게 벼슬을 내리고, 토성土姓을 나누어준 것도 지배질서 안에 편입시키려는 의도였다.

이렇게 해서 고려의 지배층은 왕건의 진영에 동참한 공신들, 신라의 진골·6두품六頭品 세력, 지방 호족 등으로 이루어졌다. 호족 세력이 고려 건국의 주역이 되면서, 시간이 흘러감에 따라 수도로 진출한 세력在京勢力과 토착 세력土着勢力으로 갈렸다. 전자는 귀족·관인 세력으로 성장했던 데 비해, 후자는 군현의 향리로 남게 되었다.

왕건은 많은 호족들을 중앙 관리로 전환시켰다. 또 과거科擧·서리직胥吏職 등을 통해 지방 호족의 자제들을 계속 중앙의 관리로 불러 올렸다. 이와 같은 조치들은 호족들을 국가 관료기구에 끌어들여 관료로 편성하기 위한 것이었다. 그래서 왕건의 고려 정권을 호족연합 정권이라고 부른다.

그러면서 왕건 정권은 호족 세력의 통제에도 노력했다. 지방에 남아 있던 호족들에게는 호장·부호장 등의 향직을 주고 그 자제들을 뽑아 인질로 수도에 머무르게 하는 기인제도其人制度를 실시했다. 그리고 지방에 연고가 있는 고관에게 자기의 고장을 다스리도록 하는 사심관事審官 제도도 실시되었다. 사심관들에게는 자기 출신 지역의 부호장 이하 향직을 임명할 권한과, 지방의 인사 추천, 세금 징수, 치안 통제 등의 권한이 주어졌다.

고려가 세워질 무렵 대륙에서는 큰 변동이 일어났다. 발해가 거란에게 망하면서 대규모의 유민이 고려로 망명해 왔다. 태조太祖 왕건은 발해 유민들을 받아들이고 우대했다. 특히 발해 마지막 왕 대인선大諲譔의 세자를 자칭한 대광현大光顯에게는 왕계王繼라는 이름을 하사하고 고려왕실 족보에 넣어주었다. 그러면서 북쪽으로 고려의 영토를 넓혔다. 서쪽으로는 청천강, 동쪽으로는 원산만 부근까지 진출했다. 거란에서 보낸 낙타를 굶겨 죽이며, 거란에 대한 적개심을 표현한 것도 북진을 위한 조치였다고 해석된다.

태조는 만년에 신하로서 지켜야 할 규범으로『정계政誡』1권과『계백료서誡百寮書』8편을 지어 반포했다. 이 두 책은 중앙 관료와 지방 호족들에게 군주에 대한 신하의 도리를 서술한 것이었다. 또한『훈요십조訓要十條』를 지어 군주로서 지켜야 할 교훈을 남겼다.

혼인 등으로 안정시켜놓았던 고려의 정국은, 구심점인 왕건이 죽자 자신의 핏줄로 후계를 잇기 위한 호족들 사이의 갈등으로 불안해졌다. 왕건 역시 죽기 전부터 이러한 사태가 일어날 것을 우려했다. 특히 맏아들 무武의 외가 세력이 미약해 태자의 지위가 위태롭다고 여겨져, 자신을 위해 여러 차례 공을 세웠던 박술희朴述熙에게 후견을 맡겼다. 이 덕분에 둘째 부인 장화왕후莊和王后 오씨吳氏 소생인 맏아들 무가 뒤를 이었다. 이가 혜종惠宗이다.

그러나 호족들의 알력은 계속되었다. 이 때문에 혜종은 항상 갑사甲士의 호위를 받는 불안한 생활을 해야 했다. 박술희가 먼저 제거되고 혜종도 병으로 죽은 후, 자신의 외손자 광주원군廣州院君을 후계자로 삼고자 했던 왕규王規와 혜종의 이복동생 요堯 사이에 분쟁이 생겼다. 이것이 이른바 '왕규王規의 난'이다. 결국 서경의 왕식렴王式廉과 결탁한 요가 왕규를 제거하고 왕위에 올랐다. 이가 정종定宗이다. 정종은 호족들을 견제하기 위해 서경으로의 천도를 기획하는 등 노력을 기울였으나, 갑자기 병으로 죽어 실현하지 못했다.

광종의 개혁

정종이 죽자 왕위는 정종의 친동생 소昭에게 돌아갔다. 그가 광종光宗이다. 광종은 즉위 후 온건한 방법으로 왕권의 기반을 잡은 다음, 서서히 호족 세력을 탄압했다. 탄압의 계기는 956년의 노비안검법奴婢按檢法이었다. 당시 호족 출신 공신들은 후삼국시대의 혼란을 틈타 포로나 난민들을 노비로 삼았다. 이렇게 얻은 노비들을 기반으로 자신들의 경제적, 군사적 기반을 키워 왕권에 큰 위협이 되었다. 그래서 이들 중 원래 양인이었던 노비들에게 양인 신분을 회복시켜준 조치가 노비안검법이었다.

태조 왕건이 알면서도 별다른 조치를 취하지 못했던 문제에 광종이 해결을 시도한 것이다. 노비안검법으로 인해 호족들의 노비가 해방되어 그들의 경제적, 군사적 기반이 약화되었다. 이에 반해 국가의 입장에서는 양인을 확보하며 조세 수입 기반을 확대할 수 있었다.

958년에는 후주 출신 쌍기雙冀의 건의에 따라 과거제도를 실시했다. 과거는 혈통에 의해 공신의 자제 위주로 등용하던 종래의 관리 등용 관행과는 달리, 시험을 통해 관리를 등용하는 제도였다. 그뿐만 아니라 과거의 최종 시험관은 국왕이었다. 결국 합격자는 국왕의 관리가 된다. 국왕은 이들을 군현에 파견해 중앙집권적 전제정치를 실시할 수 있었다. 시험 과목을 유교 경전으로 정해 유교적 교양이 부족한 호족 자제들이 통과하기 어렵게 만들었다. 자연스럽게 이들을 견제하는 동시에, 왕에게 충성하는 관료집단을 양성하는 효과가 있었다.

이 제도를 건의한 쌍기가 후주 세종의 개혁에 관여한 경험이 있는 인물이었다. 여기에서 과거제도를 실시한 의도를 엿볼 수 있다. 과거제는 호족 출신이 아닌 문신 유학자가 정국을 주도하는 문치주의文治主義로 전환하는 의미도 있었다.

이어 960년에는 백관百官의 공복公服을 정했다. 모든 관리의 복색을 계급에 따라 자삼紫衫, 단삼丹衫, 비삼緋衫, 녹삼綠衫의 네 등급으로 구분한 것이다. 이는 왕을 중심으로 하는 위계질서를 확립하는 의미가 있었다.

광종은 불교계 장악에도 나섰다. 승려들도 과거를 치르게 하는 승과僧科도 만들었다. 국가에서 인정한 승려에게만 자격을 주겠다는 의미였다. 승과와 함께 불교 교단이나 승려의 관리 등 불교계의 문제를 처리하기 위해서 조정에서 관리를 두는 승관僧官 제도 역시 강력하게 시행되었다.

조치의 배경에는, 영향력을 가진 불교계를 총체적으로 장악해 왕권 강화를 위한 초석으로 이용하려는 의도가 있었다. 광종은 968년에 혜거惠居를 국사國師로 삼고, 탄문을 왕사王師로 삼아 고려의 국사·왕사 제도의 체계를 확립시켰다.

이러한 정책에 대한 호족들의 불만이 커지자 광종은 숙청 작업에 나섰다. 반발하는 개국공신들을 제거하여 "감옥이 항상 가득 차서 따로 가옥假獄을 설치하게 되었으며, 죄 없이 살육당하는 자가 줄을 이었다"라는 기록이 나올 정도로 많은 귀족들을 제거했다.

광종은 귀족들에 대한 숙청을 전후해 시위군을 강화하고 광군光軍 30만을 양성했다. 그리고 호족들의 의사를 반영하던 순군부徇軍部가 약화되고, 왕을 지키는 장위부掌衛部가 강화되었다.

광종은 개혁을 위해 귀화인들을 적극 활용하며 여기에 과거를 통해 등용한 신진 유학자들을 가세시켰다. 큰 세력을 가진 호족과 이해관계가 다른 군소 호족들 일부도 광종의 개혁을 지지했다. 균여 같은 승려들도 지원해주며 왕권 강화를 위해 활용했다.

왕권 확립에 대한 의지는 '황제皇帝'를 자칭하며 광덕光德·준풍峻豊 등의 독자적인 연호를 사용한 데에서도 나타난다. 또 수도 개경開京을 황도皇都라 하고 서경西京을 서도西都라고 불렀다. 그러면서도 밖으로 중국의 여러 왕조와의 외교활동도 게을리하지 않았다.

호족 세력의 제도권 흡수와 전시과

975년에 광종이 죽고 경종景宗이 즉위하면서 호족들의 반발이 거세졌다. 반발을 무마하기 위해 광종 때에 참소讒訴당한 사람들의 자손들에게 복수할 것을 허락하자, 개혁 정치의 주역들이 제거되고 살육이 벌어졌다. 또 노비안검법에 의해 양인이 된 사람 중, 옛 주인을 경멸하는 등의 물의를 일으킨 자들을 다시 노비로 삼는 법이 시행되었다. 이를 노비환천법奴婢還賤法이라 한다. 이러한 사태로 보아, 광종의 개혁에도 불구하고 고려 초기에는 호족 세력의 영향력이 강하게 남아 있었음을 알 수 있다.

이와 같이 혼란을 겪던 고려의 통치체제는 경종 때 전시과가 제정되면서 그 기반을 잡아가기 시작했다. 전시과는 단순한 토지제도 정비가 아니라 고려의 복잡한 정치·경제적 상황을 반영한 제도였다.

고려왕조는 혈통 위주로 운영되던 신라의 골품제骨品制를 타파하고, 보다 넓은 호족 계층을 국가 관료로 등용하는 체제를 확립하고자 했다. 그러나 건국 초부터 완벽한 관료제를 정비하기는 어려웠다. 고려 초기의 관직체계가 신라와 태봉의 것을 답습한 것도 이 때문이다.

그러나 976년에 실시된 전시과부터는 획기적인 변화가 보인다. 경종 즉위 초에 정해진 전시과에서는 모든 관리를 공복公服의 빛깔에 따라 자삼, 단삼, 비삼, 녹삼 네 단계로 나누고, 자삼층을 제외한 나머지 계층을 문반文班, 무반武班, 잡업雜業으로 구분해 각 품品에 따라 전지田地와 시지柴地를 지급했다.

전시과는 전과田科와 시과柴科를 합해서 부르는 말로, 전과는 경작지이고 시과는 땔나무를 얻는 산지이다. 경작지와 산지는 관료의 등급에 따라 차등 지급되었다.

전시과의 내용을 겉으로만 보면 국가에서 관료들에게 토지를 지급한 것으로 되어 있다. 그러나 내막은 조금 달랐다. 녹봉만 주면 그만인 관리들에게 수조지인 전지와 시지가 따로 지급된 것이다. 이렇게 된 원인은 고려왕조가 성립되기 이전, 상당 지역의 지배권은 귀족 또는 호족의 손에 있었기 때문이다. 태조 왕건이 고려를 세우는 데 공이 있는 호족 등에게 역분전을 지급한 것도 그러한 맥락이었다.

문반, 무반, 잡업의 구분이 단삼층 이하에만 있고 자삼층에는 없었던 까닭도 같은 맥락에서 해석된다. 자삼층이 고려 건국 초기 공신 계열의 기득권층으로 구성되어 있었기 때문에 전문 분야를 나눌 필요가 없어서이다. 시간이 지나면서 고려왕조에서는 각 지역의 지배권을 제도권으로 흡수하려 했으나 한꺼번에 시행하면 많은 반발이 일어날 것을 우려해, 일정 부분에 대한 기득권을 예외적으로 인정해주었다.

이것이 형식적으로는 국가에서 하사하는 것으로 설정되었다. 이때 국가에서 준 전시과는 토지의 소유권이 아니라 수조권收租權이었다. 이러한 구조에서는 시간이 갈수록 지급되는 수조지가 감소되거나 소멸되게 마련이었다. 고려의 전시과가 크게 세 번 개정되고, 개정될 때마다 지급 범위와 지급액이 줄어들었던 이유가 여기에 있었다.

따라서 경종 때의 전시과는 신라 말, 고려 초의 호족 세력이 고려 관료제에 재편성되어가는 과도적 시기에 나타난 토지제였다고 할 수 있다. 경종 전시과에서는 정식으로 관직체계상의 문文·무산계武散階를 구분하고 있었던 것이 아니었다. 문계와 무계·산계가 구분되는 새로운 관직체계를 마련하기 위해 고려는 995년에 당唐의 관직체계를 따랐다.

이때 제정된 문·무산계는 일부를 제외하고 637년에 제정된 당의 문·무산계와 같은 것이었다. 제도적인 측면에서는 문반과 무반이 동등하게 설정되어 있었다. 이것은 양반 관료제를 균형 있게 발전시키는 데 있어서 필수조건이기도 했다.

이와 같이 중국식 문·무산계가 실시됨에 따라 고려 건국 초기의 관직체계는 지방 관직鄕職에나 남게 되었다. 향직은 중국식 문·무산계와 다른 토착적 관직체계를 의미하는 것으로 13세기경까지 남아 있다가 소멸되었다.

그러나 995년에 제정된 문·무산계는 당의 문·무산계를 그대로 채용한 것이기 때문에 고려의 실정에 맞지 않았다. 문반의 지위가 무반보다 높아

균형이 맞지 않았기 때문이다. 그리하여 무반도 문반처럼 문산계를 받고 있었다.

고려시대에는 과거시험에서도 문과文科에 해당하는 제술업製述業, 명경업 明經業만 있고 무업武業은 없었다. 고려시대의 무업은 1116년부터 1133년까 지 24년간만 실시되었을 뿐이다.

고려시대의 무반은 미천한 출신으로서 무예나 용기가 뛰어나 발탁된 사 람들이었다. 따라서 가문이 좋은 문반에 비해 출신이 미천한 무반은 차별 을 받게 마련이었다. 고려 관료 최고 지위인 재추宰樞에는 무반이 임명되 기 어려웠으며, 당연히 무관이 맡아야 할 군 지휘권조차도 문관이 겸하는 것이 보통이었다. 이에 비해 무관은 문관직을 겸하기 어려웠다.

3

일본
율령체제의 붕괴

체제 붕괴의
조짐

셋칸攝關 정치의 틀에서 벗어나보려 우다宇多, 다이고醍醐, 무라카미村上 세 천황은 셋쇼攝政과 간파쿠關伯을 두지 않고 직접 정치를 돌보았다. 이렇게 직접 정치를 돌보려 했던 배경, 특히 우다 천황이 스가와라 미치자네菅原道眞를 등용했던 배경에는 율령체제의 특징인 공지공민제公地公民制의 붕괴를 막아보고자 하는 의도가 있었다. 즉, 이 천황들은 기본적으로 이전의 율령체제로 지배되던 시대로 돌아가려 했던 것이다. 그러기 위해서는 조·용·조의 세제, 반전수수법班田收受法 등이 제대로 실시되어야 했다.

셋칸 정치

셋쇼攝政는 천황이 어릴 때 대신 정무를 집행하는 역할을 하는 자리이다. 간파쿠關伯

는 천황이 성인이 되었을 때 정무를 총괄하는 관직이다. 천황이 어릴 때는 셋쇼를, 성인이 되고 나서는 간파쿠의 자리를 독점하며 실권을 잡는 것을 '셋칸攝關 정치'라고 한다. '셋칸'은 '셋쇼'와 '간파쿠'를 합친 말이다. 셋쇼와 간파쿠를 낸 집안은 셋칸케攝關家라고 한다.

그런데 이러한 정책이 제대로 먹혀들지 않았다. 스가와라 미치자네의 실각 배경에도 이러한 요인이 작용했다. 뒤집어 말하자면 그만큼 율령체제에 입각한 통치가 제대로 이루어지지 않고 있었다는 의미이다.

그 원인은 8세기 후반부터 농민들의 생활이 어려워졌다는 데에 있다. 많은 농민들이 조·용·조 체제의 세금 부담에서 벗어나고자 도망쳐 떠돌았다. 9세기가 되면 호적에 기재되는 남자의 숫자가 급격히 줄어들었다. 그만큼 세금 부담을 줄이기 위해 남자를 호적에 올리지 않는 경우가 늘어났다는 뜻이다.

그 이면에는 지방 지배체제의 붕괴라는 측면이 있었다. 반전수수법이 제대로 시행되려면, 인구가 늘어나는 만큼 국가에서 지급할 수 있는 토지가 늘어나야 했다. 토지를 확보하기 위해 개간을 장려했지만, 개간하는 데에는 막대한 비용과 노동력이 필요했다. 결국 대부분의 개간은 비용과 노동력을 부담할 수 있는 귀족이나 사찰에 의해 이루어졌다. 개간은 농민들에 지급되는 토지보다 귀족과 사찰이 보유한 토지를 늘리는 결과를 낳았다.

이 때문에 반전의 시행도 8세기 말부터 어려워져갔다. 아예 반전 자체가 시행되지 않는 지역도 증가했다. 이러다 보니 공민公民이라는 용어 자체가 9세기 초부터 사라져버렸다. 이는 모든 백성을 공민으로 삼아 지배하는 공민제와, 국가가 토지를 지배하는 공지제의 원칙이 무너지고 있다는 징조였다.

이와 같은 사정 때문에, 간무桓武 천황이 여러 개혁 조치를 취했음에도 불구하고 율령제가 해체되는 것을 막을 수 없었다. 국가가 토지를 나누어 준 기록이 902년에서 끝나면서, 공지공민제는 역사 속으로 사라졌다.

반면 귀족들의 토지는 늘어났다. 이렇게 해서 형성된 토지가 장원莊園이다. 심지어는 황실도 개간에 참여하여 장원을 소유했다. 그것이 칙지전勅旨田이다. 이렇게 확보한 토지를 황족에게도 사전賜田이라는 형태로 지급했다. 그리하여 천황과 소수의 황족·귀족에게 많은 토지가 집중되었다. 공민으로서 과중한 조세 부담을 견딜 수 없어 부랑인이 된 농민들의 대다수는 이러한 장원의 장민莊民으로 흡수되었다.

처음에는 장원도 국가에 세금을 바치는 의무가 있었다. 그런데 이런 형태의 장원은 9세기에는 쇠퇴했다. 개간을 하거나 사들여 형성된 초기 장원은 토지만 확보했을 뿐, 이를 경작할 노동력이 부족했거나 면세도 받지 못하는 등 경영에 어려움을 겪었기 때문이다.

그러나 10세기경부터 유력한 귀족들과 사원은 자신들의 장원에서는 조세를 내지 않아도 되는 권한인 불수조권不輸租權을 인정받았고, 고쿠시国司의 관리가 장원에 들어가는 것을 거부하는 불입권不入權까지 얻는 일이 많았다.

그 배경에는 지방민의 통치를 두고 생겼던 갈등이 있었다. 율령체제에서 중앙정부가 지방을 지배하기 위해 파견한 존재가 고쿠시이다. 고쿠시는 원래 율령국가 초기 당시에는 행정·재판·군사·경찰권을 가진 중앙에서 구니国에 파견한 행정관이었다. 고쿠시의 장관을 가미守, 지방의 단위를 말하는 구니를 실질적으로 통치하는 가장 높은 관리를 즈료受領라 불렀다. 고쿠시는 세금 징수 등 상당한 권한을 가지고 있었다.

그런데 율령체제로의 수취가 곤란해지면서, 조정에서는 고쿠시에게 일정 액수의 세를 받는 대신 한 구니의 통치를 일임하는 방식을 취하기 시작했다. 이는 이율배반적으로 율령제에 입각한 지방통치의 근본을 흔들어놓는 결과를 낳았다. 한 구니의 통치를 위임받는 고쿠시는 농민에게 조·용·조 체제와 비슷한 수준의 각종 조세를 부담시켰다. 10세기 이후에는 그와 같은 물자·노역 부담을 구니야쿠国役 또는 닌지조야쿠臨時雜役라 불렀다.

이와 같이 율령체제의 호적이나 장부가 제 기능을 못 하게 되면서 조세 징수의 대상이 토지로 바뀌었다. 이러한 토지에는 경작을 청부받은 사람의 이름을 붙여 묘名 또는 묘덴名田이라고 불렀다. 이리하여 호적을 기준으로 매겨지던 수취체제가 묘라 불리는 토지를 기초로 과세하는 새로운 수취체제로 바뀌었다.

장원의 발달

이러한 체제에서 장원이나 공령公領에서 경작지를 받아 농사짓는 농민을 다토田堵라 했다. 다토 중에서는 고쿠시와 결탁하는 등의 방법으로 규모를 키워 다이묘다토大名田堵라고 불리는 사람도 나타났다.

당시 사회의 하부구조에서 부유한 농민들이 부각되기 시작한 것이다. 이들은 곡식을 빌려준다든지, 세금을 대신 내준다든지 하는 등의 방법을 써서 주위의 가난한 농민들을 장악해나갔다. 일본 조정에서도 이들을 무시할 수 없을 정도로 세력이 성장했다.

그런데 시간이 지나면서 구니의 통치를 위임받은 고쿠시가 세율을 조정해 조세를 걷을 수 있는 풍조가 조성되었다. 이를 이용해서 세율을 높여 사리사욕을 채우는 고쿠시가 나타났다. 이와 함께 고쿠시 자리가 이권을 얻는 요직으로 인식되어갔다. 이 때문에 매관매직을 통해 고쿠시 자리를 사는 자가 생기며, 현지에 내려가지도 않으면서 대리인을 파견해서 다스리는 경우도 나타났다. 이를 요닌遙任이라 불렀다. 요닌들은 해당 지방의 호족 중 하나를 뽑아 실무행정을 맡겼다. 이들을 자이초칸닌在廳官人이라고 했다.

고쿠시가 횡포를 부리는 경우가 늘어나자, 이러한 상황이 농민 생활의 악화와 겹쳐 지방 지배를 더욱 어렵게 만들었다. 이와 함께 새로운 세력이 고개를 들기 시작했다. 다토는 점차 자신이 받은 경작지에 대한 권리를 강화하여, 묘덴의 소유자를 의미하는 묘슈名主라 불리게 되었다. 묘슈는 묘덴의 일부를 게닌下人 등의 예속 농민에게, 또 다른 일부를 사쿠닌作人이라 불리는 농민 등에게 경작시키면서, 연공年貢·공사公事·부역夫役 등을 영주에게 바쳤다. 한편 다이묘다토 중에는 주변의 산야와 황무지를 개발하여 대토지 소유자가 된 자도 많았다. 이를 개발영주라고 한다.

이런 구조에서 다이묘다토가 개발영주로 성장하여 일정 지역에 대한 지배가 가능해지자 권력자와의 연결을 시도했다. 개발영주는 유력한 중앙의 사원과 귀족처럼 세금을 내지 않고 관리가 장원에 들어오지 못하도록 하는 불수조·불입권을 얻어낼 수 있는 힘이 없었다. 그 때문에 고쿠시 같은 관리의 간섭을 받아야만 했다.

이들이 고쿠시의 횡포에 저항하며 충돌하기 시작했다. 개발영주들은 관리의 간섭에서 벗어날 방법을 찾았다. 개발영주를 중심으로 한 향촌 세력들은 고쿠시에 대항하기 위해 이들보다 큰 힘을 가진 존재를 찾았다. 그들이 바로 원궁왕신가院宮王臣家 또는 권문세가權門勢家라 불리는 황족·귀족들이었다.

향촌 유력자들은 중앙의 유력한 귀족과 사원에 토지를 바치고(이를 기진寄進이라 한다), 자신은 그 장원의 장관莊官으로서 실질적인 권익을 확보했다. 이들은 자기가 관리하는 영지를 조정의 권력자에게 헌납하며, 게시下司나 구몬公文 등의 관직을 받고 영지에 대한 지배를 강화했다.

이렇게 헌납받은 장원이 더 지위가 높은 귀족이나 천황가 등의 유력자에게 다시 헌납되기도 했다. 장원을 기부받은 귀족이나 사원·신사를 료케領家라 불렀다. 장원을 기부받은 료케가 자기의 장원을 보호하기에 충분한 힘이 없을 경우, 그 료케는 자신보다 훨씬 강한 권력을 가진 자에게 장원을 바쳤다. 료케로부터 장원을 받은 자를 혼케本家라 한다. 혼케는 중앙의 권력자인데, 대부분은 후지와라藤原씨 등 권력자이거나 황족이었다. 이들 가운데서 실질적인 지배권을 가진 쪽을 혼쇼本所라 불렀다. 료케 또는 혼케는 장원을 보호해주는 대신 매년 일정한 조세를 걷었다.

장원을 바친 원래 주인은 대체로 현지에서 장원을 관리하는 장관이 되어 장원 영주에게 매년 일정량의 연공을 바치고 그 지위를 보장받았다. 이들은 료케·혼케의 권력을 이용하여 조세가 면제되는 불수권을 얻었다. 이에 더하여 고쿠시의 간섭에서 아예 벗어날 수 있도록 고쿠시의 출입을 거부하는 불입권까지 얻는 경우도 많았다.

그리하여 같은 토지에 경작자, 장관, 료케, 혼케라는 몇 겹의 법적 권리가 생기게 되었다. 이 권리는 세습되었다. 이것을 기진지계장원寄進地系莊園이라 한다. 10~12세기 무렵 성립한 장원은 대부분 기진지계장원이었다. 이런 식으로 많은 토지가 유력한 귀족과 사원으로 집중되었다.

이러한 기진지계장원은 11세기 중반 이후 일본 전국으로 확대되어나갔다. 특히 기나이畿內 지역 주변에는 힘 있는 사원이 다토의 헌납을 받고, 조정이나 구니로부터의 잡역을 면제받은 장원도 많이 생겨났다. 이를 잡역면계장원雜役免系莊園이라 한다.

장원이 늘어갔지만, 한동안은 고쿠시의 지배 아래에 있는 공령公領도 남아 있었다. 고쿠시들은 공령을 지키기 위해 구니 내부를 군郡·향鄕·보保 등의 새로운 단위로 재편하고, 여기에 호족이나 개발영주를 책임자로 임명하여 이들을 통해 조세를 걷었다. 또한 다도코로田所, 사이쇼税所 등의 관련 행정기구를 정비하고, 고쿠시가 파견하는 대리인 모쿠다이目代를 통해 공령을 관리했다.

그런데 공령의 관리를 맡게 된 호족과 개발영주, 자이초칸닌들은 공령을 자신들의 공동영지처럼 관리했으며, 심지어 이를 장원 영주에게 바치는 경우도 있었다. 이렇게 되어 율령체제에서 국·군·리(향)로 구성되어 있던 구니의 체제가, 장원과 공령으로 구성되는 체제로 바뀌어갔다.

고쿠시들은 자신들이 관리하는 토지가 줄어드는 상황에 반발해 장원을 정리해야 한다는 주장을 폈다. 그렇지만 대세에 밀리면 임기가 끝날 무렵 장원의 확대를 허용하고 이권을 챙기는 고쿠시도 있었다.

이렇게 중앙의 유력한 세력이 장원 확대에 나서게 되자 조租를 내지 않는 장원이 증가했고, 이에 따라 국가가 거둬들이는 조세田租는 크게 줄었다. 조정에서는 이를 방관하지 않았다. 902년에 엔기延喜의 장원정리령莊園

整理令을 필두로 1156년까지 10회나 같은 조치를 반복했다. 황족·귀족이 산천수택山川藪澤을 점유하는 것, 백성으로부터 전지사택田地舍宅을 매입하는 것처럼 토지 사유화를 금지하는 등의 조치를 취한 것이다.

그러나 이러한 경향이 위축되지 않았다. 장원정리령을 결정하고 실행해야 하는 당사자가 가장 많은 장원을 가지고 있는 후지와라 가문이었기 때문이다. 이에 못지않은 장원을 가지고 있는 황실이나 귀족들도 장원 정리에 적극적일 수 없었다. 국가가 토지를 나누어준 기록이 902년을 끝으로 더 이상 볼 수 없게 되어 공지공민제는 역사 속으로 사라졌다. 면세특권을 누리면서 공권력의 개입도 거부할 수 있는 장원의 확대는 국가 기강을 무너뜨렸다. 왕권에 의한 중앙집권제의 기본이 무너진 것이다.

인세이

후지와라씨가 150년 동안 권력을 잡았지만, 가문의 여자가 후계자를 낳지 못하는 일이 계속되었다. 그 때문에 1068년 후지와라씨와 혈연적 관계가 없는 고산조後三條 천황이 즉위하는 사태가 일어났다. 고산조 천황은 후지와라씨가 주도하는 셋칸 정치의 그늘에서 벗어나 천황가의 권위를 회복하기 위한 정치 쇄신을 꾀했다.

셋칸케를 압박하는 방법은 후지와라씨에게 반감을 가지고 있는 인물들을 적극적으로 등용하는 것이었다. 그리고 후지와라씨를 중심으로 한 귀족들의 경제적 기반인 장원도 정리해버렸다. 고산조 천황은 1069년 기로쿠쇼엔켄케이조記錄莊園券契所를 설치했다. 이를 통해 장원 소유자에게 제출하도록 한 증거서류와 고쿠시가 제출한 자료를 대조하여 문제가 있는 장원은 폐지시켰다.

심사를 받아 유지된 장원들도 이전과는 달리 국가의 토지대장에 올라 조세를 납부하게 되었다. 장원에서 조세를 걷게 되자 고산조 천황은 그 기준을 명확하게 하기 위해 선지宣旨(임금의 명령을 널리 선포)를 내려 도량형度量衡을 통일했다. 이 덕분에 국가 재정이 어느 정도 개선되었다.

고산조 천황의 장원정리령은 일본 역사상 가장 강력하고 치밀하기로 유명하여, 이 시기의 연호를 따서 '엔큐延久의 장원정리령'이라 불린다. 이러한 노력으로 파탄에 이르렀던 수취체제를 개선하여 '엔큐의 선정善政'이라는 칭송을 받기도 한다. 이 때문에 셋칸케는 큰 타격을 받았다. 그럼에도 불구하고 내부 분열 때문에 효과적으로 저항할 수 없었다.

그리고 보다 강력한 개혁을 실시하기 위해 즉위한 지 4년 뒤인 1072년, 제1 황자인 사다히토貞仁 친왕에 양위讓位하고 상황上皇에 올랐다. 그와 함께 상황이 정사를 보는 곳인 인노초院の廳를 설치했다. 이것이 후지와라씨를 견제하려는 의도가 있었음은 분명하지만, 고산조 천황 자신이 다음 해에 병으로 쓰러져 사망하는 바람에 구체적으로 어떻게 하려는 의도였는지는 분명하게 드러나지 않는다.

실질적인 '인세이院政'는 고산조 천황에게 양위를 받은 시라카와白河 천황부터 시작되었다. 시라카와 천황 역시 1086년 아들에게 양위하고 자신은 상황이 되었다. 그리고 어린 호리카와堀河 천황을 후원한다는 명분으로 상황의 궁전院에 인노초를 설치하고, 인젠院宣(상황이나 법황法皇이 내린 명)과 인노초노구다시부미院廳下文(인노초에서 내린 명)를 통해 각국에 명령을 내리며 천황의 권력을 대행했다. 실질적으로 상황이 정국을 주도한 것이다.

이러한 형태의 정치를 인세이라 한다. 이 정치 형태는 셋칸 정치시대에 소외되었던 하급 귀족과 즈료층의 지지를 얻으면서, 이후 도바鳥羽·고시라 카와後白河 상황에 걸쳐 100년가량 지속되었다.

인세이를 실시하게 된 직접적인 동기는 차기 천황이 혹시라도 후지와 라씨와 관계를 맺게 되는 사태를 막으면서, 후계자를 둘러싼 갈등을 미리 방지하고자 하는 것이었다. 그렇지만 그 이상의 효과도 있었다. 상황으로 올라가서 복잡한 관례 및 규정의 구속에서 벗어나 자유롭게 원하는 정치 를 할 수 있었다. 또한 신분이 낮으면서 능력이 있는 인물을 등용하여 세 력 기반을 확충하는 것도 가능했다.

이와 같이 인세이를 통해 후지와라씨의 권력 독점에서 벗어나 천황가의 권위를 회복하고자 했다고 하지만, 그렇다고 해서 율령체제 같은 중앙집 권적 왕권 국가로 돌아간 것이 아니었다. 황실이 전면에 나섰을 뿐, 실제 내용은 셋칸 정치시대와 다를 것이 없었다. 후지와라씨가 천황을 전면에 내세우고 그 뒤에서 셋쇼와 간파쿠로 실권을 휘두른 것처럼, 상황도 천황 의 후견인임을 내세워 실권을 휘둘렀다.

장원 역시 마찬가지였다. 원칙적으로 조정은 장원을 정리하여 공령을 확대하고자 했지만 성과는 제한적이었다. 상황이 앞장서서 장원 확보에 나섰기 때문이다. 실제로 상황은 셋칸케를 능가하는 장원을 소유했다. 인 세이 역시 기진寄進된 장원을 주요 경제 기반으로 삼고 있었다. 시라카와 상황은 가까운 신하를 수입이 많은 구니의 즈료로 임명하며, 이들이 확보 한 경제력을 정권의 기반으로 삼았다.

유력한 귀족들은 권력을 등에 업고 지교코쿠슈知行国主가 되어, 그의 일족 이나 근신을 고쿠시로 삼았다. 그리고 현지에는 모쿠다이를 파견하여 그 국의 세를 거둬들이는, 이른바 지교코쿠제가 시행되는 경우가 많았다.

그래서 장원 정리 역시 다른 파벌의 장원을 상황과 그 측근이 빼앗은 데에 불과하다는 시각도 있다. 상황을 중심으로 한 귀족들은 그렇게 확보한 자금으로 이궁離宮을 짓는 등 호사스러운 생활을 했다. 이렇게 되면서 셋쇼가 힘을 잃은 대신, 천황가 내부의 갈등이 심해졌다. 상황이 실권을 잡는 구조에서 상황과 천황 사이의 갈등이 심해 분쟁이 자주 일어났고 내란으로 발전하기까지 했다. 심지어 상황이 여러 명인 경우도 있었다.

상황이 불교에 귀의해 법황法皇이 되기도 했고, 자연스럽게 사원 세력이 정치에 개입했다. 특히 시라카와 상황은 불교에 빠져 큰 사원과 불상을 만드는 데에 집착했다. 이는 후에 사원 세력이 성장하여 정치에도 큰 영향을 가지게 하는 요인이 되었다. 이에 더하여 살생을 금지한다는 명분으로 어업과 사냥을 못 하게 하여 백성들이 큰 고통을 받기도 했다.

인세이가 셋칸케의 횡포에서 벗어나기 위한 혁신정치로 시작되었지만, 그렇다고 근본적인 혁신이 되지는 않았다. 이와 같이 공식적인 책임자인 천황에게 실권이 돌아가지 않고, 그 뒤에서 상황이 실권을 휘두르는 구조 자체가 불안 요소였다.

무사 세력의 부각

헤이안平安시대 중반 이후, 율령체제가 무너지면서 공권력을 유지하기 어려워졌고 치안도 불안해지기 시작했다. 그러자 고쿠시나 장원 영주들은 자신들의 영지와 재산을 지키기 위한 무력을 갖추었다. 이것이 사회적으로 용인되면서 고쿠시나 장원 영주 등이 만든 무장집단에서 일하는 직업이 생겨났다. 이들을 무사武士라고 불렀다(이 책에서는 전문용어로 불러야 할 때는 '사무라이'라 하고, 포괄적으로 표현할 때는 '무사'를 사용한다). 이들은 생산 활동에 종사하지 않고 무예를 닦아 직업적인 무사가 되었다. 이들은 전투를 치르기 위해 이에노코家子라고 불린 일족과 로토郎黨라고 불린 무리를 모았고, 서로 싸움을 벌이기도 했다. 때로는 이들이 고쿠시에게 저항하는 경우도 있었다.

이렇게 성장해나가던 무사들은 지방의 호족을 중심으로 연합하기 시작했다. 수도였던 교토京都에서 멀리 떨어진 변경에서는, 대대로 그 지역에서 세력을 갖추고 있던 호족이나 임기가 지난 다음에도 해당 지역에 남아 있던 고쿠시의 후손을 중심으로 큰 규모의 무사단이 만들어졌다. 특히 간토關東 지방은 예전부터 에미시蝦夷 정벌의 기지 역할을 했고, 좋은 말이 생산되는 지역이라 무사의 성장세가 뚜렷하게 나타나는 지역이었다.

무사 세력의 위협이 현실적으로 드러난 사건이 조헤이承平·덴교天慶의 난이다. 그 시발점은 939년 간무헤이씨桓武平氏의 다이라노 마사카도平將門가 죽은 아버지의 유산을 둘러싸고 친척들 사이의 싸움에 말려든 것이었다. 이 싸움이 점차 지역의 유력자들 사이의 갈등으로 번지다 결국 마사카도가 관청을 점령하면서 반란으로 발전했다.

마사카도는 간토 전역을 점령하면서 신황新皇이라 자칭하고, 독자적으로 관직을 임명하며 이와이岩井에 새로운 왕성을 지었다. 비슷한 시기에 이요伊豫의 고쿠시였던 후지와라 스미토모藤原純友도 세토내해瀬戸內海(일본 혼슈本州 서부와 규슈·시고쿠에 에워싸인 내해)의 해적을 이끌고 반란을 일으켰다. 두 세력이 미리 손을 잡고 반란을 일으켰는지에 대해서는 논란이 있으나, 당시 중앙정부를 심각한 위기에 몰아넣었던 점은 분명하다. 이 두 개의 난을 스자쿠朱雀 천황 때의 연호인 조헤이와 덴교 연간에 일어난 사건이라고

하여 조헤이·덴교의 난이라 한다.

그러나 마사카도는 신황으로 즉위한 지 두 달 만에 같은 무사 세력인 후지와라노 히데사토藤原秀鄕, 다이라노 사다모리平貞盛 등에게 토벌당했다. 스미토모 역시 2년가량의 시간이 걸리기는 했지만 결국 진압되었다. 이들의 반란이란 자신의 지위 향상을 목적으로 무력에 호소하다가 '역적'이 된 데에 불과하다는 해석도 있다. 그러나 반란이 진압되었어도 이를 계기로 조정의 무능력이 드러난 반면, 지방 '무사'라는 존재가 부각되었다.

조헤이·덴교의 난을 계기로 지방 무사의 실력이 입증되자 중앙 세력과 이들이 손을 잡는 경우도 나타났다. 일부 호족 중에는 조정의 무관이 되거나 중앙 귀족의 신변 경호, 시중市中의 경비 등을 맡는 무리가 생겨났다. 이들을 쓰와모노兵라 불렀다. 일부 무사집단을, 도적이나 반란자를 체포하는 쓰이부시追捕使, 내란이 일어났을 때 병사를 통솔하는 오료시押領使로 임명하여 치안 유지를 분담시키기도 했다.

10세기 후반에서 11세기 전반 사이는 무사의 가문이 '쓰와모노의 가문'으로 정착해가는 시기였다. 후지와라노 히데사토, 다이라노 사다모리 등은 반란을 진압한 공으로 지방 수령을 거쳐 중앙 귀족으로 입성하는 데에 성공한 경우이다. 이들이 후에 무사의 시대를 열어가는 한 축이 되었다.

지방 무사와 조정 귀족이 연결되면서, 무사 사이에는 조정 귀족 출신을 통솔자인 동량棟梁으로 하는 주종 관계가 형성되었다. 그 대표적인 가문이 간무 헤이시桓武平氏(다이라 가문)와 세이와 겐지淸和源氏(미나모토 가문)였다. 다이라씨平氏와 미나모토씨源氏는 천황가에서 제외되며 지방에 정착한 경우이다. 이들은 천황가의 후손이라는 점으로 인해 사무라이의 신망을 얻었고, 동량이 될 수 있었다.

특히 미나모토씨는 도고쿠東国(간토와 중부 지역을 합쳐 부르는 명칭)에서 젠구넨 갓센前九年合戰, 고산넨 갓센後三年合戰을 만들어 이 지역 무사들을 기반으로 세력을 키웠다. 이 중 미쓰나카滿仲는 셋칸케인 후지와라 가문과 협력하며 위상을 높였다. 오우奧羽 지방에서는 후지와라 기요히라藤原清衡가 성장해나갔다.

무사는 셋쇼시대 이후의 정국을 좌우했던 군사집단이었다. 셋쇼나 상황·천황은 장원을 가지고 있어 경제적인 기반은 풍부했지만, 상대적으로 무력 기반은 약했다. 그래서 내란이나 권력투쟁이 일어나면 조정에서는 이들을 동원하여 해결했다. 무사집단은 처음부터 큰 세력이 아니었다. 그렇지만 차츰 중앙의 권력투쟁이 사무라이가 어느 쪽에 가담하느냐에 따라 좌우되기 시작했다. 급기야 무사단의 수장이 천황을 결정하는 경우까지 생겨났다.

**호겐 · 헤이지의
난**
　　　　　인세이 체제에서 천황은 허울뿐인 존재에 지나지 않았으므로, 실권을 두고 실권자인 상황끼리 혹은 상황과 천황의 갈등이 생기기 쉬웠다. 이 갈등은 무력 충돌로 이어지기도 했다. 이때의 충돌에 동원된 군사적 기반이 무사단이었다. 이 시기에는 천황가도 율령체제로 군사력을 동원할 수 없기 때문에 무사단에 의존할 수밖에 없었다. 결국 사무라이는 국가 권력이 군사집단을 통제하는 데 실패한 결과 발생한 것이라 할 수 있다.

또 당시 거대 장원 영주이기도 했던 대사원大寺院이나 신사神社가 승병僧

兵을 양성하여 조정에 압력을 넣어 오는 경우도 있었다. 이에 대응해 원院 측에서도 호쿠멘노부시北面の武士를 설치하여 무력 기반으로 삼았다. 하지만 이것만으로는 충분하지 못했다. 그렇기 때문에 셋쇼나 상황·천황은 내란이나 권력투쟁이 일어나면 사무라이들을 동원하여 해결했다.

인세이를 본격적으로 시작한 시라카와 상황은 처음에 겐지를 이용했지만, 후에는 이가伊賀·이세伊勢 지방에 기반을 구축하고 있던 다이라노 마사모리平正盛도 등용했다. 결국 다이라씨(헤이시)와 미나모토씨(겐지)의 무사단이 이후 중앙 권력투쟁에 개입한 주요 세력이 되었다.

상황들과 천황 사이 그리고 셋칸케 내부의 갈등이 고조되어가던 상황에서, 1156년 상황과 천황 사이에 무력 충돌이 터졌다. 퇴위한 뒤에는 신인新院, 사누키인讚岐院으로 불렸던 스토쿠崇德 상황과 고시라카와 천황이 충돌한 것이다. 도바 법황의 사망을 계기로 '상황 측에서 군사를 일으키려 한다'라는 소문이 나돌면서, 상황에 대한 고시라카와 천황 측의 압박이 시작되었다.

스토쿠 상황이 이에 대응하려 후지와라노 요리나가藤原賴長와 미나모토노 다메요시源爲義·다이라노 다다마사平忠正 등의 무사단을 모으자, 후지와라노 다다미치藤原忠通와 미나모토노 요시토모源義朝·다이라노 기요모리平清盛 등 천황 측 무사단이 상황 측을 공격하여 격멸시켰다. 이 사태를 '호겐保元의 난'이라 한다. 이때부터 권력투쟁에서 승리한 무사단의 뜻에 의해 정권이 결정되기 시작했다. 이와 같이 권력이 귀족들에게서 무사에게로 넘어왔다는 점에 주목하여, 호겐의 난을 일본의 고대가 종말을 고하는 시점으로 여긴다.

이 싸움에서 승리한 고시라카와 천황은 양위한 후 상황이 되어 또 다른 인세이를 시작하고, 후에 불교에 귀의하여 법황이 되었다. 다이라노 기요모리는 고시라카와 상황의 측근 후지와라노 미치노리藤原通憲와 손을 잡고 권력을 휘둘렀다. 이렇게 고시라카와 상황이 실권을 잡고 원정을 시작했으나, 이번에는 그의 무사들 사이에서 은상恩賞의 배분을 둘러싸고 분쟁이 일어났다.

겐지 무사단 수장인 미나모토노 요시토모와 헤이시 무사단 수장인 다이라노 기요모리가 충돌한 것이다. 은상에 불만을 품은 미나모토노 요시토모는 미치노리와 갈등을 빚고 있던 후지와라노 노부요리藤原信頼와 협력하여 기요모리와 미치노리를 타도하려 했다.

그래서 미나모토노 요시토모는 1159년에 군사를 일으켜 후지와라노 미치노리를 살해했다. 그렇지만 그도 기요모리의 반격을 받아 살해당했고 난은 평정되었다. 이를 '헤이지平治의 난'이라고 한다. 이와 같은 사건을 통하여 중앙 귀족의 권력투쟁은 무사의 무력으로 결정된다는 점이 명백해졌다. 무사의 힘과 지위는 확고해졌고, 특히 무가武家의 동량 역할을 하는 다이라노 기요모리의 권력은 더욱 성장했다.

중앙 정계로 진출한 다이라노 기요모리는 고시라카와 천황의 후원을 바탕으로 조정의 최고 지위인 다이조다이진太政大臣에 올랐다. 무사로서는 최초였다. 반세기쯤 전까지도 귀족에게서 멸시받던 무사의 수령이 조정 최고 지위에 오른 것은 새로운 시대가 왔음을 시사하고 있었다. 이 시기에 기요모리는 현재의 고베神戸항인 오와다노 도마리大輪田の泊를 수리하고, 세토내해의 항로를 정비하며 송宋과의 무역에도 힘을 썼다.

당풍 문화와
국풍 문화

헤이안으로 수도를 옮기고 난 뒤, 약 100여 년 동안 새로운 문화가 나타났다. 하나는 당 문화의 영향을 받아 일어난 당풍 문화唐風文化였다. 당의 체제를 참고해 국가체제를 정비하면서 그 영향을 크게 받았던 것이다.

국가의 권위를 높이기 위한 국사國史의 편찬도 그중 하나였다. 이 시기 일본의 역사 편찬은 천황을 중심으로 한 지배층이 일본을 지배하게 된 유래를 밝힌다는 목적이 강했다. 712년 일본 최초의 역사서 『고지키古事記(고사기)』, 720년 최초의 정사正史 『니혼쇼키日本書紀(일본서기)』의 편찬이 이루어졌다. 이를 필두로 10세기 초까지 이른바 육국사六國史라 불리는 『니혼쇼키』, 『쇼쿠니혼기續日本紀(속일본기)』, 『니혼고키日本後記(일본후기)』, 『쇼쿠니혼고키續日本後記(속일본후기)』, 『니혼몬토쿠텐노우지쓰로쿠日本文德天皇實錄(일본문덕천황실록)』, 『니혼산다이지쓰로쿠日本三代實錄(일본삼대실록)』의 여섯 종류의 역사서가 잇달아 편찬되었다.

또한 713년 조정에서 각 지역의 지리, 기후, 지방의 산물과 전설 등 지역에 대한 기록을 제출하도록 명을 내렸다. 이때 모은 자료를 바탕으로 편찬된 것이 일본 최초의 지방 지리서라고 할 수 있는 『후도키風土記(풍토기)』이다. 또한 여러 노래를 모은 『만요슈萬葉集(만엽집)』도 이 시기에 편찬되었다. 이와 함께 한시와 한문학이 귀족의 교양으로 중시되면서 더욱 발달했다.

불교 역시 당의 영향을 크게 받았다. 간무 천황은 나라奈良시대 말 불교계를 개혁하려 했다. 사이초最澄와 구카이空海를 기용한 이유도 여기에 있었다. 사이초는 804년에 견당사를 따라 당에 들어가 유학하고 귀국하여 천태종天台宗을 열었다. 구카이도 같은 해에 당에 유학을 가서 밀교密教를 배우고 귀국하여 진언종을 열었다. 그는 사가 천황으로부터 땅을 받아 곤고부지金剛峯寺, 교오고코부지教王護国寺 등을 세우고 밀교의 중심도장으로 삼았다. 천태종에서도 사이초의 제자 엔닌圓仁과 엔친円珍에 의해 밀교가 도입되었다.

이 시기 불교는 이른바 신불습합神佛習合이라 하여 전통적인 샤머니즘적 신앙과 융합되는 경향이 있었다. 일본의 신은 부처가 임시로 모습을 바꿔 현세에 나타난 것이라는 식의 논리이다. 이는 일본 불교가 초월적인 세계보다 현실적 이익을 추구하는 경향을 반영하고 있다는 뜻이다. 이와 같은 경향이 당시 일본 지배층의 취향에 적합했다. 이 시기에는 새로 도입된 불교의 영향으로 회화나 조각 등에도 밀교적인 요소가 강하게 나타났다. 이러한 대륙 문화의 영향은 이후 일본 문화의 중요한 요소가 되었다.

그런데 10~11세기 접어들어 셋칸 정치기가 되자, 국풍 문화国風文化 또는 후지와라 문화라고 하는 새로운 문화가 일어났다. 대륙 문화의 기반 위에 일본적인 특성이 더해진 문화가 나타나기 시작한 것이다.

우선 일본의 문자인 가나가 완성되었다. 가나仮名(임시 문자라는 뜻), 곧 히라가나平仮名(보통의 가나라는 뜻)는 한자, 곧 마나真名(정식 문자라는 뜻)의 초서체를 간략화해서 만든 문자이다. 가타카나片仮名도 만들어져 한문으로 쓰인 불교 경전의 훈독 등에 사용되었다. 일본어의 가나는 한글처럼 어떤 특정한 사람이나 정책에 의해서 특정한 시기에 의도적으로 만들어진 문자가 아니라, 수많은 세월 동안 문학 활동을 통한 시행착오를 거치면서 점차로 정립된 문자이다.

일본의 고유 문자가 없을 때 한자가 들어오자, 일본인들은 한자의 음훈

音訓을 차용하여 일본어 음을 표기하는 만요가나万葉仮名(『만요슈』에 많이 사용되었기 때문에 붙은 명칭)를 만들어 사용했다. 만요가나에는 한자의 음을 차용하는 음 가나音仮名와 뜻을 차용하는 훈 가나訓仮名가 있었다.

지배층보다는 주로 궁정 여성 등에게 애용되었던 가나였지만 그 영향은 적지 않았다. 가나의 발달을 기반으로 해서 일본 고유 시가인 와카和歌, 모노가타리物語나 일기 같은 산문 문학이 많이 나타났다. 미술, 공예 등의 분야에서도 중국적인 기법을 사용하면서도, 일본적인 소재를 바탕으로 만들어지는 이른바 '국풍화' 경향이 일어났다.

불교 역시 10세기 이후에는 변화를 보였다. 사원이 많은 장원을 차지하면서 세속화되어가는 경향이 생기자 이에 대한 반발도 일어났다. 속세를 피해 수행하는 부류가 늘어난 것이다. 그러면서 현세의 고난으로부터 벗어나기 위해 아미타불阿彌陀佛을 믿어 극락정토에 왕생往生하기를 기원하는 정토교淨土敎가 유행했다. 11세기에는 재해가 빈번하게 일어나고 치안이 불안해지면서 말세라는 의식이 퍼져 정토교가 더욱 성행하는 배경이 되었다.

2

새로운 체제의
성립

1

중국
송과 이민족 왕조

**북송
건국**

후주 세종이 죽자 요와 북한의 군대가 후주를
공략하기 위해 움직인다는 정보가 전해졌고, 이를 막기 위해 출동했던 조
광윤이 진중陣中에서 추대를 받아 황제로 옹립되었다. 조광윤은 수도로 돌
아와 공제恭帝에게서 선양을 받아냈다. 이렇게 세워진 나라가 송宋이며, 다
른 시대의 송은 물론 1127년 남쪽으로 물러나 재건한 왕조와도 구별하기
위해 북송北宋이라 불린다.

황제의 자리에 오른 송 태조 조광윤은 우선 자신의 즉위에 반대한 절도
사들을 제압했다. 그리고 이 여세를 몰아 당唐 이래 문제가 되어온 절도사
들의 권한을 축소하며 권력 기반을 다져나갔다. 이를 위해 조광윤은 모반
의 기미를 보이는 절도사를 교체하고, 황제의 직속인 금군禁軍의 간부들이
절도사를 겸임하지 못하게 하는 조치를 취했다. 그리고 전임 절도사가 죽

거나 늙어 자리에서 물러나면, 그 자리는 가급적 문관文官으로 채웠다. 더나아가 번진의 정예병사를 금군 소속으로 바꾸고 절도사의 측근들이 정치에 개입하지 못하게 하면서, 일부 도시를 제외한 지역은 중앙에서 파견된 문관인 현위縣尉가 통제하도록 했다. 이렇게 해서 지방의 절도사 세력을 약화시키고 중앙에 권력을 집중시켰다.

송 태조는 과거제에 대한 개혁까지 시도했다. 이전까지는 과거제가 주州 단위로 치르는 해시解試와 중앙에서 실시하는 성시省試 두 단계로 이루어져 있었다. 송 태조는 여기에 전시殿試를 추가했다. 이는 황제가 시험관이 되어 직접 치르는 시험이었다. 여기서는 급제자들을 한 명씩 어전으로 불러 순위를 밝히며 벼슬을 내리는 형식을 취했다. 순위가 높은 급제자는 중앙의 관직부터 시작하여 출셋길을 달렸고, 순위가 낮으면 지방관으로 나갔다. 어느 쪽이든 황제가 급제시켜준다는 의미가 되었으므로, 관리들을 직접적으로 장악하는 계기가 되었다. 전시를 치른 결과, 지방의 현縣 단위까지 황제가 임명한 지방관에 의해 통치되는 결과를 낳았다는 것이다.

그렇지만 이는 또 다른 기득권층을 키우는 효과도 있었다. 원칙적으로는 누구나 과거에 합격하면 관리로 출세할 길이 열렸기 때문에, 이전에 특정 문벌에 집중되었던 기회가 많은 사람들에게 열린 셈이다. 그렇지만 실제로는 많은 시간과 비용이 들어가는 과거 준비를 할 수 있는 사람은 많지 않았다. 적어도 생업에 쫓기지 않을 정도의 여유는 있어야 했다. 이 때문에 특정 문벌에 집중되던 이전에 비해 문호가 넓어졌다고 해도, 소작인을 부리며 직접 생산에 종사하지 않았던 지주층에게 기회를 주는 정도에 불과했다.

그리고 일단 과거에 합격자를 내면, 당사자뿐 아니라 그 집안 전체가 관호호戶가 되며 기본적인 양세兩稅 이외의 요역徭役(노동력을 부담시킴) 등이 면제되었다. 이 때문에 경제적으로 여유 있는 집안은 과거 합격에 집착하는 경향이 생겼다. 지원할 수 있는 계층은 전체 인구에서 얼마 되지 않았다고 하지만, 기본적으로 몇 명의 과거 급제자가 되기 위해 수천 명에서 1만 명에 이르는 수험자가 몰리는 치열한 경쟁이 벌어졌다.

그리고 이런 경향은 과거제 실시를 통해 정권을 뒷받침할 세력을 확보하려는 황제의 입장과 맞아떨어졌다. 이 때문에 처음에는 적은 숫자로 시작된 과거 합격자가 계속해서 늘어났고, 이는 나라에서 필요한 숫자 이상의 문관을 채용하는 결과를 낳았다. 문관뿐 아니라 송의 군대도 계속 늘어갔다. 각 번진에서 빼앗은 병력을 무리해서 유지한 결과였다. 즉, 이들을 방치해두기보다 병사로 흡수하는 정책을 썼기 때문이라 할 수 있다. 이 정책을 용병冗兵이라 했다. 문제는 이 때문에 국가 재정이 압박받는 현상이 생겼다는 점이다.

송 태조는 국내의 기반을 다지면서 중원 통일을 위한 채비를 했다. 북송은 963년 형남 정복을 시작으로 965년 후촉, 971년 남한을 정복했다. 이렇게 북송의 기틀을 잡아나가던 조광윤은 976년 병으로 죽었다. 그리고 그 뒤는 동생인 조광의趙匡義가 이었다. 그가 북송의 태종太宗이다.

그런데 이 승계 과정에 의문이 제기되기도 한다. 조광윤이 중태에 빠지자 황후는 환관에게 아들을 찾아오라고 했으나, 환관은 아들이 아닌 조광의를 불러들였던 것이다. 동생이 들어오자 조광윤은 주위를 물리치고 뒷일을 부탁하고 숨을 거두었는데, 이 때문에 조광의가 형을 살해했다는 말이 돌았다. 그러나 사건의 진상을 알 수 없다.

즉위한 태종은 형의 정책 방향을 그대로 이어나갔다. 내부 체제 정비는 물론 주변 세력을 정리하여 중원 통일을 위해 애쓴 것이다. 그리하여 978년 5월의 정복을 시작으로, 이듬해인 979년에 요의 후원을 받던 북한까지 멸망시키며 중원을 통합했다. 그러고 나서 이 여세를 몰아 북방에서 중원을 위협하던 요가 차지한 연운 16주에 대한 공략에 나섰다. 이 원정에서 일부 지역의 항복을 받아내기는 했지만, 태종은 결국 고전 끝에 군대를 철수시키고 말았다.

이후 송과 요는 대치 상태로 들어갔다. 송의 태조와 태종 시기에는 송 내부의 단속에 성공했기 때문에 세력을 확장시킬 수 있었던 요소도 있었지만, 요가 내부 권력투쟁에 시달리던 시기라는 의미도 있었다. 그러나 이러한 상황은 곧 반전 국면을 맞았다. 내부 체제 정비를 이끌었던 송 태종이 997년 사망하고 셋째 아들 조항趙恒이 그 자리를 이어받았다. 그가 송의 진종眞宗이다. 비슷한 시기에 요에서는 성종이 즉위하며 체제를 정비해 나갔고, 이를 통하여 세력을 회복한 요에서 1004년 9월 송에 대한 공세에 나섰다.

이 침공을 맞은 송에서는, 맞아 싸워야 한다는 의견과 수도를 옮겨 대처해야 한다는 의견이 맞섰다. 하지만 결국 재상 구준寇準을 중심으로 한 강경파의 주장대로 진종이 직접 북쪽으로 출전하여 맞아 싸우기로 결정되었다. 그리하여 전연澶淵(현재의 복양濮陽(푸양)시의 옛 지명)에서 양측의 교전이 있었지만, 양쪽 다 결정적인 승리를 거둘 자신은 없었다. 그 결과 '전연의 맹약'이라 불리는 화친을 맺고 타협이 이루어지는 것으로 마무리되었다.

이후 송은 한동안 평화로운 시기를 맞았다. 진종이 1022년에 죽은 뒤, 진종의 후계자는 여섯 번째 아들 조정趙楨이었다. 그가 13세에 황제가 된 송의 인종仁宗이다. 그의 치세 초기에는 황태후가 섭정을 했으나, 나름대로 안정되었다. 요와 평화를 유지했고, 재정도 충실했다. 인종 자신도 매우 검소했다 한다. 그러나 서하西夏와의 분쟁이 일어났고, 요에 이 분쟁을 이용당하면서 막대한 세폐歲幣(해마다 보내는 공물)를 추가로 제공하는 곤욕을 치렀다. 그래도 분쟁을 마무리하고 무난하게 세월을 보내던 인종은 1063년에 죽었다.

인종은 아들이 없었기 때문에, 인종의 사촌 형제 조윤양趙允讓의 13번째 아들이 황제 자리를 이었다. 그가 송의 영종英宗이다. 이때부터 송의 재정이 악화되어 영종은 개혁에 나섰다. 그러나 영종 즉위와 함께 당쟁이 심해졌으며, 영종 자신도 4년 만에 죽었기 때문에 특별한 성과를 얻지는 못했다.

요의 체제 정비와 쇠락

한동안 정국불안에 시달리던 요는 971년 6대 성종聖宗이 즉위하면서 전환의 기회를 잡았다. 이 배경에는 섭정을 맡은 소태후蕭太后의 개혁이 있었다. 성종이 즉위할 때 나이가 12세에 불과했기 때문에 태후의 섭정에 의지할 수밖에 없었다. 그래서 성종이 직접 정국 운영에 나선 1009년까지 40년 동안 실질적인 통치는 소태후가 했다. 성종이 정국 운영을 챙기면서도 이 기조는 이어졌다.

이 시기 정책의 특징은 우선, 출신으로 인한 차별이 없는 인재 등용이라 할 수 있다. 성종이 집권하던 시기에는 거란 출신뿐 아니라 포로로 잡거나 투항해 온 한족 출신까지도 능력이 있으면 고위직에 등용했다. 과거제를 적극적으로 활용하고 관리에 대한 심사가 강화되었던 것도 인재 등용과 활용 방안의 하나였다. 그렇게 등용된 인재들이 요의 체제 정비에 크게 기여했다. 그러면서 유교이념을 바탕으로 한 지배제체를 갖추어 질서를 잡아나갔다.

이와 함께 민생 안정에 힘을 쏟았다. 재난에 대비하기 위해 의창義倉을 설치하며, 백성을 이주시키거나 모집해 농사를 짓게 하고 황무지를 개간하기도 했다. 그리고 법전을 편찬하면서 조세제도 역시 정비했다. 이러한 법령 정비를 통하여 군 간부들이 아무 때나 사냥하며 백성들의 농사를 방해하는 것, 병사들이 병영 밖에서 백성을 약탈하는 행위 등을 막았다. 이리하여 백성의 부담을 줄여주며, 생산에 힘쓸 수 있는 기반을 마련해주려 했다. 이를 통해 사회질서가 안정되면서 요의 국력이 성장했다.

이렇게 키운 국력은 요가 주변 세력에 대해 영향력을 확대할 기반이 되었다. 먼저 주변의 여진女眞족처럼 소규모 부족 단위로 난립하던 세력들을 요의 체제로 흡수했다. 그리고 993년, 소손녕蕭遜寧을 지휘관으로 하여 고려를 침공하며 중원 공략을 위한 배후를 안정시켰다. 고려에 대한 공략은 1019년까지 네 차례 감행되었다. 세 번째 고려 침공에서는 참패를 당했으나 요의 세력에 큰 타격은 되지 않았다.

1004년에는 성종이 직접 군대를 이끌고 송 공략에 나섰다. 이 침공은 전연에서 송과 화약和約을 체결하는 것으로 일단락되었다. 이를 '전연의 맹약'이라고 하는데, 송에 불리했던 전황이 반영되어 있다. 송은 요에 매년 은 10만 냥과 비단 20만 필을 제공하는 조건으로 전쟁을 끝냈다. 이후 요는 송으로부터 들어오는 자금을 바탕으로 여유 있게 재정을 꾸릴 수 있었고, 지속된 송과의 교류를 통해 경제와 문화 발전을 이룰 수 있었다.

송에 대한 정벌을 성공적으로 이끈 이후에도 성종은 각 분야의 개혁을 꾸준히 추진하여 중앙집권적 체제를 강화했다. 이를 통하여 요는 만주와 화북 일부를 차지하고 주변 세력에 강력한 영향력을 행사하는 왕조를 이루었다.

그러나 요의 전성기는 오래가지 않았다. 그 계기는 1031년 성종이 죽고 맏아들 야율종진耶律宗眞이 뒤를 이은 것이었다. 그가 요의 흥종興宗이다. 흥종은 문화적 소양은 있었으나 통치에 있어서는 능력을 보이지 못했다. 그 점은 흥종의 즉위와 함께 일어난 권력투쟁에서 엿볼 수 있다.

흥종이 궁녀 소누근蕭耨斤(흠애황후欽哀皇后)의 소생이었다는 점이 문제의 근원이었다. 그가 자랄 때에는 성종의 정비 소보살가蕭菩薩哥(인덕황후仁德皇后)의 사랑을 받아, 6세의 나이에 황태자가 되었고 황제 자리까지 무난하게 이어받았다. 하지만 그가 즉위하자 생모인 소누근도 황태후가 되며, 소보살가를 제거하려 하면서 파란이 일었다. 소누군은 모반을 꾀했다며 소보살가를 모략하면서, 성종 대의 대신들을 제거해나갔다. 그 자리에 자신의 동생은 물론, 노예로 있던 사람들까지 요직에 앉히며 권력을 장악했다.

그와 함께 흥종은 권력의 핵심에서 밀려났다. 그럼에도 안심하지 못한 소누군은 흥종의 거부에도 불구하고 소보살가를 가두어 자결하게 했다. 이렇게 흥종과 갈등이 생기자 소누군은 1034년 흥종을 폐위시키고 동생 야율중원耶律重元을 새 황제로 옹립하려는 음모를 꾸몄다. 그러나 야율중원은 이 음모를 형에게 알렸고, 흥종은 소누근을 유폐시키며 친정親政에 나섰다. 그리고 자신에 대한 폐위 음모를 알려준 대가로 야율중원을 후계자로 삼았다. 그렇지만 이 조치는 야율중원의 위상을 높여 또 다른 정치적 불안을 야기할 수 있었다.

서하의 대두와 파란

요와 송이 대치하고 있던 국면에서, 새로운 세력인 서하가 등장하기 시작했다. 서하의 기원은 9세기 후반에 당에서 일어났던 '황소의 난'까지 거슬러 올라간다. 이때 장안 수복에 공을 세운 탕구트족 탁발사공拓跋思恭이 당 조정으로부터 당 황실의 성인 이李씨를 하사받고, 하국공夏國公으로 봉해진 데에 기원을 두고 있다. 서하는 탕구트어라고도 부르는 독자적인 언어와 문자를 사용했다.

서하는 10세기 후반부터 중원을 재통일한 송과 갈등을 빚으며 요의 원조를 얻기도 했으나, 요와의 관계에서도 마찰이 생겼다. 이후 서하는 1038년까지 송과 요 사이에서 줄타기를 하며 세력을 유지했다. 그러면서 감숙甘肅(간쑤) 서부 지방을 중심으로, 남으로는 난주蘭州(란저우)까지 손아귀에 넣었다. 그리고 토번과 싸우며 세력을 확장해나갔다.

그러던 1038년 등극한 이원호李元昊가 탕구트 부족들을 병합하며 불린 세력을 바탕으로 황제를 자칭하여 파란이 일었다. 이원호는 나라의 이름을 대하大夏로 정했지만, 역사 기록에서는 서하로 불린다. 이는 자신의 서쪽에 위치한 나라라는 북송의 입장에서 붙인 것이다.

서하는 송의 제도를 도입하여 체제를 정비하며 세력을 키워나갔다. 이렇게 세력을 키운 이원호는 송의 승인을 원했으나, 송에서는 이전까지 주어왔던 관작까지 철회하고 교역을 끊어버리는 강경책으로 맞섰다. 그렇지만 서하는 송과의 국경지대를 약탈하며 압박해 왔다. 당시 화친을 맺고 있던 요를 의식해야 했던 송이 요의 승인 없이 함부로 서하에 대해 대규모 정벌을 감행하기 곤란할 것이라는 계산에서였다.

송은 요에 제공하는 물품을 증액해주겠다는 제안을 하며 서하에 대한 정벌 계획을 알렸다. 그렇지만 요는 냉정하게 중립을 지켰다. 1041년 서하가 송의 군대를 크게 격파하자, 요는 송에 서하 정벌을 질책하며 노골적으로 송을 견제했다. 요 흥종은 이를 틈타 송에 대한 침략 구실을 찾았다. 송에서는 요의 움직임을 눈치채고 대비했으나, 흥종은 오히려 송의 전쟁 대비를 구실로 삼아 송에게 영토를 요구했다. 요에서 원하는 영토를 주지 않을 경우 침공을 감행하겠다고 위협했던 것이다.

송은 방어 태세를 갖추고 영토 역시 양보할 뜻이 없다고 했지만, 협상을 통해 기존의 세폐에 비단 10만 필, 은 10만 냥을 추가로 제공하며 그 명목도 납納에서 공貢으로 바꾸는 조건으로 타협을 보았다. 이후에도 요가 계속해서 영토 분쟁을 일으켰지만, 송은 양보와 타협으로 전쟁을 피했다. 결국 요는 서하와 송의 충돌을 조장하면서 이익을 챙겨간 셈이다.

서하와 송의 충돌은 이후에도 2년 정도 계속되었고, 양쪽 다 전쟁 피해가 쌓여갔다. 서하는 계속되는 전쟁에 백성이 받는 압박이 커져갔고, 송은 서하와 요의 접근을 우려해야 할 상황에 직면했다. 결국 송은 서하에서 제시한 강화 교섭을 받아들였다. 이 결과 1044년 서하가 송을 황제로 인정하는 대신, 송은 비단 13만 필, 은 5만 냥, 차 2만 근의 하사품을 매년 서하에 제공하는 조건으로 강화가 맺어졌다.

그러자 이번에는 서하와 요 사이에 분쟁이 생겼다. 서하가 세워질 당시에는 요에서 송을 견제하기 위해 서하의 존재를 묵인하는 태도를 취해 양국은 우호적인 관계를 유지했다. 그러나 요가 송과 타협을 통해 관계를 유지하면서 양국 관계가 악화되었다. 이런 상황에서 서하는 자신에게 귀순해 오는 요의 백성을 돌려보내지 않고 받아들였다. 그뿐만 아니라 이에 항의하는 요에, 신하처럼 행세했던 이전과 달리 동등한 관계로 대응했다.

이에 분개한 홍종은 서하에 대한 정벌을 결정했고, 이 사실을 송에도 알렸다. 이 와중에 송은 요와 서하의 충돌을 부추기면서 어부지리를 챙기려 했다. 요 홍종은 이러한 움직임에도 아랑곳하지 않고 1044년 서하에 대한 정벌을 감행했다. 요와의 충돌을 피하려 했던 서하에서는 바로 귀순한 백성들을 돌려보내며 사죄의 뜻을 밝혔으나, 홍종은 군대를 계속해서 진격시켰다. 그렇지만 계속 퇴각하던 서하는, 깊숙이 진격하며 보급의 곤란을 겪은 요나라 군대에 반격을 가해 타격을 주었다. 타격을 받은 요는 예전의 관계와 공납을 회복하는 조건으로 타협했다.

체면이 깎인 홍종은 1048년 또다시 정벌을 감행했지만, 이번에도 큰 전과를 올리지 못하고 물러났다. 1050년에는 서하 군대를 격파했지만, 더 이상의 충돌을 피한 서하를 상대로 결정적인 타격을 주지 못한 채 1054년 결국 강화를 맺고 말았다. 홍종은 정벌을 통해 표면적으로는 승리를 거두었지만, 이 과정에서 막대한 인적·물적 자원을 사용함으로써 이후 재정난의 원인을 만들고 말았다. 그래서 요 내부에서도 군비를 축소하자는 의견이 나왔으나, 홍종은 받아들이지 않았다. 그 결과 재정이 어려워지면서 백성의 부담이 커졌다.

**송의 개혁 시도와
좌절**

송에서는 영종 대부터 세출이 세입을 앞지르는 현상이 나타나기 시작했다. 관료조직과 군대를 유지하기 위한 비용이 점차 증가한 데다가, 요와 서하에게 매년 막대한 양의 공물을 보내는 부담이 겹친 결과라 할 수 있다. 이러한 재정 적자를 메우기 위해 더 거둬들인 세금은 송 백성들을 압박하는 결과를 가져왔다. 송 왕조의 주요 세원이었던 차에 대한 세금이, 진종에서 인종에 이르는 짧은 시기에 11배나 인상된 것은 상징적인 사례였다. 이는 송 왕조에 대한 백성들의 저항으로 이어졌고, 곧바로 사회불안을 불러일으켰다. 인종 대부터 경비 절감 문제가 주요 현안으로 등장한 것도 이러한 이유에서였다.

이런 와중인 1067년 영종이 죽고 19세의 나이로 신종神宗이 즉위했다. 젊은 나이였음에도 개혁의 필요성을 절감한 신종은, 재정 문제 해결을 가장 시급한 문제로 여겼다. 그리고 이를 추진할 인재로 왕안석王安石을 기용했다. 신종의 신임을 업은 왕안석은 곧바로 개혁 정책을 세우고 실행해나갔다. 이를 이른바 '신법新法'이라 불렀다.

왕안석이 우선적으로 추진한 것이 재정 구조의 개선이었다. 그래서 나라의 재정 사무를 관리하는 제치삼사조례사制置三司條例司를 설치하여 재정 구조 개선에 나선 결과, 1년 만에 40퍼센트에 달하는 비용을 절감했다 한다. 그러면서 새로운 재정 수입도 발굴했다. 방전균세법方田均稅法을 통해 숨겨져 있는 토지를 찾아내 세금을 부과했으며, 황무지를 개간하고 수리 시설을 확보하여 생산성을 향상시켰다.

이 외에도 어려운 농민과 상인에게 자금을 빌려주어 고리대의 피해에서 벗어나게 해주는 청묘법靑苗法과 시역법市易法, 물가를 조절하기 위한 균수법均輸法을 실시했다. 여기에 그동안 역을 면제받았던 관호에까지 역을 공평하게 부과하는 균역법均役法까지 추가되었다. 관호가 역을 면제받고 싶으면 면역전을 납부해야 했다. 그래서 면역법免役法이라고도 불렀으며, 나라가 면역전을 받아 일해야 할 사람을 모집하여 대신 직역職役을 한다는 뜻으로 모역법募役法이라고도 불렀다.

군사 분야에도 손을 댔다. 큰 줄기는 용병을 줄이는 대신, 여러 가지 방법으로 줄인 병력의 공백을 적은 비용으로 메우는 방법을 모색한 것이다. 보갑법保甲法은 10가家를 1보保, 5보를 대보大保, 10대보를 1도보都保로 편성하여 치안을 맡기고 농한기에는 군사훈련까지 하도록 만든 제도였다. 이는 치안뿐 아니라 병력 자원까지 확보하는 효과까지 있었다. 실제로 이를 바탕으로 금군을 줄이기도 했다.

보마법保馬法은 관청에서 백성에게 말을 빌려줘 기르게 하는 것이다. 백성으로서는 농사에 활용할 말을 거저 얻는 효과가 있어 환영받는 측면이 있었지만, 꼭 백성들에게 유리한 점만 있는 것은 아니었다. 말이 죽으면 말을 빌려간 백성이 배상해야 했고, 전쟁이 일어나면 국가에서 회수해 갔다. 사실 이는 나라에서는 큰 활용 가치가 없는 평상시에 말 기르는 비용을 백성에게 부담시키고, 필요할 때 회수하여 사용하는 효과를 노리고 있었다. 여기에 군기감軍器監을 설치하여 우수한 기술자를 모집하고, 무기를 제조하고, 개량을 연구했다.

이 외에도 여러 분야의 개혁이 실시되어 어려웠던 재정이 흑자로 돌아서며 물가도 떨어뜨렸다. 그리고 이를 바탕으로 강화시킨 군사력으로 서하와의 관계에서 주도권을 쥐며, 서하의 통제를 받던 토번 일부 세력을 흡수하기도 했다. 그렇지만 이러한 효과에도 불구하고 왕안석의 개혁은 기득권층의 반발을 불러일으켰다. 이전까지 부담하지 않았던 역役을 관호에까지 부담시키고, 국가가 나서서 상대적으로 저렴한 이자로 자금을 빌려주어 고리대로 재산을 불려나가던 수법을 못 쓰게 한 셈이다. 그러니 기득권층의 입장에서는 신법이 자신들의 재산 증식을 방해하는 역할을 하고 있었던 것이다.

이렇게 왕안석의 신법에 반대하는 집단을 구법당舊法黨이라 불렀다. 이에 속했던 대표적 인물이 『자치통감資治通鑑』의 저자 사마광司馬光이었다. 이들은 신법이 예부터 내려오는 관습을 깨뜨리고 인심을 어지럽힌다는 식의 명분을 내세우며 반대했다. 심지어 가뭄이 계속되는 등의 자연재해나 요와의 관계가 악화되는 것까지도 왕안석의 탓이라고 몰았다. 황태후를 비롯한 외척과 신종의 측근들은 물론, 이들과 입장이 비슷했던 관료층 대부분까지 왕안석을 비난하는 대열에 동참했다.

그렇지만 신종은 약간의 동요를 보이면서도, 왕안석에 대한 신임을 표시하며 신법을 밀고 나갔다. 왕안석 역시 타협을 거부하며 젊은 관리들을 모아 신법당新法黨이라 불리는 세력을 규합하며 신법을 밀어붙였다. 그 덕분에 한동안 신법으로 재정이 충실해지는 효과를 볼 수 있었다. 그러나 얼마 가지 않아 부작용이 나타나기 시작했다. 타협을 거부하고 밀어붙이는 개혁의 경직성에, 부패해 있던 관료조직의 사보타지sabotage가 결합되어 부작용을 부각시켰기 때문이다. 반대파의 압박이 심해지던 1074년, 신종도 왕안석을 지방장관으로 좌천시키며 일시적으로 개혁을 늦추었다.

그래도 이 조치가 신법의 포기를 의미하지는 않았다. 신법당 요인들 상당수가 조정에 남아 개혁을 계속 추진하고 있었기 때문이다. 더욱이 이른바 구법당은 신법을 비난하기만 했을 뿐, 나라가 직면하고 있던 위기를 극복할 대책을 내놓지도 못했다. 이는 신종이 신법을 계속 추진할 수 있는 명분이 되어주었다. 이러한 상황은 좌천시킨 왕안석을 다음 해에 다시 재상으로 복귀시킬 수 있는 계기이기도 했다.

개혁을 밀어붙일 상황은 다시 마련되었지만 그 이후가 순탄하지는 않았다. 신법당 내부에 분열이 일어나 "왕안석이 역심을 품었다"라는 모략까지 나오는 상황도 벌어졌다. 여기에 개혁에 힘을 보태주던 왕안석의 동생과 아들이, 좌천되기 직전과 복귀 직후에 세상을 떠났다. 이렇게 안팎으로 불행을 겪던 왕안석은 이전처럼 개혁에 적극적이지 못했고, 결국 사임을 청하고 벼슬에서 물러났다.

여기에 또 다른 불행이 겹쳤다. 신종은 신법을 통해 축적된 국력을 그때까지 밀려왔던 주변 세력을 제압하는 데 사용하려 했다. 그래서 주변 세력, 특히 서하에 대한 정벌 사업을 벌였다. 그러나 이 정벌은 실패로 돌아갔다. 이에 실망한 신종은 1085년 세상을 떠났다. 그리고 10세에 불과했던 철종哲宗이 즉위했다. 왕안석도 신종이 세상을 떠난 다음 해에 죽었다.

실질적으로 통치할 능력이 없는 어린 황제의 섭정으로 나선 인물이 선인태후宣仁太后이다. 그녀는 애초부터 왕안석의 신법에 반대하는 입장이었고, 이는 구법당의 대표적 인물 사마광을 재상으로 임명하는 것으로 실행에 옮겨졌다. 재상이 된 사마광은 신법을 폐지하기 시작했고, 자연스럽게 신법당 관리들도 밀려났다. 이와 함께 북송의 국력도 기울기 시작했다.

금의
등장

요가 내부 혼란을 겪으면서 주변 세력에 대한 통제도 약화되었다. 이런 상황에서 성장한 집단이 여진족이다. 여진족의 기원에 대해서는 논란이 있으나, 이전까지 말갈靺鞨족이라 불리던 종족의 후손으로 추측되고 있다. 금을 세운 아골타阿骨打의 조상이 신라에서 왔다는 이야기도 있지만 확인되지는 않았다.

여진족은 발해의 지배 아래에 있다가, 발해가 망한 후 자연스럽게 동단국을 통한 요의 통제 아래에 들어갔다. 이런 상황에서 아골타가 속해 있던 여진의 완안부完顔部는 원래 요의 지원을 받으며 성장했다. 그래서 완안부는 요 왕조에서 관직을 받아 권위를 유지했고, 요는 완안부를 통해 다른 여진족까지 통제하는 정책을 썼다.

그렇지만 이러한 관계는 완안부의 성장과 함께 한계에 부딪쳤다. 완안부가 다른 부족들을 통합하는 데 요의 후원을 이용했지만, 이것이 여진족을 통합하는 방향으로 갈 가능성을 보이자 요에서는 완안부에 흡수될 위기에 몰린 다른 부족의 호소를 빌미로 완안부를 견제하기 시작했다.

이러한 갈등은 아소阿疎라는 인물 때문에 파탄으로 달렸다. 1096년 아소는 여진족이 완안부를 중심으로 통합되는 데에 반감을 가진 부족들을 모아 저항을 시도했다. 그러자 완안부에서는 아소의 본거지를 토벌하려 군대를 동원했고, 아소는 요에 호소하여 완안부의 군대를 철수시킬 수 있었다. 바로 이것이 완안부가 요에 반감을 갖는 계기였다. 그러나 이 자체가 큰 분쟁으로 번지지는 않았다. 완안부는 요에서 좋아하는 해동청海東靑(사냥용 매)의 유통 경로를 장악해야 한다는 명분을 내세워 이 공급에 방해되는 부족을 토벌했다. 이를 통해 요의 묵인을 얻으며 무난하게 목적을 추구할 수 있었다.

그러던 1102년, 요에서 반란을 일으킨 소해리蕭海里가 여진에 협력을 요청하는 사건이 일어났다. 여진에서는 이를 거절하고 소해리가 보낸 사신을 요 왕조에 보내며 이들을 토벌하는 데 나섰다. 그런데 이 사건은 의미심장한 파장을 일으켰다. 소해리 세력 토벌에 같이 나섰던 요 왕조는 대군을 동원하고서도 이렇다 할 전과를 올리지 못했지만, 수천 명 정도의 병력을 동원했던 여진은 결정적인 타격을 주었다.

이를 계기로 요 왕조에 대한 두려움이 해소된 여진의 태도가 달라졌다. 요 왕조에 공공연히 불만을 표시했을 뿐 아니라, 교섭할 때마다 아소의 소환을 요구하고 나섰다. 이와 함께 고려와 분쟁을 벌이면서까지 여진족 통합을 추구했으며, 어느 정도 세력이 확보되자 요에 해동청을 바치는 것까지 끊어버렸다.

상황이 이와 같이 전개되던 1113년, 아골타가 절도사 자리를 이어받았다. 아골타는 요 황제의 연회에서 춤을 추어 흥을 돋우라는 명을 거부하는 등, 요에 순종하지 않겠다는 뜻을 노골적으로 드러냈다. 이러한 태도는 곧 행동으로 옮겨졌다. 아골타는 아소를 돌려보내라는 명분으로 사신을 파견하여 요 내부의 사정을 정탐한 뒤인 1114년, 요에 대한 공략을 시작했다.

처음에는 요와의 국경지대를 공략하며, 그 지역 여진족을 비롯한 인적·물적 자원을 흡수하는 데에 치중했다. 그렇지만 이를 제압하려 출동한 요나라 군대를 격파하면서 자신감을 얻은 아골타는 다음 해인 1115년 나라 이름을 대금大金, 연호를 수국收國이라 하며 황제를 자칭했다. 이렇게 황제로 즉위한 아골타가 금의 태조太祖이다.

요에서는 이렇게 독자적인 국가 수립을 선포한 금의 정권을 승인하며 타협하려 했으나, 아골타는 요에 대한 공세를 이어갔다. 그러면서 요동 지역을 중심으로 한 변방 지배 거점인 황룡부黃龍府를 옮기라고 요에 요구했다. 사신이 오고 가며 서로 상대방 황제의 이름까지 노골적으로 부르는 협상이 이어졌지만 타협이 이루어지지 않았다. 이러던 와중인 9월, 금은 황룡부를 함락시켰다. 그러자 요의 천조제는 70만의 대군을 동원하여 직접 금 정벌에 나섰다. 그렇지만 이 원정은 요 내부에서 천조제를 폐위시키려는 움직임이 일어나 제대로 싸워보지도 못하고 물러나야 했고, 오히려 금 군대의 추격에 상당한 피해만 입었다.

그리고 다음 해에는 발해 출신 고영창高永昌이 요의 동경東京에서 자립 선언을 하는 사태가 일어났다. 이렇게 일어난 고영창의 세력은 한때 상당한 영향력을 가졌으나, 요의 토벌이 본격화되면서 고전하기 시작했다. 위기를 느낀 고영창은 금에 사신을 보내 협력을 요청했으나, 이 과정에서 황제 칭호를 고집하는 등 주요 사안을 양보하지 않았다. 이 때문에 고영창 세력은 요와 금의 협공을 받게 되었고, 결국 금의 침공에 무너졌다. 고영창은 피신하다가 금의 군대에 잡혀 살해당했다.

고영창 세력까지 제압하며 금은 대부분의 여진족을 흡수하며 영향력을 확대해나갔다. 사태가 이렇게 되자 요에서도 타협을 모색했다. 1118년부터 시작된 협상은 난항을 겪었으나, 여러 차례에 걸친 접촉 끝인 1119년 7월 기본적인 합의를 볼 수 있었다. 그러나 이즈음 송이 금과의 협상에 뛰어들었다. 송은 금과 연합해 요를 공략하자는 제안을 해 왔고, 금은 이 제안에 흔들렸다.

결국 1120년 3월 금은 다 되어가던 협상을 중단하고 요 침공에 나섰다. 이해 5월에는 요나라의 수도인 상경임황부上京臨潢府를 함락시키기에 이르렀다. 그리고 7월, 송과는 요를 공략하기 위한 구체적인 전략에 합의를 보았다. 이것이 이른바 '해상의 맹약海上之盟'이다. 그 주요 내용은 금이 중경을 송은 연경(북경)을 공격하며, 요를 멸망시킨 후 만리장성을 국경으로 정하고, 연운 16주는 송나라에 반환하고, 송이 요에 보내오던 세공을 금에 제공하기로 한다는 것이었다.

**요의
몰락**

서하와의 분쟁은 요의 국력을 약화시켰다. 여기에 요 내부의 권력투쟁도 위험수위에 다다랐다. 사실 동생인 야율중원이 정변의 음모를 알려 흥종의 자리를 지켜주었다고는 하지만, 그 대가로 병권兵權을 장악하는 바람에 흥종에게는 적지 않은 위협이 되었다. 이런 와중에 황태제皇太弟로 책봉하며 후계자 자리를 주는 것처럼 했지만, 1055년 흥종이 죽은 후 그 자리를 이은 사람은 그 아들인 야율홍기耶律洪基였다. 그가 요의 도종道宗이다.

즉위한 도종은 야율중원을 황태숙皇太叔으로 책봉해 갈등을 해소하려 했다. 그러나 야율중원의 야심은 없어지지 않았다. 그는 반복해서 도종을 암살하려 했고, 결국 발각당해 충돌이 일어났다. 이때 야율인선耶律仁先, 야율을신耶律乙辛 등이 야율중원 세력을 제압했고, 궁지에 몰린 야율중원은 자살했다.

이렇게 야율중원이 제거되었지만 요 왕실의 권력투쟁은 끝나지 않았다. 이때의 공으로 권력을 잡게 된 야율을신이 황태자·황후를 견제하려 했기 때문이다. 야율을신은 먼저 황후가 광대와 정을 통했다고 모략하여 결국 자살하게 만들었다. 그리고 나서 새 황후는 자신의 영향 아래에 있는 인물로 들였다.

이후 황태자의 보복을 염려한 야율을신은, 황태자까지 모략하기 시작했다. 1077년 황제를 몰아내고 황태자를 옹립하려는 음모가 발각되었다는 보고가 올라왔고, 도종은 야율을신이 주도하는 집단에 이 사건의 심리를 맡겼다. 이 결과 황태자는 서인으로 강등된 후 살해당했다. 그러나 야율을신의 권력도 오래가지는 않았다. 도종이 사냥 나가려 하자 야율을신은 황태손皇太孫 야율연희耶律延禧를 자기가 보호하겠다고 했고, 이런 행각에 의심을 품은 도종은 야율을신을 좌천시켰다가 1081년 제거했다. 그렇지만 이 과정에서 생겨난 혼란까지 수습할 수는 없었다.

요 중앙정부가 권력투쟁에 몰두하는 사이, 각 지역에서 반란이 잇달았다. 도종 치세에 일어났던 반란은 우여곡절 끝에 진압되었지만 완전히 해결된 것은 아니었다. 그러던 1101년 도종이 죽고 그 손자인 야율연희가 즉위했다. 그가 요 제국의 마지막 황제가 된 천조제天祚帝이다. 그에게는 이미 벌어진 혼란을 수습할 능력이 없었다.

우선 축출된 야율을신의 잔당을 제거하지 않았다. 그 때문에 요 집권층 내부의 갈등이 지속되었다. 그뿐만 아니라 사냥과 예술 등에 집착하면서 정사를 제대로 돌보지 못했다. 이는 여러 문제를 일으켰다. 우선 사냥 등을 하면서 멋대로 상을 남발하는 등의 행각을 벌여 기강이 무너졌다. 그래서 내부의 갈등을 유발하면서도 이를 제대로 통제하지도 못했다.

그렇지 않아도 접경 지역을 지키는 요의 군역과 부역은 매우 무거운 편이어서, 이 때문에 백성의 파산이 잇따르고 있었다. 이 문제를 해결해야 한다는 의견이 올라오기는 했지만, 도종 이래로 이런 의견은 묵살되었다. 이 때문에 요의 군사력은 약화되는 상태였다. 이런 와중에도 사냥에 필요한 매나 희귀한 진주 같은 물품을 조달하면서, 이 물품을 생산해내는 주변 세력과의 갈등을 불러일으켰다. 특히 매와 진주의 생산지가 있는 여진과의 갈등은 심각한 단계로 발전하여 여진족의 저항으로 이어졌다. 요에서는 이 저항을 제압하려 했으나, 이 과정에서 약화된 군사력이 노출되고 말았다.

이 저항에서 여진의 핵심으로 부상된 인물이 아골타였다. 그가 요에 위협이 될 것이라 여긴 천조제는 아골타에 대한 암살을 지시했지만, 이는 실무진의 묵살로 실행되지 않았다. 요와 여진의 갈등이 확대되어가던 1114년, 아골타는 요를 선제공격했다. 그리고 대응하는 요나라 군사를 격파하며 주요 거점들을 점령해나갔다.

처음에는 변경의 사소한 충돌 정도로 생각하던 천조제도, 여진족 군대가 주요 거점을 계속 점령하며 진격해 오자 직접 군대를 이끌고 이들을 맞았다. 그러나 천조제는 수적 우위만 믿고 있었을 뿐, 제대로 된 전략이나 계획이 있는 것이 아니었다. 급하게 동원된 요나라 군대는 제대로 된 장비도 못 갖춘 경우가 많았다.

천조제는 아골타를 위협하여 타협하게 하는 정도로 해결할 수 있다고 낙관하기도 했지만 아골타의 태도는 완강했다. 그렇게 이어진 전투에서 요나라 군대는 패배를 거듭했고, 그런 와중에 요의 내부에서 반란이 일어났다. 천조제가 황제로 있는 한 나라를 유지할 수 없다고 여겼던 야율장노耶律章奴 등이 자신들의 부대를 철수시키며 천조제를 쫓아내려 했다. 아골타의 군대와 맞서던 요나라 군대도 이에 대응하기 위해 철수해야 했다.

야율장노의 반란에 호응하는 세력이 제법 있었으나, 일부 반란군이 백성들을 약탈하면서 민심을 잃은 데다가 주요 거점 공략에 실패하면서 사기가 떨어져 결국 진압되고 말았다. 그러자 반란 세력의 지도자들은 여진으로 망명했고, 야율장노 역시 그렇게 하려다 붙잡혀 처형되었다. 이후에도 요 내부에서는 1116년 고영창의 발해 재건 선언을 비롯하여 반란이 끊이지 않았다. 요에서는 이런 반란들을 제압하느라 힘을 분산시켜야 했고, 요와 분쟁을 벌이던 금金은 이 상황을 십분 이용했다.

그러면서 요와 금은 1118년부터 타협의 길을 찾기 시작했다. 우여곡절 끝에 요와 금은 타협점을 대충 찾았으나, 때맞추어 송과 금의 협상도 타결을 기미를 보였다. 그러자 아골타는 자신의 요구에 다소 부족한 요와의 협상을 결렬시키고, 요에 대한 침공을 감행했다. 이 침공에서 금은 요의 주요 거점을 점령해나갔다.

이런 상황에도 요 집권층의 권력투쟁은 사그라지지 않았다. 1121년 추밀사 소봉선蕭奉先은 여동생 소원비가 낳은 야율정耶律定을 태자로 옹립하기 위하여 천조제의 적자인 야율오로알耶律傲盧斡을 모략했다. 그래서 유능한 장군이자 야율오로알의 숙부인 야율여도耶律余睹가 반역을 꾀하고 있다고 천조제를 선동했다. 여기 넘어간 천조제는 야율오로알과 그 생모를 처형했고, 위협을 느낀 야율여도는 1121년 5월, 금으로 망명해버렸다.

야율여도의 투항을 받은 금은, 요의 세력권을 접수할 수 있다는 자신감을 갖게 되었다. 그래서 1121년 12월, 요에 대한 공세를 시작했다. 이런 상황에서도 천조제는 금의 침공에 대응하기보다 전쟁을 피해 사냥 등을 즐기는 데에 몰두했다. 그 결과 금의 침공에 요의 군대는 제대로 싸우지도 않고 흩어져버리기 일쑤였다. 주요 거점이 함락될 때마다 피신으로 대처하던 천조제는 서경 함락 이후 몇 달 동안 소식까지 끊겼다.

그러자 요에서는 야율순耶律淳을 새로운 황제로 추대하여 수습하려 했다. 야율순의 세력권을 요와 구별하여 '북요北遼'라고 한다. 북요에서는 송과 화해하고 금과 휴전하려 했으나, 송은 북요의 요청을 거부하고 공격해 왔다. 이와 함께 송과 금의 협상도 타결되어 양국은 요 지역 공략에 협력했고, 요는 도처에서 패배하며 무너졌다. 나라가 망하더라도 자신만은 송이나 서하로 망명하려 부귀영화를 누린다고 믿었던 천조제도, 결국 금나라 군대에 잡히며 요는 완전히 멸망해버렸다.

이때 요나라 황족이었던 야율대석耶律大石은 서쪽으로 도망쳐 요의 재건을 시도했다. 금에서는 이들을 토벌하려 했으나 실패했고, 야율대석은 지금의 중앙아시아 지역에서 우여곡절을 겪으며 1132년에 서요西遼를 세웠다. 서요는 한때 금나라 군대를 격파하며 요가 잃어버린 영토 회복을 내걸었던 적도 있었지만 그 목표를 이루지는 못했다. 그래도 서쪽으로 아랄해, 동쪽으로는 위구르, 남쪽으로는 티베트, 북쪽으로는 발하슈호에 이르는 영역을 손에 넣었다.

그렇지만 서요 왕조가 오래가지는 않았다. 1143년 야율대석이 죽은 후 그 자리를 이어받은 아들 이열夷列이 어려 황태후가 섭정에 나섰다. 7년 후 이열이 직접 정국을 이끌었으나, 13년 만에 죽어 또 어린 아들이 즉위하게 되었다. 그래서 이열의 여동생 보속완普速完이 정사를 돌보았다. 얼마 가지 않아 보속완이 남편을 죽였는데, 시아버지의 보복으로 살해당하는 사건이 일어났다. 그 결과 황제 자리는 이열의 둘째 아들 직로고直魯古에게 돌아갔다. 그가 즉위하면서 나라가 어지러워지기 시작하다가, 1121년 굴출율屈出律에게 찬탈당했다. 직로고가 서요의 말제末帝였다. 그리고 이조차 1218년 칭기즈칸成吉思汗의 몽골에 복속되며 최후를 맞았다.

요의 사회와 문화

요가 세워질 즈음은 중원의 혼란과 함께 동아시아 북방 유목민들의 기존 체제도 붕괴되며 재편되던 시기였다. 요를 세운 주체인 거란족 역시 예외가 아니었다. 8개의 부部로 이루어졌던 체제가 분열하며 20개의 부로 편성되었다. 이는 요의 태조 야율아보기가 활발하게 정복사업을 해나가면서 거란족의 세력이 확장된 결과이기도 했다.

이러한 변화는 경제체제에도 영향을 주었다. 원래 거란족은 "일정한 거주지 없이 초야草野를 옮겨 다녔다"라고 한다. 또 유목에 종사하는 집단과 농사하는 집단이 지역을 기반으로 나뉘어 존재했다. 그러나 부락이 정비되면서 정해진 범위를 가지게 되었다. 이는 유목을 하는 토지가 부락의 공동소유로 여겨졌다는 뜻도 된다. 그런데 나라가 세워진 이후에는 토지에 대한 지배권을 황제를 정점으로 하는 집단이 장악했다. 소유권은 원칙적으로 황제를 중심으로 하는 국가에 있고, 각 부락은 이를 사용하는 형식이었다.

황무지처럼 버려진 땅도 국유지로 간주했다. 조정에서는 포로나 요로 이주한 사람이 개간하도록 유도하기 위해, 개간한 땅은 몇 년 동안 조세를 면제해주었다. 원래 개간한 땅에서 농사짓는 사람은 나라 땅을 경작하는 것이었지만, 이들이 호적에 올라 조세를 납부하며 토지가 점차 사유재산처럼 여겨지는 경향도 생겼다.

이렇게 복잡했던 상황을 반영한 요 통치의 특징 중 하나는 이른바 인속이치因俗而治, 즉 풍속이 다른 종족에 따라 다른 통치 방식을 적용하는 정책이었다. 중원으로 진출하면서 유목과 농경처럼 완전히 다른 생산 방식을 가진 종족이 섞이게 된 상황에 따른 선택이었다. 이른바 북면관, 남면관으로 나누어 통치한 이유도 여기에 있었다.

처음에는 요의 황제가 동쪽을 향해 앉는 관례를 감안해, 왼쪽에 해당하는 북면관이 거란의 전통 방식의 통치를 맡고, 남면관이 한족 방식으로 주·현을 다스렸다. 그러나 시간이 흐르면서 지역에 따른 차이에서 역할을 분담시키는 쪽으로 변화가 일어났다. 남면관은 행정적 문제에 집중하고,

북면관은 군사 문제에 치중하는 방식으로 바뀌어갔다.

 백성들의 생산 양식이 종족에 따라 큰 차이가 있었기 때문에 수취체제 역시 종족에 따라 달랐다. 유목민들은 다양한 공물과 함께 노역을 부담했다. 이에 비해 농경에 종사하는 백성들은 당·송처럼 여름과 가을에 양세兩稅를 냈다. 소작농은 토지세 외에도 지주에게 소작료를 내야 했다. 그렇지만 요의 영역으로 이주시킨 한족들을 붙잡아두기 위해 중원 제국에 비해 세금은 비교적 가벼웠다. 단지 법이 명확하지 않은 측면이 있었고, 부정부패가 심한 편이었다. 그리고 다양한 형태의 잡세雜稅가 수시로 강요된 점이 백성들에게 큰 부담을 주었다.

 토지 관리에 있어서도 중원 제국과 다른 점이 있었다. 지방 통치를 위해 주·현을 설치했으나, 알로타斡魯朵와 투하頭下.投下 같은 독특한 존재가 있었다. 알로타는 황제의 장원莊園 같은 것이었고, 투하는 황족·외척이나 부족장 등이 전공을 세워 설치된 지역이었다. 투하에서는 그 수장이 주세酒稅 이외의 것을 차지했다. 투하가 누리는 특혜가 부담스러워지자, 수장의 후사가 단절되거나 잘못을 저지르면 중앙에서 흡수해버리는 경우가 많았다. 그래도 한족 출신까지 포함한 고위 관료들 대부분은 장원을 확보해갔다. 관료들뿐 아니라, 불교 사원들도 장원을 보유했다.

 거란족은 독자적인 언어를 가지고 있었다. 그렇지만 요가 세워질 때까지 문자를 가지고 있지는 못했다. 그러나 나라를 세우면서 넓은 지역을 다스려야 할 상황에 처하자 요는 문자를 필요성을 느꼈고, 그래서 만들어낸 것이 거란문자이다. 이 문자를 통해 요에서는 중원 제국의 책을 자신의 문자로 번역하기도 했고, 독자적인 문자를 이용한 문학 작품들도 탄생했다. 그렇다고 해서 중원의 문화를 가볍게 여기지 않았다. 중원을 통치했던 경험을 담은 역사서와 사상, 기술 등의 문화는 요가 흡수한 한족 지역과 함께 자신의 근거지를 통치하는 데에도 필요했다. 요는 중원 제국의 전통을 이어 자신의 역사를 기록으로 남겼다.

거란족은 대부분의 종족과 마찬가지로 샤머니즘을 기본으로 가지고 있었지만, 점차 불교와 유교의 영향을 받게 되었다. 요가 세워지고 중원 지역으로 진출하면서 불교는 황실의 지원을 받아가며 더욱 성행했다. 이때 불경을 많이 편찬하면서 요에서도 불교문화가 발전했다. 이와 함께 유학儒學 역시 도입되어 통치이념으로 활용되었다.

거란족과 한족이 융합된 체제는 문화에도 영향을 주었다. 당시 요는 세계에서 중원 제국과 고려 정도밖에 가지고 있지 못했던 도자기 제조 기술을 가지고 있었다. 그리고 무미건조한 북방 민족이라는 이미지와 달리 많은 그림과 조각 작품을 남겼다. 의학 역시 전통적인 의술에 중원의 한의학이 융합되었다. 특히 추운 거란족의 땅에 적응하기 위한 동상 치료약이 유명하다. 요의 천문학과 역법曆法은 서방의 것과 중원의 것을 융합하여 뛰어난 수준에 이르렀다.

북송의 붕괴

신법 폐지에 골몰하던 사마광도 재상이 된 지 얼마 되지 않아 죽었다. 사마광이 죽자, 구법당도 출신 지역에 따라 파벌이 나뉘어 정쟁을 벌였다. 이것이 당쟁黨爭이다. 그런데 북송의 정치적 혼란은 신법당에 이어 구법당이 분열하는 차원에서 그치지 않았다. 1093년 선인태후가 병으로 죽으면서 수렴청정이 8년 만에 끝나고, 철종이 직접 정치에 나서면서 변화가 일었기 때문이다. 신법으로 개혁을 원했던 철종이 구법당을 좌천시켜버렸던 것이다. 그렇지만 얼마 가지 않은 1100년, 철종이 아들 없이 죽고 동생인 20세의 휘종徽宗이 즉위하자 이 흐름은 또 뒤집혔다. 신종의 황후였던 상태후尙太后가 또다시 구법당을 중심으로 조정을 채웠기 때문이다. 그리고 또 휘종이 친정에 나서자 신법당이 다시 정권을 장악했다.

이렇게 북송의 정책은 정권이 바뀔 때마다 뒤집혔고, 백성들이 겪어야 할 혼란은 극심해졌다. 이러면서 정국 주도권도 소신보다 시류에 영합하는 자에게 돌아갔다. 그 전형적인 사례가 휘종이 기용한 재상 채경蔡京이다. 그는 사마광이 재상에 올라 신법 폐지 명령을 내렸을 때 자기 지방에 이 명령을 수행하는 데 앞장섰지만, 휘종이 신법을 부활시키려는 의도를 가지고 있다는 점을 깨닫고 돌아서버렸다.

여기에 휘종이 글씨와 그림 솜씨만큼은 중국 황제 중 손꼽힐 정도의 재능을 가지고 있었다는 점까지 문제가 되었다. 그만큼 황제의 본분인 정치에는 소홀했기 때문이다. 더욱이 풍류를 좋아한다며 진귀한 나무와 기이한 돌들을 긁어모았던 점이 나라의 붕괴를 앞당겼다. 이러한 물건들을 먼 곳에서부터 황궁으로 가져오는 데에 막대한 비용이 들었을 뿐 아니라, 그 과정에서 방해가 된다며 백성들의 집을 마구 허물어버리는 일도 잦았다.

이런 사태가 일어나면서 신법을 시행하는 정신도 달라졌다. 원래 농민과 소상인들의 부담을 줄여주면서 파탄 난 재정을 채워주려는 의도로 고안되었던 신법이, 풍류를 즐기기 위한 물건을 모으는 비용을 조달하는 수단으로 변질되어갔다. 곳곳에서 백성들의 저항도 일어났다. 산동의 양산박梁山泊(량산포)에서 영웅·호걸들이 도적이 되어 조정에 저항한다는, 유명한 중국의 고전『수호전水滸傳』의 배경이 된 것도 바로 이 시대였다.

이 저항은 반란으로 번졌고, 북송 조정은 요 공략에 보내기로 금과 약속했던 병력을 반란 진압에 동원해야 했다. 이렇게 늦어진 출병의 악영향 때문에, 이후 금과의 관계에서 곤욕을 치르게 되었다. 그리고 이 사태는 단순한 곤욕에서 끝나지 않았다. 금의 활약 덕분에 요에게 빼앗긴 연운 16주의 일부를 돌려받을 수 있었지만, 돌려받은 지역 상당 부분이 금 군대에게 약탈당한 상태였다. 여기에 북송 자체의 형편도 쪼들려, 금에게 제공하기로 한 물품이 제대로 전달되지 않았다.

송에서는 이런 상황을 요의 잔여 세력을 이용하여 금을 무너뜨리는 것으로 해결하려 했다. 그렇지만 이를 위해 비밀리에 전달했던 문서가 금의 손에 넘어갔고, 분개한 금은 이를 송 정벌의 명분으로 삼았다. 1125년 금의 군대가 북송의 수도로 접근해오자, 휘종은 태자에게 선위宣威(임금의 자리를 물려줌. 양위)하고 피신해버렸다. 이렇게 해서 즉위한 태자가 흠종欽宗이다.

이때 북송 깊숙이 진격해 온 금의 군대에도 여러 가지 난점이 있어, 이번 침공은 타협으로 마무리되었다. 그래서 피신했던 휘종도 복귀하며 북송은 잠시 안정을 되찾았다. 그렇지만 금의 군대가 철수한 뒤, 송은 약속을 어기고 일부 영토를 수복했으며, 양도하기로 한 영토를 넘겨주지도 않았다. 그러면서 또다시 요의 잔여 세력과 함께 금을 공략하려 했고, 이 사실도 금에 알려졌다. 그 결과 1126년 재개된 금의 공세에 수도 개봉이 포위당했고, 1127년 정월 흠종은 물론 상황 휘종을 비롯한 황족들과 백성들도 금의 포로가 되었다. 이를 정강의 변靖康之辱變이라 한다.

**금의
북송 정벌**

이후 금은 1121년, 중경대정부中京大定府를 함락시킬 정도로 승승장구했다. 1122년에도 이 기세는 유지되었고, 요와 문제를 일으킨 인물 아소도 이 과정에서 붙잡았다. 이에 비해 송은 때마침 일어난 내부의 반란을 진압하다가 출병이 늦어졌다. 더욱이 뒤늦게 동원한 병력도 요의 군대에 패전을 거듭했다. 이 때문에 송에서는 금에 구원을 요청했고, 금에서는 해상의 맹약의 공략 대상에서 제외한 연경을 공략하게 되었다. 이렇게 해서 금이 연경을 함락시키자 문제가 생겼다.

금은 약속을 지키는 의미에서 연운 16주 중 연경 이남의 6주를 송나라에 양도했지만, 자신들이 점령한 연경 이북을 약탈하고 재물과 함께 백성들까지도 끌고 갔다. 이러한 사태 때문에 연운 16주 대부분의 지역에서 세금을 걷을 수 없는 상태가 되었지만, 금에서는 원래의 약속에 없던 군사 원조를 제공한 대가로 막대한 물자의 추가 제공을 요구했다. 송도 이를 받아들였다.

요에 대한 공략에 협력하고 있었지만, 이런 요소 때문에 금과 북송 사이에는 갈등이 생기고 있었다. 그 원인 중 하나가, 원래 송이 공략하기로 했던 연경을 금이 점령했다는 점이었다. 이 결과, 금이 연경을 점령하고 난 후 요의 평주平州를 통제하던 절도사들이 투항해 왔다. 그러자 아골타는 이때 투항해 온 장각張覺에게 평주의 통치를 맡기고 도주한 천조제 추격에 나섰다.

그러면서 금에서는 점령한 연경의 관리와 백성을 금으로 이주시키려 했다. 하지만 연경 사람들은 고향에서 멀리 이주하려 하지 않았다. 그래서 이 점을 장각에게 호소하여 해결하려 했다. 사람들의 호소를 받은 장각은 결국 금에 저항하기로 하고 요 출신을 규합해나갔다. 이를 틈타 송에서도 장각에게 사신을 보내 투항을 종용했고, 장각은 이 제안을 받아들였다. 하지만 금에서 평주를 다시 공략하여 점령해나가자 장각은 송으로 도망쳤다. 금에서는 장각의 소환을 요구했고, 송에서는 장각을 죽여 금으로 보냈다.

이런 사태를 겪으면서도 금은 연경이 포함된 6개 주를 송에 돌려주었다. 이런 와중에 금을 세운 아골타가 1123년 병으로 죽었다. 그렇지만 이 사태가 금에 혼선을 일으키지는 않았다. 아골타의 뒤는 동생 완안성完顏晟(여진 이름 우키마이吳乞買)이 이었고, 그가 금의 태종太宗이다. 금 태종 역시 형의 정책을 이어나가려 했다. 그러나 이후 연운 16주 나머지 지역의 처리에 대해 금 내부에서 논란이 일어났다. 요에 대한 공략에 큰 기여를 하지 않은 송에 금이 점령한 영토를 돌려줄 필요가 없다는 주장이 힘을 얻었던 것이다.

이러던 중, 장각의 반란을 진압하려 평주를 점령하는 과정에서 송에서 장각에게 보낸 문서가 금의 수중에 들어갔다. 그리고 이는 금이 송에 대한 군사행동을 할 명분이 되었다. 결국 1125년, 금 태종은 송에 대한 공격 명령을 내렸다.

금의 군대는 남하하면서도 송에 사신을 보내, 하북과 하동河東(허둥) 지방을 금에 양보할 것을 제의하며 타협을 시도하기도 했다. 그러나 금의 군대는 계속 남하했고, 이에 맞서던 송의 군대는 일부 지휘관이 금과 내통하여 아군을 금에 투항하게 만드는 사태까지 일으켰다. 금은 투항해 온 송의 군대를 앞세워 진격 속도를 올렸고, 당시 송의 황제였던 휘종은 태자에게 양위하고 달아나버렸다. 그렇게 즉위한 황제가 송의 흠종이다.

그러나 이 공세는 오래가지 않았다. 후속 부대 없이 송 영토로 진격한 금의 군대가 곤란을 느꼈기 때문이다. 그래서 이번 금의 침공은 타협으로 마무리되었다. 그러나 타협 내용은 송에 굴욕적인 것이었다. 금과 송은 큰아버지와 조카의 나라가 되며, 송의 일부 영토를 양도하고, 사실상의 전쟁 배상금과 함께 금 군대의 안전 철수를 보장할 인질을 보낸다는 내용이었기 때문이다. 이렇게 해서 금 군대는 철수했으며, 송 휘종도 곧 수도로 돌아왔다.

그러나 이것으로 금과 송의 충돌이 끝나지는 않았다. 금의 군대가 철수한 뒤, 송은 약속을 어기고 일부 영토를 수복했다. 또 양도하기로 한 영토를 넘겨주지도 않았다. 금에서는 타협을 요구했지만 송은 그마저도 거부해버렸다. 더 나아가 요의 야율여도에게 같이 금을 공략하자는 제의까지 했다.

이 사실이 금에 알려졌고, 금에서는 다시 침공하기로 결정을 내렸다. 그 결과 1126년 금의 공세가 재개되었다. 파죽지세로 진격해 온 금의 군대는 송의 수도 개봉을 포위하여 송 흠종을 압박했다. 결국 1127년 정월, 송의 흠종은 금의 요구에 따라 성을 나왔다가 억류당했고, 곧이어 상황 휘종을 비롯한 황족들과 백성들도 포로가 되어 금으로 끌려갔다.

그 이후인 3월, 금은 꼭두각시 국가인 초楚를 세우고 손아귀에 있던 송의 장군 장방창張邦昌을 그 황제로 세웠지만 큰 의미는 없었다. 금의 군대가 철수하자, 남아 있던 송의 대신들은 장방창에게 퇴위를 권했다. 이를 받아들인 장방창은 이전에 폐출되었던 휘종의 황후 맹孟씨를 불러들여 정사政事를 맡기고 물러나버렸다.

그렇게 해서 휘종의 아홉째 아들 조구趙構가 황제로 즉위하며 송의 재건을 꾀했다. 이때부터는 남송南宋이라 부르며, 그렇게 즉위한 조구가 남송의 고종高宗이다. 이렇게 송의 명맥이 이어지며, 금이 진출한 지역의 송의 백성들도 금에 저항했다. 이 때문에 금은 점령한 하북 지역을 통치하는 데에 애를 먹었다. 하지만 북송 출신들의 저항은 조직적이지 못했고, 남송의 고종 역시 이들을 적극적으로 지원할 생각이 없었다. 이들은 점차 금의 군대에 격파되거나 금에 흡수되었으며, 일부는 남송으로 들어가 금에 대한 저항을 계속하기도 했다.

금에서도 이에 대한 대책으로, 또다시 대제大齊라는 허수아비 국가를 세운 다음 송에서 항복해 온 유예劉豫를 그 황제로 임명했다. 제齊의 영역은 지금의 하남과 섬서 지역이었고, 하북 지역은 금이 직접 다스렸다. 물론 제 역시 오래가지 않았다. 얼마 후 감행된 남송 공략이 실패하자, 금은 유예를 폐위시켜버리고 제의 영역을 직접 관리했다. 이러면서 금의 하북 통치도 점차 안정되어갔다.

**남송의
성립**

우여곡절 끝에 남송이 성립되었지만, 금은 남송에 대한 공세를 개시했다. 남송 내부에서는 이 침공에 적극적으로 대처하자는 파와, 남쪽으로 수도를 옮겨 대처해야 한다는 파로 나뉘었다. 이때 고종은 천도를 택하여, 수도를 양자강 건너 남쪽의 임안臨安(린안)으로 옮겼다. 남송에서는 이렇게 옮긴 수도를 두고, 빼앗긴 영토를 되찾겠다는 의지를 담아 황제가 임시적으로 머무는 곳이라는 뜻의 행재行在라고 불렀다. 하지만 이는 선언 이상의 의미를 갖기 어려웠다. 남송 내부에서 고종의 퇴위와, 금과의 화친을 요구하는 반란이 일어났다. 그만큼 남송은 안팎의 혼란에 시달리고 있었다.

그래도 이 위기는 극복되었다. 반란은 얼마 가지 않아 진압되었고, 남송의 중심을 향해 내려오던 금의 공세에도 제동이 걸렸기 때문이다. 금의 군대는 한때 남송의 새 수도를 함락시키고 고종을 추격했으나, 금의 후방에서 정변이 일어났기 때문에 전쟁을 계속할 수 없는 지경에 이르렀다. 우여곡절 끝에 금의 군대는 철수했다. 금의 군대가 철수한 다음 해에도 남송 내부에서는 백성들의 반란이 일어나 6년이나 계속되었지만, 이 반란도 곧 진압되고 남송은 안정되었다.

이후에는 남송과 금의 대치 상태가 이어졌다. 직접적인 충돌은 잦아들었지만, 대치 상태는 양국 내부의 정국에 영향을 주었다. 금에 새로 들어선 세종은 일단 남송과 화친을 맺고 내부 정비에 주력했다. 그렇다고 해서 남송에 대한 압박을 완전히 포기한 것은 아니다. 초에 이어 또 다른 괴뢰국가 제를 세우고, 금에 항복해 온 유예를 그 황제로 임명했다. 유예에게 황하 남쪽의 영역을 관리하게 만들어, 이민족인 여진족이 통치한다는 인상을 주지 않으면서 한족끼리의 충돌을 유도하려는 의도였다. 그리고 남송 내부에서 주화파 세력이 확대되도록 공작을 폈다. 그것이 송 출신으로 포로가 된 진회秦檜를 돌려보내는 것이었다. 금으로 끌려가기 이전에 대책 없는 주전론主戰論을 주장했던 진회는, 포로가 된 뒤 금의 국력을 보고 무모한 주전론의 위험을 깨닫게 된 인물이다. 그 경험 때문에 그는 귀국 후 주전론자를 극도로 경계했다.

그렇게 해서 1130년, 진회는 남송으로 돌아왔다. 고종은 진회가 돌아오자마자 그를 중용하기 시작하여, 돌아온 다음 해에는 재상으로 임명했다.

이에 함께 남송 내부의 정국도 복잡하게 돌아갔다. 돌아온 진회는 남송 내부의 주전론을 누르며 금과의 화친을 유지하려 했다. 하지만 전쟁을 통해 세력 기반을 잡은 무인들은 금에 대한 강경책을 밀어붙였다. 그 대표적인 인물이 악비岳飛, 한세충韓世忠 등이었다. 이들은 평범한 백성 출신으로 모병에 응하여 출세한 데다가, 그들의 고향이 금의 영역으로 들어갔기 때문에 강경한 태도를 가질 수밖에 없었다.

이렇게 양쪽의 정세가 복잡하게 돌아가던 1135년, 금에 포로로 잡혔던 휘종이 죽었다. 금에서는 한동안 이 사실을 남송에 통보하지 않았으나, 1137년 금에 왔다 돌아간 남송 사신에 의해 이 사실이 알려졌다. 이 자체는 갈등의 요소가 될 만한 것이었으나 고종은 타협을 원했다. 이 뜻에 따라 진회는 죽은 휘종의 유해와 고종의 생모를 돌려받는다는 조건으로 강화를 맺었다.

그러나 이 강화는 금 내부의 갈등으로 얼마 가지 못했다. 제를 통해 한 족끼리의 갈등을 유도한다는 전략이 별 효과를 거두지 못하자, 금 조정은 제를 없애버리고 그 영역을 직접 관리하는 방향으로 전략을 바꾸었다. 이 때 한족 영역을 지배하는 데에 부담을 느낀 온건파는 제의 영역을 남송에 넘겨주고 타협하는 방향을 모색하다가 강경파를 자극하고 말았다. 그 결과 온건파가 제거되고 1140년, 금 강경파의 뜻에 따라 남송 침공이 재개되었다.

이 침공에서 금은 개봉과 장안을 점령했으나, 악비·한세충 등의 활약에 곤란을 겪었다. 그러자 금 내부에서도 다시 타협을 원하는 목소리가 높아졌고, 이는 남송의 주화파에게도 힘을 실어주었다. 하지만 남송 내부 주전론자들의 반대에 부딪혔다. 실제로 악비나 한세충 등은 어느 정도의 전과를 올리고 있는 상태였기 때문에, 이런 전과를 무색하게 만들 화친에 반대할 수밖에 없는 입장이었다.

그렇지만 자기 나라 군대의 전력에 자신이 없었던 고종은 타협을 원했고, 이를 간파한 진회는 금에 대한 군사행동을 중지시켰다. 이와 함께 전과를 올리고 있는 지휘관에게 중앙의 벼슬을 주어 불러들였다. 이때 악비는 이 명을 거부했다. 그러자 진회는 악비를 반역죄로 잡아들여 옥에서 죽게 만들었다. 이렇게 해서 주전파의 세력은 꺾여버렸고, 이들이 지휘하던 군대 역시 중앙의 통제를 받도록 개편됐다.

금의 전성기

금은 북송을 정벌하며, 당시 동아시아에서 가장 강력한 세력으로 자리 잡았다. 그렇지만 아직 각 부족 세력의 영향력이 강하여 황제의 권력까지 다져지지는 못했다. 태조의 자식이 있음에도 동생이 황제 자리를 이어받은 것도 그러한 맥락에서 해석할 수 있다. 처음에는 태종 역시 동생을 후계자로 지명했으나 동생이 일찍 죽는 바람에 무산되었다. 이 때문에 금 태종은 후계자 문제로 고민을 해야 했다.

결국 태종은 태조의 적장손인 완안단完顔亶(여진 이름 하라, 카라, 호라슴剌)을 후계자로 삼자는 의견을 받아들였다. 이렇게 즉위하게 된 황제가 금의 희종熙宗이다. 후계자를 정한 뒤인 1135년, 태종은 희종에게 양위하고 물러났다. 희종은 한족 출신 유생들을 기용하며, 금의 체제를 중국식 관료제로 바꾸고자 했다. 그래서 여진족의 전통을 잇는 많은 관례를 바꾸었고, 이는 종실들의 반감을 샀다. 그러면서 금 지배층 사이에도 권력투쟁이 심해져갔다.

희종은 그래도 군 통수권만은 한족과 발해 출신들의 손에서 빼앗아 여진족에게 돌아가도록 했다. 이러한 개혁 조치와 함께 희종은 여진족을 중국의 화북 지방으로 이주시키는 데에 힘을 기울였다. 이로 인하여 금의 통치 중심이 남쪽으로 옮겨지며, 점차 중원 문화의 영향을 많이 받게 되었다.

그 결과 많은 한족들이 관리로 등용되어 고위직에도 올랐다. 이는 금 내부의 권력투쟁에도 하나의 요소였다. 여진 귀족과 한족 관료집단 사이에 갈등을 불러일으켰던 것이다. 결국 여진 귀족의 비위를 맞추지 않는 한족 관리들을, 정치적 모략으로 제거하는 사건도 일어났다. 개혁 주체였던 희종이 이런 파벌 싸움에 동요하면서 대규모 옥사가 반복되었다. 그렇게 정국이 불안해지던 와중에 희종의 조카인 완안양完顔亮(여진 이름 디구나이迪古乃)이 희종을 살해하고 황제에 올랐다. 그는 나중에 폐위되었기 때문에 해릉왕海陵王이라 불린다.

희종을 살해했지만, 해릉왕은 금의 체제를 중국식으로 바꾸는 개혁을 계속 추진했다. 이를 위해 연경으로 수도를 옮기며 많은 사람들을 화북으로 이주시켰다. 과거제도를 강화하여 관리 선발도 장악했다. 이렇게 기반을 다진 해릉왕은 남송 정벌 계획을 세웠다. 상당한 무리가 따랐기 때문에 측근들이 만류했지만, 해릉왕은 정벌을 강행했다. 이에 따라 많은 사람들이 불만을 품었고 민심도 흔들렸다.

1161년 남송 정벌이 시작되었다. 정벌 초기 진격은 순조로웠지만 문제는 후방에서 터졌다. 여러 지역에서 반란이 일어났던 것이다. 해릉왕 지휘 아래에 있는 병사들도 사기가 떨어져 있기는 마찬가지였다. 11월 양자강에서 저항을 받은 금의 원정군은 고전했고, 그런 와중에 해릉왕이 진중에서 살해당하고 말았다.

그렇게 되기 이전부터 금의 반란 세력은 해릉왕의 사촌동생 완안옹完顏雍(여진 이름 오녹烏祿)을 추대했다. 이렇게 즉위하게 된 황제가 금의 5대 세종世宗이다. 즉위한 세종은 해릉왕의 폭정을 정리한다는 명분을 내세워 내부의 혼란을 수습하면서, 각지에서 일어난 반란을 진압해나갔다. 이와 함께 남송과의 전쟁도 끝냈다.

그러면서 거란, 발해, 한족 등 출신을 가리지 않았고, 심지어 자신을 반대했던 인재까지 등용했다. 이 덕분에, 소수만이 정책 결정에 참여하고 많은 사람을 소외시키는 구조가 고쳐지며 광범위한 지지를 받았다.

세종은 상당한 변화를 꾀했지만, 그렇다고 해릉왕이 추구하던 정책의 기조까지 바꾸지는 않았다. 그 역시 금에 중국적 체제를 확립시키는 데에 노력을 기울였다. 그러면서도 여진어와 여진문자 사용을 장려하여 여진족의 주체성을 지키는 데에도 신경 썼다. 이 정치적 변혁을 바탕으로 백성들에게 거둬들이는 조세와 요역을 줄여주었다. 이러한 개혁은 이후 금이 전성기를 구가하는 기반이 되었다.

그렇게 금의 기반을 닦아 안정시킨 세종은 1189년 생애를 마쳤다. 이때 황태자였던 완안윤공完顏允恭이 요절해버린 상태였기 때문에, 세종의 손자인 완안경完顏璟이 세자로 책봉되어 그 뒤를 이었다. 그가 금의 장종章宗이다. 장종 역시 세종의 정책을 이어 금의 안정을 이어나갔다.

장종은 즉위 초기, 중원 왕조에서 성공적으로 수행한 정책과 시급한 현안을 올리도록 했다. 또 억울한 일을 당한 사례를 보고받고, 관리들의 품행에 대한 감찰을 강화했다. 이와 함께 여진족과 한족의 혼인을 허가하여 종족의 융합을 추진했으며, 조세와 부역을 줄여주는 세종의 정책도 이어나갔다. 이에 더하여 이전부터 문제가 되며 사회적 요구가 커지고 있던 노비 해방을 실천으로 옮겼다.

장종 때에는 과거제가 강화되어, 많은 인재를 이를 통해 충원했다. 장종이 원하는 정책의 추진을 위해 중국적 제도가 필요했던 것이다. 그러면서 서적의 수집과 역사 편찬 등의 문화 사업에도 힘썼다. 장종 자신도 중원 문화에 조예가 깊었다고 한다. 이러한 조치를 통해 내부 갈등이 완화되고 사회질서는 안정되었다.

하지만 부작용도 적지 않았다. 여진족들이 중원 문화에 젖어감에 따라 무예를 숭상하는 정신이 상대적으로 약화되었고, 이 때문에 군사력도 약화되어갔다. 그래서 세종 대부터 무예를 숭상하는 과거의 풍속을 잊지 않도록 하는 조치도 잊지 않았다. 장종 대에는 점차 커져가는 몽골 부족의 압력을 감안하여, 말타기와 활쏘기를 잘하는 이들을 승진시키고, 문약文弱의 상징 같은 남송의 복장을 금지하는 등의 조치를 취했다. 그러나 여진족이 중원 문화에 젖어드는 현상을 막을 수는 없었다. 이 때문에 사치 풍조가 일어나면서 문약으로 흐르는 경향이 생겼다.

이 결과 금은 북방 유목민족의 압박에 곤욕을 치렀고, 이것이 남송에도 알려졌다. 1206년, 남송의 실세였던 한탁주韓侂胄는 이를 좋은 기회라고 판단하고 침공을 감행해 왔다. 그러나 이 침공에서 남송은 별다른 전과를 올리지 못하여 전선은 교착 상태에 빠지고 말았다. 그랬던 1207년, 금은 침공을 주장한 실세 처벌을 조건으로 강화를 제의했고, 남송은 이를 받아들여 한탁주의 목을 베어 금으로 보냈다. 이것으로 약 40년 만에 재개된 금과 남송의 전쟁은 마무리되었다.

**금의
붕괴**

　　금은 세종에서 장종에 이르는 시기에 전성기를 구가했지만, 장종 대부터 좋지 않은 징조가 나타났다. 그 발단은 세종의 손자였던 장종이 숙부들을 제치고 황제에 올랐다는 점이다. 이를 의식한 장종은 숙부들을 경계했고, 그것이 황족에 대한 감시와 탄압으로 이어졌다. 이러한 요소가 지배층 내부의 분열을 자초하는 원인으로 작용했다.

　　보다 근본적인 원인은 사회 내부의 구조적인 문제에서 나왔다. 여진족들이 중원 지역으로 이주할 때, 조정에서는 농토를 거두어 이들에게 나누어주었다. 이 때문에 한족 백성과 갈등을 빚어 저항을 불러일으키곤 했다. 그런데 여진족들에게 나누어준 토지들도 갈등의 소지를 안고 있었다. 왕실과 귀족들에게 주어진 토지는 비옥한 곳이 많았던 반면, 하층 여진족이 받은 토지는 상대적으로 척박한 곳이 많았다.

　　더욱이 시간이 지날수록 힘이 있는 왕족과 귀족은 소유 토지를 계속 넓히곤 했다. 이 때문에 백성들은 점점 더 척박한 땅으로 밀려났다. 그럼에도 불구하고 백성들에게 부과되는 세금은 무겁게 유지되었다. 이것이 내부 갈등을 부추기는 원인 중 하나였다. 또한 중원으로 진출한 여진 귀족들은, 자신들이 차지한 땅을 이용해 놀고먹으면서 호의호식하는 풍조에 젖어들었다. 이러한 풍조가 퍼지면서, 여진족 내부에서도 빈익빈 부익부 현상이 심각해져갔다. 이는 한족과 여진족 사이, 여진족 내부에서도 계층 사이의 갈등을 부추겼다.

　　세종과 장종도 이러한 풍조를 막기 위해 노력했으나 큰 실효를 거두지는 못했다. 내부 갈등이 심각해져가면서 군사력도 약화되었다. 이런 와중인 1208년, 장종이 죽었다. 장종에게는 여러 아들이 있었지만, 모두 어려서 죽는 바람에 후계자를 세우지 못했다. 이 때문에 장종의 뒤는, 세대를 거슬러 올라가 숙부인 완안영제完顔永濟가 이었다. 나중에 그가 암살당하고 황제 지위를 박탈당했기 때문에, 보통 생전의 작위인 위왕과 합쳐 위소왕衛紹王이라고 부른다.

그는 "우유부단하고 어리석었다"라는 평가를 받을 만큼 능력을 발휘하지 못했다. 그래서 주변 세력, 특히 힘을 키워가는 몽골에게 무시당할 정도였다. 금 왕조의 사정을 파악하고 있던 몽골의 칭기즈칸은 "하늘이 낸 사람이 중원의 황제가 되는 줄 알았는데, 이렇게 용렬하고 나약한 사람도 황제가 되는군"이라 했다 한다. 이렇게 금을 우습게 생각한 몽골은 금 침공을 준비했다. 그리고 1211년 칭기즈칸의 금 침공이 시작되었다.

몽골군은 파죽지세로 진격하여 금의 요충지를 점령해나갔다. 상대적으로 금은 제대로 대처하지 못한 셈이다. 그러던 1213년에는 패전을 거듭하던 금의 장군 흘석렬집중紇石烈執中이 몽골군을 막는다는 핑계로 수도로 들어와 위소왕을 폐위시키고, 세종의 장손 완안순完顔珣을 옹립했다. 그가 금의 선종宣宗이다.

이러한 선종의 즉위 과정은 좋지 않은 선례를 남겼다. 이후에도 몽골과의 전투에서 패전하여 책임을 추궁당한 지휘관이 자신의 부대를 이끌고 수도로 진입하여 정변을 일으키는 일이 생겼기 때문이다. 흘석렬집중도 이런 정변 과정에서 살해당했다. 내부의 혼란을 겪으면서 선종은 몽골과 타협하려 했고, 중도 공략에 실패한 칭기즈칸도 이를 받아들였다. 이렇게 해서 몽골군이 물러가자, 선종은 남쪽 개봉으로 수도를 옮겼다.

그러나 이 조치는 해결책이 되지 못하며 더 많은 문제를 일으켰다. 본질적인 문제는 금의 규군紅軍이 일으켰다. 규군이란 금이 요와 갈등을 빚을 때부터, 흡수한 거란족을 중심으로 편성해 운영하던 부대이다. 이들에게는 변경, 특히 몽골과 대치한 지역의 경비를 맡겼다. 그런데 거란인 일부가 반란을 일으키면서 이들에 대한 신뢰가 약해지기 시작했다. 그래서 거란인들을 점차 금의 영역 깊숙이 이주시키면서, 여진족과 섞어 동화시키려는 정책을 폈다.

그러나 이 정책은 거란인의 반감만 불러일으켰다. 몽골족과의 갈등이 심해지던 1196년, 거란인의 반란이 일어났을 때 여러 규군 부대가 이에 동조했다. 이에 위협을 느낀 금 조정은 규군 부대들을 수도 주변으로 이동시키며 달랬다. 중국식으로 체제를 정비하면서 유입된 문화의 영향으로 여진족으로 구성된 부대가 점차 약화되자, 금 왕조는 규군을 금나라 군대의 핵심으로 운영하게 되었기 때문이다. 이 결과 금 말기에는 규군이 수도 등 핵심 지역을 방어하는 부대 역할을 하며, 남송이나 몽골과의 전투에 있어서도 핵심 전력을 맡았다.

몽골의 침략을 받아서도 마찬가지였다. 그런데 이때 규군의 운영을 두고 금 조정에서 의견이 갈렸다. 하나는 이들을 요충지인 평주에 배치하자는 것이었으나, 이들도 황실과 같이 이동해야 한다는 주장도 만만치 않았다. 결국 선종은 천도하면서 규군을 같이 이동시키도록 결정했으나, 결정을 내린 선종 자신부터 규군을 신뢰하지 않았고 많은 금의 대신들 역시 마찬가지였다. 규군 자체도 새로운 수도로의 이동을 좋아하지 않았다.

이런 상황에서 이동하는 도중에, 규군에 지급되었던 장비들을 회수하겠다는 결정이 내려지면서 반발이 일어났다. 규군은 금의 명령을 수행하는 지휘관을 죽이고, 자신들이 원하는 지휘관을 추대한 후 중도로 돌아왔다. 그리고 몽골에 투항해버렸다. 규군의 투항을 받아들인 칭기즈칸은 이들에게 중도 공략을 명령했다. 금에서는 중도를 지키기 위해 구원군과 식량을 보냈지만 이들은 중간에서 패주해버렸다. 이런 과정을 거치며 1215년 5월, 중도가 함락되고 말았다. 이러한 사태는 요동·만주 지역을 극심한 혼란으로 몰아넣는 결과를 낳았다.

남송의 안정과 쇠퇴

남송과 금은 1142년, 북송 붕괴 이후 지속된 분쟁을 마무리하기 위한 강화를 맺었다. 이때의 조건은 남송에 굴욕적이라고까지 할 수 있는 것이었다. 남송은 금을 황제로 섬기고, 25만 냥의 은과 25만 필의 비난을 금에 제공하기로 했다. 남송이 얻은 것은 휘종의 유해와 고종의 모후를 돌려받는 정도였다. 또 고종의 입장을 곤란하지 않게 하기 위해서, 형인 흠종은 여전히 금에 억류된 상태를 유지하기로 했다.

이 과정을 통하여 남송에서 진회의 영향력이 확대되었다. 그는 금과 강화를 맺은 이후, 각 지휘관들이 관리하던 부대를 중앙에서 통제하는 방식으로 바꾸었다. 이를 통해 문신 위주의 정치체제를 재확립시켰다. 남송에서는 이렇게 영향력을 키워나가는 진회에 대한 암살 시도까지 일어났으나, 진회는 이러한 위기까지 극복하며 권력을 장악해나갔다. 그리고 이는 주화파인 문관 위주로 정국이 돌아간다는 의미이기도 했다.

그런데 이러한 흐름에 변화가 왔다. 진회가 죽고 난 다음인 1161년, 금에 해릉왕이 들어서고 남송에 대한 침공이 재개되었다. 그렇지만 이 침공은 금 내부에서 반란이 일어나 무산되었다. 그리고 이는 남송과 금 양쪽 황제가 교체되는 결과를 가져왔다. 금에서는 해릉왕이 쫓겨나며 세종이 즉위했고, 남송에서는 고종이 양자인 조신趙昚에게 양위하고 물러났다. 이렇게 즉위한 조신이 남송의 효종孝宗이다.

이 시기가 남송과 금 양쪽 모두에 있어서 가장 나라를 안정적으로 운영했던 군주의 시대라는 평가를 받는다. 금도 내부 정비에 치중하던 시기였기 때문에, 효종이 즉위하면서 외부로부터의 위협이 줄었다. 이 덕분에 국내에서의 정쟁도 잦아들었다. 효종은 이러한 상황을 이용하여, 불필요하게 비대해진 관료조직과 군대를 축소시키며 재정을 건전하게 이끌었다. 그 결과 북송 시기에 비해 많은 영토를 잃었음에도, 경제적으로는 북송의 규모를 능가하는 수준에 이르렀다.

그렇지만 이런 시대도 그렇게 안정적인 것은 아니었다. 이 시기를 이끌었던 효종은, 상황으로 물러났으면서도 심하게 간섭하는 고종에게 시달려야 했다. 게다가 효종의 장남이 요절하는 바람에 태자로 삼은 셋째 아들 조돈趙惇은 갈등을 일으켰다. 이런 상황에서도 나라를 안정적으로 이끌던 효종은, 1187년 고종이 세상을 떠나자 3년상을 치른 다음인 1189년 태자에게 양위하고 상황으로 물러났다.

그렇게 해서 즉위하게 된 조돈이 남송의 광종光宗이다. 광종은 황제로서 능력을 발휘하지 못하여 정국의 주도권이 외척에게 넘어갔다. 그러면서 황후 이씨의 농간으로 상황인 효종과 광종의 관계도 악화되었다. 그렇게 되어 광종은 효종의 임종조차 지키지 않았다. 이는 광종이 남송 지배층의 신뢰를 잃어버리는 이유가 되었다. 결국 광종은 1194년 종실 출신의 재상 조여우趙汝愚와 한탁주韓侂胄 등이 주도하는 정변으로 황제 자리에서 쫓겨났다. 그런 다음 광종의 둘째 아들 조확趙擴을 황제로 즉위시켰다. 그가 남송의 영종寧宗이다.

영종이 즉위하자 그를 옹립했던 조여우와 한탁주 사이에 균열이 생겼다. 한탁주의 인격을 탐탁하게 여기지 않은 조여우 등이 한탁주를 멀리했던 것이다. 영종 옹립에 협력하고도 소외된 한탁주는 조여우를 몰아내기 위해 힘썼고, 이는 당쟁으로 이어졌다. 이 결과 1195년 조여우는 재상직에서 물러났고, 2년 후에는 조여우와 가까웠던 인사들까지 몰려났다. 이 중에는 주자朱子라고 불리는 주희朱熹도 있었다. 한탁주는 주희를 축출하며 그의 학문까지 위학僞學이라 몰며 탄압했다. 이러한 일련의 사건을 경원의 당금慶元之黨禁이라 한다.

권력을 잡은 한탁주는 그 후 10년 동안 권력을 유지했으나, 뒤를 보호해주던 황후와 황태후가 차례로 죽으면서 권좌의 위협을 받게 되었다. 그런데 이때 즈음 금이 북방 민족의 침입에 곤욕을 치르고 있었다. 이를 기회라고 본 한탁주는, 금 공략을 통해 권좌를 다질 수 있을 것이라는 계산으로 북벌을 감행했으나 별다른 전과를 올리지 못했다. 그만큼 남송의 군대는 약화된 금의 군대를 제압할 역량도 없었다.

전쟁은 결국 양국이 적대 행위를 중지하고 화친을 맺는 방향으로 흘렀다. 그러나 이때 금은 전제 조건으로 전쟁을 일으킨 한탁주의 목을 요구했다. 한탁주 자신은 이에 분개하여 전쟁을 재개하려 했으나, 남송 내부에서부터 용납받을 상황이 아니었다. 결국 한탁주는 영종의 묵인 아래 예부시랑 사미원史弥遠 주도로 암살되었고, 이에 따라 남송과 금의 화친이 성립되었다.

이 타협에서 남송은 상당한 손해를 보았다. 매년 금에 보낼 세폐가 증가했을 뿐 아니라, 별도의 전쟁 배상금으로 300만 냥을 제공해야 했기 때문이다. 금과 남송의 관계도 작은아버지-조카 관계에서 큰아버지-조카로 바뀌었다.

금의
멸망

이런 와중인 1212년, 거란인 야율유가耶律留哥는
금에 대한 거란족의 반감을 이용하여 반란을 일으키며 금의 통제에서 벗
어났다. 그는 몽골의 후원을 얻어, 토벌하러 온 금의 군대를 격파했다. 그
리고 1213년, 야율유가는 요의 부활을 선언하며 새로운 나라를 세웠다.

금에서는 포선만노蒲鮮萬奴를 파견하여 진압하려 했으나 실패했다. 야율
유가 세력을 진압하는 데 실패한 포선만노는 동경으로 물러났다. 야율유
가는 이 기세를 타고 요동 공략을 계속했고, 1215년 동경을 점령했다. 그
러나 여기서 야율유가 세력 내부에서 균열이 일어났다. 이 상황에서 몽골
에 투항하느냐 독자적인 나라를 세우느냐를 두고 다투다가, 야율유가가
부하들에게 쫓겨나는 사태가 벌어졌다.

쫓겨난 야율유가는 몽골에 투항했고, 자신이 이끌었던 세력을 토벌하는
데에 앞장섰다. 이러한 사태를 틈타 포선만노가 요동 지역에서 일어났다.
그는 1215년, 대진大眞이라 이름 붙인 나라를 세웠다. 이 나라는 2년 만에
몽골의 통제 아래로 들어갔지만, 1217년 몽골이 서쪽 정벌에 치중하고 있
는 사이 동하東夏(또는 동진東眞)로 이름을 바꾸며 다시 몽골의 통제에서 벗
어나려 했다. 아직 야율유가를 쫓아낸 거란 세력이 건재하고 있었기 때문
에, 몽골이 함부로 동하부터 칠 수 없다는 계산이 깔려 있었다. 그래서 다
음 해인 1218년, 고려·몽골과 협력하여 고려 영역으로 들어간 거란 세력
을 토벌하는 데에 참여했다. 그렇지만 동하도 오래가지 않았다. 1233년 몽

골이 고려 국경 방면에서부터 압박하며 포선만노를 사로잡았고, 동하는 다시 몽골의 속국으로 전락했다.

만주·요동 지역뿐 아니라 금 내부의 혼란도 심해져갔다. 몽골의 압박을 받으며 중도가 포위되어 있는 동안에도, 하북과 산동 지방에서 백성들의 반란이 잇달아 일어났다. 금 조정에서는 몽골과의 분쟁에서 여유가 생기는 대로 병력을 동원해 이 반란을 진압해나갔지만, 여기에 상당한 시간과 희생을 치러야 했다. 더욱이 군기軍紀가 무너져, 최전선에 배치된 부대에서 지휘관을 죽이고 반란을 일으키는 경우도 많아졌다. 금 조정은 이런 상황조차 제대로 통제하지 못하여, 반란 주동자에 벼슬을 주며 달래는 정책을 주로 썼다. 그러다 보니 반란 세력 일부는 자신들의 이권을 따라 남송이나 몽골에 항복하는 경우도 있었다.

이렇게 국제정세가 복잡하게 돌아갔기 때문에 막대한 군비를 유지할 비용이 필요했다. 여기에 남쪽으로 천도하며, 하북 지역의 인적 자원을 대거 이주시킨 점도 문제를 일으켰다. 이렇게 이주시킨 인구를 먹여 살리기 위해서는, 세금을 늘리거나 국가에서 관리하는 토지를 농민에게서 걷어 새로 이주한 사람들에게 경작시키는 수밖에 없었다. 결국 국가가 지급한 토지의 소작료와 세금은 대폭 늘어났다. 여기에 재정수입을 늘리기 위해 국가에서 판매를 맡는 품목을 늘렸다. 이 때문에 물가가 대폭 올랐다. 사회적 혼란으로 생긴 비용이 백성들에게 전가된 셈이다.

선종은 부족해진 비용을 남송에서 받아낼 생각으로 여러 차례 정벌을 감행했으나, 전쟁을 치르는 데 필요한 비용을 건질 만큼의 전과도 올리지 못했다. 이런 와중에도 금 황실과 귀족의 사치는 사그라지지 않았다. 사치를 위해 백성들을 착취하는 일이 잦아졌고, 이런 풍조는 관리들의 부패로 이어졌다. 이 때문에 반란이 일어나고, 반란 때문에 혼란이 생기는 식의 악순환이 끊이지 않았다.

여기에 황하의 범람이 심해지는 등의 자연재해도 겹쳤다. 이뿐만 아니라 선종 대에는 재정 부족을 메우는 수단으로 지폐 역할을 하는 교초交鈔를 남발하여 물가를 폭등시키며 혼란을 자초했다. 이 때문에 금의 국력은 약화되어갔다. 이에 대한 대책으로 금 조정에서는 각 지역 유지들에게 벼슬을 주고, 그들에게 자기 지역 방어책임을 맡기는 조치를 취했다. 이는 금 왕조가 군비를 절약할 수 있는 방법은 되었지만, 근본적인 대책은 아니었다. 사정이 이렇게 악화되어가던 1223년 선종이 죽었다. 그리고 그 자리는 셋째 아들 완안수서完顔守緒가 이어받았다. 그가 금의 애종哀宗이다. 애종이 즉위한 지 얼마 되지 않아 금은 심각한 위기를 맞았다.

서남아시아와 동유럽 지역에 대한 정벌을 끝낸 몽골이 1227년 서하까지 멸망시키면서 금에 대한 공세에 나섰던 것이다. 이 공세는 칭기즈칸이 죽은 이후의 혼란 때문에 한동안 지지부진했지만, 오고타이窩闊台가 뒤를 이으면서 금 정벌을 위한 전열을 정비했다. 그리고 오고타이가 즉위한 다음 해인 1230년 금에 대해 침공이 개시되었다. 금은 지엽적인 전투에서 작은 승리를 거두는 경우도 있었지만 대세를 돌이킬 수는 없었다. 주요 전략 거점들이 하나하나 몽골에 넘어갔고, 내부에서 반란을 일으켜 자신을 따르는 무리를 데리고 몽골에 투항하는 일도 잦았다.

애종은 인질을 보내며 타협을 시도하기도 했지만 성사되지 않았다. 그러자 애종은 1232년, 몽골군의 공격이 집중된 개봉에서 탈출하여 각지를 옮겨 다니다가 1234년 채주蔡州(차이저우)에서 자살했다. 애종은 자살하기 전에 황족인 완안승린完顔承麟에게 나라의 명맥을 이으라며 황제 자리를 물려주었다. 완안승린은 몽골군의 포위를 뚫고 탈출하려다가 실패하여 피살당했고, 이로써 금의 역사도 끝이 났다.

금의 사회와 문화

금이 세워지기 이전 여진족 부락의 발전 단계는 일정하지 않았다. 여진족도 농업에 종사하기는 했으나, 수렵과 어로가 경제생활에서 차지하는 비중이 컸다. 이렇게 이동생활을 하여 통제하기 어려운 부족들을 관리하기 위해, 여진족은 맹안모극제猛安謀克制를 실시했다. 아골타가 금을 세울 때에는 이를 더욱 정비해나갔다. 요와의 전쟁 때 여진족 고유의 조직을 바탕으로 약 300호戶를 1모극, 10모극을 1맹안으로 편성했다.

이 조직은 평상시에 수렵과 농경에 종사하다가, 전쟁이 나면 군대 조직으로 전환되었다. 즉, 맹안과 모극은 군대 편성의 단위인 동시에 통치 조직 역할도 겸하고 있었다. 맹안은 여진말로 천을 의미했으니 1,000명을 관리하는 천부장 정도의 의미로 해석할 수 있다. 모극은 여진말로 부족장이라는 의미가 있어 100명을 관리하는 백부장이라고 할 수 있다.

금이 세워지고 중원으로 진출하면서부터는, 중원 지역의 한족을 이 제도로 통치할 수는 없었다. 따라서 요와 마찬가지로 한족에게는 송과 비슷한 군현제를 실시하여 이중적인 통치 조직을 갖추었다. 인재 등용 방식 역시 중원의 과거제도와 교육제도를 도입하여 활용했다.

금 왕조의 세금은 우구세牛具稅와 양세가 있었다. 우구세는 맹안과 모극에 소속되어 있는 호에서 징수하는 세금이다. 주로 여진족을 대상으로 징수됐는데, 정해진 액수가 있다기보다 지출에 맞추어 징수하는 형태였다. 그런데 금 왕조는 우구세를 매우 가볍게 매겨주는 경향이 있었다.

이는 부자들이 소작을 주어도 토지에서 거둬들이는 수입이 보장되는 구조를 낳았다. 이 때문에 금의 부자들은 혈안이 되어 토지 점유에 나섰다. 시간이 가면 갈수록 기득권층이 좋은 토지를 차지하는 반면, 나라의 기반이 되는 군호軍戶가 차지하는 토지가 척박한 지역으로 몰리는 현상을 낳았다.

일정한 액수의 세금이나 요역이 없었던 초기를 지나, 세종 대에 이르러 제도가 정비되면서 금 왕조에서도 점차 세금을 걷는 제도가 자리를 잡았다. 개인 소유의 토지에 대해서는 당 이후 중원의 양세처럼 여름과 가을에 세를 걷어 갔다. 여기에는 홍수와 가뭄 같은 재해를 당하면 감면해주고, 황무지를 개간하면 조세 징수를 연기시켜주는 융통성이 있었다. 그러나 중요한 일이 있을 때 잡세를 걷는 경우가 많았다. 이러한 잡세는 나라가 기울이지면서 늘어나는 경향이 있었다.

금 왕조에서는 생산력을 높이기 위해 많은 지방관들이 수리 시설을 정비하는 데에 큰 힘을 기울였다. 그리고 금 세력이 중원으로 진출하면서 농기구와 농업 기술을 빠르게 흡수하여 농업생산성을 높였다. 광업과 제철, 제지와 인쇄 기술 역시 마찬가지였다. 이뿐만 아니라 이전에 확보하지 못했던 도자기 제조 기술까지 흡수했다. 이는 금 왕조의 문화 수준을 높이는 데에 중요한 기반이 되었다. 금 왕조는 화약 기술까지도 입수하여 무기 제조에 활용했다. 상대적으로 취약했던 조선 기술도 금이 세워지면서 발전되었다.

상인들에게 상세商稅를 걷는 제도는 요나 송 왕조와 같았으며, 소금이나 차 같은 일부 물자를 전매하여 수익을 얻기도 했다. 상업 활동에 도움을 주기 위해 운하 정비에도 힘을 썼다. 이러한 노력의 결과 금도 상업이 활성화되었다. 그러면서 화폐 사용이 활발해지며, 송나라의 교자交子를 이어받은 교초交鈔를 발행했다.

여진족은 발해와 같은 핏줄이라 여기는 경향이 있었다. 그렇지만 요가 발해를 멸망시키고 많은 여진족이 요의 통제 아래로 들어가며 그 문화의 영향을 받게 되었다. 뒤이어 금이 세워지며 북송과의 교류가 활발해지자 중원 문화도 받아들였다. 그렇다고 해서 금이 외부 문화의 영향을 수동적으로 받아들이기만 한 것은 아니었다. 금 역시 요처럼 세력이 확장되면서 독자적인 문자의 필요성을 느꼈다. 그 결과 거란문자나 한자를 통해 문자생활을 하던 단계를 넘어 여진어를 표기할 수 있는 문자 개발로 이어졌다. 이렇게 개발된 여진문자를 통해 여진족 특유의 문학도 발달했다. 또한 구전으로 전해지던 역사도 문자가 사용되면서 활발하게 정리되었다.

서예와 회화에서는 요와 송의 기풍이 계승되는 경향이 있었다. 금 초기에 정교하지 못했던 음악과 무용도 중원의 기법을 흡수하며 고유한 형식으로 발전했다. 의학과 건축 기술 역시 중원 진출과 함께 크게 향상되었다.

거란족 같은 북방 민족처럼 여진족 역시 초기에 기반이 되었던 종교는 샤머니즘이었다. 그러다가 중원으로 진출하면서 금 역시 유학과 도가道家 등 중원에서 발생한 사상의 영향을 받게 되었다.

여진족도 같은 성씨와 혼인하지 않는 경향이 있었다. 하지만 이종사촌이나 고종사촌 사이의 혼인은 보편적으로 이루어졌다. 일반적으로 배우자 선택은 남녀의 자유로운 선택으로 이루어지는 경향이 강했지만, 높은 신분층에서는 정치·경제적 이권을 고려하여 집안 어른이 결정하는 경향이 있었다.

남송의
멸망

남송은 금과 굴욕적인 화친을 맺고 명맥을 이었지만, 정작 금은 장종이 죽은 뒤 몽골의 침략에 무너져갔다. 덕분에 남송은 한동안 평화를 누릴 수 있었다. 이러던 1224년, 남송에서는 영종이 죽고 이종理宗이 즉위했다. 영종이 위독해졌을 때 그의 아들들이 일찍 죽은 상태였기 때문에, 당시 재상이자 실권자였던 사미원이 친아들이 아닌 조윤趙昀에게 황제 자리가 돌아가도록 공작해 관철시켰다. 조윤은 조광윤趙匡胤의 아들인 조덕소趙德昭의 9세손이라 알려져 있다.

즉위 초기에는 사미원이 정국을 주도했고, 1233년 그가 죽은 후에야 이종이 직접 정사를 돌보게 되었다. 이종 즉위 후 국제정세는 심상치 않게 돌아가고 있었다. 1231년 몽골이 금을 정벌할 길을 터주는 문제를 협의하기 위해 사신을 파견했다. 그런데 이 사신이 남송의 장수에게 살해당하는 사건이 일어났다. 격분한 몽골은 이를 빌미로 남송의 영역으로 침공을 개시하여 금 정벌에 필요한 지역을 점령해버렸다. 이후 1233년 몽골은 금에게 마지막 타격이 될 정벌에 착수했고, 이를 위해 원정군 식량 공급 등의 문제에 대한 남송의 협조를 요청했다. 남송은 이 기회에 그동안 굴욕을 당해왔던 금에 타격을 줄 수 있는 기회라 여겨 협조를 했고, 금은 이때 몽골의 공세를 견디지 못하고 1234년 초 결국 멸망해버렸다.

이는 남송이 몽골과 완충지대 없이 대치해야 함을 의미했다. 그런데 이런 상황에서 금 공략에 성공한 몽골군이 북쪽으로 철수하자, 남송에서는 이 기회에 황하 남쪽을 수복해야 한다는 주장이 힘을 얻었다. 그래서 1234년 6월 남송의 군대가 북쪽으로 진출하기 시작하여 개봉 등 주요 거점을 점령했다. 하지만 이 성과는 오래 유지되지 않았다. 8월, 몽골이 반격을 가해 오자 남송은 공방전을 치르며 고전했다. 그러나 이 사태가 곧바로 남송의 위기로 연결되지는 않았다. 몽골의 정벌 우선순위가 남송 쪽이 아니었기 때문이다. 이후 몽골은 서쪽 방면 원정에 나서 지금의 동유럽 지역까지 정복했다.

외부의 위기는 몽골의 사정 때문에 일단 줄어들었지만, 이러한 상황에서는 남송 내부는 혼란스러웠다. 금이 멸망하며 몽골과 분쟁을 빚었던 해, 남송에서는 지폐 가치가 하락하여 심각한 사회문제를 일으키고 있었다. 농업생산이 증가했음에도 불구하고, 지폐 가치가 떨어지는 바람에 심각한 인플레이션이 일어났다. 이에 대한 대책으로 지폐를 회수하기 위한 방법이 강구되었다. 그래서 1235년에는 경작지 1무畝당 지폐 1장의 세금을 추가로 걷는 법이 제안되었지만 지주들의 반대에 부딪쳐 무산되었다. 지주들은 상인들에게 조세를 더 거두라고 요구했지만 이 역시 무리가 따르기는 마찬가지였다. 그 결과 온갖 방법을 동원하여 백성들에 대한 수탈을 늘려갔다.

이러던 1259년, 서방 원정을 마무리 지은 몽골의 남송 정벌이 재개되었다. 쿠빌라이忽必烈 등을 지휘관으로 한 몽골군이 남송 영역으로 진군해 왔다. 위기를 맞은 남송에서는 황후의 동생 가사도賈似道를 재상으로 삼아 맞섰다. 가사도는 은밀히 몽골 쪽에 굴욕을 감수한 조건을 제시하며 화친을 맺으려 했다. 이때 마침 몽골 쪽에서 대칸인 몽케가 죽으며 후계자를 둘러싼 암투가 생겼다. 야심이 있던 쿠빌라이는 정권을 잡기 위해 일단 남송과 휴전할 필요가 생겨, 가사도의 제안을 수락하고 군대를 돌렸다.

그런데 가사도는 속사정을 숨긴 뒤, 퇴각하는 몽골군의 일부를 공격하여 전과를 올린 다음 조정에는 승리했다고 보고했다. 이를 계기로 가사도는 남송의 정권을 장악하고 개혁을 밀어붙였다. 그는 500무를 초과하는 토지를 국가에서 강제로 수용하여 공전公田으로 만든 뒤, 토지가 없는 농민에게 나누어주어 경작하게 만드는 공전법公田法을 실시했다. 많은 무리가 따르는 조치였지만, 국가 재정 개선과 지폐 가치 하락을 막는 데에는 효과가 있었다. 이러한 개혁을 통해 일시적으로 남송 내부를 안정시킬 수 있었다. 그리하여 1268년, 이종이 죽고 조카 조기趙禥가 황제에 올랐다. 그가 남송의 도종度宗이다.

황제는 바뀌었지만 어차피 남송의 실권은 가사도가 쥐고 있었으므로, 이 자체가 심각한 문제는 아니었다. 하지만 얼마 가지 않아 몽골의 공세가 시작되었다. 1268년, 경쟁자를 제거하고 내부를 안정시킨 쿠빌라이칸이 남송에 대한 침공을 개시했다. 이후 1273년까지 5년에 걸쳐 남송 방어의 중심 양양襄陽(샹양)을 포위하고 공략한 끝에 함락시켰다. 이후에도 한동안 가사도는 몽골의 공세 위험을 숨겨가면서 권력을 유지할 수 있었다. 몽골이 고려에 대한 통제를 다지며 일본 원정을 감행하느라 남송에 대한 압박이 줄어들었기 때문이다.

그러나 1274년 쿠빌라이가 다시 남송 정벌을 개시하자 남송의 한계가 드러났다. 그리고 쿠빌라이의 공세가 재개된 지 얼마 되지 않아 남송의 도종이 죽었다. 그 뒤는 네 살에 불과했던 도종의 아들 조현趙㬎이 이었다. 그가 남송의 공제恭帝이다. 쿠빌라이는 남송의 황제 교체와 상관없이 공세를 감행하여 1275년에는 양자강을 건넜다. 남송에서는 재상 가사도가 직접 나서 몽골의 공세를 막아야 한다는 여론이 들끓었고, 이에 몰린 가사도는 직접 병력을 이끌고 방어에 나섰다.

가사도는 이 방어전에서 참패한 후 강화를 시도했지만 실패했다. 이 책임을 지고 귀양 가던 가사도는 도중에 살해당하며 최후를 맞았다. 이후에도 남송 조정에서는 강화를 시도했지만, 강화를 위해 남송에 파견된 사신들이 연달아 살해당하면서 무산되었다. 결국 몽골 군대가 남송의 수도로 들이닥쳤고, 남송은 이렇다 할 저항도 해보지 못하고 항복했다.

남송의 일부 요인들이 도종의 아들들을 데리고, 남해안의 애산厓山(야산)까지 피신해 황실의 명맥을 이어보려는 시도가 있었다. 이 결과 황제에 오른 인물이 9세였던 공제의 배다른 형 조하趙昰이며, 남송의 단종端宗이다. 그렇지만 이와 같은 남송의 재기 시도는 성공하지 못했다. 단종은 몽골군의 추격을 피해 항해하다가 배가 가라앉는 바람에 물에 빠져 죽기 직전에 구출되었다. 하지만 이때 얻은 병에서 회복되지 못하고 곧 죽었다. 남송은 배다른 동생 조병趙昺을 옹립했으나 오래가지 않았다. 추격해 온 몽골군의 공격에 무너지기 직전 신하가 어린 황제를 업고 물에 뛰어들어 자결해버렸다. 그렇게 해서 남송의 역사도 끝이 났다.

송의 사회와 문화

북송은 백성을 주호主戶와 객호客戶로 구분하여 관리했다. 주호는 토지를 가지고 부역을 내는 호戶를 말한다. 관리를 배출한 관호官戶나 유력한 호족을 의미하는 형세호形勢戶가 주호에 속한다. 객호는 토지를 갖지 못하여 지주의 토지를 빌려 농사짓는 농민으로 구성된 호라 할 수 있다. 세가 토지를 기준으로 부과되었기 때문에 이 부담은 지주가 지는 관계로, 토지가 없는 객호는 세금과 요역을 면제받는 이점이 있었다. 그렇지만 지주의 땅을 빌려 농사지으면서 많은 부분이 지주에 종속되었기 때문에, 사정이 그리 좋은 것은 아니었다. 그래도 이전 시기에 비해 예속 관계가 완화되었다. 북송대에 이르러 일정한 조건을 갖추면 지주를 바꿀 수도 있었고, 토지를 구입한 후 주호가 될 수도 있었기 때문이다.

주호는 재산에 따라 5개의 등급으로 나누었다. 그중 대부분이 최하 등급인 5등호는 자신이 가진 토지만으로는 자급하기 어려워, 지주의 토지를 빌리거나 부업·품팔이를 통해 부족한 수입을 메웠다. 이러한 5등호와 객호가 송의 실질적인 생산 기반이었다 할 수 있다. 송 조정은 세와 요역을 부담하는 주호의 숫자를 늘리려는 노력을 기울여, 송 태종이 한창 나라 체제를 정비하던 989년을 기점으로 주호가 늘어나는 추세를 만들었다.

그렇지만 남송 때 황실을 비롯한 지배층이 많은 토지를 잃고 이주해 오면서 문제가 생겼다. 수입 확보를 위해 권력을 이용해 토지를 빼앗아 자기 소유 토지를 늘려갔다. 이들이 차지한 토지에는 세금까지 면제되었기 때문에 문제는 더욱 커졌다. 권력자가 가지는 토지가 늘어가는 만큼, 이에 비례해 국가로 들어오는 수입은 줄어들었다. 하지만 남송 조정은 이런 문제를 해결하기 위해 별다른 조치를 취하지 않았다.

북송은 당 후기처럼 두 차례에 걸쳐 토지에서 세를 걷었다. 보통 여름과 가을에 걷는 이 세는 원칙적으로 1무畝에 1두斗를 걷도록 되어 있었으나 지역에 따라 차이가 났다. 북송에서는 여름에 걷는 세는 돈으로, 가을에 걷는 세는 쌀로 내게 하는 원칙이 있었다. 그러나 이 역시 경제 상황에 따라 돈 대신 보리를 걷는 등의 방법으로 돈의 가치를 조절하는 데에 활용했다. 어떤 때에는 곡식으로 내던 세를 돈으로 걷으면서, 곡식 값을 터무니없이 높게 책정하여 세를 더 걷는 수법으로 악용되는 사례도 있었다.

이 외에도 각종 잡세를 함께 걷어 농민들의 부담을 증가시켰다. 그렇지만 당에서 걷던 조·용·조에 비해, 생산물이 나오는 토지를 기준으로 세를 부담시키는 방법이 조금이라도 견디기 좋았다. 5대10국시대에는 때를 가리지 않고 정해진 양도 제멋대로 부과되던 잡세 역시 시기와 수량이 대체로 정해졌다는 이점이 있었다.

아전을 맡은 주호들은 수송 중인 물건이 손실되면 이를 메우는 책임을 떠맡았기 때문에, 이런 사태를 당해 가세가 기울어버리는 문제가 종종 일어났다. 이를 피하기 위해 아전의 역을 맡은 주호들 중에서는 재산을 권세가나 사원, 상인의 이름으로 위장해 숨겨놓고 역을 피하려는 경우가 나타나기 시작했다.

여러 문제에도 불구하고, 송대에 접어들면서부터는 농기구와 물을 대는 기술이 발전하여 농업생산성이 향상되었다. 우선 경작지를 늘리는 정책을 적극적으로 추진했다. 이를 위해 개간을 위한 경험자와 유민流民을 모집한 실적이 관리 승진 조건에 반영되었다. 또한 땅을 개간한 농민에게는 그 땅의 세습과 함께 3년 동안의 세금을 면제해주었다. 전해 미납한 세금을 면제해주는 혜택도 있었다. 이러한 정책을 통해 송대에는 경작지가 크게 늘어났다.

송 태조 조광윤 대부터 하천 정비와 제방 쌓기에 힘을 기울였다. 이를 통해 홍수를 예방하고 농업용수를 확보했다. 이 역시 농업생산성 증가에 기여한 바가 컸다. 이를 바탕으로 한 경제력은 송의 지배층뿐 아니라, 송에서 제공되는 공물로 요·금 등의 북방 민족까지 경제적 풍요를 누리게 해주는 기반 역할을 했다. 남송시대가 되면 국토는 반으로 줄어들었지만, 비옥한 토지 대부분을 차지하고 있었던 데다가 수리관개시설 확보는 지속되었다. 이 덕분에 경제적 풍요 역시 유지되었다.

여기에 광업·수공업의 발전도 이루어져 화려한 문화가 나타날 수 있는 토대가 되었다. 풍부한 생산물은 상업에도 활기를 불어넣었다. 북송 시기에는 각지에 정기적인 시장이 형성되었고, 수도 개봉을 중심으로 대외무역까지 번영했다. 이러한 시장에서 걷는 세 역시 송 조정의 주요 수입원 중 하나였다.

그러면서 상인과 수공업자들이 업종에 따라 행회行會(조정의 지시와 명령을 부하들에게 알리고 그 실행 방법을 의논하던 모임)를 조직했다. 관리들 중에는 상업적 이익을 얻기 위해 암암리에 자금을 대며 행회를 조종하는 경우도 있었다. 그렇기 때문에 송대의 상인은 유럽처럼 지배 귀족과 구분되어 독자적인 세력을 키우려 하는 존재가 아니라, 그들의 통제 아래에서 이익을 얻고 힘을 키워가는 성향이 강했다.

이렇게 실물 경제가 팽창하자 상품 교환 수단으로 화폐 수요도 커졌다. 이 때문에 정부 차원에서 발행되는 동전으로는 수요를 충당하기 곤란했다. 그뿐만 아니라 송에서 발행한 동전이 지속적으로 해외로 유출되었다. 이 때문에 전황錢荒이라 불리는 화폐 부족 현상이 심해졌다. 이를 극복하기 위해 처음에는 몇몇 부호들이 교자交子라 불리는 지폐를 발행했으나, 곧 정부가 지폐 발행권을 독점했다. 그리고 이것이 재정 부족 사태가 일어났을 때 조정의 화폐 발행권이 악용되는 기반이 되었다.

송 태조 조광윤이 선택한 문치주의 때문에 군사력은 약화되었지만 문화는 발달했다. 사詞와 원곡元曲 같은 문학 장르는 물론, 사마광의 『자치통감資治通鑑』과 당의 역사를 새로 편찬한 『신당서新唐書』 같은 역사서도 송대에 태어났다. 이 시기는 사물의 이치를 꿰뚫어 보려는 형이상학이 약했던 유학이 불교·도교의 이론을 흡수하여 이학理學을 만들어낸 시기이기도 했다.

정자程子로 불리는 정호程顥·정이程頤 형제와 주자로 불리는 주희가 이 학풍의 창시자로 유명하다.

2

한국
고려 문치체제의 확립

성종의 개혁과
중앙집권체제의 확립 981년 경종이 위독해지자 사촌동생인 치治가

왕위에 올랐다. 그가 고려의 성종成宗이다. 경종에게 이미 두 살 된 아들
왕송王訟(후일 목종)이 있었으나 너무 어려 국사를 맡을 수가 없었기 때문이
다. 왕위에 오른 성종은 982년, 경관京官(중앙의 관청에 소속된 관리. 주로 지방
관과의 구별을 위한 명칭) 5품 이상에게 당시 정국을 평가하고 정책을 제안하
게 했다.

이때 부각된 인물이 최승로崔承老이다. 그는 28조에 달하는 시무책時務策
을 올렸다. 이른바 「시무時務28조條」이다. 최승로는 호족과 달리 지방에 자
기의 근거지를 갖고 있지 않은 신라 6두품 출신 학자였다. 「시무28조」는
이러한 그의 입장을 반영하여 기본적으로 중앙집권적인 통치구조를 만들
되, 왕권의 전제화에는 반대하는 내용으로 이루어졌다.

성종은 최승로를 중심으로 한 유학자들의 자문과 건의를 활용해 개혁을 추진해나갔다. 이러한 의지가 반영된 중앙집권체제의 강화에 따라, 983년에는 12목牧을 두어 중앙에서 지방에 관리를 파견하기 시작했다. 이와 함께 향직鄕職 개혁을 실시해 중앙 귀족으로 흡수되지 않은 지방 호족들의 지위를 떨어뜨렸다. 또한 지방 각 관청의 경비 지출을 위한 공해전시公廨田柴법을 정비하는 등 지방행정의 기능을 크게 강화시켰다. 993년에는 12목에 물가 조절 기능을 맡은 상평창常平倉을 설치했다.

995년에는 경기 이외의 지역을 편의상 10도道로 나누는 동시에, 12주州에 절도사節度使 등 외관外官을 설치했다. 당의 10도제道制와 비슷한 이 제도는 금방 유명무실해졌다. 그렇지만 도제의 시초가 되었다는 점에서 의의를 찾을 수 있다. 시행착오를 거친 후인 1018년에 경기京畿가 설치되면서 전국은 5도 양계와 경기로 크게 나뉘었다. 그 안에 3경·4도호부·8목을 비롯해 군·현·진 등을 설치했다.

이 조치는 고려의 통치체제 정비에 있어서 큰 의미를 갖는다. 건국 초기에는 중앙의 행정력이 지방에까지 미칠 수가 없어, 지방행정은 사실상 호족들에게 맡겨진 상태였다. 983년 전국에 12목을 설치해 지방관을 파견한 조치는 지방 호족을 중앙정부의 통제 아래로 넣는 효과가 있었다. 향직 개정은 호족들이 지방관의 보좌역인 향리의 지위로 격하되었음을 의미한다. 같은 맥락에서 12목을 12절도사로 개편한 절도사체제節度使體制는, 지방행정을 군사체제와 같이 묶어 지방 호족 세력을 통제하는 역할을 할 수 있었다.

이와 함께 일부 호족의 자제들을 뽑아 개경의 학교에서 공부하게 하고, 과거를 통해 그들을 관리로 임명했다. 이와 같이 교육과 과거를 통해 많은 호족들을 유교적 교양을 갖춘 중앙 관료로 흡수함으로써 중앙집권체제가 확립되어갔다.

정치적 통제를 뒷받침할 수 있는 무력 기반인 군사제도 역시 정비해나 갔다. 고려의 군사 제도는 중앙군과 지방군의 이원 조직으로 나뉘었다. 중앙군은 2군과 6위로, 지방군은 양계의 주진군과 5도의 일반 군현에 주 둔하는 군대로 이루어졌다. 2군은 응양군鷹揚軍(공학군控鶴軍이라고도 한다)·용 호군龍虎軍, 6위는 좌우위左右衛·신호위神虎衛·흥위위興威衛·금오위金吾衛·천우위 千牛衛·감문위監門衛였다. 각 군과 위衛 아래에는 영領을 두었다. 영은 1,000명 의 정규군과 600명의 망군정인望軍丁人(예비병)으로 구성되었고, 모두 45개의 영이 있었다.

군과 위에는 각각 상장군上將軍과 대장군大將軍 1명씩 있었다. 지휘하는 영 의 수에 따라 영마다 장군 1명, 중랑장中郎將 2명이 있었고, 그 아래 낭장郎 將·별장別將·산원散員·위尉·대정隊正 등 군관이 배치되었다. 2군 6위의 상장군 8명과 대장군 8명으로 중방重房을 구성했다. 중방은 최고위 장군들의 회의 기관이었다. 하급 장교들의 회의기관은 교위방校尉房이라 했다.

이 밖에 별도의 부대로 광군光軍과 별무반別武班이 있었다. 광군은 정종 대 에 요나라에 대비하기 위해서 30만을 뽑은 부대이다. 이를 통할하는 기관 으로 광군사光軍司를 두었다. 별무반은 숙종肅宗 대에 윤관尹瓘의 건의에 따 라 여진에 대비하기 위해 기병을 중심으로 만든 부대이다. 전국의 말을 가진 자는 모두 여기 편입시켜 신기神騎라 했고, 20세 이상의 남자로 과거 를 보지 않은 자는 모두 신보神步로 편입시켰다. 승려들은 따로 항마군降魔 軍으로 편성되었다.

통치제도와
이념의 정비

성종의 개혁과 함께 중앙의 통치체제도 정비되었다. 태조 왕건이 태봉과 신라의 제도를 아울러 사용했다고 하지만, 이는 과도기적 기구에 지나지 않았다. 고려 정치체제 대부분은 나라의 기반이 안정되고 왕권이 확립된 성종에서 문종文宗에 이르는 기간에 정비·완성되었다.

성종 대의 중앙정치기구 특징은 3성체제三省體制였다. 982년부터 983년 사이에 내사문하성內史門下省과 어사도성御事都省을 중심으로, 어사도성 밑에 선관選官·병관兵官·민관民官·형관刑官·예관禮官·공관工官의 6관六官을 두었다. 이와 같이 당나라의 제도를 모방한 고려 중앙관제는 995년에 3성6부三省六部로 개편되었다. 중앙행정의 최고 기관인 중서中書·문하門下·상서尚書 세 성省을 두고, 상서성의 지휘를 받는 이부吏部·병부兵部·호부戶部·형부刑部·예부禮部·공부工部를 둔 것이다.

이 제도를 시작한 당에서는 중서성이 조칙詔勅을 작성하고, 문하성이 심의하며, 상서성이 집행하는 역할 분담이 원칙이었다. 이에 비해 고려에서는 당과 달리, 문하성과 중서성이 매우 밀접하게 붙어 있고 상서성이 사실상의 하위 기관 역할을 했다. 그래서 고려에서는 문하성과 중서성을 중서문하성이라 합쳐 불렀고, 사실상 2성6부제였다. 신하들의 권력을 분산시켜 상대적으로 황제의 권력을 강화했던 당에 비해, 고려는 재상들의 합의에 더 비중을 두었다. 상대적으로 왕의 권력이 약화되는 체제였다.

문하성의 장관은 수상首相 격인 시중侍中이었으며, 중서성의 장관은 중서령中書令, 상서성의 장관은 상서령尚書令이었다. 이 기구들은 이중구조로 되어 있었다. 2품 이상 관원으로 구성된 재부宰府와 3품 이하가 주류인 낭사

郎舍로 나뉘어 있었다. 재부의 관원은 성재省宰·재신宰臣·재상宰相 등으로 불리며 국가의 중요 정책을 결정하는 역할을 맡았고, 낭사는 정책의 문제에 대해 지적하는 간쟁諫諍·봉박封駁을 담당했다.

상서6부의 업무

이부는 관리의 임면과 상작賞爵, 병부는 무관의 임면·군무軍務·의장儀仗·우역郵驛, 호부는 호구·부역·전량錢糧, 형부는 법령·소송·형옥刑獄, 예부는 예의·제사·조회朝會·교빙交聘·학교·과거, 공부는 산택山澤·공장工匠·영조營造를 각각 맡았다.

이 밖에 군사기밀과 숙위宿衛를 맡은 중추원中樞院이 있었다. 그 장관을 판원사判院事라 했다. 중추원은 3성과 더불어 국가의 최고 기관이었다. 그래서 이들을 합쳐 양부兩府라 했다. 그리고 여기 소속된 고관을 추신樞臣이라 했고, 3성의 고관인 재신과 합쳐 재추宰樞라 불렀다.

그리고 삼사三司가 있어 국가 재정을 관리했다. 목종穆宗 대에 여러 특수 부서雜署가 증설되었다. 국가의 주요한 격식格式을 결정하는 식목도감式目都監, 감찰을 맡은 사헌대司憲臺, 조명詔命을 맡은 한림원, 모든 시정時政을 기록하는 사관史館, 대학인 국자감國子監 등이다. 현종 대에는 도병마사都兵馬使가 설치되었다.

고려 중앙관제의 또 한 가지 특징은 겸직이라고 할 수 있다. 재추들이 낭사의 업무까지 겸직하는 일은 관료들에게 지급되는 비용을 절감한다는 의미도 있었지만, 한 사람이 여러 업무를 맡아 권력의 집중을 기하고자 한 것이다. 이 시기에는 전시과에도 약간의 변화가 있었다. 여러 변화를 거치던 전시과는 1076년 최종적으로 개정되었다.

이와 같이 고려 초기의 중앙집권화 정책은 성종에 이르러 일단락을 지었다. 성종이 중국의 제도를 수용해 새로운 정치체제를 마련한 것은, 새로운 정치 세력을 이끌어나갈 체제가 필요했기 때문이다. 성종은 건국 초부터 고려의 통치이념 역할을 했던 불교의 폐단을 의식하여 개혁을 감행했다. 태조 왕건이 장려한 연등회燃燈會·팔관회八關會 등의 불교 행사를 금한 반면, 국자감에서의 유학 교육을 강화했다.

그리고 유교적 정치이념의 실현에 도움을 줄 수 있는 인재를 등용하고자 애썼다. 성종 전반기에는 신라 6두품 계통의 유학자 세력이, 후반기에는 개국공신開國功臣 혹은 호족 세력의 영향력이 강해졌다. 결국 성종 이후 고려의 사회구조는 중앙 귀족화한 호족 세력이 문벌 귀족으로 전환되며, 이들이 주도하는 사회로 정착되어갔다. 이러한 귀족사회는 성종 이후 현종을 거쳐 문종에 이르는 사이에 신분체제의 완비와 함께 절정기를 이루었다.

이와 함께 불교계 자체에도 손을 댔다. 고려 중기까지 불교계는 귀족불교의 성향이 강한 화엄종과 법상종이 주류를 이루고 있었다. 문종 대에 들어서면서 왕실이 이러한 불교계를 장악하고자 했다. 이를 위해 교단 통합운동이 추진되었다. 이때 활약한 인물이 문종의 넷째 아들인 대각국사大覺國師 의천義天이다. 당시 고려의 불교계는 종파 사이의 반목으로 인하여 여러 가지 문제가 일어나고 있었다. 이러한 대립에는 불교계의 주도권 다툼과 불교 이론 문제가 복잡하게 얽혀 있었다. 의천은 각 종파의 사상을 종합·절충하며, 원효의 화쟁和諍사상을 모범으로 삼았다. 왕자 신분에도 불구하고 중국 유학까지 갔다 온 의천의 노력으로 천태종은 국가에서 공인받은 종파가 되었고, 고려 불교계는 교종을 위주로 선종을 보완한 천태종 위주로 통합되어갔다.

의천은 1091년 흥왕사興王寺에 교장도감敎藏都監을 설치하고, 송과 요, 일본 등에서 수집한 불교 경전을 목판 대장경大藏經으로 간행했다. 그는 경經·율律·논論의 '삼장三藏'에 관한 주석서인 장소章疏의 목록을 3권의 『신편제종교장총록新編諸宗敎藏總錄』으로 정리하고 그 목록에 따라 서적을 간행했는데, 이것을 『고려속장경高麗續藏經』이라고 한다.

고려 초의 국제정세와
거란과의 분쟁

916년, 거란국을 세운 야율아보기는 922년에 고려 태조 왕건에게 우호 관계를 청해 왔다. 고려는 거란과 수교를 하면서 후량과 후당에도 동시에 사신을 보냈다. 926년 거란이 발해를 멸망시키고 그 지역에 동단국을 세우자, 대광현을 비롯한 많은 발해의 유민들이 고려로 몰려왔다. 고려는 그들을 받아들인 다음, 북부 지역의 개척에 투입했다.

937년에 고려는 왕규王規와 형순邢順을 후진에 보내 동맹을 맺었고, 942년에는 후진의 출제出帝가 요와의 전쟁을 준비하자 협공을 약속했다. 같은 해 요의 태종은 사신 30여 명과 낙타 50마리를 보내 호의를 보였지만, 왕건은 낙타를 만부교萬夫橋 아래에 매어놓아 굶겨 죽였다. 그러나 태조가 죽고 혜종惠宗이 즉위하면서 고려와 후진의 군사 동맹은 중단되었다.

후진의 멸망 이후에도 고려는 후주, 송과 연합해 거란에 대한 적대 정책을 펼쳤다. 고려는 나라를 세운 이후 주로 중원의 왕조와 국교를 맺었고, 그 연장선상에서 중원을 통일한 송과의 외교에 치중했다. 그러한 맥락에서 광종 이후 송에 사대事大의 예를 갖추면서도, 안으로는 황제를 자칭하는 정책을 폈다. 성종도 중원 제국을 의식해, 왕이 내리는 명령인 조서詔書를 교서敎書로 낮추는 등 북송에 사대의 예를 갖추었다.

반면 오랑캐로 인식한 요와는 국교를 맺지 않으려는 태도를 보였다. 이러한 고려의 정책은 요가 침공해 오는 빌미가 되었다. 요는 성종이 즉위한 뒤 고려 정벌 계획을 세웠다. 그 정지작업으로 983년 여진을 정벌했으며, 986년에는 발해 유민이 세운 정안국定安國을 멸망시켰다. 그리고 993년, 고려와 여진·송의 관계를 끊기 위해서 소손녕蕭遜寧을 앞세워 고려를 침략했다.

이때 고려에서는 서경(평양) 이북의 땅을 떼어주고 화친하자는 의견과, 항복하자는 의견까지 나왔다. 그러나 소손녕이 적극적인 군사행동을 취하지 않는 점에서 석연치 않음을 느낀 서희徐熙가 강력하게 담판을 주장하자, 고려 조정은 서희를 적진에 보냈다.

이 담판에서 소손녕은 침공의 명분으로, 신라의 후계자인 고려가 고구려의 옛 땅을 넘보고 있다는 점과 자신들과 가까이 지내지 않고 송을 섬기고 있다는 점을 내세웠다. 서희는 고려라는 나라 이름 자체가 고구려의 후계자라는 뜻이며, 압록강 안팎의 여진족 때문에 거란에 조공 가기 어렵다는 점을 내세우며 맞섰다.

소손녕은 서희의 주장을 본국에 보고한 다음 군사를 되돌렸다. 소손녕의 보고를 받은 거란은 고려가 압록강 동쪽 지역을 차지하는 데에도 동의한다는 국서를 보내왔다. 이에 따라 서희가 압록강의 여진족을 몰아내고 강동 6주江東六州를 확보하는 성과를 거두었다. 강동 6주는 흥화興化. 義州 以東, 용주龍州(지금의 용천龍川), 통주通州. 宣川 西北, 철주鐵州(지금의 철산), 구주龜州(지금의 구성龜城), 곽주郭州(지금의 곽산郭山)를 말한다. 이런 성과를 거둔 이면에는 고려가 거란 황제와 사대 관계를 맺고, 송과의 관계를 끊는 조건이 있었다.

그러나 고려는 요가 군대를 거둔 뒤에도 비공식적으로 송과 친선 관계를 계속 유지하면서, 정작 요와는 교류하려 하지 않았다. 이에 요는 강조康兆가 목종을 시해했다는 점을 빌미로 강동 6주를 넘겨줄 것을 요구했다. 그리고 그 요구가 받아들여지지 않자, 1010년에는 요의 성종이 직접 40만 대군을 이끌고 다시 고려를 침공했다. 강조가 직접 나서서 거란군을 격파하기도 했으나, 고려군은 통주에서 크게 졌다.

이 때문에 고려 현종은 피난을 가야 했다. 그러나 요의 군대도 곤란을 겪기는 마찬가지였다. 요군은 강조를 사로잡아 죽이고 개경開京을 점령했지만, 곳곳에서 양규楊規 등이 이끄는 고려 군대의 공격을 받아 큰 피해를 입었다. 이에 요군은 보급로가 차단될 것을 우려해, 남쪽으로 피했던 현종이 직접 조공하겠다는 조건으로 군사를 철수시켰다. 철수하는 과정에서도 요군은 양규와 김숙흥金叔興 부대의 공격을 받아 많은 피해를 보았다.

이후에도 현종의 입조 약속이 지켜지지 않자, 요의 성종은 약속 이행을 요구해 왔다. 고려에서 병을 이유로 입조할 수 없다고 하자, 앞서 고려에 주었던 강동 6주의 반환을 요구했다. 고려는 이마저 이행하지 않았으며, 1014년에는 송에 사신을 파견해 교빙을 요청했다.

그러자 요는 1019년에 이르기까지 네 번에 걸쳐 고려에 침입해 왔다. 그래도 별 성과를 거두지 못했다. 특히 1018년에는 소배압蕭排押을 앞세워 다시 대대적으로 고려를 공격했지만, 강감찬姜邯贊(강함찬이라고도 읽는다)이 이끄는 고려의 군대에게 크게 패배했다. 이를 귀주대첩龜州大捷이라 한다.

이때 요의 군대가 크게 패하고 물러나자, 고려와 요는 1019년에 화약和約을 맺었다. 그 결과 고려는 강동 6주를 그대로 차지했으며, 이후 동아시아에서는 힘의 균형이 잡혀 100여 년간 송과 요, 고려 사이에 평화가 유지되었다. 고려는 요의 침략 이후 강감찬의 주장을 받아들여 개경에 나성羅城을 쌓았고, 압록강 하구에서 도련포都連浦에 이르는 지역에도 천리장성을 쌓아 북방의 방어를 강화했다.

다만 첫 충돌이 벌어졌던 보주保州(지금의 의주)는 전쟁 이후 요의 수중에 떨어져, 이곳에서 분규가 계속되었다. 한편 송과는 교류가 더욱 활발해졌다. 특히 문종에서 인종에 이르기까지 약 1세기 동안 매우 친밀한 관계가 유지되었다. 그 결과 고려는 송의 문화적 영향을 많이 받았다.

고려의 신분 구조와 과거

성종의 개혁으로 고려에서는 새로운 지배층이 형성되었다. 호족 출신들도 성종 이후로는 여러 세대에 걸쳐 고위 관직자들을 배출했다. 이들이 문신 귀족을 이루었다. 문신 귀족들은 자기들끼리, 때로는 왕실과도 혼인하며 폐쇄적인 혼인 관계를 맺었다. 기득권을 차지한 귀족들은 고려의 정치권력과 경제력을 거의 독점하고 정국을 주도했다.

귀족들이 고려 사회의 기득권을 장악한 수단은 과거科擧와 음서蔭敍였다. 표면적으로는 과거 응시에 큰 제한이 없는 것 같지만, 교육 환경이 좋은 귀족 가문은 과거 준비에도 월등하게 유리했다. 그뿐만 아니라, 음서도 귀족들의 기득권 장악에 유리한 요소였다. 음서란 과거를 통하지 않고 아버지나 할아버지의 공덕으로 관직에 채용하던 관리 임용 방식이다. 음서 제도는 목종 즉위년인 997년에 문무 5품 이상 관리의 아들에게 실시되었다. 과거를 거치지 않고 관리가 될 수 있는 점 자체가 특권이었다.

고위직으로 출세하는 데 있어 음서의 영향에 대해서는 논란이 있는 상태이다. 일부 학자들은 과거제가 시행되었다는 것 자체만으로도 고려 사회는 국가가 공인하는 과정을 거쳐 임명된 관료들이 주도하는 관료제 사회였다고 주장한다. 고려에서 고위직에 오른 사람들 대부분은 과거에 급제했기 때문에 음서의 영향은 별로 없었다고 본다. 귀족 자손으로 과거에 합격하지 못하고 특례의 적용을 받지 못하는 자가 계속 나타나자, 이들을 구제하기 위한 대책 이상의 의미를 두지 않는 것이다.

그러나 음서의 영향을 크게 평가하는 측의 해석은 다르다. 비록 음서 자체로만 고위직에 오를 수 없었다고 하지만, 5품 이상 관리의 자제들은 10세를 전후해서 음직을 받았다. 과거에 급제하는 나이가 보통 20세가량이었다는 점을 감안해보면, 10년 정도의 경력을 미리 쌓아놓은 셈이다.

연공서열을 중시하는 관료조직에서 심각한 차이가 생기지 않을 수 없었다. 같은 나이에 과거에 급제할 경우, 미리 음직으로 관등을 받는 사람들이 이후의 출세에 훨씬 유리했음은 명백하다. 이렇게 해서 5품 이상 고위직에 진출한 관료들은 다시 자손들에게 같은 특권을 누리게 해주었다.

이 때문에 몇 세대 이후에는 몇몇 문벌들이 고위직을 거의 독점하다시피 하는 사태가 벌어졌다. 광종이 호족 세력을 누르기 위해 과거제를 실시했지만, 호족 세력과 일정 부분 타협한 것이 문벌 귀족의 등장이라는 결과를 초래한 셈이다.

문벌 귀족들은 여기에 더해 과거 준비 교육기관인 사학私學도 이용했다.

시발점은 문종 대의 최충崔沖의 문헌공도文憲公徒를 비롯한 사학12도私學十二徒였다. 이는 과거시험관인 지공거知貢擧를 맡은 경험이 있는 고급 관료 출신들이 만든 사설 과거 준비 교육기관이었다. 과거 출제 및 운영 경험을 가진 이들에게 배우면 과거에 급제하기에 훨씬 유리한 것이 당연했다.

이렇게 문벌 귀족들이 기득권을 가진 고려 사회는 양반 관료, 평민, 천민 등의 신분으로 구성되었다. 향리에서 문반직에 오르는 경우와 군인이 군공을 쌓아 무반으로 출세하는 예외가 있기는 했지만, 신분은 세습되는 것이 원칙이었고 각 신분에 따른 역이 부과되었다.

서리와 기술관은 중간 신분층에 속했고, 호족의 후예인 향리층이 양반 관료로 진출했다. 고려시대의 향리 중에서도 과거나 중앙의 서리직을 통해 양반 관료가 되는 부류들은 주로 호장층戶長層이었다. 즉, 향리 중에서도 호장층을 비롯한 상위 신분층만이 과거에 응시할 수 있었다.

양인들의 과거 응시를 금하는 규정은 없었으나, 실질적으로 이들이 과거에 합격하기는 어렵게 되어 있었다. 향리 중에서도 양반으로 상승하지 못한 계층은 계속 향리 가문으로 처져 있게 마련이었다. 처음에는 같은 성씨를 가진 동족同族에서 출발했지만 나중에는 중앙 관료가 된 집안은 양반 가문으로, 지방에 처져 있는 집안은 향리 가문으로 갈라지게 되었다.

그래도 고려시대에는 중인 신분인 기술관에 대한 차별이 그리 심하지 않았다. 양반 자제들도 간혹 기술관에 종사하는 경우가 있었다. 평민은 농민, 수공업자, 상인으로 구성되었지만 대다수는 농민이었다. 백성의 대부분을 이루는 농민은 조세, 공납, 부역을 부담했다. 전조田租는 토지 수확물의 일부를 바치는 것이며, 그 양은 공전과 사전에 차이가 있었다. 공전은 1결마다 수확물의 4분의 1에 해당하는 2석 정도를 바쳤으며, 사전인 경우에는 그보다 2배인 수확물의 2분의 1을 바쳤다.

공물貢物은 상공常貢, 歲貢과 별공別貢으로 나누었다. 상공은 쌀·포布·면사綿絲·유밀油蜜 등을 바치게 했으며, 별공은 그 지방 특산물을 바치게 했다.

농민에게 가장 부담이 큰 것은 국역國役이었다. 이는 1년에 일정 기간 동원되는 노동력 징발이다. 군역軍役과 요역徭役·직역職役으로 나뉘었다. 군역은 16세 이상, 60세 이하의 정남丁男이 지게 되어 있었다. 직역은 신분에 따라 다른 의무를 부과했기 때문에 직역이 신분을 규정하기도 했다.

천민은 노비와 향, 소, 부곡민, 화척, 재인 등이 있었다. 향, 소, 부곡 같은 특수 행정 구역에 거주하는 백성은 조세 부담에 있어서 군현민보다 차별받는 천민의 성격을 가지고 있었다. 그러나 고려 후기에는 특수 행정 구역이 일반 군현으로 전환되어갔다.

고려 사회의 내부는 폐쇄적으로 운영되었지만, 대외적으로는 그렇지 않았다. 문화적으로 동경하던 송과 활발하게 교류했음은 물론, 정치적으로 경계하던 거란 등 북방 민족과의 무역도 폐쇄된 것은 아니다. 활발한 대외 교류의 결과, 개경의 외항인 벽란도碧瀾渡에는 중국, 일본, 아라비아, 페르시아 등지의 상인들이 와서 무역이 활발하게 이루어졌다.

**고려 정국의 혼란과
대외 관계**

문벌 귀족 세력이 부각됨에 따라, 이들 일부는 왕권에 도전하기도 했다. 성종의 다음 왕인 목종이 강조에게 폐위당하고 현종顯宗이 즉위하는 사태가 그 시발점이라고 할 수 있다. 문벌 귀족들끼리도 갈등을 빚었다. 11세기 이래 대표적인 문벌 귀족인 경원 이씨 가문은 왕실의 외척이 되어 80여 년간 정권을 잡았다. 대표적 인물이 이자겸李資謙이다.

중간에 숙종이 즉위하는 과정에서 이자연의 손자인 이자의李資義가 제거되며 세력이 한풀 꺾이는 사태도 있었다. 그러나 뒤이어 즉위한 예종睿宗이 이자연의 또 다른 손자인 이자겸의 딸을 왕비로 들이며 외척으로서의 세력을 회복했다. 이자겸은 예종이 즉위할 때까지만 해도 그렇게 큰 실력자가 아니었지만, 왕비가 된 딸이 원자元子를 낳으면서 지위가 향상되었다.

예종은 동궁 시절부터 보필하던 한안인韓安仁 등을 기용해 외척 세력을 견제했다. 그러나 예종이 죽고 이자겸의 집에서 성장한 인종仁宗이 즉위하자, 이자겸이 정국을 주도할 수 있게 되었다. 이자겸은 많은 사람들을 역모를 꾸몄다고 몰아 죽이거나 유배 보냈다. 이후에도 반대파들을 제거해 나갔다. 이와 함께 자신의 셋째 딸과 넷째 딸을 인종의 왕비로 들였다. 또 이자연 때부터 장악했던 현화사玄化寺에 자신의 아들 의장義莊을 주지로 임명하면서 불교계에 대한 영향력도 키웠다.

이자겸이 왕보다 더한 권력과 재산을 가지게 되자 사사로이 송에 사신을 보내 지군국사知軍國事(군무軍務와 국정을 맡아 다스린다는 뜻) 지위를 받고, 왕에게 이를 인정하도록 강요했다. 이 때문에 인종도 이자겸을 두려워하게 되었다. 인종은 이자겸을 제거하려다가 실패해, 한때 이자겸에게 왕위를 넘기려고까지 했으나 신료들의 반대로 왕위를 지켰다. 이후 측근인 척준경拓俊京과의 사이가 벌어지게 된 틈을 타 이자겸을 제거했다. 하지만 잠시 권력을 휘둘렀던 척준경도 1127년 유배당했다가 죽었다. 이렇게 이자겸 일파가 제거되었지만, 이와 같은 중앙 지배층 사이의 갈등은 문벌 귀족 사회의 붕괴를 촉진하는 계기가 되었다.

이 시기 여진족과의 관계도 미묘해졌다. 시기에 따라 숙신肅愼, 말갈 등으로 불리던 여진족은 사는 곳에 따라서도 분류되었다. 길림성吉林省(지린성) 동북 지방에 살던 여진족을 생여진生女眞이라 하고, 그 서남쪽에 사는 자를 숙여진熟女眞이라 했다. 생여진은 대체로 거란의 지배권 밖에서 부락 생활을 했고, 숙여진은 거란의 통치 아래에 있었다. 이들은 발해가 망하던 시기 즈음 점점 남하해 신라 말, 고려 초에는 현재의 함경도 일대와 압록강 남안南岸 일대에 흩어져 살았다. 고려에서는 동북 방면의 여진을 동여진東女眞 또는 동번東蕃, 서북 방면의 여진을 서여진西女眞 또는 서번西蕃이라 불렀다.

고려는 건국과 함께 여진을 막기 위해 화주和州(영흥永興)에 성성城을 쌓았다. 서여진은 고려가 강동 6주를 점령하면서 쉽게 정리되었지만, 동여진과의 관계는 파란이 많았다. 이들은 물질적인 이익을 얻고자 자주 조공朝貢했으나, 상황에 따라 변경을 침범하기도 했다.

동여진 일부 부족은 해적 활동까지 벌였고, 일본 연안까지 출몰해 큰 피해를 주었다. 고려는 현재의 울릉도에서 백성들을 철수시킨 후 이들을 강력하게 토벌했다. 그러나 이러한 행동을 하는 여진족은 소수였으며, 대부분은 고려의 회유책에 순응했다.

이러한 정세는 고려 숙종 대에 이르러 큰 변화를 맞았다. 북만주 아집하阿什河(아시허)를 본거지로 하는 생여진 완안씨完顔氏는 주위의 여러 부족을 통일한 뒤 두만강 하류 유역으로 진출했다. 그리고 이 지역에 살던 여진족까지 이끌고 또다시 남하南下하며 세력을 키웠다. 그다음에는 고려와 충돌하고, 두 차례에 걸쳐 고려의 군사를 무찔렀다.

여진족과의 1차 충돌에서 패전한 고려는 기병 중심의 여진족을 보병만으로 상대하기 어렵다고 보았다. 이에 윤관尹瓘의 건의에 따라 기병을 보강한 특수 부대인 약 15만의 별무반을 편성했다. 별무반이 갖춰진 1107년, 고려는 윤관을 원수元帥, 오연총吳延寵을 부원수로 삼아 군대를 출동시켜 결국 여진족을 북방으로 쫓아버리고, 동북 지방 일대에 9성을 쌓아 방비했다.

그러나 생활 터전을 잃은 여진족의 계속된 침략으로 고려는 9성 수비에 어려움을 겪었다. 결국 고려 조정은, 다시금 고려를 침략하지 않고 해마다 조공을 바치겠다는 여진족의 조건을 수락하고 1년 만에 9성을 돌려주었다. 고려의 처지에서도 변방에 치우쳐 있는 9성 지역을 방어하는 것이 기본적으로 어려웠을 뿐 아니라, 서북쪽의 요나라와 대치하는 상황에서 여진족 방어에만 힘쓸 수 없었기 때문이다.

그 후 1115년, 완안씨의 아골타는 요나라에 대항해 금을 세웠고, 세력이 커진 1117년에는 고려에 형제의 나라로 국교를 맺도록 요구해 왔다. 고려는 이에 분개했으나, 정세를 고려해 그 요구를 묵살했다. 그 뒤로 고려는 형세를 관망하면서 송나라와 가깝게 지냈다.

그러던 1125년에 금이 요를 멸망시키자, 금은 고려에도 군신 관계를 요구해 왔다. 이때 고려 내부에서 논란이 컸으나, 당시 집권하고 있던 이자겸 일파는 현실적으로 불리하다고 판단하고 금과의 충돌을 피하는 정책을 택했다. 고려가 금에 사대 관계를 맺기로 하는 대신, 그 대가로 오랫동안 갈망하던 보주保州를 다시 찾아서 이름을 의주義州로 바꿨다. 그래도 남송과의 교섭은 끊지 않았다.

묘청의 등장과
금과의 관계를 둘러싼 갈등

이자겸이 실권을 휘두를 때에는 금과의 관계가 안정되었으나, 그가 축출당한 이후 고려 내부에서는 금과의 관계를 두고 갈등이 벌어졌다. 이는 고려 정국의 개편과 밀접한 관계가 있었다. 이자겸 일파를 몰아낸 후, 고려 중앙 정계는 김부식金富軾을 필두로 한 개경 귀족들이 장악했다. 이에 대항하여 척준경을 탄핵하는 데 공을 세운 정지상이, 같은 서경 출신 묘청妙淸과 백수한白壽翰을 추천하며 세력을 모아 갔다. 정지상은 인종의 측근인 김안金安, 문공인文公仁 등의 동조도 얻었다.

이 과정에서 묘청, 백수한, 정지상 등 서경 출신과, 김부식을 중심으로 한 개경 출신 보수파 사이에 대립이 생겼다. 인종은 이러한 틈에서 실추된 왕권을 회복하기 위한 정치 개혁을 추진했다. 이런 상황에서 묘청은 1128년, 서경 출신 인사들의 지지를 받아 서경 천도론을 제기했다. 서경은 고려 초부터 북진 정책과 관련된 지역이었으며, 또 개경 귀족 세력을 견제하기 위해서도 중요시되었다. 이와 함께 김안 등은 "묘청은 성인이고, 백수한은 그다음이니 국가의 일은 모두 그들에게 묻고, 그들의 건의를 받아 처리하자"라는 글을 작성해 모든 관원에게 서명을 받았다. 이때 김부식 등은 묘청 일파에 대한 반감 때문에 서명하지 않았다.

묘청은 상경上京(현재의 개성)은 이미 기운이 쇠했고 서경에는 왕기王氣가 있으니, 그곳으로 천도하자는 주장을 폈다. 서경의 임원역林原驛이 음양가에서 말하는 대화세大華勢이므로 이곳에 궁궐을 짓고 천도하면 천하를 지배하게 되어, 금이 스스로 항복하고 36국이 모두 신하가 될 것이라는 주장이었다.

당시 고려 사회는 이자겸의 난으로 왕궁이 불타고, 새로 등장한 금나라의 위협으로 민심이 동요되고 있었다. 문벌 귀족 정치로 약화된 왕권의 부흥을 의식한 인종도 묘청의 건의를 빌미로 천도를 위한 준비를 진행시켰다. 인종은 친히 서경에 행차했으며, 곧 임원역에 궁궐을 짓기 시작하여 1년 만에 임원궁林原宮을 완성시켰다.

인종이 임원궁에 행차하자, 묘청은 칭제건원稱帝建元과 금국정벌金國征伐을 주장하고 나섰다. 1132년에는 서경의 상서로움을 부각시키기 위해 일부러 기름을 넣은 큰 떡을 대동강에 담가두었다. 떡에 넣은 기름이 물 위로 떠오르면서, 빛을 반사시켜 오색 빛을 내게 한 것이다. 그러나 이것이 속임수라는 것이 곧바로 발각되었다.

그럼에도 불구하고 묘청 일파는 위축되지 않았다. 묘청 일파는 한 걸음 더 나아가 송이 금을 공격해 멸망시키기 직전이라는 소문을 퍼뜨렸다. 그러니 속히 금과 전쟁을 벌이자는 것이다. 당시 국제정세에 비추어 일어나기 어려운 일이라 의심하던 고려 조정에서는, 마침 송에 가 있던 김부식이 돌아올 것을 기다려 확인하자는 신중론을 폈다. 그리고 돌아온 김부식에게 사정이 정반대였음을 확인했다. 이러한 일이 반복되면서 개경 귀족들의 반격이 거세졌다.

그럼에도 서경 천도는 차질 없이 진행되어 1132년에는 대화궐大華闕, 大花闕이 완성되었다. 그러나 이때부터는 임원애任元敳, 이중李仲, 문공유文公裕, 임완林完 등 서경 천도를 반대하는 귀족들의 탄핵이 끊이지 않았다. 더욱이 1134년 대화궐의 건룡전乾龍殿에 벼락이 치는 등 천재지변이 속출함에 따라 풍수도참에 기반을 둔 천도론이 점차 명분을 잃게 되었다.

이러한 가운데서도 묘청은 인종에게 서경 행차를 요청했다. 그러나 김부식 등의 반대로 좌절되며 서경 천도의 가능성마저 희박해졌다. 그러자 묘청은 1135년, 서경에서 분사시랑分司侍郎 조광趙匡, 병부상서兵部尚書 유참柳 旵 등과 함께 국호를 대위大爲, 연호를 천개天開, 그 군대를 천견충의군天遣忠 義軍이라 칭하면서 일어났다. 그러나 이 거사는 치밀하지 못했다. 천도운 동의 핵심 인물인 백수한, 정지상 등이 거사가 일어난 줄도 모르고 개경 에 있다가 처단되었다.

조정에서는 묘청 반대파의 수장인 김부식에게 토벌 책임을 맡겼다. 김 부식이 지구전을 펴 평양성을 압박하며 투항을 권유하자, 조광은 정세의 불리함을 깨닫고 묘청, 유참 등의 목을 베었다. 그리고 윤첨尹瞻을 김부식 에게 보내 투항 의사를 비쳤다.

윤첨은 개경으로 보내졌으나, 고려 조정은 윤첨 일행을 옥에 가두었다. 이를 알게 된 조광 일파는 항복해도 소용없다고 판단하고 끝까지 저항했 다. 결국 1136년 2월, 평양성이 함락되며 반란은 1년 만에 평정되었다. 이 와 같은 정변들이 일단 수습되기는 했지만, 고려 귀족사회는 그 뿌리부터 동요되고 있었다.

3

일본
막부체제의 성립

**겐페이 전쟁과
겐지의 부각**   실권을 잡은 다이라노 기요모리는 사무라이의

힘을 배경으로 권좌에 올랐음에도 불구하고 기존 정치와 구별되는 정책을

펴지는 않았다. 권력의 형태나 경제적 기반이 셋칸케나 인세이 정치와 근

본적인 차이가 없었던 것이다. 다이라노 기요모리는 자신의 딸을 천황과

결혼시키고, 후에 둘 사이에서 태어난 아들을 천황으로 즉위시켰다. 그렇

게 즉위한 천황이 안토쿠安德 천황이다. 기요모리 역시 후지와라 가문처럼

천황의 외척이라는 기반으로 권력을 휘둘렀을 뿐이다.

그는 일족과 부하인 게닌家人들을 조정의 고위 관직이나 고쿠시 등에 임

명하고, 장원을 넓혀나갔다. 이런 식의 행태로는 혁신적인 정치를 기대할

수 없었다. 다이라노 기요모리가 기득권층 출신이 아니었음에도 그 정권

이 기존의 권력자와 별 차이가 없는 행태를 보이자, 점차 무사계급의 지

지를 잃어갔다.

게다가 다이라 정권에서 소외된 귀족과 상황, 사원 세력도 반발했다. 1177년 고시라카와 법황의 측근들이 다이라 정권 타도를 시도했다가 실패한 사건이 일어나자, 다이라 정권은 고시라카와 법황을 유폐시켰다. 뒤이어 1180년 3월, 다이라노 기요모리는 고시라카와의 아들인 다카쿠라高倉 천황을 퇴위시키고 당시 2세에 불과했던 손자 안토쿠 천황을 즉위시켰다.

이 사태는 겐지에게 새로운 기회가 되었다. 1180년 5월, 유폐된 법황의 아들 모치히토以仁는 여러 사무라이 집안과 불교 사원에 격문을 보내 다이라씨 토벌을 촉구했다. 모치히토가 의탁했던 미나모토씨의 수장 미나모토노 요리마사源賴政가 일으킨 군대는 다이라씨의 군대와의 전투에서 패배해서 요리마사와 모치히토도 죽었다. 이때 미나모토노 요리마사의 아들 미나모토노 요리토모源賴朝는 유배를 당했다.

그러나 다이라씨에 대한 반발이 또다시 일어나, 이즈伊豆에 유배되어 있던 미나모토노 요리토모와 시나노信濃의 기소木曽에 숨어 지내던 미나모토노 요시나카源義仲 등 각지의 미나모토씨가 연이어 군대를 일으켰다. 사원 세력도 다이라 정권을 타도하는 데에 가담했다. 이때 일어난 미나모토씨의 지도자로 미나모토노 요리토모와 미나모토노 요시나카가 부각되었다.

특히, 요리토모는 도고쿠 지방 무사들의 지지를 바탕으로, 가마쿠라鎌倉에 무사단 본부를 두고 헤이시平氏에 반기를 든 무사들을 규합했다. 그는 후지카와富士川 전투에서 헤이시 부대를 격파한 뒤에도 그대로 가마쿠라에 머물면서 도고쿠 지방에서의 기반을 다졌다.

그러던 1181년 다이라노 기요모리가 병으로 죽었다. 이 와중에 공동의 적을 앞에 두고 요리토모와 요시나카 사이에 갈등이 생겼다. 그럼에도 불구하고 구키하라 전투에서 다이라씨를 물리친 요시나카는 교토로 진격했다. 이를 막을 수 없게 된 헤이시는 1183년 7월, 안토쿠 천황과 함께 시고쿠西国 지방으로 달아났다. 교토에 입성한 요시나카는 고시라카와 법황을 수중에 두고 정국의 주도권을 쥐려 했다.

그러나 요시나카는 헤이시 수중에 있는 안토쿠의 대안으로 옹립할 천황을 정하는 데에 무리하게 개입하면서 인심을 잃었다. 여기에 교토 지역에서 무사들이 약탈을 자행하며, 치안이 불안해지는 사태를 야기했다. 이 문제를 해결하지 못하면서, 요시나카는 고시라카와 법황과도 갈등이 생기며 입지가 약화되었다.

요시나카는 이를 만회하기 위하여 고시라카와 법황의 명령을 받아 헤이시 토벌에 나섰다. 요리토모는 이 틈을 타 황족과 사찰에게 빼앗긴 영지를 돌려주며 조정의 인심을 얻었다. 또한 동생인 노리요리範頼와 요시쓰네義經를 교토로 보내 요시나카를 토벌했다. 이후 일련의 전투에서 패배한 요시나카는 전사했다.

그러고 나서 요리토모는 규슈九州 지방으로 피신해 재기를 도모하던 헤이시에 대한 정벌에 나섰다. 1185년 3월 마침내 헤이시는 단노우라檀の浦의 해전에서 패해 최후를 맞았다. 이와 같이 1180년 5월부터 1185년 3월까지 겐지 무사단과 헤이시 무사단 사이에서 전개된 내전을 '겐페이源平 전쟁'이라고 한다.

이 내란을 통해 다이라씨는 몰락하고 미나모토씨가 정권을 장악하며 가마쿠라막부鎌倉幕府가 설립되었다. 막부(일본어로는 '바쿠후')는 12세기에서 19세기까지 쇼군을 중심으로 한 일본의 무사/사무라이 정권을 지칭하는 말이다. 미나모토노 요리토모가 첫 번째 쇼군將軍의 직위를 가진 사람은 아니지만, 실질적인 전국의 지배자 역할을 했던 첫 번째 쇼군이었다.

가마쿠라막부의
성립

권력을 장악한 미나모토노 요리토모는, 셋쇼나 인세이처럼 권력을 장악하려다가 사무라이의 지지를 상실한 다이라 가문의 전철을 밟지 않고자 했다. 그래서 전국을 통제할 사무라이 조직을 고안해낸 것이 고케닌御家人체제이다. 고케닌체제란 요리토모가 자신의 휘하에 모인 사무라이와 맺은 주종 관계를 말한다. 당시의 무사가 모두 고케닌이 된 것은 아니지만, 그래야만 막부의 보호를 받기 때문에 고케닌이 되는 무사가 많았다.

이 체제의 기본 관계는 이렇다. 주군의 입장인 요리토모는, 사무라이가 가진 영지의 소유를 승인하거나 새로운 영지를 하사한다. 그 대가로 사무라이는 평시에는 교토오반야쿠京都大番役나 가마쿠라반야쿠鎌倉番役 등을 맡고 전시에는 전투에 참여한다. 주군은 전쟁에 참여한 사무라이에게 그 대가로 은상恩賞을 내려준다.

그렇기 때문에 이러한 관계에서는 전투를 승리로 이끄는 무용武勇을 보여주는 것이 중요해진다. 그래서 사무라이 사회는 충성과 무용이 가장 중요한 요소가 된다. 그렇다고 해서 고케닌들이 일방적으로 충성만 바치는 관계는 아니다. 고케닌들은 전장에서 용감하게 싸우고 나면 그 대가를 요구했다. 보상이 부족하다고 생각하면 주군에게 항의했으며, 절박해지면 주군을 배반하는 경우도 많았다.

이와 같은 관계는 700년간 사무라이 사회의 기초를 이루는 관계였다.

요리토모가 설치한 막부는 가마쿠라에 있었기 때문에 가마쿠라막부라고 한다. 가마쿠라막부는 이와 같은 관계를 기초로 하여 성립되었다. 이는 천황을 중심으로 한 귀족들이 다스리던 체제와는 완전히 다른 것이다.

요리모토는 1180년에 고케닌의 통제를 위해 사무라이도코로侍所를 설치하고, 일반 정무를 수행하기 위해 1184년 구몬조公文所(후에 만도코로政所), 고케닌의 소송을 처리하기 위한 기관으로서 몬추조問注所를 설치했다. 또한 조정에 기소議奏라는 기관을 두어 막부의 의향이 조정의 의사결정에 반영되도록 했다.

막부 성립 초기에는 막부가 지배할 수 있는 범위가 막부의 직할지와 고케닌이 가지고 있는 땅에 한정되어 있었다. 그런데 1185년 요리토모는 조정의 승인을 받아 구니國마다 슈고守護를 파견했다. 막부의 쇼군이 지방관을 파견하게 된 계기였다. 슈고에는 고케닌 중 유력자가 임명되었고, 세습되는 경우가 많았다. 평소의 슈고는 관할하는 지역의 고케닌을 지휘하여 치안을 유지하고, 전시에는 고케닌을 이끌고 전투에 참가했다. 슈고는 점차 교토의 황실에서 임명한 고쿠시를 대체하게 되었다. 이를 통해 지방 통제는 쇼군의 손아귀에 들어갔다.

슈고의 권한을 이른바 대범삼개조大犯三個條라 했다. 첫째, 오반사이소쿠大番催促라 하여 자기가 관할하는 구니의 고케닌들을 지휘하고, 교토의 경비를 담당했다. 그다음으로는 반란을 일으킨 자와 살인범을 체포하는 등 치안을 유지하는 역할을 했다. 슈고는 원칙적으로 일반 정무에는 관여하지 못하게 되어 있었다. 하지만 국아國衙의 자이초칸닌에 대한 명령권을 지니고 있었으므로, 국아의 일반 행정에도 개입함으로써 점차 조정의 지방 지배를 위협했다.

또 장원과 공령公領을 관리하기 위해 지토地頭라는 관직을 두었다. 지토는 고케닌 가운데에서 임명했으며 치안과 군사동원, 징세, 행정 업무를 맡았다. 지토에게는 하사받은 토지에서 세금을 걷는 것 외에, 추가로 군량미를 거둬들일 수 있는 권한도 있었다. 이 때문에 장원 영주인 귀족, 사원, 신사는 지토의 설치에 강하게 반발했다. 그래서 처음에는 헤이시로부터 몰수한 토지나 반란을 일으킨 자의 토지에만 지토를 둘 수밖에 없었다.

미나모토노 요리토모는 1190년에 우콘에노다이쇼右近衛大将에, 1192년 고시라카와 상황이 죽은 후에는 세이이타이쇼군征夷大将軍에 임명되었다. 원래 세이이타이쇼군은 에미시를 토벌하는 조정의 군사 지휘관이었다. 그렇지만 요리토모가 이 자리에 임명되면서부터는 전국 무사들의 총대장을 의미하는 지위로 바뀌었다. 이러한 과정을 거쳐 무사들에 대한 사적인 관리를 위해 만들었던 막부가 실질적인 지배기구로서 변해갔다.

그렇지만 가마쿠라막부 초기만 하더라도 그 기반이 그리 튼튼하지 못했다. 교토에서는 아직도 인세이가 이루어지고 있었고, 또 막부 반대 세력도 만만치 않았다. 초기에는 가마쿠라막부 정권과 교토의 정권이 전국을 이원적으로 지배하고 있었다. 그래서 막부가 서쪽의 교토에서 떨어진 오늘날의 도쿄 근처인 동쪽 가마쿠라에 자리 잡은 것이다.

그만큼 가마쿠라시대 초기만 해도 막부가 교토의 천황과 귀족의 힘을 무시할 수 없었다. 그래도 조정과는 별도로 쇼군과 고케닌의 관계를 기반으로 무사들의 독자적인 정권이 성립된 것은 이전에 비해 획기적이라고 할 수 있다. 가마쿠라막부 정권을 중심으로 한 무사 집단을 무가武家, 천황을 중심으로 한 교토의 조정을 공가公家라 했다.

가마쿠라막부 초기에는 이 체제를 유지하기 위해 막부가 귀족과 사원의 기반인 장원의 존재를 인정하고 개입을 자제하는 정책을 폈다. 그렇지만 시간이 지날수록 고쿠시와 슈고, 영주와 지토 사이에 분쟁이 잦아질 수밖에 없었다. 이러한 분쟁은 조정과 막부의 갈등으로 번져갔다.

호조씨의 대두와 조큐의 난

1199년 미나모토노 요리토모가 죽자 장자인 미나모토노 요리이에源賴家가 쇼군의 지위를 계승했다. 하지만 그는 고케닌들을 통솔할 만한 능력이 없었다. 그러자 요리이에의 어머니인 호조 마사코北条政子가 나섰다. 그녀는 부친인 호조 도키마사北条時政와 함께 그의 아들 호조 요시토키北条義時를 비롯한 유력 고케닌 13인의 합의제에 의해 정국을 이끌어갔다.

요리이에는 이에 대응하여 장인인 히키 요시카즈比企能員를 중심으로 한 처가 쪽 측근을 중심으로 정국을 이끌어나가려 했다. 상대적으로 요리토모 세대의 고케닌 세력이 소외되며 충성심이 약해졌다. 이와 함께 고케닌 사이에서도 암투가 생겼다.

그러던 1203년, 호조씨는 히키 요시카즈를 제거하고 요리이에를 이즈伊豆의 슈젠지修禪寺로 유폐시켰다. 이어 요리이에의 동생인 미나모토노 사네토모賴實朝를 3대 쇼군으로 추대한 후 요리이에도 제거했다. 그러면서 호조 도키마사는 싯켄執權이라 자칭하며 만도코로의 장관이 되었다.

도키마사의 아들 요시토키 역시 누이인 마사코와 협력하여 호조씨의 권력 장악에 박차를 가했다. 1213년에는 사무라이도코로의 수장別當이었던 와다 요시모리利田義盛를 제거하고 그 지위를 차지해버렸다.

그리하여 막부 내의 실권은 호조 요시토키가 장악하게 되고, 쇼군 미나모토노 사네토모의 지위는 유명무실해졌다. 그러나 호조씨의 가문 자체는, 이즈 지방의 소규모 호족 출신으로 요리토모와 협력하여 세력을 확대해간 고케닌에 지나지 않았기 때문에 쇼군이 될 입장이 아니었다. 그래서 쇼군을 보좌하는 싯켄의 지위에 올라 실질적으로 막부를 움직였다. 이를 싯켄 정치라고 한다.

이때 교토 조정의 고토바後鳥羽 상황은 자신에게 우호적인 사네토모를 이용하여 지토를 폐지해나가려고 했다. 그러나 요시토키를 중심으로 한 막부 측에서는 이를 용납하려 하지 않았다. 오히려 실권이 없어 지토 폐지를 추진할 수도 없었던 사네토모만 정치적으로 곤란하게 되었다.

그러던 1219년, 요리이에의 아들 구교公曉가 쇼군인 사네토모를 죽이는 사태가 벌어졌다. 사네토모가 살해된 후 구교 역시 곧바로 죽어버리는 바람에, 쇼군 겐지의 명맥은 3대 27년으로 끝났다. 이 사건을 계기로 막부의 실권은 완전히 호조씨에게 넘어갔다.

정국이 이와 같이 전개되자, 고토바 상황이 막부 타도에 나섰다. 이때 일본의 정국은 교토에서 인세이를 행하던 상황의 조정과, 가마쿠라막부가 이원적으로 나라를 지배하는 형태였다. 고토바 상황은 이와 같은 상황에서 벗어나 교토의 조정이 나라를 지배하는 체제로 돌아가고자 했다.

이를 위해 고토바 상황은 이미 설치해두었던 북면北面의 무사 외에 새로이 서면西面의 무사를 두는 등 군사력을 증강시켰다. 이와 함께 사네토모의 사후, 왕족을 초빙하여 쇼군으로 세우려는 호조 요시토키의 요청을 거절했다. 그뿐만 아니라 상황과 관련된 장원에 설치된 지토를 폐지해달라고 막부에 요구하는 일도 있었다. 이 때문에 상황과 막부의 대립은 심해졌다.

그러자 1221년, 고토바 상황은 전국의 무사들에게 호조 요시토키에 대한 토벌 명령을 내렸다. 그러나 막부가 천황의 조정과 싸우는 데 대해 꺼리는 분위기였음에도 상황의 명에 응한 무사는 많지 않았고, 대부분의 고케닌들은 막부에 가담했다. 이와 같이 고케닌들이 막부에 가담하도록 하는 데에는 마사코의 역할이 컸다고 한다. 그녀는 이때 출가한 신분이었으므로 사람들은 아마 쇼군尼將軍(비구니 쇼군)이라고 불렀다.

호조 요시토키는 19만 대군을 동원하여 1개월도 채 안 되는 기간에 상황의 군대를 격파하고 교토를 점령했다. 1221년인 조큐承久 3년에 일어난 이 사건이 '조큐의 난'이다.

교토를 점령한 호조 요시토키는, 고토바를 비롯한 세 상황을 유배 보내고 천황은 폐위시켰다. 그리고 호조씨 일족을 교토에 배치했다. 자신의 일족에게 교토 슈고京都守護 대신 교토의 경비와 조정에 대한 감시, 사이고쿠西国 지역의 고케닌 통솔과 이 지역에 대한 통치 등을 맡게 했다. 호조씨의 일족이 그 책임자로 임명되던 이 기구를 로쿠하라탄다이六波羅探題라고 불렀다. 또 미나모토노 요리토모와 혈연관계가 있는 구조 요리쓰네九條賴經를 허울뿐인 쇼군으로 삼았다. 이로써 쇼군도 호조씨의 의사에 따라 결정되었다.

정권을 장악한 호조씨는 상황 편에 섰던 귀족이나 사무라이의 영지 3,000개소를 몰수해서, 지토로 임명하는 형식을 통해 공을 세운 사무라이들에게 나누어주었다. 이들을 신포지토新補地頭라고 한다. 이 결과 전국의 토지 대부분을 막부가 장악하게 되고, 자연스럽게 조정과 막부라는 이원적 지배구조가 청산되었다. 결국 막부가 실질적인 일본 열도의 지배자가 되었다.

호조씨의 통치

조큐의 난에서 승리한 호조 가문의 권력은 천황을 마음대로 정할 수 있을 정도로 강화되었다. 그렇지만 천황 자체를 없애버리고 호조 가문이 직접 통치자로 나서지는 않았다. 여기서 막부체제의 한계가 드러난다.

원칙적으로 가마쿠라막부나 이를 장악한 호조 가문은 국가를 직접 지배하는 통치자가 아니라 무사단의 수장에 불과했다. 그렇기 때문에 백성들이 관념적으로 신성하다고 여기는 권위를 갖추기 곤란한 상태였다. 호조씨와 막부는 천황의 권위를 등에 업고 이를 이용하여 통치했다. 그래서 명목상으로는 중요한 사안마다 천황과 조정의 허가를 받는 형식을 취했다. 이러한 정치 형태는 일본의 전통이 되어 오늘날까지 이어지고 있다.

이와 같은 한계가 있었지만, 호조씨가 주도하는 막부는 실권을 장악했다. 막부는 권력 기반이 자리 잡힌 1223년에 각 구니에 경작지 면적, 국아령과 장원의 구별, 장원 영주와 지토의 성명 등을 기재한 오타부미大田文를 작성하라는 명령을 내렸다. 이는 지토를 임명할 때나 고케닌에게 교토오반야쿠, 가마쿠라반야쿠 등을 비롯한 군역을 부과할 때 기초 자료로 이용되었다.

호조 요시토키의 뒤를 이어 싯켄이 된 호조 야스토키北条泰時는 1232년, 무사 사회의 관습을 바탕으로 막부의 기본 법전인 51개조의 『고세이바이시키모쿠御成敗式目』를 제정했다. 이 법전의 주요 내용은 슈고 및 지토의 권한이나 고케닌에 대한 규율, 그리고 영지 등에 관해 규정한 것이었다.

이는 무가武家 측에서 만든 최초의 법전으로, 막부 권력의 확대와 함께 전국을 통치하는 법 역할을 했다. 그리고 이 법 이후에도 수시로 법이 반포되었다. 이를 '시키모쿠 쓰이가式目追加'라고 불렀다. 율령에 비해 조목의 숫자가 적고, 지식수준이 얕은 무사들도 이해하기 쉬운 내용으로 구성되었다. 이 법은 이후 무로마치室町막부의 법령인 '겐무 시키모쿠建武式目'나 센고쿠시대 센고쿠다이묘들이 제정한 분국법分國法에도 큰 영향을 주었다.

이와 같은 법이 필요했던 이유는 당시 고케닌들이 자신의 생존에 절대적인 기반이 되는 영지를 두고 분쟁을 일으키는 일이 많았기 때문이다. 고케닌을 중심으로 이끌어가는 체제에서 이들 사이의 분쟁을 무리 없이 해결할 방법이 필요했고, 막부에서 내놓은 법전이 그 역할을 했다.

이를 뒤집으면 그만큼 영지를 둘러싼 분쟁이 많았다는 이야기가 된다. 이는 당시 무사집단의 토지 관리와 밀접한 관련이 있었다. 무사들은 세금을 내지 않는 영지를 가지고 있어서, 영지 안의 게닌下人, 쇼주所從라고 불리는 예속 농민들에게 경작을 시켰다. 또한 당시 농민들에게 커다란 부담이었던 부역을 부과할 권한도 가지고 있었다. 그러기 위해 지토나 장관莊官 같은 지위가 필요했다. 이들은 농민들에게 세금을 징수해 장원 영주 등에게 바치고, 일정 액수를 남겨 자신의 수입으로 삼았다. 그렇기 때문에 영지 확대에 혈안이 될 수밖에 없었다.

이 때문에 가마쿠라시대에는 귀족을 중심으로 한 장원 영주와 막부가 임명한 지토의 갈등이 심했다. 특히 조큐의 난 이후 더욱 심해졌다. 현지에 살지 않는 장원 영주들은 현지에 사는 지토와 관리권을 두고 경쟁할 입장이 되지 못해, 장원의 관리는 지토에게 맡기고 일정 액수의 연공年貢을 받는 경우가 많았다.

그러나 지토가 이조차 제대로 내지 않고 횡령하기도 했다. 결국 지토들은 자신의 영지가 아닌 땅까지 묘슈, 사쿠닌 등에게 경작을 시키며 영향력을 확대해나갔다. 견디다 못한 장원 영주 중에는 장원의 관리를 지토에게 맡기고 일정한 연공만을 받는 '지토케쇼地頭請所'를 맺는다든지, 장원의 토지를 지토와 반으로 나누어 관리하며 서로 간섭하지 않기로 하는 '시타지추분下地中分'이라는 방법을 취하는 경우도 있었다.

이와 같은 지토의 횡포에 대해서 막부에서는 근원적인 대책을 세우지 않았다. 그들이 결국 막부의 기반이 되는 고케닌들이었기 때문이다. 이 때문에 당시 "우는 아이와 지토는 당해낼 수 없다"라는 속담이 생길 정도였다. 고쿠시의 횡포에서 벗어나기 위해 장원이 형성되었지만, 결국 횡포를 부리는 주체가 지토로 바뀐 꼴이 되었다.

호조 야스토키는 이 밖에도 정권을 안정시키기 위한 몇 가지 조치를 더 했다. 싯켄을 보좌하는 렌쇼連署를 두고, 이 자리에 호조씨 일족을 임명했다. 그리고 중요 정무와 재판을 처리하는 합의기관으로서 효조슈評定衆도 설치하여, 이를 통한 합의제로 정국을 운영했다.

뒤를 이은 호조 도키요리北条時賴도 같은 정책을 이어갔다. 그는 휘하 고케닌 보호에 힘쓰며 지지를 얻었다. 이를 통해 호조씨의 권력 기반을 다졌다. 그리고 쇼군도 후지와라씨에서 세우지 않고, 황족 중에서 세우기 시작했다. 또 효조슈 아래에 히키쓰케슈引付衆를 설치하여 고케닌 영지 관련 소송을 전담시켰다. 신속하고 공정한 재판을 위해서였다.

가마쿠라시대의 무사 일족은 대대로 계승되는 영지를 바탕으로, 종가의 적자를 소료惣領로 삼고 무사단을 이끌어나갔다. 가문의 영지는 여자에게도 분할 상속되었다. 그래도 소료는 가문의 군사·제사·토지 등을 관리하면서, 가문과 막부를 연결시켜 기득권을 유지하는 역할을 했다.

싯켄도 이와 같은 질서 속에서 변화해갔다. 호조씨 종가의 수장을 도쿠소得宗라 했다. 처음에는 호조씨 소료가 싯켄직을 세습했으나, 도키요리가 집권할 즈음부터는 도쿠소가得宗家 출신의 싯켄이 다른 사람에게 싯켄자리를 물려준 뒤에도 여전히 실권을 쥐고 있었다. 결국 도쿠소에 실권이 집중되는 결과를 낳았다. 이는 호조씨의 권력 기반을 더욱 다져주었다.

가마쿠라시대의 산업과 문화

헤이안시대 후기에 뿌리를 두고 있는 가마쿠라시대의 무사들은 개발영주의 후손이라 할 수 있다. 그들은 물려받은 토지를 바탕으로 해서 자신의 영지를 확대해나가는 데 집착했다. 영지 중심지에 야카타館를 세우고, 그 주위에는 해자垓子를 파거나 벽을 둘러쳤다. 문 위에는 초소를 설치하고 무기를 준비하여, 유사시에 대비하는 삶을 살았다. 그만큼 무력 충돌이 잦았던 시대라는 뜻이다.

이 시대의 농민들은 지토의 횡포에 시달리면서도 황무지를 개간하는 등 경작지를 넓히고 생산력을 향상시켰다. 소와 말을 경작에 이용했고, 퇴비를 만들어 토질을 높이는 등 농업 기술을 개량했다. 그리하여 13세기 후반에는 기나이 지방을 중심으로 쌀과 보리의 이모작二毛作이 가능해졌다.

농업 기술이 발달하면서 게닌이나 쇼주를 직접 부리는 방식은 한계를 보였다. 지토나 장관莊官들도 이를 깨닫고 토지의 경작은 자율적으로 하도록 하면서 연공만 거둬들이는 방식으로 전환해갔다. 그래야 농민들이 새로운 농법을 시도하면서 생산력을 향상시켜나갈 수 있었기 때문이다.

그렇지만 생산력이 향상되면서 토지에서 거둬들이는 연공도 늘려갔다. 늘어난 연공을 감당하지 못한 농민들이 도망가면, 집을 부수고 처자를 억류하여 혹사시켰다. 마을에서 대규모 도망 사태가 발생하면 일부라도 잡아 와 나머지 땅을 경작하게 하고, 제대로 경작이 되지 않으면 학대하겠다는 위협이 가해졌다. 이는 당시 일본의 사회문제였다.

농업생산력이 증대하면서 수공업과 상업도 발달했다. 처음에는 장원 영주의 주문에 따라 물건을 생산하던 수공업자가, 농민의 수요에 맞춘 철제 농구와 솥, 냄비 등 생활용품도 생산하기 시작했다. 나중에는 전문적으로 수공업에 종사하는 대장장이, 목수, 염색업자 등도 생겨났다. 이에 따라 상업도 활발해져 농산물과 수공업 제품의 교환을 위해 장원마다 교통의 요지와 사원·신사의 문전에 시장이 열렸다. 사람들이 많이 모여들자, 가끔 열리던 시장이 점차 정기적인 형태로 발전해갔다.

지토나 장관들이 백성들에게 거둬들인 물건을 시장에서 처분하며 영주들이 시장을 이용했지만, 시간이 흐르면서 전문적으로 상업에 종사하는 상인들도 생겨났다. 이렇게 나타난 상인은 장원 영주에 소속된 천민 신분이 많았다. 애초부터 농경에 종사하지 않는 천민들이 영주 대신 상업에 종사하다가 사람이 모이고 시장이 생기는 기회를 이용하여 상인으로 전환된 것이다.

이들은 재산을 모아도 사회적 지위가 낮았기 때문에, 자신들의 위상을 다지기 위하여 자座라는 동업 조합을 만드는 경우가 있었다. 이를 통하여 그들이 예속되어 있던 귀족과 사원 등에 일정한 공납으로 생산물과 화폐를 납입하거나 노동 형태인 좌역座役을 바치며 일정 지역에서 세금 없는 통행권과 원료 구입, 상품 판매의 독점권을 확보했다.

또 농산물의 보관, 운송, 위탁판매까지 맡아 하는 도이마루問丸라고 하는 업자들도 나타났다. 이와 함께 상점이 늘어나며 상점가인 마치町가 생기고 창고도 지어졌다. 상업의 발달로 자금 수요가 생기자, 자금을 빌려주고 높은 이자를 챙기는 고리대금업자 가시아게借上도 생겨났다.

헤이시 정권과 마찬가지로 가마쿠라막부도 송에 대하여 적극적인 외교 정책을 취했으나, 정식의 외교 관계는 수립되지 않았다. 이 때문에 송과의 무역은 공무역이 아닌, 민간의 사무역 형태로 발달했다. 주요 무역품으로 일본에서는 금·은·수은·마키에蒔繪·도검刀劍 등이 수출되었고, 송으로부터는 비단을 비롯한 직물·도자기·향료·약품·서적이 수입되었다.

하카타博多와 송의 명주明州(현재의 닝보寧波)를 중심으로 이루어지던 무역으로 유입된 송 동전은, 자체적으로 화폐를 찍어내지 못하던 일본의 화폐경제에 큰 영향을 주었다. 화폐가 유통되자 연공을 화폐로 받기 바라는 영주도 나타났다. 물자 유통을 위하여 역제驛制도 갖추어졌다. 교역이 평화롭게 이루어진 것만은 아니다. 일부 집단들은 중국이나 고려와 교역을 하는 와중에 기회를 보아 연안을 약탈하는 해적 행위를 했다. 이들을 왜구倭寇라 불렀다.

무가武家의 부각은 문화에도 영향을 주었다. 이 시기는 사회의 주도권이 천황·귀족 계급에서 사무라이 계급으로 넘어가는 전환기였다. 무사들에게도 공가풍의 문화가 침투했으나, 귀족이 힘을 잃으면서 전통적인 문화를 선호하는 성향이 생겼다. 결국 사회의 주도권을 가진 무사집단의 문화가 시대를 대표하게 되었다. 무사의 주택에도 이러한 경향이 반영되어 실용적이고 검소한 부케쓰쿠리武家造라는 양식이 생겨났다.

가마쿠라시대 무사의 기풍을 나타내는 문화 중 하나가 전투 장면을 그려 낸 군기물軍記物이다. 호겐의 난을 묘사한 『호겐모노가타리保元物語』나 헤이지난을 다룬 『헤이지모노가타리平治物語』가 대표적인 작품이다. 이와 함께 전해 오는 이야기를 모은 설화집이 만들어졌다.

이와는 별도로 가마쿠라시대 초기, 귀족들 사이에서 와카和歌가 유행했다. 고토바 상황은 후지와라노 데이카藤原定家 등에게 명하여 『신고킨와카슈新古今和歌集(신고금화가집)』를 편찬하게 했다. 그리고 가타리모노語り物(곡조를 붙여 악기에 맞추어 낭창朗唱하는 이야기나 읽을거리)라는 형태의 문학이 발달했다. 헤이안시대에 유행했던 모노가타리物語가 퇴조한 것과 대비된다.

건축 양식으로는 천축양天竺樣과 당양唐樣으로 불리는 송의 양식이 전해졌다. 천축양은 송에 갔던 조겐重源이 도입한 것으로, 겐페이 전쟁 때에 소실된 나라奈良 도다이지東大寺의 남대문에 안치된 금강역사상에 잘 표현되어 있다. 당양은 선종양禪宗樣으로 불렸는데, 선종 사원을 건립할 때 사용되었다. 가마쿠라에 있는 엔가쿠지圓覺寺의 사리전이 지금까지 남아 있는 대표적인 건물이다.

가마쿠라시대의 사상

교토의 조정과 귀족은 무가의 부각에 불안을 느꼈다. 무가 정권의 성립을 좋아할 수 없는 귀족들은, 그렇다고 현실을 인정하지 않을 수도 없는 상황에서 생겨난 좌절감을 느꼈다. 이 점이 문화에도 반영되었다. 헤이안시대 말부터 퍼지던 말법 도래 사상末法到來思想이 가마쿠라시대에 들어서면서 더욱 만연했다. 귀족은 물론 무사, 서민에 이르기까지 정신적인 구제에 집착하게 되었다.

백성들도 전란을 겪는 동안 혼란을 느끼면서, 많은 사람들이 '말법의 시기'라고 느끼는 의식이 급속도로 퍼져나갔다. 특히 목숨을 위협받는 생활을 하는 무사집단은 이율배반적으로 불교에 이끌리는 경향이 있었다. 또 지식이 부족한 무사집단에 승려들의 지식이 필요하기도 했다. 그래서 승려들이 무사집단의 고문顧問 역할을 해주었다. 사원은 예술과 문학의 요람 역할을 했으며, 은퇴한 무사들에게 여생을 보낼 공간이 되어주기도 했다.

이렇게 혼란과 불안이 팽배한 전환의 시기에 불교의 새로운 경향이 탄생했다. 이를 '가마쿠라 신불교'라 한다. 변화의 시기에 불교계에 새로운 바람을 불러일으킨 상당수의 인물이 하층 무사와 농민층에서 나왔다. 그 대표적인 인물이 호넨法然이다. 그는 어릴 때 아버지를 여의고 불교계에 발을 들이게 되었다. 엔랴쿠지延曆寺에 들어가 국가에 소속된 관승官僧으로 출발했던 호넨은, 당시 천태종 대부분의 승려들이 권력자를 위한 기도에 집착하고 사회적 혼란을 틈타 승병을 조직하고 세력 확장을 꾀하는 현실에 회의를 느꼈다.

대안을 찾던 호넨은 오로지 염불만으로 구원을 받을 수 있다는 전수염불專修念佛 신앙에 도달했다. 그는 1175년경부터 '염불만이 아마타불에 의해 선택된 극락왕생의 길이라는 확신'을 가지고 자신의 깨달음을 전파하는 데 나서기 시작했다. 이것이 가마쿠라시대 신불교의 핵심 정토종淨土宗의 시작이다.

호넨은 누구나, 심지어는 악인조차도 일상생활에서 염불하면 구원받을 수 있다고 설교했다. 순수한 마음으로 염불을 하는 것 이외에는 어떤 것도 필요 없다는 것이다. 여기에 다른 요소는 아무 의미가 없다. 쉬우면서도 분명한 호넨의 가르침은 남녀노소, 지위고하를 막론하고 많은 사람들에게 공감을 얻었다. 호넨의 문하에는 황족, 귀족뿐 아니라 사무라이, 그리고 창녀와 같은 최하층 사람까지 모여들었다.

호넨의 사상이 널리 수용되면서 기성 교단들의 견제가 심해졌다. '염불 이외에 어떠한 기존의 권위도 인정하지 않는다'라는 그의 논리가 기득권 층에 위협으로 느껴진 것이다. 기성 교단이 호넨에 대한 비판에 앞장섰 고, 이들을 내세워 권위를 유지하려 했던 조정과 막부까지 나서서 호넨에 게 탄압을 가했다.

그 일환으로 1200년 5월에는 막부의 전수염불 금지령이 발포되었다. 계 속되는 탄압 속에서도 호넨이 소신을 꺾지 않자, 1207년 3월 호넨은 나이 75세에 제자들과 함께 유배되었다. 같은 해 12월에 풀려났지만, 최후까지 자신의 소신대로 포교에 힘쓰다가 80세에 타계했다.

호넨의 사상은 그의 제자 신란新鸞에게 이어졌다. 신란도 호넨처럼 엔랴 쿠지에 들어가 승려 생활을 시작했으나, 천태종에 실망하며 호넨의 제자 가 되었다. 신란은 스승 호넨의 가르침을 받들어 염불에 전념하지만, 전 수염불 탄압으로 스승을 잃고 승려 신분을 박탈당한 채 유배되었다. 그럼 에도 불구하고 유배 생활 기간에도 소신을 지켰다.

이후 도고쿠의 농촌에서 자신도 농민의 생활을 하며 호넨의 가르침을 뛰어넘는 독자적인 신앙 체계를 만들어나갔다. 그는 가난한 백성이 무거 운 연공에 쫓기어 잠잘 시간도 없이 일해야 하는 현실을 경험했다. 이러 한 상황에 처해 있던 백성이 수만 편에 달하는 염불을 외울 여력이 있을 리 없었다. 또한 살기 위해서라면 수렵과 어업에 종사하며 살생을 할 수 밖에 없는 처지였다. 신란은 이런 사람들이야말로 구원받아야 할 대상임 을 확신하게 되었다.

여기서 신란은 스승 호넨의 사상에 한계를 느꼈다. 호넨이 모든 인간의 구원을 말했지만, 이 전제는 수만 편의 염불을 외워야 한다는 것이었다.

신란은 백성들에게 이렇게 가능하지 않은 염불을 요구하기보다 아미타불의 염불을 단 한 번만이라도 진심으로 외운다면 구원받을 수 있다는 논리를 폈다. 그의 사고방식에서는 혼인 같은 세속의 생활을 어찌하든 중요하지 않았다. 그래서 그는 결혼도 하고 통상적인 세속 생활도 했다. 속세에서의 죄가 많아도, 오히려 죄가 많은 악인들이야말로 아미타불이 구제하려는 대상이라는 것이다. 이와 같은 신란의 주장에 추종하는 종파를 정토진종淨土眞宗이라 부른다.

신란은 이러한 입장에서 기성 교단을 비판했다. 그는 아미타불 이외의 숭배 대상과 염불 이외의 행위를 일체 인정하지 않았다. 이런 기준에서의 신앙에는 대단히 엄격하여, 자신의 뜻과 달리 밀교나 가지加持기도(부처의 힘을 빌려서 병, 재난, 부정 따위를 면하기 위하여 기도를 올리는 일) 같은 것에 손을 대려던 아들과 부자의 연을 끊을 정도였다. 그는 58세의 만년에도 책을 저술했으며, 90세에 생애를 마쳤다.

호넨과 신란 이후 일본 불교계에 새로운 바람을 일으킨 인물이 니치렌日蓮이다. 그는 법화경을 믿고 외우면 구원받을 수 있다는 논리를 폈다. 이를 일련종日蓮宗(또는 법화종法華宗)이라 한다. 니치렌은 법화경의 가르침을 따르지 않는 막부를 비난했다. 그로 인해 유배를 당하면서도 신념을 꺾지 않았다. 그렇지만 신도神道의 신들을 법화경의 본존으로 삼은 점은 호넨과 신란에 비해 퇴보한 것이라는 평가를 받는다.

잇펜一遍도 신앙심 여부에 상관없이 염불을 외우기만 하면 누구나 구제를 받는다는 주장을 폈다. 그는 전국을 돌면서 염불에 징이나 북에 맞춘 가락을 결합시킨 오도리염불踊とり念佛을 전파했다.

에이사이榮西와 도겐道元은 송으로부터 선종을 도입했다. 에이사이는 좌선을 중시하는 임제종臨濟宗을 열었고, 도겐은 막부와 같은 세속의 권위를 일체 부정하고, 절에 틀어박혀 깊이 사색하면서 제자를 양성하며 조동종曹洞宗을 열었다. 염불과 법화종이 하급 무사와 백성들 사이에 널리 퍼진 반면, 선종은 지식인들이 선호했다.

신불교의 특징은 나라奈良와 헤이안시대의 불교가 기득권층 위주의 교리를 띤 것에 대한 반발에서 시작되었다는 점이다. 그래서 귀족들만이 할 수 있었던 불경의 연구나 사원에 대한 기부 등의 행동이 왕생이나 성불을 위한 필수 조건이 아니며, 무사·농민·상공인·여성도 출가를 하지 않고 일상적인 생활 속에서도 왕생과 성불이 가능하다는 등의 주장이 나왔다. 이에 대응하여 천태종과 진언종 등의 기성 교단도 계율을 통한 통제를 강화하면서 세력을 정비해나갔다.

불교의 새 경향과 함께, 남송의 주희가 집대성한 주자학도 선종 승려들에 의해 일본에 도입되었다. 겐네玄惠가 주자학 도입에 있어서 대표적인 인물이다. 그가 고다이고後醍醐 천황의 측근 역할을 했던 바 있다. 그 때문에 주자학의 대의명분론이 천황의 막부 타도 계획이나 겐무신정建武新政에 큰 영향을 주었다.

3

몽골제국의 등장과

동아시아

1

중국
칭기즈칸의 등장과 몽골제국

**칭기즈칸과
몽골제국의 부각** | 12세기 중엽까지만 해도 몽골고원을 중심으로
한 지역에서는 위구르제국이 해체된 이후 300년이 훨씬 넘는 시기에 걸쳐
통합된 세력이 나타나지 못했다. 요를 비롯한 주변 세력들이 몽골족의 통
합을 방해했기 때문이다. 그 결과 몽골족은 부족 단위로 유목 생활을 하
며 큰 세력을 키우지 못하고 있었다.

그러던 중 요가 금의 압박에 서쪽 중앙아시아까지 밀려나자 몽골족은
기회를 잡았다. 거란족에 비해 여진족은 몽골 지역의 초원과 사막에 관심
을 보이지 않았기 때문이다. 그렇지만 아직 몽골 부족 사이에서는 여전히
분쟁이 계속되며 통합을 이루지는 못하고 있었다. 그 결과 12세기 중엽까
지도 중원 북부 및 만주 지역은 금이 지배하고 있었고, 중원 남부에는 남
송이 자리 잡고 있었다. 서쪽은 서하의 영역이었다.

그러나 12세기 말, 몽골족 출신의 테무친鐵木眞이 타타르·메르키트·케레이트·나이만 등 몽골의 여러 부족을 통합해나가기 시작했다. 결국 1206년, 테무친은 몽골어로 대집회를 뜻하는 쿠릴타이에서 칸汗으로 추대되었다. 이렇게 즉위한 테무친이 칭기즈칸成吉思汗이다.

분열되어 있던 부족을 통합한 칭기즈칸은 몽골의 체제 정비에 나섰다. 먼저 부족 단위로 살던 유목민들을 천호千戶 단위로 재편성하고 소속된 천호에서 마음대로 이탈하지 못하게 만들었다. 원래 천호, 백호百戶, 십호十戶라는 식의 십진법으로 올라가는 편제는 북방의 유목민족에게서 공통적으로 나타나는 것이었다. 칭기즈칸은 이를 활용하여 천호 단위로 재편성함으로써, 몽골인들의 소속감을 이전까지 소속되어 있던 부족이 아닌 '몽골'로 바꾸려 했다.

원래 씨족장을 의미하던 노얀那顔을 천호의 수장을 가리키는 지위로 삼아 그 자리에 칭기즈칸의 공신功臣들을 임명했다. 그리고 더 가까운 측근들은 천호 위의 단위인 만호萬戶의 수장으로 삼았다. 그리고 친위부대에 해당하는 케식怯薛을 1만 명 수준으로 늘렸다. 이 부대는 만호장·천호장·백호장의 자제로 구성되어, 다른 부대원에 비해 월등한 대우를 받으며 칭기즈칸에 충성을 바치는 군대가 되었다.

그리고 이렇게 통합한 부족들을 관리하기 위한 사법체제도 마련했다. 그것이 이른바 자르구치札魯忽赤이다. 여기서 행정과 사법 사무를 처리하며 몽골인 사이의 분쟁을 해결했다. 또한 위구르의 문자를 이용하여 몽골의 문자를 만들었다. 이로써 몽골인들도 자신들의 언어를 기록으로 남길 수 있는 독자적인 문자를 갖게 되었다.

이와 같은 과정을 거쳐 몽골의 잠재력을 축적한 칭기즈칸은 주변 지역에 대한 정복사업에 나섰다. 이 정복사업을 시작한 이유는, 우선 몽골족이 노예와 가축 등에 대한 약탈을 통해 자산을 불리는 전통의 일환이라고할 수 있다. 이러한 전통 때문에 분쟁이 일상화되어 부족 사이에 싸움이끊이지 않았던 것이다. 몽골이 통합된 이후에도 이들은 다른 세력을 약탈하여 노예와 자산을 얻으려 했다.

그러나 그 이면에는 또 다른 배경도 있었다. 동양과 서양을 잇는 교역로의 소통이라는 측면이다. 당시 동양과 서양을 잇는 교역로에는 여러 세력이 자리 잡고 있었다. 이 때문에 이 교역로를 오가는 상인들은 각기 다른입장에 처한 세력들을 통과하느라 곤란을 겪었다. 이러한 문제의 해결을위해 많은 상인들이 칭기즈칸의 원정을 지원했다. 통합된 세력이 교역로를 통제하게 되면 상인들에게 유리하기 때문이었다.

주변 세력에 대한 칭기즈칸의 정복사업은 서하 정벌로부터 시작했다.이 시기 서하는 내부의 혼란에 시달렸다. 이런 와중인 1202년부터 몽골의침략을 받으며 통치자가 바뀌었다. 1206년 왕의 사촌 이안전李安全이 태후의 협력을 받아 왕을 시해하고 권좌를 차지한 것이다. 그가 서하의 양종襄宗이다. 그가 즉위한 후에도 몽골의 침략을 받았고, 한때는 이를 격퇴하기도 했다. 그렇지만 1209년의 침공에 굴복하여 몽골에 자신의 딸과 함께 막대한 공물을 보내, 칭기즈칸과 혼인 관계를 맺으며 강화를 청했다. 이후서하는 몽골의 요구에 따라 금 침공에 나서 국력을 소모하게 되었다. 이문제로 양종은 1211년 조카 이준욱李遵頊에 의해 퇴위당한 뒤 죽었다. 이렇게 해서 즉위한 이준욱이 서하의 신종神宗이다.

칭기즈칸의 다음 목표는 금이었다. 몽골은 이전부터 금에 신하의 관계를 맺고 있었고, 칭기즈칸이 즉위하고 난 이후에도 이 관계는 지속되고 있었다. 칭기즈칸은 이 관계를 변화시키려 했고, 1211년 금 침공을 개시했다. 1215년, 몽골군은 금의 중도中都(중두)를 함락시켰다. 이후 금의 세력은 크게 약화되었으나, 금에 대한 몽골의 공세 역시 주춤해졌다. 칭기즈칸에게 다른 구상이 있었기 때문이다.

1125년 요가 망하자 요의 왕족인 야율대석耶律大石은 중앙아시아에 진출, 1132년 카라칸 왕조를 멸망시키고 서요西遼를 세웠다. 황제에 오른 야율대석은 구르칸德宗이라 불렸다. 1137년 서西투르키스탄 공략을 시작한 서요는 1141년 셀주크의 대군과 싸워 이기면서 동서 투르키스탄의 전역을 차지했다. 하지만 서요는 1211년 칭기즈칸에 쫓겨 중앙아시아에 진출한 나이만 부족의 쿠츨루크Kuchlug에게 정복되었다.

칭기즈칸은 1218년 바로 이 서요의 영역을 차지해버렸다. 그리고 이는 다음 단계를 위한 전초 작업이었다. 칭기즈칸이 서요에 손을 뻗치기 이전인 1210년, 먼저 서요를 공략한 세력이 있었다. 서아시아의 이슬람 국가이던 호라즘Khwarezm 샤 왕조였다. 이 세력은 서요를 멸망시키고, 북쪽은 카스피해 연안부터 남쪽은 페르시아까지, 동쪽으로는 힌두쿠시부터 서쪽은 코카서스(카프카스)까지 영토를 확장했다.

이렇게 팽창한 호라즘 샤와 칭기즈칸의 관계는 우호적인 관계로 시작되었다. 서로 사절단을 교환하며 협력하는 관계를 추구했다. 그런데 1219년 호라즘 영토인 오트라르에서 몽골 통상단이 첩자 혐의로 학살당하는 사건이 일어났다. 칭기즈칸은 이 사건을 빌미로 서아시아의 호라즘 왕조에 대한 정복에 나섰다.

당시 호라즘 왕조는 분열되어 있어 몽골군을 막는 데 집중할 수 없었다. 그 결과 호라즘 도시는 자체적으로 보유한 군대만으로, 공격해 오는 몽골군을 대적하다가 주요 거점들이 함락당하는 사태를 맞았다. 칭기즈칸이 이끄는 원정군은 이 사태를 초래한 오트라르시를 비롯한 마와라 안나르, 수도 사마르칸트 등을 함락시켜나갔다. 국왕 무하마드는 사마르칸트에 몽골군이 오기 전에 탈출했다. 몽골군이 두려워 싸워보지도 않고 항복하는 도시들도 많았다. 몽골군의 공세에 호라즘 국왕은 전사하고, 한때 몽골군을 격파한 적이 있었던 잘랄 웃딘 멩구베르디 왕자도 패주하여 인도 지방으로 도망쳤다. 이와 함께 몽골군의 일부는 킵차크족을 정벌하면서, 이를 도우려 투입된 러시아의 원군도 격파했다. 이 원정이 유럽에는 기독교를 믿는 프레스터 존Prester John이라는 군주가 이슬람 세력을 격파한 것으로 전해지는 해프닝도 있었다.

칭기즈칸의 유산과 몽골제국

칭기즈칸은 이러한 전과를 올린 후 1225년, 원정을 접고 귀환했다. 이 원정에서 개선한 후, 칭기즈칸은 정복한 영역을 통치하도록 아들과 동생들에게 나누어주었다. 몽골 본토는 칭기즈칸 자신의 직할지로, 남南러시아의 킵차크 초원지대는 맏아들 주치朮赤에게, 서요의 옛 땅은 둘째 아들 차가타이察合台에게, 나이만 부족의 옛 땅인 몽골고원 일대는 셋째 아들 오고타이에게 통치하도록 했다. 동부 몽골고원과 만주 지역은 동생들의 몫이었고, 중원 남방의 농경지대는 이때의 분할에서 빠졌다. 이곳에는 다루가치達魯花赤와 주둔군을 배치하여 치안 유지와 세금 징수를 맡겼다. 다루가치는 몽골제국에서 점령한 지역에 파견한 총독總督·지사知事 등을 호칭한 관직 이름으로 알려져 있다.

그러나 다음 해에 칭기즈칸은 또다시 해외 정벌에 나섰다. 우선 칭기즈칸의 서방 정벌에 참여를 거부했던 서하가 목표였다. 이때 서하는 몽골·금과의 관계에서 시달리던 이준욱이 아들 이덕왕李德旺에게 선위하고 물러난 상태였다. 그 이덕왕이 서하의 헌종獻宗이다. 그는 금과 화친 관계를 맺어 몽골의 정벌에 협력하지 않았다. 칭기즈칸은 1227년 감행된 서하 원정 중 진중에서 병으로 죽었으나, 서하는 멸망하며 몽골군에 의해 대규모 학살을 당했다.

칭기즈칸이 죽은 후 몽골제국의 판도는 서쪽으로 카스피해, 동쪽으로 동중국해, 남쪽으로는 파미르·티베트고원에 이르렀다. 이렇게 광대한 영역의 이질적인 종족과 문화가 몽골제국을 이루는 요소로 흡수되었다. 그리고 이를 기반으로 몽골제국의 보호하에 중국, 페르시아, 인도, 중앙아시아, 흑해 주변에서 러시아까지를 포함한 동양과 서양이 통하게 되었으며, 이로 인하여 교역이 이루어졌다.

몽골의 지배자들은 '초원의 길'이라 전해지는 동서의 교통로에 역과 말, 그리고 숙소를 마련했다. 그 덕분에 외국 사절과 여행자들은 안전하게 여행할 수 있었다. 몽골제국에서는 파이자라는 여권이 발행되어 여행 시설을 이용할 수 있게 해주었다. 이탈리아 상인 마르코 폴로가 멀리 중국을 여행하다 돌아올 수 있었던 것도 그 영향이 크다. 파이자는 현재의 러시아 영토에서 여러 장 발견된 바 있다.

이러한 위업을 남긴 몽골제국은 칭기즈칸이 죽은 후 약간의 혼란을 겪었다. 몽골의 지배자인 칸은 쿠릴타이에서 선출되는 것이 원칙이었다. 그러나 실질적으로 칭기즈칸 이후로는 후계자는 이미 내정된 사람을 추인하는 데에 지나지 않았다. 이에 따라 칭기즈칸의 후계자로 사전에 지명되어 있던 오고타이가 즉위했다. 오고타이의 중국식 시호는 태종太宗이었다. 그렇지만 이에 대한 저항도 있어 2년 정도 칸의 자리가 비어 있는 사태가 있었다.

칭기즈칸의 뒤를 이은 오고타이는 거란 출신 재상 야율초재耶律楚材 등을 등용해 통치기구를 정비했다. 그리고 카라코룸을 수도로 삼아, 이곳을 중심으로 몽골제국의 교통망도 연결시켰다. 이 덕분에 동서 문물의 교류가 활발해졌다.

오고타이는 국내의 체제 정비와 함께 정복사업도 계속 진행시켰다. 우선 금 정벌을 계속했다. 금은 한동안 몽골의 공략을 견뎌냈으나, 오고타이가 남송과 협공하자 급속하게 무너져갔다. 1233년에는 몽골의 침략을 피하느라 옮겼던 수도인 개봉이 함락되었고, 1234년에는 채주로 피신해 저항하던 마지막 황제 애종哀宗이 남송과 몽골군의 협공에 자살하면서 금이 멸망했다. 이후 회하淮河(화이허)를 기준으로 하북의 영토는 몽골이, 하남은 남송이 차지하는 타협이 이루어졌다.

이와 함께 고려에도 정벌을 감행했다. 1231년 장군 살리타撒禮塔에게 별동대를 주어 요동의 금나라 군사를 소탕하게 하고 고려까지 침공했다. 우여곡절 끝에 몽골과 고려 사이에 타협이 이루어져, 살리타는 1232년 고려 수도 개경에 다루가치를 두었다.

한편 오고타이는 서방에 대한 원정도 계속했다. 주치의 아들 바투를 지휘관으로 삼아 러시아 및 유럽 각지를 1235~1242년에 토벌하게 했다. 이 원정은 몽골에 적대적인 킵차크족과 호라즘 잔당의 처리, 그리고 유럽 정벌을 목적으로 하고 있었다.

바투 원정군은 우선 킵차크족을 제압하여 그 세력을 흡수한 뒤, 러시아를 침공했다. 이들은 모스크바, 블라디미르, 키예프 등 여러 도시를 함락시켰다. 이후 바투는 부대를 둘로 나누었다. 그중 하나인 몽골군 별동대는 폴란드를, 본대本隊는 헝가리를 침공했다. 이때 두 나라는 비잔틴제국과 로마 교황에게 구원을 요청했지만, 복잡한 사정이 얽혀 제대로 된 구원을 받지 못했다. 1241년 4월, 몽골군은 리그니츠 평원에서 일부 독일 기사들의 지원을 받은 폴란드군을 괴멸시켰다. 이곳은 훗날 발슈타트라 불렸는데, 독일어로 '시체의 도시'라는 뜻이다. 비슷한 시기에 헝가리로 향했던 바투가 이끄는 본대도 헝가리군을 격파했다.

이렇게 바투 원정군이 파죽지세로 유럽을 정복해나가던 1241년, 오고타이가 죽었다. 그 때문에 바투는 일단 원정을 중지하고 회군해야 했다. 그런데 바투는 회군하던 중, 사라이에 도읍을 정하고 자신이 점령한 지역을 기반으로 킵차크한국金帳汗國을 세웠다.

이 지역에 대한 몽골의 지배는 온건한 편이었다. 고유의 종교와 문화를 버리도록 강요하지 않아, 러시아 정교회正敎會도 몽골의 지배를 받아들였다. 치안도 양호한 편이었다. 하지만 세금과 부역의 징수에 있어서는 철저해서, 정해진 세금과 부역을 제공하지 못할 경우의 처벌은 가혹했다. 1380년 몽골 지배에서 벗어나려는 저항이 있었으나, 실패하여 많은 희생을 치렀다. 러시아는 이반 뇌제雷帝 때가 되어서야 몽골인의 지배에서 벗어날 수 있었다. 러시아에서는 몽골의 지배를 '타타르의 멍에'라 불렀고, 이 말은 지금도 불행을 뜻한다.

쿠빌라이의 등장과
원의 성립

오고타이가 죽은 후, 대칸의 자리를 두고 오고타이의 아들인 구유크와 바투 사이에 갈등이 있었다. 바투가 자신에게 비판적인 구유크의 즉위를 방해했기 때문이다. 그래서 일시적으로 오고타이의 황후가 섭정을 하다가 1246년, 결국 구유크가 대칸에 올랐다. 중국식 시호는 정종定宗이었다.

구유크가 즉위한 후 바투와의 대립은 더욱 격화되었다. 1248년에는 구유크가 바투에 대한 원정에 나섰으나, 원정 도중 사망하면서 전쟁으로 번지지는 않았다. 그렇지만 다음 대칸 자리를 두고 오고타이 일가와 바투의 암투는 계속되었다. 오고타이 일가는 오고타이의 손자인 쿠주크 시레문을 추대했고, 이에 대항하여 바투는 칭기즈칸의 넷째 아들인 툴루이의 큰 아들 몽케를 추대했다. 결국 툴루이 측이 승리를 거두어 몽케가 제4대 대칸에 올랐다. 중국식 시호는 헌종憲宗이다. 이후 툴루이계가 몽골제국의 대칸 자리를 계승했다. 그러나 이와 같은 내부의 갈등은 몽골제국을 분열시키는 원인이 되었다. 이후 몽골제국은 킵차크한국, 차가타이한국, 오고타이한국, 일한국으로 분열되었다.

대칸 자리에 오른 몽케는 관제를 개혁하며 통치기구 쇄신에 나섰다. 오고타이 말년에서 구유크의 집권 시기까지 내부 갈등이 지속되면서 국정이 어지러워졌기 때문이다. 그 결과 세금 징수까지 오르타크斡脫錢라 불리던 상인집단이 관리하는 지경에 이르렀다. 이 때문에 대외적인 팽창도 중단되었다. 몽케가 집권하면서 세금 징수 기능은 다시 중앙정부로 회수되었고, 칸의 권위도 강화되었다.

몽케는 이렇게 정비된 힘을 바탕으로 다시 원정에 나섰다. 동생 훌라구를 지휘관으로 삼아 이슬람 지역에 대한 공략을 개시했다. 1253년 시작된 정벌에서, 훌라구는 지금의 이란·이라크 지역을 침공하여 1258년에는 바그다드를 함락시키고 이 지역을 통치하던 아바스왕조를 멸망시켰다. 이후 이 지역은 일한국의 영역이 되었다. 한편 1231년 이래 여러 차례의 공략에도 굴복하지 않은 고려에 1253년 대군을 파견했고, 1258년 고려도 국내의 정세 변화와 함께 몽골과 강화를 맺었다.

남송 정벌에는 몽케가 직접 나섰다. 이 정벌의 빌미는 남송에서 먼저 제공했다. 몽골이 회하 이북의 관리에 소홀하자 이 지역으로 진출한 것이다. 남송은 낙양과 개봉 등 주요 거점을 손에 넣었으나, 몽골의 반격으로 일진일퇴의 공방전을 치렀다. 그러나 곧바로 남송이 위기를 맞지는 않았다. 이때 몽골이 다른 지역 정벌과 국내 정비에 주력하느라 이 지역의 전쟁에 전력투구하지 못했기 때문이다. 그러던 중 다른 지역에 대한 정벌을 정리한 몽케가 1259년 친히 남송 정벌에 나섰다. 그러나 몽케는 이 원정 중에 병으로 죽었다. 이 원정에는 몽케의 동생인 쿠빌라이도 참여했다.

몽케가 죽자, 수도 카라코룸을 수비하던 몽케의 막내 동생 아리크 부케는 지지자들을 모아 쿠릴타이를 열어 대칸 자리에 올랐다. 그러자 몽케와 함께 남송 원정 중이던 쿠빌라이는 남송과 휴전하고 군대를 돌렸다. 그리고 지지자들을 모아 또 다른 쿠릴타이를 열어 대칸이 되었다. 이로써 몽골제국에는 두 명의 대칸이 들어선 꼴이 되었다.

두 세력의 충돌에서는 오랫동안 승부가 나지 않았으나, 시간이 지날수록 화북을 장악한 쿠빌라이에게 유리해지기 시작했다. 그래서 아리크 부케를 지지하던 세력이 이탈해나가자, 1264년 아리크 부케가 굴복하며 이 내전은 일단락되었다. 이렇게 해서 쿠빌라이가 아리크 부케의 세력을 물리치고 몽골제국을 통합시키는 데에는 성공했으나, 대칸의 위신은 큰 타격을 입었다. 그 후유증은 오래가지 않아 나타났다.

쿠빌라이에게 불만을 품은 세력이 오고타이의 손자인 하이두海都를 칸으로 추대한 것이다. 이때부터 30년에 걸친 내전이 시작되었다. 그에게 반기를 든 세력은 주로 쿠빌라이가 중국 문화를 수용하면서 몽골족의 전통을 버리는 데에 반발한 몽골족 원로들이었다. 몽골족이 중원의 농경지대를 정복하면서 농장을 목초지로 바꾸어버리는 일이 잦아, 농경을 주산업으로 하는 한족들과 갈등이 심해졌다. 이러한 사태를 방지하기 위해 농장을 목초지로 바꾸지 못하게 하는 조치를 취하자, 몽골 귀족들이 반발하는 사태가 일어났다.

이러한 반발에도 불구하고 쿠빌라이는 중원 문화에 기반을 둔 개혁을 진행시켜나갔다. 우선 쿠빌라이는 아리크 부케의 세력을 진압한 후인 1271년, 국호를 원元으로 바꾸었다. 이때 수도 역시 카라코람에서 현재의 북경(베이징) 지역으로 옮기고 이곳을 대도大都라고 불렀다. 이와 발맞추어 중앙정부는 중서성中書省 아래에 6부六部를 두어 행정실무를 맡기는 체제를 중심으로 운영했다. 송과 금 등 앞서 중원을 차지했던 나라들의 체제를 본뜬 것이다.

그러나 차이도 있었다. 지방에는 중서성의 파견기관이라는 의미인 행중서성行中書省을 최고 기관으로 삼았다. 이것이 현재까지 성省이라는 행정 단위로 남아 있다. 이전 왕조들이 지방 기관을 중앙정부에 예속되는 방식으로 통치해나가는 데에 비해, 이는 행중서성이 실질적으로 중앙정부와 비슷한 영역을 같은 체제로 통치하는 것이었다.

교통의 요지에는 총관부를 설치하여 제국 내부의 교류가 원활하게 이루어지게 했다. 또한 1265년 티베트 출신인 파스파八思巴에게 몽골어를 표기하기 위한 문자를 개발하도록 지시하여 결실을 보았다. 이른바 파스파문자Phags-pa characters, 八思巴文字이다. 몽골신자, 방형몽골문자라고도 한다.

개혁과 함께 중원의 남부에서 버티고 있던 남송에 대한 정벌도 재개했다. 1267년부터 재개된 공세에서는 고전했지만, 1273년에 이르러 요충지이던 양양이 마침내 함락되었다. 이후 원은 병사들의 약탈과 폭행을 엄히 금하며, 남송의 투항군을 아군으로 받아들였다. 그러자 원에 항복하는 도시들이 줄을 이었다. 1274년 쿠빌라이가 남송의 투항군을 합친 대병력으로 공세에 나서자, 남송은 이렇다 할 저항을 하지 못하고 1276년 수도 임안이 함락되었다. 그 후 쿠빌라이는 남송의 잔여 세력을 1279년 괴멸시키며 중원을 차지했다.

이사이인 1274년 원과 고려는 연합군을 편성하여 일본 원정에 나섰으나, 폭풍을 만나 실패로 끝났다. 남송을 멸망시킨 이후인 1281년, 이번에는 흡수한 남송의 군대까지 동원하여 또다시 일본 정벌에 나섰지만 이 역시 폭풍 때문에 실패했다. 그럼에도 불구하고 쿠빌라이는 세 번째 일본 원정을 계획했다.

그러나 아직 하이두의 세력을 뿌리 뽑지 못한 데다가, 1276년에는 중앙아시아에서 하이두와 대치하던 원나라 군대에서 몽케의 아들 시리기가 반란을 일으키는 사태까지 일어났다. 1287년에도 제국 동부의 일부 세력이 나얀乃顔을 지도자로 삼아 반기를 드는 등, 제국 내부에서도 반란이 빈발했다. 1285년과 1288년에는 베트남의 북방 지역을 차지하는 성과를 올렸다고는 하지만, 베트남 원정도 실패로 돌아갔다. 또한 1292년의 참파 원정 역시 실패로 끝났다. 이런 파란을 겪으면서 일본에 대한 원정도 포기했다. 그래도 쿠빌라이는 제국 내부의 반란을 진압하며 시련을 극복해냈다. 참파 공략이 실패했다고는 하지만, 결국 해상 루트의 안전이 확보되면서 상업 루트의 개척을 의도했던 이 원정은 소기의 목적을 달성했다고 할 수 있다.

쿠빌라이 사후의 혼란과 원의 쇠퇴

시련을 극복해나가던 쿠빌라이는 1294년 79세의 나이로 병사했다. 쿠빌라이의 중국식 묘호廟號는 세조世祖이다. 그의 죽음 이후 장기간 버티던 하이두 역시 1301년 사망했고, 이후 그 세력 기반이 되었던 오고타이한국은 내분과 원의 공세에 견디지 못하고 1310년 완전히 소멸되고 말았다. 이후 원을 몽골제국의 종주국宗主國으로 삼아 킵차크·차가타이·일 등의 한국汗國이 서로 협력하는 체제가 자리 잡았다.

원칙적으로 몽골제국의 대칸은 쿠릴타이에서 추대되어야 했다. 그런데 쿠빌라이는 쿠릴타이에서 추대를 받았다고는 하지만, 이는 동생 아리크 부케가 먼저 쿠릴타이를 열어 대칸 자리에 올랐음에도 불구하고 별도로 강행한 것이었다. 국호와 함께 제도 역시 중국식으로 고치며 통치자의 호칭도 황제로 바꾸었지만, 원의 황제는 대칸과 같은 개념으로 여겨졌다.

그렇기 때문에 쿠빌라이에게는 대칸으로 즉위했을 때부터 하나의 과제가 생겼다. 쿠빌라이가 몽골족 원로들을 중심으로 한 일부의 반발을 샀던 원인도 중원 문화를 수용하면서 몽골족의 전통을 버리는 경향이 있었기 때문이었다. 이 점은 쿠빌라이의 후계자를 정할 때에도 걸림돌이 되었다. 몽골족의 전통에서는 통치자를 쿠릴타이에서 추대하는 것이지, 이전 통치자가 미리 정해두는 것이 아니었다. 그렇지만 쿠빌라이는 아들인 친킴眞金, 裕宗을 황태자로 책봉했다. 쿠빌라이는 이를 통해 황태자가 황제의 뒤를 잇는 중국식 후계구도가 자리 잡기를 원했다.

그러나 친킴은 황태자로 책봉된 이후 상당한 견제를 받았다. 게다가 친킴이 쿠빌라이보다 먼저 사망함으로써 이러한 구상은 수포로 돌아갔다. 이후 쿠빌라이는 다시 황태자를 책봉하지 못했다. 이는 원 제국에서도 쿠릴타이에서 차기 통치자를 정하는 관례가 완전히 뿌리 뽑히지 않았음을 보여주는 것이었다.

1294년 쿠빌라이가 죽자, 그의 손자이며 친킴의 아들 테무르 올제이투가 황제에 올랐다. 그의 중국식 묘호는 성종成宗이다. 성종이 황태자로 책봉되어 황제에 오른 것은 아니지만, 쿠빌라이가 후계자로 지명하기를 시사했기 때문에 선출이라는 의미가 거의 없었다. 이렇게 즉위한 성종은 비교적 무난하게 통치했다는 평가를 받지만, 그가 즉위한 이후에도 그의 정책에 반발해서 일어난 하이두 세력과의 공방은 계속되었다. 이 반발이 제압된 이후, 원을 중심으로 몽골의 협력체계가 부활했다고는 하지만 새로운 황제를 정해야 할 때마다 분규가 일어나는 사태를 막을 수는 없었다.

여기에는 테무르도 쿠빌라이처럼 황태자를 책봉했지만, 황태자가 먼저 사망해버렸던 사정이 한몫을 했다. 외동아들인 황태자가 죽은 다음에는 다른 아들도 없었다. 1307년 테무르가 후계자를 남기지 못하고 죽자, 이를 빌미로 황제 자리를 둘러싼 권력투쟁이 다시 재연되었다. 쿠릴타이의 전통은 무시되는데, 중국식의 후계자 지명 관행도 자리 잡지 못한 상태에서 필연적인 결과였다.

이 때문에 테무르가 죽은 이후 25년 동안 원 제국의 황제는 권력투쟁으로 결정되었다. 테무르의 후계자로 여러 사람이 물망에 올랐지만, 결국 테무르의 조카 카이산海山이 동생 아유르바르와다愛育黎拔力八達와 함께 무력으로 수도에 진입하여 반대파를 죽이고 즉위하는 것으로 결말이 났다. 이 과정에서 고려의 충선왕忠宣王도 카이산의 집권에 한몫을 했다. 카이산의 중국식 묘호는 무종武宗이다.

카이산은 즉위 후, 자신의 즉위 과정에 대한 반발을 무마하기 위해 제후들에게 많은 재물을 내려주었다. 여기에 라마교 사원을 증축하는 등 많은 자금을 써서 재정난이 일어날 정도였다. 이를 극복하기 위해 교초(지폐)를 남발하여 심한 물가 상승을 초래하기도 했다. 이러한 문제를 극복하지 못하고 카이산은 즉위한 지 얼마 되지 않은 1311년 죽었다.

그 뒤는 정변을 일으키는 데에 협력했던 동생 아유르바르와다가 이었다. 그의 중국식 묘호는 인종仁宗이다. 아유르바르와다의 집권 시기는 원의 중원 정복 이후 중단되었던 과거科擧가 재개되며, 카이산의 집권 시기와 함께 중국식 제도로의 통치를 확립하려던 시기였다. 전후의 혼란스러운 시기에 비하면 상대적인 안정을 이룬 시기였다고 할 수 있다.

그렇지만 어머니 다기豁里 카톤이 실권을 장악하여, 칸의 명령보다도 모후의 명령이 더 권위를 가질 정도라고 할 정도의 파행이 있었다. 그나마 비교적 안정적이었던 아유르바르와다의 치세도 1320년에 끝났다. 1322년에는 실권을 휘두르던 어머니 다기까지 죽자 다시 정쟁이 재연되었다. 다음 해 1323년 아유르바르와다의 장남으로 뒤를 계승한 시데바라碩德八剌가 살해당한 것이다. 시데바라의 중국식 묘호는 영종英宗이다. 이 사건을 계기로 1333년 토곤테무르妥懽帖睦爾가 즉위할 때까지 13년간 7명의 황제가 세워지는 혼란을 맞이했다.

시데바라가 살해당하며 정국 혼란이 초래된 배경은 아유르바르와다의 즉위까지 거슬러 올라가 살펴야 한다. 원래 아유르바르와다는 카이산에게 형의 아들을 황태자로 임명할 것을 약속했다. 그러나 카이산이 죽자 그 약속은 지켜지지 않았다. 카이산과 아유르바르와다의 어머니인 다기가 자신의 영향력을 최대한으로 키우기 위하여 카이산의 두 아들은 변방으로 쫓아내고, 이들과 가까운 인사들을 숙청했기 때문이다. 그리고 시데바라를 황태자로 세웠다.

이러한 사태로 인하여 시데바라의 계승에 대해서 말이 많았고, 그의 지위 역시 불안했다. 더욱이 그가 즉위했을 때에는 그동안 방만하게 재정을 운영하여 제국은 파산 직전에 몰려 있었다. 정치적으로도 젊은 황제보다 할머니인 다기를 중심으로 정국이 운영되었다. 다기는 손자를 즉위시키고 나서 아유르바르와다 집권 말기에 밀려났던 심복 테무데루鐵木迭兒를 기용하며 권력을 휘둘렀다. 이런 와중에 카이산과 아유르바르와다에 협력했던 고려의 충선왕도 유배당하는 곤욕을 치렀다.

시데바라는 20세가 된 1322년, 다기와 테무데루가 죽고 나서야 겨우 친정에 나설 수 있었다. 그러나 제대로 실권을 행사해보지도 못한 채, 바로 다음 해인 1323년 8월, 테무데루의 양자 테그시에 의해 암살되었다. 테그시를 비롯한 반란 세력은 쿠빌라이의 손자인 카말라甘麻剌의 아들 예순테무르也孫鐵木兒를 황제로 추대했다.

그러나 그는 그 상태로 대도大都로 가면 반란군의 괴뢰가 된다는 계산에, 군대를 보내어 자신을 추대한 테그시 일당을 체포하여 처형해버리고 황제에 올랐다. 그의 중국식 묘호는 진종眞宗이며 태정제泰定帝라고도 불린다. 그는 무슬림인 측근 다울라트 샤倒剌沙를 재상으로 기용해서 정국을 운영했다. 예순테무르가 무슬림을 기용해야 할 만큼 중앙 정계에서 소외되어 왔다는 의미도 된다. 그가 당시의 황제에 비해서는 비교적 오랜 기간인 5년간 집권했지만 특별한 업적을 남기지는 못했다.

1328년 7월 예순테무르가 죽자, 다울라트 샤는 예순테무르의 장남 라기바흐阿速吉八를 옹립하여 결국 9월에 상도上都에서 황제에 올랐다. 그러나 같은 해 8월, 대도에서 엘티무르燕鐵木兒가 반란을 일으키고, 라기바흐가 즉위하던 시기에 카이산의 차남인 투크티무르圖帖睦爾를 옹립하여 칸으로 즉위시켰다.

라기바흐 측에서는 반란을 진압하기 위하여 대도를 공격했으나, 엘티무르의 군대에 패배했다. 결국 상도가 반란군에 포위당한 후, 다울라트 샤는 처형당했고 어린 황제의 행방은 묘연해졌다. 라기바흐는 즉위 후 2개월도 안 되어 폐위되었으므로 중국식 묘호도 없어, 짧은 재위기간 동안 사용했던 연호에 따라 천순제天順帝라고 불린다.

그런데 이러한 권력투쟁을 지켜보던 투크티무르의 형 쿠살라和世㻋는 대군을 모아 카라코룸에 입성했다. 이에 투크티무르는 형에게 황위를 양보하여 결국 쿠살라가 황제가 되었고, 투크티무르는 황태자로 책봉되었다. 이렇게 즉위한 쿠살라의 중국식 묘호는 명종明宗이다. 그러나 쿠살라는 즉위한 다음 해 투크티무르와 만나고 4일 후에 의문의 죽음을 당했다.

이 사태로 투크티무르가 황제로 즉위하게 되었다. 그의 중국식 묘호가 문종文宗이다. 파란만장한 과정을 거쳐 황제가 되었지만, 투크티무르 역시 라마교에 빠졌을 뿐 특별한 업적을 남기지는 못하고 3년 만에 죽었다.

순제의 즉위와
원의 몰락

투크티무르가 죽은 후, 그 뒤는 쿠살라의 차남인 린친발慾璘質班이 6세의 나이로 즉위했다. 린친발의 중국식 묘호는 영종寧宗이다. 린친발이 황제가 된 데에는 사정이 있었다. 투크티무르가 죽으면서 형의 아들로 뒤를 이으라는 유언을 남겼다. 당시 실권을 잡고 있었던 엘티무르는 이 유언을 지키지 않으려 했으나, 황후의 고집 때문에 쿠살라의 아들 중 하나를 황제로 즉위시켜야 할 상황에 처했다. 그러자 엘티무르는 조종하기 쉬운 황제를 내세우기 위해 쿠살라의 장남 토곤테무르를 제치고 동생을 즉위시킨 것이다.

그러나 두 달 후 린친발은 7세의 나이로 사망했다. 엘티무르는 투크티무르의 아들 엘테구스燕帖古思를 즉위시키려고 했지만, 투크티무르의 황후는 그것을 거절했다. 결국 황위는 투크티무르의 집권 시기에 고려로 유배를 가기도 했던 토곤테무르에게 돌아갔다. 이것이 탐탁지 않았던 엘티무르는 차일피일 즉위식을 미뤘지만, 다음 해에 사망하고 말았다. 그러자 투크티무르의 황후는 나중에 자신의 아들 엘테구스를 후계자로 삼는다는 서약을 받고 토곤테무르를 지원하여 황제에 등극시켰다. 이러한 과정을 거쳐 즉위한 토곤테무르를 보통 순제順帝라고 부른다. 그런데 이는 명明에서 붙여준 시호이고, 원元의 중국식 묘호는 혜종惠宗이다.

토곤테무르가 즉위할 당시 14세였으므로, 실권을 장악하기에는 너무 어린 나이였다. 더욱이 엘티무르는 아들 타라카이塔剌海를 투크티무르의 양자로 삼고, 딸을 토곤테무르의 황후로 들이는 등 황실의 요소요소를 장악하고 있었다. 이 때문에 엘티무르가 죽은 다음에도 또 다른 아들인 타라카이의 형 탕기쉬唐其勢가 실권을 휘둘렀다.

토곤테무르는 이러한 문제를 타개하기 위해 메르키트 출신 바얀(伯顔)을 기용했다. 이에 불만을 품은 엘티무르의 일족들이 1335년 탕기쉬를 중심으로 반란을 일으켰으나, 바얀의 반격으로 진압되었다. 이 사건을 계기로 실권은 바얀에게로 넘어갔다. 그런데 바얀은 국수주의적인 성향을 가지고 있어, 아유르바르와다가 재개했던 과거를 폐지시키는 등의 조치를 취했다.

과거를 폐지한 이유는 과거제에 많은 노력을 기울여 응시하는 한족에 비해 몽골족은 별로 응시를 하지 않아, 권력이 한족에게 나누어지는 역할을 했기 때문이었다. 이를 뒤집어 말하자면 한족에게는 출셋길이 막히는 결과가 되기 때문에, 과거 폐지 조치는 중원의 대다수를 차지하고 있는 한족의 반발을 샀다. 결과적으로 몽골족의 지배에 대한 반발이 거세어지는 효과를 가져왔다.

바얀의 권력이 커지며 이러한 문제가 생기자, 토곤테무르는 1340년 바얀의 조카 타쿠타(脫脫)를 끌어들여 정변을 일으켰다. 바얀은 이 정변으로 실각하여 유배 가던 도중에 병으로 죽었다. 이로써 정권은 바얀의 동생인 마자르타이(馬札兒台)와 타쿠타 부자의 손에 들어갔다.

숙부인 바얀을 쫓아내고 집권한 타쿠타는 중원 문화에 대한 이해가 깊은 인물이었다. 그는 송·요·금 세 나라의 역사 편찬을 주관하고, 바얀이 폐지한 과거를 재개하는 등의 개혁도 실시했다. 타쿠타가 이러한 개혁을 통하여 어느 정도 정국을 안정시켰으나, 이들의 세력이 강화되는 것을 견제한 토곤테무르는 1347년 마자르타이와 타쿠타 부자를 유배 보냈다. 이러면서 토곤테무르는 라마교에 빠져 그 승려들의 왕래에 들어가는 많은 비용을 징발하며 많은 물의를 일으켰다.

이렇게 정국이 어지러워지는 사태와 함께 자연재해도 잦아졌다. 특히 황하의 범람은 인접한 대운하의 수로까지 망가뜨려 물자 수송을 곤란하게 만드는 등 여러 문제를 일으켰다. 천재지변으로 몽골고원 지역에 살던 사람들도 점차로 남하했지만, 토곤테무르는 이러한 사태에 제대로 조치를 취해주지 못했다.

그러면서 살기 어려워진 백성들이 반란을 일으켰다. 1348년 소금상인 출신인 방국진方國珍이 반란을 일으켜, 바닷길로 운반되는 물품을 약탈하기 시작했다. 그 결과 바다와 대운하를 통해 북쪽의 대도 방면으로 들어오던 식량이나 물자의 공급이 곤란을 겪게 되었다.

1349년 마자르타이가 유배지에서 죽자, 토곤테무르는 다시 타쿠타를 복귀시켰다. 타쿠타는 대운하 정비 사업을 일으켜 홍수로 인한 재해를 막는 데에는 어느 정도 성공했으나, 사업이 끝난 후 일자리를 잃어버린 사람들이 반란 세력에 가담하는 것까지 막지는 못했다.

**홍건적의 반란과
원의 멸망**

반란이 빈발하던 1351년, 백련교白蓮敎 지도자 가문의 한산동韓山童이 송 휘종宋徽宗 8세손이라고 주장하며 반란을 일으켰다. 이들은 머리에 붉은 수건을 둘렀기 때문에 홍건적紅巾賊이라는 이름이 붙었다. 홍건적은 홍적紅賊, 홍두적紅頭賊 등으로도 불렸다.

한산동은 얼마 가지 못하고 1352년, 타쿠타가 직접 대군을 이끌고 반란을 진압하는 과정에서 관군에게 붙잡혀 죽었다. 그러나 그의 세력은 이때 살아남았던 부하 유복통劉福通이 이어받았다. 그는 한산동의 아들 한림아韓

林兒를 맞아들여 황제로 삼고 송의 후계자임을 자처했다.

홍건적의 숫자가 10만에 이르자 원 조정에서도 토벌을 시도했으며, 또다시 타쿠타가 대규모 군대를 이끌었다. 그런데 1354년 대규모 토벌군을 이끌던 타쿠타가 토곤테무르의 견제를 받아 해임당하고 유배지에서 죽었다. 이를 계기로 원의 토벌군은 자멸했으며, 반란 세력은 기회를 잡았다.

타쿠타가 제거된 이후인 1357년, 홍건적은 유복통의 인솔 아래 3개 방면으로 나뉘어 대북벌을 개시했다. 초반에는 홍건적이 원나라의 여름 수도였던 상도上都와 주변 지역을 함락시켰다. 그러나 내부 갈등을 겪으면서, 1359년 주력부대가 주둔하던 개봉을 다시 원나라에 빼앗겼다. 이와 함께 홍건적 일부 세력들은 패주하며 떠돌아다녔다. 일부는 요동으로 이동하게 되고, 급기야 원나라 군대에게 쫓겨 고려 영토로 들어오게 되었다. 고려로 들어갔던 홍건적은 한때 수도 개경을 점령하기도 했으나, 곧 고려군의 반격으로 섬멸당했다.

이렇게 되어 홍건적의 위협이 없어지기는 했지만, 내분을 겪기는 원 조정도 마찬가지였다. 이즈음 원나라 내부에서는 고려 출신 기황후 소생인 황태자 아유시리다라 일파와 반대 세력과의 갈등이 있었다. 이로 인하여 치열한 권력투쟁을 벌인 끝에 황태자 아유시리다라가 승리를 거두었다.

이러한 내분이 반원 세력의 지도자 주원장朱元璋의 세력을 키워주는 결과를 낳았다. 한때 홍건당에 소속되어 두각을 나타낸 주원장은, 원 조정이 내분에 휩싸인 틈을 타 다른 경쟁자들을 무너뜨리고 화남을 통일했다. 그리고 1368년 남경南京(난징)에서 황제로 즉위하여 명明나라를 세웠다.

주원장은 즉위와 함께 대규모의 북벌을 개시하여 원나라의 수도 대도에 육박했다. 그러자 토곤테무르는 1368년 대도를 버리고 북쪽으로 물러났다. 이후에는 원 왕조를 북원이라 부르며 이전 시기와 구별하는 것이 보통이다. 1370년 토곤테무르가 죽은 후, 아유시리다라가 권좌를 이어받아 명맥을 이어갔다. 아유시리다라의 중국식 묘호는 소종昭宗이다.

아유시리다라가 통치하게 된 북원은 1372년에 명의 원정군을 격파하기도 했지만, 이전의 세력을 회복하지는 못하고 1378년 아유시리다라도 죽었다. 아유시리다라는 어머니 기황후의 뜻에 따라 역시 고려 출신인 권씨를 황후로 맞이했으나, 권황후는 아들을 낳지 못했고 딸만 1명 얻었다.

이 때문에 다음 황제는 이복동생 토구스테무르가 이었다. 그의 중국식 시호는 평종平宗이다. 그러나 그 역시 1388년 명나라 군대에 대패하며, 탈출하다가 이수데르에게 살해당했다. 토구스테무르를 살해하고 북원의 황제 자리에 오른 이수데르는 쿠빌라이와 대립했던 아리크 부케의 후손이다. 이수데르의 즉위는 쿠빌라이 계열의 혈통이 끊어지고, 아리크 부케의 혈통이 정권을 잡았음을 의미한다. 그러나 이후 북원의 존재는 동아시아의 역사에서 그리 큰 비중을 갖지 못했다.

원의 사회와 문화

1310년 오고타이한국이 소멸된 뒤로부터 거의 60년 동안 유라시아 대륙은 이른바 '타타르의 평화Pax Mongolica'(몽골의 평화)를 누리게 되었다. 이를 발판으로 아시아와 유럽 세계 사이의 교류도 활발해졌다. 이 덕분에 원나라의 수도 대도는 세계적인 중심지 역할을 했다. 마르코 폴로 등 수많은 서방의 여행자가 방문하여, 그 문물이 유럽에까지 전해졌다.

이러한 체제는 몽골제국이 급격하게 성장한 외형을 정비하며 생겨났다고 해도 지나친 말이 아닐 것이다. 사실 몽골제국의 핵심은 천호 단위로 편성된 군사 조직에 있었다. 이는 몽골 초원 세력이 몽골제국의 기반이었음을 의미한다. 그런데 대제국으로 성장하며, 원래 세력과는 비교도 할 수 없을 만큼 크고 다양한 세력이 몽골제국의 요소로 흡수되었다. 소수의 핵심 세력의 힘만으로 이런 대제국을 유지하기는 곤란했다.

그렇기 때문에 새로 흡수한 다양한 요소를 재편성할 체제가 필요해졌다. 이러한 점은 원을 세운 쿠빌라이 때 특히 시급한 문제로 등장했다. 쿠릴타이를 통해 선출된 아리크 부케를 밀어내고 권력을 잡았던 쿠빌라이로서는, 분열된 몽골 지도층과 함께 복잡하고 다양한 요소를 갖춘 제국을 유지할 수 있는 체제와 명분이 필요해졌기 때문이다. 그래서 쿠빌라이는 천호 단위로 편성된 몽골의 핵심적 기반을 놓지 않으면서도, 제국을 관리할 시스템을 구상했다.

이를 위해 일단 군사적으로는 몽골의 기마군단을 중심으로 하여 다양한 종족으로 이루어진 군대를 몽골제국의 체제로 재편성했다. 그리고 다양한 문화를 가진 지역에 다른 제국에 비해 비중이 큰 자율권을 주었다. 즉, 그 지역 사람들이 전통적으로 가지고 있던 종교나 이념을 버리지 않고 유지할 수 있게 해주었던 것이다. 이는 전체 제국에 비해 극소수에 불과했던 몽골인들이 대제국을 유지할 수 있는 비결이었다. 정복당한 지역 사람들이라도, 새로운 종교나 이념을 강요받지 않았기 때문에 기존 체제와의 충돌이 심하지 않았고, 굳이 새로운 정복자였던 몽골인에게 결사적으로 저항할 필요성을 줄여주었기 때문이다.

쿠빌라이 집권 시기 세워졌던 원 제국은, 넓은 제국을 관리·통제할 행정기구는 중국식 체제를 이용했고, 이를 뒷받침할 경제력 역시 중원을 중심으로 구했다. 이전의 중원 제국이 단지 농민에게서 걷는 세금을 주 수입원으로 삼았던 것과 달리, 국가 주도 아래 유라시아 대륙을 관통하는 교역로에서 걷는 세금을 주 수입원으로 삼았다.

이를 활성화시키기 위해 몽골제국은 나라에서 비용을 대는 교통수단과 숙박기관을 제국의 인가를 받은 상인들이 이용할 수 있게 해주었다. 여기에 더하여 국가의 독점 판매 물품인 소금의 교환권을 의미하는 염인鹽引과 은을 화폐 역할로 하는 유통 구조도 고안해냈다. 몽골제국에서는 이전까지 각 도시, 항만 등을 통과할 때 걷는 통과세를 없애버리고, 모든 물건의 판매 세금을 판 곳에서 한 번만 걷는 방식으로 바꾸었다. 이 세금을 은과 염인 및 이와 연관된 지폐로 걷었다. 세금에서 번거로운 절차가 없어지자 교역이 활성화되었고, 이를 통해 얻는 수입도 늘어났다.

이러한 체제를 확립하기 위해서 유럽과 아시아를 잇는 교역로의 활성화가 필요했다. 그런데 이 체제는 몽골제국이 흡수한 무슬림 상인 출신의 관료들이 구상해내고 확립시켰다. 이들은 대체로 호라즘 샤 왕조 계통의 소그드 상인과 위구르 상인들로 구성되어 있었고, 이들의 동료 조합을 의미하는 오르타크의 영향력이 강해졌다.

그러다 보니 원의 사회구조에도 이러한 사정이 반영되지 않을 수 없었다. 가장 최상위 신분층은 당연히 몽골인이었다. 그러나 상업에서 주 수입원을 얻는 정책을 구상하고 실행한 무슬림의 입지도 무시할 수 없었다. 이에 따라 무슬림과 유럽인이 주류인 이른바 색목인色目人이 원의 지배층에서 무시할 수 없는 비중을 차지했다. 이다음으로 몽골과 가까운 화북지방 출신들이, 그리고 남송 출신들이 가장 낮은 신분으로 취급받았다.

그렇지만 이런 체제가 심하게 경직된 것은 아니었다. 중원을 지배할 원제국도 인재 등용 방법으로 명목상으로나마 과거제도를 시행하지 않을 수 없었다. 그런데 정작 몽골인들은 중원식으로 인재를 등용하는 제도에 적극적으로 참여하지 않았다. 이 때문에 많은 한인이 과거를 통해 고위 관료로 진출했다.

이는 관리 등용에 있어서는 종족 차별의 원칙이 철두철미하게 시행된 것은 아니었음을 보여준다. 몽골제국의 시조라 할 수 있는 칭기즈칸 대부터 제국에 충성하면 출신에 상관없이 출세시켜주는 풍조가 있었다. 내부적으로 몽골인 중심의 기득권이 만들어졌다 해도 이러한 전통이 완전히 무시되지는 않은 듯하다.

이와 같은 분위기는 원 황실의 구성에까지 반영되었다. 원래 몽골족의 기득권을 유지하기 위해 황후는 몽골인 중에서 정해져야 한다는 원칙이 있었다. 그러나 순제 대에 이르러 이 원칙까지 깨지면서 고려 여인이 황후가 되기도 했다. 더 나아가 그녀가 낳은 아들인 아유시리다라는 황제 자리에 올랐다.

2

한국
무인 정권에서 몽골의 영향까지

무인 정권의 등장과
권력투쟁 ▌ 12세기의 고려 정국은 문벌 귀족과 왕의 측근
세력 사이에 대립이 생기며 혼란스러웠다. 기본적으로 권력은 문신 귀족
에게 집중되어 있었고, 상대적으로 무신들이 소외되어갔다. 무반은 제도
적으로 정3품 상장군이 최고직이고, 2품 이상 재추직으로 올라갈 수 없도
록 되어 있었다. 이에 더하여 군 지휘권까지 문신들이 장악해, 무신은 문
신을 호위나 하는 지위로 떨어지게 되었다.

이 때문에 무신들에 대한 차별은 심해져갔다. 중간에 무신의 지위가 약
간 나아진 시기도 있었다. 거란·여진과의 전쟁을 의식하여 무신의 지위가
조금 높아졌고, 그 결과 1076년에 개정된 전시과에서 수조지를 받을 수 있
었다. 그러나 이는 무신의 지위가 약간 향상된 것에 불과했을 뿐, 기본 구
도가 달라졌던 것은 아니었다.

인종仁宗의 뒤를 이어 의종毅宗이 즉위할 당시, 고려왕실은 이러한 상황 때문에 어려움에 처해 있었다. 안으로는 즉위 초부터 왕권이 심하게 제약받았다. 신변의 위협마저 느끼던 의종은 실추된 왕실의 권위를 회복시키고, 더 나아가 왕조를 중흥시키고자 노력했다. 그러나 성과를 거두지 못하고, 오히려 왕을 능멸하는 풍조에 시달렸다. 밖으로는 여진족의 금나라가 인종 때보다 강해져 대륙 지배세력으로서의 지위를 굳혔다.

한계를 느낀 의종은 부처나 여러 신神을 찾거나, 놀러 다니며 시름을 잊으려 하면서 자기과시만 심해졌다. 이러한 상황에서, 나례儺禮(섣달 그믐날 밤 나쁜 귀신을 몰아내고 깨끗한 새해를 맞기 위해 행하던 고려의 궁중의식)에서 나이 어린 내시 김돈중金敦中이 촛불로 무신 정중부鄭仲夫의 수염을 태우자, 정중부가 보복으로 김돈중을 묶어놓고 욕보이는 사건이 일어났다. 이 사건을 계기로 무신과 문신 간의 대립이 드러나기 시작했다.

이후 의종이 주연酒宴을 베풀 때마다, 문신은 함께 즐겼던 반면 경비를 맡은 무신들은 추위와 굶주림에 시달렸다. 자연히 무신들 사이에 불만이 쌓였다. 그러던 중 1170년에 의종이 보현원普賢院에 행차했을 때, 왕을 호위하던 장군 이소응李紹膺이 수박희手搏戱(택견의 일종으로 추정되는 놀이)에서 졌다는 이유로 문신 한뢰韓賴에게 뺨을 맞고 모욕을 당하는 사건이 일어났다.

이를 계기로 정중부, 이의방李義方, 이고李高 등의 무신들이 정변을 일으켰다. 그들은 보현원에서 반란에 성공하자 곧바로 개성을 공략, 궁궐과 태자궁을 점령하고 많은 문신들을 살해했다. 정변 이후 의종은 거제현巨濟縣(지금의 거제도)으로 추방당했다. 정변을 일으킨 무인들이 왕의 아우 익양공 호翼陽公 晧를 명종明宗으로 옹립한 뒤 정권을 장악한 이 사건이 이른바 무신란武臣亂이다.

겉으로는 우발적인 사건인 것 같지만, 그 배경에는 문신 귀족에게만 특권이 집중되는 데 대한 무신들의 불만이 있었다. 무인들이 정권을 장악하자, 2군6위=軍六衛의 지휘관인 상장군·대장군으로 구성된 회의기관인 중방重房에서 중요한 일을 처리했다. 이에 따라 중방은 막강한 권력 기관이 되었다. 무신란 직후 집권한 무인의 정치·경제·군사적인 기반이 확고하지 못해, 중방을 통한 정치가 이루어졌다고 할 수 있다.

문신 귀족의 횡포에 반발해서 반란을 일으켰지만, 무인들 역시 문벌 귀족 못지않게 탐욕스러웠다. 그들 역시 남의 토지를 빼앗아 광대한 농장農莊을 만들었고, 무인들의 집에서 부리던 종들과 문객門客들까지도 주인의 권세를 믿고 횡포를 일삼았다고 한다.

무인 정권에 대한 저항도 있었다. 무신란이 일어난 이듬해 김보당金甫當이 거제도로 유배된 의종을 복위시키려는 반란이 일어났고, 1174년에도 서경유수西京留守 조위총趙位寵이 난을 일으켰다. 그러나 이들의 반란은 오래가지 못하고 3년 만에 평정되었다. 이와 같은 저항을 받으면서도, 이때 집권한 무인들은 특별한 개혁 조치를 취하지는 못했다.

이러면서 자신들끼리도 심한 권력투쟁을 벌였다. 이 때문에 정권이 자주 교체되었다. 1171년에 정변을 주도했던 세 사람 중 먼저 이고가 제거되고, 이의방도 1174년 조위총에 대한 토벌군을 출동시키는 혼란 속에서 정중부의 아들인 정균鄭筠의 계략에 걸려 살해당했다. 결국 정중부가 혼자서 정국을 주도하게 되었으나, 그의 권력 역시 오래가지 못했다. 정중부는 이의방을 제거한 후, 문하시중에 오르고 측근들을 재추宰樞 자리에 앉히는 등 권력을 휘둘렀지만, 횡포가 심해 많은 반발을 샀다. 특히 아들 정균이 억지로 공주와 혼인하려 해 물의를 일으켰다. 그러던 중인 1178년에 아들

균, 사위 송유인宋有仁 등과 함께 청년 장군 경대승慶大升에게 살해당했다.

경대승은 앞서 집권했던 무인들과는 달리, 15세에 음직을 받았을 정도로 좋은 가문 출신이었다. 그래서 정서가 달라 문신들과도 긴밀한 관계를 맺고 있었으며, 일찍이 큰 뜻을 품고 아버지가 불법으로 탈취한 토지를 받지 않아 청렴하다는 평판을 받았다. 결국 경대승은 허승許升, 김광립金光立 등의 협력을 받아 정중부를 제거하고 집권에 성공했다. 그러나 그가 요직에 문신들을 기용하며 균형을 맞추려 하자 여러 무인들로부터 반감을 샀고, 그로 인해 여러 무인들과 잦은 충돌을 일으켰다. 그래서 경대승은 집권한 뒤, 자신에 적대적인 세력의 위협을 막고자 군사 100여 명을 자신의 집에 머무르게 했다. 이를 도방都房이라 불렀다. 처음에는 단순히 경대승의 신변 보호를 목적으로 만들어졌으나, 뒤에는 비밀 탐지나 반대 세력 숙청 등의 일까지 맡았다.

그러나 이때의 도방은 경대승의 권력을 배경으로 약탈과 살상 등을 자행해 그 폐단도 컸다. 이러한 폐단은 민란이 자주 발생하는 등 사회가 어지러웠던 이유 중 하나였다. 권력을 지키기 위해 무자비하게 반대 세력을 탄압했던 경대승도 집권 5년여 만에 30세로 죽었다. 1183년 경대승이 병사하자, 도방은 해체되고 그 무리는 귀양을 가게 되었다.

경대승이 죽은 후, 정권을 장악한 사람은 이의민李義旼이다. 아버지는 소금장수이며, 어머니는 옥령사玉靈寺의 비婢로 미천한 출신이다. 경대승이 죽자 명종이 그를 불러들였다. 1194년에 공신이 되며 이의민이 집권하자, 무인들의 문반직 겸임이 다시 확대되었다. 이의민 또한 막대한 권력을 기반으로 백성들의 토지를 함부로 수탈하는 횡포를 부렸다. 그의 가족들 역시 마찬가지였다. 이의민의 두 아들은 항간에 쌍도자雙刀子라고 불렸다.

이와 같이 무인들이 정권을 장악하고 이를 지키기 위해 서로 치열한 권력투쟁을 벌이기는 했지만, 그 기반이 튼튼했다고 하기는 어렵다. 이들이 독자적인 통치체제를 수립하지 못하고 중방을 이용해 통치했다는 점이 이들의 한계를 보여준다. 이는 일종의 집단 지도체제였다고 할 수 있다. 그리고 정권을 주도한 무인들은 가급적 높고 중요한 관직을 차지하려 했다. 실제로 관직에 따르는 권한만 수행한 것이 아님에도 불구하고, 여전히 고려왕조의 권위를 빌려 통치하려 한 셈이다.

그리고 문신을 탄압했다지만, 실제로 화를 입은 문신은 일부에 지나지 않았다. 무인들의 능력과 경험에 한계가 뚜렷해 문신들을 등용하지 않을 수 없었다. 물론 문신들에게 고위관직을 주면서도 그에 상응하는 권한을 행사하지 못하게 하는 등 끊임없는 견제를 가했다.

**최씨 정권의
성립**

한동안 권력을 휘둘렀던 이의민은 1196년, 아들 지영至榮이 최충헌崔忠獻의 동생인 최충수崔忠粹의 비둘기를 뺏은 사건을 계기로 최충헌 형제에게 살해되었다. 최충헌은 상장군 최원호崔元浩의 아들로 좋은 집안 출신이다. 이미 이의민의 집권 기간 동안, 가문이 좋으면서도 정치적으로 소외되었던 무반들이 최충헌을 중심으로 세력을 모으고 있었다. 그러다 비둘기 쟁탈이라는 사건을 계기로 그 불만을 폭발시키며 집권했다.

최충헌은 이의민을 제거하고 나서 일종의 시무책時務策인 봉사10조封事十條를 국왕에게 올렸다. 이 내용이 근본적으로 그동안의 실정失政을 열거함으로써 자신의 정변을 합리화하는 수단이었다는 한계가 있기는 했지만, 정권에서 소외되어 있던 시절에도 주요 사안에 대한 관심이 깊었던 그의 식견은 이전 무인들에게서 찾아보기 힘든 면모가 있었다. 최충헌은 무인뿐 아니라 문신들과의 유대 관계도 깊었다. 이규보李奎報, 진화陳澕 같은 문신들이 이 시기에 기용되었다.

봉사10조

이 봉사의 내용은 ① 국왕의 정전正殿 사용, ② 함부로 설치된 관직의 정리, ③ 탈점된 토지의 환수, ④ 과도한 조세 징수의 억제, ⑤ 왕실에 공상供上을 금지할 것, ⑥ 승려의 정치 간여 금지, ⑦ 향리에 대한 적정한 관리, ⑧ 관직의 사치 풍조 억제와 검소한 기풍 진작, ⑨ 비보사찰裨補寺刹(명천명산名處名山에 절을 세우면 국운國運을 돕는다는 도참설圖讖說과 불교 신앙에 의해서 세운 절) 이외의 원찰願刹(자신의 소원을 빌거나 죽은 사람의 명복을 빌기 위해 특별히 세우는 절) 정리, ⑩ 대간의 활성화에 의한 언로言路 소통 등이다.

그렇지만 최충헌도 이의민을 제거하고 집권하는 과정에서 많은 사람을 살해했다. 심지어 억지로 자신의 딸을 태자비로 들이려 했던 동생 최충수마저 시가전을 벌인 끝에 죽였다. 더 나아가 명종마저도 폐위시키고 신종神宗을 옹립했다. 그리고 사원 세력과 농민의 봉기까지 진압하고 권력 기반을 다졌다. 1204년에 신종의 병이 심해져 태자太子에게 왕위를 물려주어 희종熙宗이 즉위하자 최충헌은 문하시중 자리에 올랐고, 어사대와 상장군 등 5개의 요직을 한꺼번에 차지했다. 최충헌도 관작官爵에 기대어 권력을 행사한 것이다.

집권한 최충헌은 최고집정부로서 교정도감敎定都監(일명 교정소敎定所라고도
한다)을 설치했다. 이는 1209년 4월, 최충헌 부자의 살해를 모의한 청교역
靑郊驛의 역리와 승려 등을 수색·처벌하기 위해 설치했던 임시 기구였다.
그러나 그 뒤에도 계속 존속하면서 최충헌의 반대 세력을 제거하며, 서
무庶務를 관장하고 모든 지시와 명령을 내리는 등 국정을 총괄하는 중심
기관이 되었다. 교정도감의 수장이 교정별감敎定別監이었다.

최충헌도 경대승과 마찬가지로 불의의 변에 대비해 문무관, 한량, 군졸
중 무예에 능한 자를 불러들여 6번番으로 나누어 교대로 자기 집에 숙직을
시켰다. 그러면서 경대승이 설치했다가 그의 죽음과 함께 폐지된 도방을
확대시켜 통치에 이용했다.

이와 같이 실권을 장악한 최충헌은 1211년에 자신을 제거하려 한 희종
도 폐위시키고 강종康宗을 옹립했다. 강종이 2년 만에 죽자 태자를 즉위시
켰다. 그가 고종高宗이다. 결국 최충헌의 손으로 신종, 희종, 강종, 고종 4
왕이 세워진 셈이다.

1219년 최충헌이 세상을 떠나자 아들 최우崔瑀(뒤에 최이崔怡로 개명)가 뒤를
이었다. 최우는 동생 최향崔珦과 그의 추종자들을 제거하고 자신의 지위를
굳히며 도방을 확대했다. 최우 때의 도방은 교대로 숙위하는 것 외에 도
적 토벌 및 외적의 방어, 토목공사, 비상시의 경비 등의 일도 맡았다.

그와 함께 마별초馬別抄와 삼별초三別抄를 조직했다. 별초는 원래 결사대
내지 선봉대나 별동대처럼 그때그때 필요에 따라 선발하던 부대였는데,
최우는 앞머리에 특성을 표시하는 글자를 덧붙여 마별초나 야별초, 삼별
초 등의 부대를 편성했다. 도적을 막기 위해 조직한 야별초夜別抄가 처음에
는 개성에서 야간에 순찰을 돌며 도둑과 폭력을 단속했으나, 전국적으로

도적이 늘어나면서 이를 진압하기 위해 활동 범위 역시 전국적으로 확대되었다.

그 기능도 치안 유지에서 국가와 정권 보위군 기능까지 맡았으며, 숫자 또한 점차 많아졌다. 그러자 늘어난 인원을 관리하기 위해 좌별초左別抄와 우별초右別抄로 나누었다. 그리고 몽골에 포로로 잡혀갔다가 도망해 온 사람들로 편성된 신의군神義軍을 합해 삼별초로 조직했다. 이러한 조직은 임시 편성이 아니라 상설 조직이 되었다.

최충헌 때부터 정비된 독자적인 집정부도 최우에 이르러 더욱 정비되어 갔다. 교정도감의 기능을 강화하는 한편, 1225년 문무文武 백관百官의 인사행정人事行政을 취급하던 기관인 정방政房을 자기 집에 설치했다. 이때부터 국왕은 정방의 요구를 형식적으로 승인했을 뿐, 모든 인사행정은 정방에서 처리되었다. 최우는 문객 가운데 능력 있는 유학자들을 뽑아 3번番으로 나누어 교대로 숙위하게 했다. 1227년 설치된 이 기구를 서방書房이라 했다. 결국 최씨 정권을 뒷받침하는 역할을 한 셈이다.

최우도 말년에는 사치와 향락에 빠져 민심을 잃기 시작했다. 그의 부인이 죽자 왕비의 예로 장사 지낸 사실은 유명하다. 1249년 최우가 죽은 후, 정권은 그의 서자 최항崔沆(초명은 만전萬全)에게 돌아갔다. 최항은 몽골에 강경책을 펴, 그의 집권 시기에 분쟁이 확대되었다. 그래도 몽골군이 전국을 유린하자, 왕이 새 궁궐에 나가 몽골의 사신을 맞이하며 일단 위기를 모면했다.

최항이 집권 8년 만인 1257년에 병으로 죽자, 적자가 없어 그 뒤는 최항과 남의 집 여종 사이에서 낳은 최의崔竩가 이었다. 최의 역시 아버지 최항처럼 집권 초기에는 세금을 감면시켜주는 등의 선정善政을 베풀었으나, 시간이 지날수록 심복들을 중심으로 권력을 이용한 횡포가 심해졌다.

최의는 천한 출신이라는 점 때문에 조정 신료들의 지지를 얻기 어려웠다. 몽골과 타협을 추구하는 등 아버지와 다른 정책을 펴보기도 했지만, 여러모로 실정을 거듭했다. 그러다가 정치적으로 소외되어가는 데 불만을 품은 김준金俊과 대사성大司成 유경柳璥에 의해 집권 1년 만에 살해당했다. 이로써 4대 62년간 지속된 최씨 정권은 종말을 맞았다.

농민과 천민의 봉기

의종 대부터 국가 재정이 어려워져 농민에 대한 수탈이 강화되고, 이 때문에 여러 곳에서 산발적으로 도적떼가 일어났다. 무인들이 집권하고 나서 농민들은 더욱 어려워졌다. 정권을 잡은 무인들이 백성들의 토지를 빼앗았고, 지방 관리의 착취도 심해졌기 때문이다. 그러면서 전국 각지에서 민란이 일어났다. 무인 정권기의 민란은 명종·신종 대에 걸친 30년 동안 집중적으로 발생했다. 정권을 잡은 무인들 사이에 치열한 권력투쟁이 벌어지면서 지방에 대한 통제력이 약화되었고, 신분 질서가 문란해지면서 하극상 풍조가 만연해졌기 때문이었다.

민란은 개경에서 멀리 떨어져 있었고, 또 군사적으로 중요한 지역인 서북계에서 시작되었다. 무신란 이듬해에 일어났던 김보당의 반란은 의종 복위를 내세운 권력투쟁이라 민란으로 보기 어렵겠지만, 1172년 이후 일어난 반란은 성격이 달랐다. 이해 서북계의 창주昌州, 성주成州, 철주鐵州의 세 고을 주민이 수령의 착취에 저항해 민란을 일으켰다.

1174년에 일어난 조위총의 난도, 엄밀하게 말하면 조위총이 농민들의 저항을 이용해서 일으킨 것이라고 할 수 있다. 이 반란이 평정된 뒤에도 저항이 완전히 가라앉지 않았다. 서경에서 진압군에 항복한 자들이 피신한 자들의 부녀자와 재산을 약탈하자, 피신한 측에서 봉기했다. 이들은 군대를 편성해 정부에 저항하다가, 정부에서 반군 수뇌들에게 벼슬을 주며 회유하자 가라앉았다. 그럼에도 불구하고 농민들의 호응을 받은 나머지 무리들이 묘향산 등에서 1179년까지 계속해서 민란을 일으켰다.

서북계의 '서적西賊'과 더불어 남부 지방에서도 '남적南賊'이라 불리는 민란이 발생했다. 그 시발점이 1175년에 일어난 석령사石令史의 봉기이다. 중앙정부에서 일부 고위 인사들이 석령사 일당과 내통한다는 혐의로 처벌받았을 정도로 사회적으로 큰 불안 요소였다.

1176년에는 남적의 봉기 중 가장 큰 규모인 '망이亡伊·망소이亡所伊의 난'이 일어났다. 이들은 공주 명학소鳴鶴所에서 일어나 공주를 함락시키고 관군을 무찔렀다. 당시 조위총의 난을 진압하는 데 어려움을 겪고 있던 고려 정부가, 처음에는 명학소를 충순현忠順縣으로 승격시켜 현령縣令과 현위縣尉를 파견하는 등 회유책을 썼다.

그래도 망이 등이 주변 지역에 대한 공략을 멈추지 않자, 조정에서는 다시 대대적인 토벌을 전개하는 방향으로 정책을 바꾸었다. 그러자 망이와 망소이가 투항했다고 기록되어 있으나, 처형하지 않고 오히려 "곡식을 주어 향리로 호송했다"라는 점으로 보아 모종의 타협이 있었다고 여겨진다.

그러나 한 달 뒤에 망이·망소이 등은 재차 봉기해 개경까지 진격하겠다고 공언했다. 이들이 다시 봉기하게 된 이유는 난이 진정된 이후 정부에서 다시 군대를 보내 그들의 가족들을 가두었기 때문이라고 한다. 이들은 한때 여러 군현을 점령하는 등 기세를 떨쳤으나, 결국 관군에 큰 타격을 입고 붙잡히며 진압되었다.

이 봉기는 천민집단인 소所의 백성들이 일으켰다는 점에서 주목받는다. 그러나 명학소 백성만으로 이 같은 대규모의 봉기가 가능했다고 보기 어려워, 주위의 일반 농민들도 적극 호응했을 것으로 여겨진다. 따라서 망이·망소이의 난은 천민집단의 신분해방운동과 농민 반란의 두 가지 성격이 결합된 것으로 본다. 비록 실패했지만 고려 사회의 신분 질서를 타파하려 했다는 의미가 있고, 실제로 이후 소 등 천민집단의 소멸에도 영향을 끼쳤다는 것이다. 망이·망소이의 봉기가 계속되는 와중에도 이와 별개의 봉기가 여러 곳에서 일어났다.

그러나 이때까지 이른바 '남적'이 일으킨 민란은 대부분 소규모에, 다른 집단과의 연계도 없는 미숙한 단계였다. 그럼에도 불구하고 민란은 계속되었다. 1190년에도 동경東京(경주)에서 반란이 일어나 진압에 애를 먹었다. 그러던 중인 1193년, 이전과는 양상이 다른 민란이 발생했다. 경상도 일대에서 김사미金沙彌와 효심孝心을 중심으로 대규모 민란이 일어났는데, 서로 다른 곳에서 반란을 일으킨 두 세력이 협력하며 반란이 경상도 전역으로 확산되었다. 이들을 진압하러 출동한 관군이 번번이 패하며, 진압군 지휘관이 자결하는 사태까지 있었다. 그러나 조정에서 강력하게 대응하면서, 이들의 반란도 마침내 진압되고 말았다.

농민 반란이 최충헌 정권의 강력한 진압으로 수그러든 1198년, 아이러니컬하게도 개경에서 최충헌의 사노비였던 만적萬積 등이 반란을 도모했다. 1198년 5월에 만적 등이 개경 북산北山에서 나무를 하다가 노비들을 불러 모아놓고, 이들을 선동하여 반란을 일으키기로 했다. 그러나 약속한 날에 수백 명밖에 모이지 않았으므로 4일 후에 다시 거사를 치르기로 약속했지만, 배신한 노비의 고발로 반란 계획이 누설되었다. 결국 이 모의는 만적 등 100여 명이 처형당하며 실패로 끝났지만, 무인 집권기에 일어난 천민 반란 중 대표적인 것이라는 평가를 받는다.

이후 중앙에서 최충헌에 의해 이의민이 제거되며, 명종이 물러나고 신종이 즉위하는 어수선한 분위기 속에서 남부 지방을 중심으로 또다시 대대적인 민란이 일어났다. 이 반란에서도 반란군은 연합 전선을 펴며 지속적으로 저항하는 양상을 보여주었다. 그러나 결국 민란은 모두 진압되고, 최충헌의 강력한 독재정치로 무인 정권이 안정되자 그 기세가 꺾이게 되었다. 조정에서는 민란의 평정에 전력을 기울이는 한편, 빼앗긴 토지를 돌려주고 조세를 줄여주며 민생 안정을 강구했다.

몽골의 침략과 항쟁

13세기 초 중국 대륙의 정세가 고려에 영향을 주게 된 것은, 금에 대한 몽골의 공략으로 인한 변화와 관련이 있었다. 칭기즈칸이 서하를 굴복시킨 후 금 정벌에 나서 수도 연경까지 위협했을 때, 금은 화의를 청해 일단 난국을 모면했지만 이번에는 금 내부에서 반란과 폭동이 일어났다. 거란족 야율유가耶律留哥의 봉기 역시 그중 하나였다. 그는 금의 북쪽 지역에서 부하 10만과 함께 일어나 몽골에 투항의 뜻을 보여 그 후원을 얻은 다음, 자립해 요왕을 자칭했다.

그런데 야율유가는 곧 자기가 세운 나라에서 쫓겨나 칭기스칸에게 의지하는 신세가 되면서, 몽골 군사를 이끌고 자기가 세운 나라를 공격했다. 이 공세에 밀린 거란족은 압록강을 건너 고려 영토로 들어왔다. 그리고 북방 일대를 유린하다가 수도 개경을 위협하기도 했다. 고려는 이들을 격퇴시키다가, 결국 침입해 온 거란족을 1218년 9월 평양 동쪽의 강동성江東城에 몰아넣었다.

이 무렵 만주에서도 야율유가의 반란 진압을 맡았던 금의 장군 포선만노蒲鮮萬奴가 야율유가에게 패배한 후, 금을 배신하고 대진국大眞國(동진국東眞國, 동하東夏)을 세웠다. 그러나 곧 칭기스칸의 원정군에 항복했다.

이때 몽골 원정군 지휘관 카진哈眞 등은 몽골군 1만에 동진국 군대 2만까지 동원해서 거란족을 무찌르며 강동성으로 향했다. 1218년 12월, 마침 큰 눈이 와서 군량 보급이 어렵게 된 몽골·동진국군은 고려에 식량 보급과 함께 강동성에 대한 연합작전을 제의해 왔다.

고려에서도 강동성 공략을 추진 중이었지만, 몽골의 속셈을 알 수 없어 한동안 망설였다. 결국 전선에 나가 있던 원수 조충趙沖의 결단으로 군량미 1,000석 제공과 함께 강동성에 대한 연합작전을 감행했다. 강동성을 함락시킨 고려와 몽골은 우호적인 분위기 속에서 동맹을 맺었다. 이 동맹은 몽골이 형의 입장인 '형제의 맹약' 형식을 띠고 있었다. 몽골은 강동성에 억류되어 있던 고려 백성과 거란 포로들까지 고려에 보내주었다.

그렇지만 표면적인 우호 관계에도 불구하고 고려에서는 몽골과의 맹약을 탐탁해하지 않았다. 여기에 공식적인 관계를 맺기 위해 개경으로 온 몽골 사신의 오만불손한 태도에서 양국의 입장이 어느 정도 드러났다.

강동성의 전투가 끝난 뒤, 몽골은 고려에 큰 은혜라도 베푼 듯이 해마다 동진국을 경유해서 사절을 파견해 과중한 공물을 요구해 왔다. 특히 제구유著古與는 1221년과 1224년 두 차례에 걸쳐 고려에 파견되어 무례한 행동으로 공물을 요구했다. 이러한 시기에 고려에 와서 많은 물의를 일으켰던 몽골 사신 제구유 일행이 귀국하던 길에 국경지대에서 피살당하는 사건이 일어났다. 고려에서는 이 사건을 금나라 도둑의 소행이라 주장했으나, 몽골은 고려와 국교를 단절했다.

그리고 이 사건을 구실로 1231년 몽골군이 침입해 왔다. 국교 단절 후 7년 만에 침공해 온 이유가 있었다. 그동안 칭기즈칸이 서역 경략經略에 몰두하다가 금 공략을 추진하던 중 세상을 떠났고, 그 바람에 2년 동안 황제 자리가 비는 등 복잡한 사정이 있었기 때문이다. 이후 셋째 아들 오고타이가 칸의 자리에 올라 정복사업을 계속했다. 금을 정벌하는 군사를 일으키면서, 살리타에게 별동대를 주어 요동의 금나라 군사를 소탕하며 고려까지 침공하도록 명령다.

침공해 온 몽골군은 함신진咸新鎭과 철주鐵州를 함락시켰으나, 귀주龜州에서 박서朴犀, 김중온金仲溫, 김경손金慶孫 등의 완강한 저항에 부딪쳐 고전했다. 자주慈州에서도 최춘명崔椿命이 몽골군의 포위 공격을 막아냈다. 그러자 몽골군은 귀주와 자주 공략을 포기하고 우회해 개경을 포위했다. 당시 집권하고 있던 최우는 3군三軍을 내어 몽골군을 방어하기로 했다. 이때 정부에 저항하던 일부 초적草賊들이 몽골 항쟁에 자청해서 나섰다.

출동한 고려군이 일부 전과를 올리기도 했지만, 안북성安北城 전투에서 대패했다. 이후 연말 즈음에는 개경이 포위되고, 일부 몽골군은 광주廣州, 충주忠州, 청주淸州까지 공격했다. 그러자 고려에서는 고종이 몽골 사신을 만나고 왕족을 파견해 화의 교섭에 나섰다. 살리타도 서북 지방의 요충지에 다루가치(달로갈제達嚕噶齊, 다루가친答嚕合臣으로 되어 있는 기록도 있다) 72명을 배치하고, 1232년 정월에 요동으로 철수했다.

이렇게 해서 고려는 일단 고비를 넘겼으나, 이후 몽골의 심한 내정간섭과 공물의 부담에 시달렸다. 이 때문에 받는 수모와 고통이 커지자, 당시 집권자인 최우는 이에 반발해 강화도로 도읍을 옮기고 장기 항전을 위한 방비를 강화했다. 많은 조정 신료들이 반대했으나, 최우는 반대하는 자를 처단하면서까지 강화도 천도를 밀어붙였다. 이와 함께 고려에서 다루가치를 습격하고 살해하거나, 이를 시도하는 사건이 잇달아 일어났다.

이러한 조치에 자극받은 몽골군이 다시 침입해 왔다. 침공군을 지휘하던 살리타는 먼저 강화에 사신을 보내 고려를 질책하고 개경으로의 환도還都를 촉구했다. 이러한 요구가 받아들여지지 않자, 고려 본토를 유린하면서 고려 조정이 압박을 느껴 항복해 오게 하려는 전략을 폈다.

이에 따라 고려 본토에서는 대구의 부인사符仁寺(부인사符印寺 또는 부인사夫人寺라고도 한다)에 보관 중인 『초조대장경』이 불타버리는 등의 피해를 보았다. 강화도에 자리 잡은 조정에서는 명령만 내릴 뿐, 별다른 대책을 세워주지는 않았다. 그러던 중 처인성處仁城(지금의 용인龍仁) 부근에서 승려 김윤후金允侯가 이끄는 소수 부대에 살리타가 화살에 맞아 전사하게 하는 사건이 일어났다. 지휘관을 잃은 몽골군은 서둘러 철수했다.

1233년에는 몽골을 배반한 동진국과 금을 공략하는 데 주력하느라, 몽골은 고려에 얼마 동안 소극적인 태도를 취했다. 그러나 두 나라 정복이 끝나고 남송 토벌군을 동원하면서 고려에 대한 공세도 시작되었다. 이때 몽골군 지휘관 당구唐古가 이끄는 침공군은 전략을 바꾸었다. 이전과 달리 강화도의 고려 조정과 교섭을 벌이지 않고 닥치는 대로 전 국토를 유린했다. 이 시기의 침공에 의해 황룡사 9층탑이 불타버리는 등의 피해를 입었다. 이 침공은 1235년부터 1239년까지 5년에 걸쳐 진행되었다.

고려 조정에서도 광주廣州와 남경南京의 주민들을 강화도로 들어오게 하는 한편, 각지의 산성에 관리를 파견해 항전을 독려했으나 큰 효과를 거두지는 못했다. 대장경 제작을 통해 몽골의 침략을 격퇴하겠다는 시도 역시 상징적인 행위에 그쳤을 뿐, 실효를 기대할 수 있는 일은 아니었다.

전쟁이 길어지면서 피해가 늘어나자, 불안해진 고려 조정에서는 사신을 파견해서 철군해달라고 호소했다. 몽골에서는 고려 국왕이 친히 조공을 와야 한다는 조건을 걸고 물러갔다. 이후 국왕의 친조親朝를 두고 고려와 몽골 사이에 외교적 갈등이 있었다. 고려에서는 여러 가지 핑계를 대며 국왕이 직접 가지 않으려 했고, 몽골에서도 고려 국왕이 직접 와야 한다고 촉구하기는 했지만 결국 국왕 대신 왕족들을 파견하는 선에서 타협이 되었다. 몽골 내부에서도 태종太宗이 세상을 떠나고 몇 년 동안 황후의 수렴청정이 시행되는 등 국내 정치가 복잡해 고려에 큰 압력을 넣기 곤란했기 때문이다.

그렇지만 1247년부터 고려가 개경으로 환도할 것을 요구하는 몽골과 이를 이행하지 않는 고려 사이의 갈등으로 몇 차례 전쟁이 벌어졌다. 이와 같은 전쟁으로 인하여 국토는 황폐해지고 백성들은 도탄에 빠졌다.

무인 정권의 종말

몽골과의 전쟁이 계속되던 중, 고려 내부에서 정변이 일어났다. 1258년 최의가 최충헌의 가노家奴 출신인 김준金俊(초명은 인준仁俊) 등에 의해 제거된 것이다. 이후 김준은 자신의 동생과 아들을 중심으로 한 측근 세력 위주로 권력을 잡아나갔다. 그러나 최씨 정권만큼의 힘은 없었다.

이렇게 고려 내부의 사정에 변화가 생기던 시기에 몽골이 재차 침공해 왔다. 이 침공으로 인하여 여러 곳에서 피해가 늘어가자, 고려도 몽골과의 화의가 불가피한 상황이 되었다. 몽골에서도 국왕 대신 태자가 입조해도 좋다는 타협책을 제시하고, 고려에서도 1258년부터의 사정 변화에 따라 태자의 입조를 수용하는 방향으로 가닥이 잡혔다. 이에 따라 1259년 몽골 군대가 철수하고 태자가 약속대로 몽골로 출발하면서, 29년 동안 끌어온 무력 충돌도 끝을 맺었다.

그렇지만 고려 내부의 혼란은 계속되었다. 1259년 몽골에서 돌아온 태자가 원종元宗으로 즉위했으나, 김준 일족은 왕실에 바치는 물건까지 가로챌 정도로 횡포를 부렸다. 여기에 김준이 국왕이 직접 조공하러 가는 문제까지 반대하자 왕과 김준의 갈등도 커졌다. 그러던 1268년, 원에서 김준 부자 및 아우가 모두 연경으로 입조하도록 요구해 오자, 김준은 몽골 사신을 죽이고 원종을 제거하려 했다. 이 자체는 동생 김충金冲(초명 승준承俊)의 반대로 무산되었으나, 김준의 태도를 못마땅하게 여기던 원종이 강윤소康允紹, 임연林衍 등을 시켜 김준 암살을 지시했다.

결국 김준도 오래가지 못하고, 같이 정변을 일으켰던 임연에 의해 1268년 제거되고 말았다. 그러나 곧바로 임연과 원종의 사이도 벌어졌다. 임연은 원종을 폐위시키고 원종의 동생 안경공安慶公을 옹립했다. 그리고 임연 자신은 교정별감 자리에 앉았다. 그러나 이 여파로 반란이 일어나고, 원에 들어가 있던 태자의 요청에 의해 원이 적극 개입하는 바람에 결국 원종을 복위시키지 않을 수 없었다. 집권한 무인들도 원의 압력을 의식할 수밖에 없음을 보여주었다.

복위한 원종은 원으로 가서 고려 태자와 원 공주와의 혼인을 제의하는 동시에, 권신權臣을 제거하고 개경으로 환도하기 위해 원 군대의 원조도 요청했다. 이사이에 임연이 병으로 죽고, 그의 아들 임유무林惟茂도 원종의 개경 환도 명령을 듣지 않다가 제거되었다. 이에 왕정은 복구되고 무인 정권은 종말을 고했다. 이와 함께 개경 환도가 이루어지며 고려는 원과 강화를 맺었다.

그러나 몽골과의 전쟁에서도 큰 활약을 했던 삼별초는 이러한 상황을 인정하지 않고 1270년 반란을 일으켰다. 왕이 강제로 해산 명령을 내리자, 삼별초는 승화후 온承化侯 溫을 새 왕으로 옹립한 뒤 저항했다. 이들의 우두머리 배중손裴仲孫은 본토와의 교통을 차단하고 섬 안에 있는 몽골인의 목을 잘라 단호한 항전 의지를 보였다.

그리고 강화도에 보관된 국고를 접수하고 귀족 고관의 가족들을 인질로 삼았다. 진도에 성곽을 구축하고 궁전을 만든 배중손 등은 장기적인 항전 태세를 갖추고, 해상으로 수송되는 세공稅貢을 노획해 군자금으로 썼다.

고려 조정에서는 몽골의 도움을 받아 이들을 토벌하려 했으나 번번이 실패했다. 고려와 몽골의 연합군이 진도 공략에 여러 번 실패하자, 이듬해인 1271년 5월 홍다구洪茶丘가 몽골의 대군을 이끌고 출동했다. 그래서 김방경金方慶, 흔도欣都의 휘하에 있던 연합군과 합세해 격전 끝에 진도를 함락시켰다.

삼별초의 나머지 부대는 진도 함락 이후에도 제주도로 본거지를 옮기고, 김통정金通精의 지휘로 2년간 더 항전을 계속했다. 이들이 본거지를 진도珍島, 제주도로 옮기면서 항쟁하는 동안 한때 남쪽 지방 백성들의 호응을 얻어 상당히 세력을 떨쳤다. 그러나 이들도 결국 1273년에 고려·몽골 연합군의 공격을 받아 섬멸당했다.

원의 일본 원정과
고려의 희생

원과 화의를 맺은 고려는 원의 일본 정벌에 동원되었다. 화친을 모색할 때부터 고려를 일본 정벌에 이용할 의도를 가지고 있었던 원 세조世祖 쿠빌라이는, 1266년 사절을 파견해 고려가 길잡이 역할을 해줄 것을 요구했다. 부담을 우려한 고려에서는 원과의 관계 단절을 주장하는 강경론도 나왔으나, 결국 협조하면서 소극적인 저항을 하는 방향으로 가닥을 잡았다.

고려의 입장과 상관없이 일본 가마쿠라막부는 원의 요구에 강경하게 대처했고, 원도 정벌을 강행시켰다. 이에 따라 고려도 막대한 양의 군량과 함선, 군사를 마련하라는 강요를 받았다. 원은 삼별초의 반란을 진압하고 나서, 일본에 사절을 여섯 번째로 보내며 시도한 타협이 실패하자 원정을 강행하기로 결정했다. 1274년 6월에는 원정을 위한 준비도 끝났다.

그런데 이때 고려에서는 원종이 세상을 떠나고 충렬왕忠烈王이 즉위했다. 즉위한 충렬왕이 상을 치러야 할 상황에 처하는 바람에 일정이 늦춰져 실제 출병은 10월에야 이루어졌다. 이때 흔도와 홍다구의 지휘 아래 합포合浦를 출발한 원정군은 쓰시마対馬와 이키壱岐 두 섬을 점령하고 본토 공략에 나섰다. 그러나 때마침 불어온 태풍으로 큰 피해를 입고 철수했다.

1차 원정이 실패한 다음에도 쿠빌라이는 일본 정벌을 포기하지 않았다. 쿠빌라이는 1279년에 남송을 멸망시켜 얻은 여유를 이용해 또다시 일본 원정을 강행했다. 일본에서도 원이 파견한 사신의 목을 자르는 강경책을 썼다. 이번에는 고려도, 고려 출신으로 원에 투항한 홍복원洪福源의 아들 홍다구의 횡포를 견제하려는 의도에서 조금 더 적극적으로 나섰다.

그렇지만 원에 항복해 온 남송 출신 강남군江南軍 10만까지 가세한 2차

원정도 순탄하지는 않았다. 1281년에 합포를 출발한 고려·원 군대와 강남군은 이키섬에서 합류하기로 했으나, 강남군이 늦게 도착하는 바람에 작전에 차질을 빚었다. 이 때문에 또 태풍을 만나 원정군 10만이 희생되는 타격을 받아 원정군을 철수시켜야 했다. 이렇게 해서 일본에 대한 2차 원정도 실패로 돌아갔다.

쿠빌라이는 이후에도 일본 원정에 미련을 보였다. 여러 번 원정 준비가 반복되었고, 고려는 그때마다 많은 희생을 치러야 했다. 이렇게 반복해서 추진되었던 일본 원정은 1294년에 쿠빌라이가 세상을 떠나고 나서야 완전히 중단되었다. 그렇지만 고려는 원의 간섭에서 벗어날 수 없었다.

원나라가 고려의 내정에 간섭했던 방법을 두고 약간의 논란이 있다. 일본 원정을 준비하고 실행하기 위해 고려에 설치되었던 기관이 정동행성征東行省이다. 정식명칭은 정동행중서성征東行中書省이다. '정동'은 일본 정벌을 뜻하고, '행중서성'은 중앙정부 중서성中書省의 지방 파견 기관을 뜻하는 것이다. 종래에는 일본 원정을 포기하면서 필요 없어진 정동행성이, 고려를 통제하는 기관의 역할을 했다고 여겼다. 그러나 최근에는 그러한 기능이 일시적으로 발휘되는 경우가 있었을 뿐, 대부분의 시기에는 그렇지 않았다고 본다.

정동행성의 요인들이나 운영 상황을 봐서는 두 가지 목적이 있었다고 여겨진다. 하나는 고려 땅에 행성을 설치해두고 고려 왕을 그 승상으로 임명함으로써, 고려를 원 제국 안의 행성으로 규정해두는 의미가 있다. 그리고 고려와 원 사이의 의사소통을 위한 기관으로서의 역할을 했다는 것이다. 실제로 고려에서 원에 요청할 일이 있을 때, 절차상 먼저 정동행성을 거쳐 원의 중서성에 전달했다. 또 원의 다른 행성들과의 문서도 정동행성을 통해 보내졌다.

사실 정동행성보다는 그 부속 기구인 이문소理問所의 문제가 더 컸다. 원나라의 다른 행성들에도 설치되어 있던 이문소는 본래 개경에서 원과 관련된 범죄행위를 다스리는 업무를 맡았다. 그러나 시간이 흐르면서 이문소는 원에 밀착된 자들의 횡포를 비호하는 행각을 벌이는 일이 많았다. 원이 약화되어가던 1356년에 반원 개혁의 첫 조처의 하나로 행성이문소行省理問所가 철폐된 것도 이러한 폐단을 없애기 위해서였다.

이문소와 함께 고려에 대한 간섭의 수단으로 이용된 것이 정동행성보다 조금 늦은 시기에 설치된 군사 조직 만호부萬戸府이다. 만호부가 고려에 처음 설치된 것은 일본 정벌의 실패 직후인 1281년이었고, 기본적으로 국방과 치안을 담당했다. 1282년까지도 이 편제에 의해 원의 군대가 주둔했지만 곧 철수했다. 그런 만큼 그 운영에도 어느 정도 자율성이 있었다. 만호부 관리를 원이 직접 임명하기도 했으나, 고려 왕이 추천해 원으로부터 형식적인 임명 절차를 밟기도 했다. 때로는 고려에서 독자적으로 임명하는 일도 있었다. 고려 사람들도 이 관직에 임명되는 것을 좋아했으며, 재추의 반열에 있는 사람이 겸직하며 세습도 하는 관례가 있었다. 이조차 공민왕 때인 1356년부터는 원의 승인 없이 독자적으로 운영했다.

원의 간섭과 고려의 변화

1275년 충렬왕의 즉위와 함께, 원의 압력을 받아 고려는 관직체제의 격을 낮추었다. 3성6부의 체제는 분수에 맞지 않는다는 이유로, 중서문하성과 상서성을 합쳐서 첨의부僉議府로, 6부체제도 사

사四司로 축소되었다. 이부와 예부는 합쳐서 전리사典理司, 병부는 군부사軍
簿司, 호부는 판도사版圖司, 형부는 전법사典法司로 고치고, 공부는 폐지했다.
중추원은 밀직사密直司로 바뀌었다.

왕실의 용어도 격을 낮추었다. 고려는 건국 이후 황제가 쓰는 예법에 따
라 왕실 용어를 사용했다. 그러던 것을 충렬왕 때부터 짐朕은 고孤, 폐하陛
下는 전하殿下, 태자太子는 세자世子 등으로 바꾸어 불렀다. 충렬왕 이후, 고
려 왕은 원나라의 공주를 왕비로 받아들이는 이른바 부마국駙馬國이 되었
기 때문에, 황제가 쓰는 용어를 피하여 조祖 또는 종宗을 붙였던 왕의 묘호
까지 왕王으로 고쳤다. 또 원의 요구로 인질을 의미하는 토루가를 보내야
했다. 원의 영향이 커지면서 왕실과 상류층의 문화에도 변화가 생겼다.
몽골식 이름과 몽골어 사용, 몽골식 의복과 변발이 유행하게 되었다.

원은 경제적인 수탈에도 나섰다. 여러 가지 명목으로 공물을 강요해
금, 은, 포 등을 빼앗아갔다. 특히 인삼, 잣, 약재, 매(해동청) 등 특산물
을 요구해 많은 부담을 안겨주었다. 심지어 공녀貢女와 환관宦官까지도 요
구했다. 원에서는 고려 출신 여자들을 대단히 선호했다. 대부분의 공녀들
은 원의 유력한 귀족과 혼인했고, 원 귀족 사회에서는 고려 여자를 들여
야 명가名家로 인정받는 풍조가 생겼다. 그중에는 기황후奇皇后처럼 원의 황
후가 되는 인물도 나왔다. 그렇지만 고려에서는 공녀로 가는 것을 꺼리는
경우가 많았다. 원에 공녀의 폐지를 요청하기도 하고, 일찍 혼인시켜 공
녀로 가지 않도록 하기도 했다.

원이 고려 영토 일부를 흡수하는 일도 있었다. 동북면과 서북면의 일부,
제주도 등이 원이 직접 관리하는 지역으로 편입되었다. 특정 지역뿐 아
니라, 고려 전체를 원에 통합시키려는 시도도 있었다. 고려·원 관계의 추

이에 따라, 고려를 원 제국 안의 지방행정 단위인 행성으로 편입시키자는 뜻인 이른바 '입성立省' 논의가 일어났다. 그러나 결국 성사되지는 않았다

이렇게 원의 간섭이 강화되면서 고려의 지배층에도 변화가 생겼다. 그 변화의 결과가 권문세족(權門勢族(또는 권문세가權門勢家)이 고려 후기 정계를 장악했다는 것이다. 이들은 100년 동안의 무인 정권과 그 뒤에 벌어진 몽골과의 전쟁을 거치며 재편성된 지배세력이었다. 그래서 고려 전기의 문벌 귀족과는 성격이 달랐다. 우선 무인 정권 시기에 세력을 확보한 무인 가문이 이후에도 가세家勢를 잃지 않고 권문세족의 일부로 자리 잡은 경우가 있다. 또 한 갈래로는 '문장에도 능하고 행정실무에도 능한', 이른바 능문능리能文能吏가 강조되면서 새로 등용된 계층이 있다. 이전의 통치질서가 무너지며 행정적 공백이 초래된 상황에서 이를 메우기 위한 인재가 필요해졌기 때문이다. 이에 따라 종래 문벌에는 들지 못하던 하급 관리나 향리 출신이 과거에 합격하는 등의 과정을 거쳐 가문의 세력을 키워나갔다. 원래는 신진 세력으로 출발했던 이들이, 가문이 안정되면서 보수화하여 권문세족에 들게 된 것이다.

또한 무인들의 집권 이후에도 많은 문벌 귀족들이 이전의 지위를 그대로 유지하며 권문세족의 한 갈래를 이루기도 했다. 이들과 밀착되어 있는 왕실이 지속되었기 때문에, 문벌 귀족 가문도 완전히 없애기 곤란했다. 새로 권력을 잡은 무인들도 자신들의 미천한 가문을 보완하기 위해 기존의 문벌 가문과 혼인하기를 원했다. 그만큼 고려에서는 문벌의 뿌리가 깊었다.

여기에 원의 영향이 강해지면서 이에 편승해 성장한 가문이 가세했다. 또 원의 공주를 따라 들어온 겁령구怯怜口(고려시대 원의 공주를 따라온 공주의

사속인私屬人이다. 겁령구는 '집안아이'라는 뜻을 지닌 몽골어 게링구의 한자 표기로, 『원사元史』에는 겁련구怯憐口로 되어 있다) 출신이 있다. 원에 입조入朝하는 고려 왕을 수행했다가 돌아온 후, 측근이 되어 권력에 다가간 경우도 있었다. 심지어 권문세족 중에는 공녀로 원에 간 여자 덕분에 일어난 가문도 있었다. 공녀가 원 혜종惠宗(순제順帝는 명에서 붙인 시호)의 황후가 되면서 세력을 떨친 기씨奇氏 일족이 대표적인 가문이다. 기황후의 오빠인 기철奇轍은 한 때 고려의 정국을 좌우하기도 했다. 이후 딸을 원의 황실이나 고위 관리에게 시집보내고 세력을 얻으려는 부류가 나타났다. 노책盧頙, 권겸權謙 등이 대표적 인물이다.

여기에 고려에서 바치는 환관으로 원에 갔다가 황제와 황후를 섬기게 된 것을 기회로, 요직에 앉아 권력을 차지하는 경우도 있었다. 고려에서도 이들과 손을 잡으려 했고, 이들도 본국에 있는 자신의 일족에게 벼슬을 주는 일이 허다했다. 덕분에 이들 가문 중에도 권문세족에 들어가는 경우가 생겼다. 이들은 정상적인 출세를 한 경우가 거의 없고, 빠르게 권문세족이 되었다는 특징이 있다. 그래서 다른 권문세족과는 성격이 약간 다르다.

이를 종합해볼 때 권문세족은 무인 정권 시대에 재편성되고, 원의 영향 아래서 새로운 요소가 더해지는 가운데 골격을 갖추었다고 할 수 있다. 종래의 문벌 관념으로 용납받을 수 없는 무반 출신이나, 역관·응방 출신 등이 다수 지배세력에 편입되었던 것이다. 그 시기를 대략 충렬왕 대 중반으로 본다. 얼마 뒤인 충선왕 시기에 왕실과 혼인할 수 있는 재상지종宰相之宗이 지정되고 있기 때문이다.

재상지종

충선왕이 즉위하면서 반포한 즉위교서卽位敎書에는 왕실과 혼인할 수 있는 재상지종
이 열거되었다. 여기에 경주 김씨慶州金氏, 언양 김씨彦陽金氏, 정안 임씨定安任氏, 경원
이씨慶源李氏(인주 이씨), 안산 김씨安山金氏, 철원 최씨鐵原李氏, 공암 허씨孔巖許氏, 평강
채씨平康蔡氏, 청주 이씨淸州李氏, 당성 홍씨唐城洪氏, 황려 민씨黃驪閔氏, 횡천 조씨橫川趙
氏, 파평 윤씨坡平尹氏, 평양 조씨平壤趙氏 등 14가문이 포함되어 있다. 이들은 전통적인
문벌 귀족과, 무신란 뒤에 새로 진출한 무반 가문, 그리고 대원對元 관계를 통해 대
두한 세력들이다.

이것은 고려 전기에 이자겸의 경원 이씨와 통혼한 안산 김씨, 경주 김
씨, 광양 김씨, 해주 최씨, 파평 윤씨, 강릉 김씨, 평산 박씨 7가문에 비하
면 수적으로 두 배에 해당한다. 물론 양자를 단순하게 비교하는 것은 문
제가 없지 않으나, 그렇다고 전혀 의미가 없을 문제는 아니다.

지배기구의
개편과 개혁
원과 관계없는 기구 개편도 변화를 일으켰다.
1279년에는 합의기구인 종래의 도병마사를 도평의사사都評議使司(일명 도당都
堂)으로 바꾸고 그 구성원과 기능을 크게 확대·개편시켰다. 기구의 확대와
함께 도평의사사는 의결기관을 넘어 행정기관 역할도 했다. 왕의 명령까
지 이곳을 통해 시행되면서, 종래 다뤄오던 군사 문제를 넘어 모든 국정
을 처리하는 기구가 되었다.
이를 장악한 계층이 권문세족이고, 이런 지위를 자손에게까지 물려주었

다. 고려 전기의 문벌 귀족이 가문의 권위를 통해 귀족의 특권을 누렸다면, 고려 후기의 권문세족은 도평의사사라는 정치기구를 통해 권력을 행사하는 경향이 있었다. 이들은 전시과 체제의 붕괴를 틈타 법도 무시한 채 토지를 차지하며, 이른바 '농장農莊'을 형성시켜나갔다. 농장(전장田莊, 田庄, 전원田園, 농장農場 등의 명칭으로도 기록되었다)은 고려 후기 새로이 등장한 대토지 지배의 특수한 형태로, 면세와 면역의 특권 등 사적私的 지배력이 강한 토지였다. 권문세족은 '산천을 경계로 한다'라는 말이 나올 만큼 넓은 농장을 소유했다. 그 때문에 조세를 내야 할 백성이 줄어, 국가의 수입도 줄어드는 현상이 나타났다.

이와 같이 후기의 권문세족은 높은 관직과 큰 농장을 차지한 세력이었다. 이들은 대체로 음서 같은 편법을 통해 관직에 오른 경우가 많아 문화적 소양과 거리가 멀었고, 원과 가까운 존재들이었다. 권력을 유지하기 위해 원의 세력을 이용하고, 새로운 개혁에 반대하는 경향이 있었다.

이렇게 권문세족이 고려 정계를 장악해나가던 1274년, 원종이 사망하고 충렬왕이 즉위했다. 그는 국가의 안정과 왕권 신장을 위해 개혁에 많은 노력을 기울였다. 충렬왕의 개혁이 추진되던 시기는 정국을 장악한 권문세족의 횡포가 심해져가는 시기였다. 몽골과의 전쟁에 이어 일본 원정에 대한 부담까지 져야 했던 고려 백성들은 권문세족의 착취까지 겹쳐 큰 고통을 겪어야 했다.

이와 같은 상황에서 1295년 8월, 원에 머물고 있던 세자가 귀국해 충렬왕 대신 정사를 돌보게 되었다. 세자는 과감한 개혁을 시도했다. 권문세족에게 피해를 보는 백성들의 입장을 개혁에 반영하려 했다. 이러한 개혁을 추진하던 세자는, 기득권에 타격을 입을 것을 우려한 권문세족의 압력 때문에 4개월 만에 원으로 되돌아갔다. 그러나 곧 모친인 왕비가 세상을 떠나는 사건을 빌미로 귀국하여, 어머니의 죽음과 관련된 여러 사람을 처벌했다. 이와 함께 충렬왕이 1298년 왕위에서 물러났고, 뒤를 이어 즉위한 세자가 충선왕이다.

충선왕은 즉위와 함께 교서敎書(국왕이 내리는 명령서, 훈유서訓諭書, 선포문宣布文의 성격을 가진 문서. 황제가 내릴 경우에는 조서詔書 또는 칙서勅書라고 한다)를 반포하고 개혁에 착수했다. 충선왕의 즉위 교서에 나타난 개혁안은 농장과 인사 문제 등 주요 사안을 총망라해서 다루고 있고, 개혁 대상도 주로 권문세족이었다.

즉위년 정월에 교서를 반포한 후, 4월에는 많은 폐단을 낳고 있던 정방을 없애버렸다. 그리고 정방이 맡고 있던 인사행정 기능은 한림원翰林院으로 옮겼다. 이어 5월에는 한림원을 사림원詞林院으로 고치며, 왕명의 출납을 맡던 승지방承旨房마저 없애버렸다. 이 조치가 사림원에 권력을 몰아주는 상황을 불렀다. 종래 한림원의 기능인 왕의 문서 작성, 정방의 기능이었던 인사행정, 승지방의 기능인 왕명의 출납, 정치의 고문까지 맡게 되었다.

그 결과 사림원은 충선왕의 개혁을 담당한 핵심 기구가 되었다. 충선왕은 사림원을 강화하면서, 문음門蔭이 아닌 과거科擧 출신의 신진 관료를 등용했다. 이 덕분에 신진 사류士類가 등장할 기반이 마련되었다.

그러나 이 개혁도 권문세족의 반발과 원의 압력으로, 충선왕이 8개월 만에 왕위에서 물러나면서 실패로 끝났다. 독자성이 강한 충선왕의 개혁은 의도와는 상관없이 원에 저항하는 것으로 비칠 소지가 컸다. 충렬왕의 측근을 중심으로 한 권문세족의 세력에 비해, 충선왕의 개혁을 뒷받침할 신진 사류의 세력은 아직 미미했다. 여기에 충선왕과 원만하지 못한 왕비가 다른 여자를 질투하여 원에 남편을 모함한 것도 충선왕의 개혁을 무산시키는 요인이었다.

이를 계기로 충선왕은 왕좌에서 물러나 원으로 돌아갔고 충렬왕이 복위했다. 결국 고려의 정국은 충선왕이 개혁을 시작하기 이전의 상태로 돌아갔고 후유증도 컸다. 충렬왕과 충선왕의 불화가 심해지고, 이에 편승한 대신들의 권력투쟁이 겹쳐 고려는 한동안 심각한 정치적 혼란을 겪었다. 이 때문에 고려에 대한 개혁에서 손을 뗀 충선왕은 다시 즉위할 때까지 10년 동안 원의 수도에서 원 황족과 친분을 쌓았다. 이후 충선왕과 친분이 두터워진 무종武宗, 인종仁宗이 연이어 원의 황제로 즉위하면서 충선왕이 고려에 대한 실권을 장악하게 되었다.

이 덕분에 1308년에 충렬왕이 죽자 충선왕이 다시 왕위에 올랐다. 즉위한 충선왕은 소금의 독점으로 폭리를 취하는 것을 막는 등 정치의 쇄신을 시도했으나, 이전과 같은 열의를 보이지는 못했다. 그는 대부분의 시간을 고려가 아닌 원에서 지내며, 전지傳旨를 내려 고려를 다스렸다.

고려에서 충선왕을 귀국시키려는 움직임이 일어나자, 충선왕은 아들인 충숙왕忠肅王에게 왕위를 물려줘버렸다. 그 무렵 충선왕은 원의 인종이 죽자 모함을 받아 토번吐蕃 땅에 유배되었다가 3년 만에 풀려나는 일을 겪었고, 풀려난 지 2년 만에 원에서 죽었다.

충숙왕도 충선왕을 이어 개혁을 추진했으나 많은 시련을 겪어야 했다. 아버지 충선왕이 고려 왕의 지위만 물려주고, 심양왕瀋陽王(원나라에서 심양瀋陽(선양)에 인질로 둔 고려의 왕이나 왕족에게 주던 봉작)의 지위는 조카인 연안군 고延安君 暠에게 나누어 물려준 것이 발단이었다. 이 때문에 연안군을 고려 왕으로 삼으려는 움직임이 생겨 충숙왕이 곤욕을 치렀다. 권력투쟁에 시달리던 충숙왕은 심양왕에게 양위를 하려고까지 했으나, 신하들의 만류로 마음을 바꾸고 왕자 정楨을 세자로 삼고 다음 해에 양위했다. 이러한 우여곡절을 거쳐 충숙왕의 뒤를 이은 이가 충혜왕忠惠王이다. 그러나 나이 어린 충혜왕이 국왕으로서의 자질과 인품을 보여주지 못하자, 원에 의해 유배를 가다가 죽었다. 이로 인해 다시 충숙왕이 복위했다.

이와 같은 혼란을 겪다가 1344년에 당시 8세인 충목왕忠穆王이 즉위했다. 매우 어린 나이였지만, 원의 후원 아래에 개혁 조치를 취할 수 있었다. 고려 사회가 안정을 취하는 편이 원으로서도 이롭다는 판단과 권문세족의 지나친 횡포에 대한 위기의식 때문에 고려 내부에서도 개혁을 지지하는 분위기가 형성되었다. 이러한 상황에 편승해, 충목왕이 즉위하면서 세력 있는 자들이 차지하고 있던 녹과전祿科田을 주인에게 돌려주는 등의 조치를 취했다.

이때 부각된 인물이 이제현李齊賢이다. 그는 문란해진 정치 기강을 바로잡기 위해 여러 항목에 걸친 개혁안을 제시했다. 이 개혁은 우여곡절을 겪다가 1347년 정치도감整治都監 설치를 계기로 강력하게 추진되었으나, 이 와중에 원과 가까운 인사들이 조사를 받다가 옥에서 죽는 사태가 생겼다. 이를 빌미로 개입한 원의 간섭 때문에 정치도감의 활동은 3개월 만에 와해되었으며, 1349년에는 결국 폐지되었다. 그럼에도 불구하고 많은 수의 신진 사류가 정치관으로 참여하면서 쌓았던 경험이, 뒤이어 시행된 공민왕 대의 개혁에서 활용되었다.

고려 후기의
불교계 개혁

무신란 이후 불교계에도 커다란 변화가 일어
났다. 대각국사 의천이 세상을 떠난 후에는 고려 전기에 벌어졌던 혁신운
동도 점차 퇴색되어갔다. 이후 교종 내의 각 종파 사이, 교종과 선종 사이
의 교리적인 갈등이 심각했다. 이러한 갈등의 결과, 또다시 문벌 귀족 세
력과 밀착된 화엄종과 법상종 등의 교종이 고려 불교계의 주류가 되었다.

고려 중기의 교종은 체제불교, 선종은 은둔적인 성격이 강해져 백성들
과는 거리가 멀었다. 이러한 상황에서 무신란이 일어나자, 왕실 및 문벌
귀족과 밀착되어 있던 교종계 사원 세력은 이에 저항했다. 이러한 이유
등으로 고려 무인들도 신라 말 호족들처럼 단순하고 혁신적인 선종을 선
호했다. 최충헌이 집권하며 선종계를 기반으로 불교계를 재편하려 하자
교종계 사원의 반발이 더욱 거세졌으나, 이들의 반발은 최충헌의 무력 진
압으로 많은 희생자만 냈다.

이에 발맞추어 불교계에서도 일종의 신앙 공동체인 사社가 만들어지는
혁신운동이 일어나기 시작했다. 이를 결사結社라 한다. 이는 고려 중기부
터 개경 중심의 귀족불교가 권력의 시녀로 타락해가는 사태에 대한 반발
에서 나온 것이다. 이러한 신앙결사 가운데 대표적인 것이 선종에서는 수
선사修禪社(초명은 정혜사定慧社이며, 고려 말기에 송광사松廣寺로 개칭되었다)이며,
천태종에서는 백련사白蓮社였다.

이와 함께 부각된 인물이 지눌知訥이다. 1158년 출생한 지눌은 1182년 승
과僧科에 합격했으나, 불교계 풍조에 실망하고 남쪽 지방을 돌아다니면서
개인적인 수도에 전념했다. 그러다가 1190년, 거조사에서 동지를 모아 법
회를 열고 정혜결사를 결성하고 이름을 정혜사定慧社라 했다. 이는 종래의

교계가 왕실·귀족과 밀착, 세속화되고 교권·개경開京 중심으로 활동한 점에 대한 신앙적 반성에서 출발한 불교 운동이었다.

그 뒤 사람이 몰려들자, 1200년 마침 중수를 시작했던 길상사吉祥寺로 근거지를 옮겼다. 1204년에 최충헌의 지원으로 수선사라는 절 이름을 받고, 여기를 중심으로 선종과 교종의 극단적인 대립을 해소하기 위한 사상의 체계화를 추구했다. 지눌은 교教의 입장에서 선禪을 포용하려 했던 의천義天과는 달리, 선의 입장에서 교를 융합하려 했다. 그는 중국 불교와 구분되는 독창적인 선 사상을 체계화했으며, 오늘날까지도 큰 영향을 끼치고 있다. 지눌 이후 혜심慧諶, 眞覺國師, 천영天永, 圓悟國師 등 수선사 출신 승려들이 불교계를 주도했다.

비슷한 시기 천태종에서 원묘국사圓妙國師 요세了世 역시 신앙 결사운동을 시작했다. 요세는 호족 출신으로 일찍이 출가했으나, 1198년 천태종 계의 법회에 참석했다가 크게 실망하고 동지 10여 명과 함께 여러 곳을 떠돌았다. 그러던 요세는 1232년 수행인들을 모아 결사를 맺었다. 이것이 수선사와 쌍벽을 이루었던 백련사 결사이다. 요세는 지눌에 비해 중생구제에 좀 더 비중을 두었다. 그래서 정토淨土 신앙을 강조했다.

이들도 처음에는 지방의 토호와 수령 등의 지원이 그 기반이 되었으나, 시간이 지나면서 역시 무인 정권의 중앙 정치계와 연결되었다. 그 뒤 이 절에서는 120년 동안을 이어 고려의 8국사國師를 배출했다. 이 결사들은 당시 불교계에 대한 비판과 자각에서 출발했다는 점에 공통점이 있다. 그렇지만 곧 최씨 정권과 밀착되어 결사의 원래 정신에서 멀어져갔다. 무인 정권이 붕괴되고 원의 간섭을 받게 되는 때에는 후원 세력의 성격이 크게 바뀌었다. 이 시기의 비중 큰 선종 승려들과 교류한 인물들을 보면, 원의 간섭을 받게 되면서 새로이 권문세족으로 등장하는 국왕의 측근 세력이나 재추들이 중심을 이루고 있었다.

고려 후기 불교와 관련된 중요한 유물이 대장경이다. 현종 때에 시작해 선종 때까지 70여 년을 두고 고려 조정에서 힘을 기울여 만든『초조대장경初雕大藏經』이 1232년 침공한 몽골군에 의해 모두 불타버렸다. 그러자 고려 조정에서는 또다시 대장경 제작에 착수했다. 이렇게 완성된 대장경이 현재 해인사海印寺에 보관 중인『재조대장경再雕大藏經』, 즉『고려대장경高麗大藏經』이다. 경판經板의 총수가 8만 1,258개이므로『팔만대장경』이라고도 한다.

일본
몽골의 침공과 그 이후의 변화

**몽골의
일본 침공**

　　원을 세운 쿠빌라이는 일본을 복속시키려는
야심을 가지고 있었다. 쿠빌라이는 무력 침공을 하기 전에, 1268년부터 고
려를 통해 여러 차례에 걸쳐 일본에 사신을 파견해 복속을 요구했다. 이
에 대해 새로이 싯켄이 된 호조 도키무네北条時宗는 사신을 추방하며 원의
요구를 거부하고, 침공에 대비하여 사이고쿠 지방의 고케닌들에게 규슈
지방의 수비를 더욱 강화하라는 명령을 내렸다.

　평화적으로 일본을 굴복시킬 수 없다는 점이 확실해지자, 1274년 쿠빌
라이는 고려를 전진 기지로 삼아 약 3만 명의 고려·몽골 연합군과 900척
의 배를 동원해 일본 침공에 나섰다. 여·몽 연합군은 쓰시마섬과 이키섬
을 점령하고, 기타큐슈北九州의 하카타만에 상륙했다. 이때 벌어진 전투에
서 일본군은 은상恩賞을 위해 자신의 신상을 밝히며 개인적인 결투를 벌이

는 구태의연한 전술을 고집하다가, 여·몽 연합군의 조직적이고 체계적인 전술과 화약을 사용한 새로운 병기에 고전했다. 이 때문에 한때 다자이후 大宰府의 미즈키水城 일대까지 밀려났다.

밤이 되자 연합군은 일본군의 기습을 우려하여 배로 퇴각했다. 그런데 하필 이날 폭풍우가 불어 대부분의 배가 침몰하고 말았다. 일본군이 아니라 폭풍에 막대한 피해를 입은 여·몽 연합군은 철수해야 할 상황에 처했다. 이 사건을 일본에서는 '분에이의 역文永の役'이라고 한다.

운 좋게 몽골의 침략을 물리치게 된 막부는 몽골군의 재침공에 대비하여 하카타만 연안에 석벽을 쌓는 한편 수군도 보강했다. 또한 고케닌에 대한 통제도 강화해나갔다. 이를 통해 규슈의 고케닌들을 동원하여 침공이 예상되는 요충지를 교대로 경비하도록 명을 내렸다. 그리고 막부의 고케닌이 아닌 자들까지 동원하여 기타큐슈의 요지와 나가토長門 연안을 지키도록 했다. 그러는 와중에 고려 정벌까지 검토했다.

일본의 대책에 상관없이, 1279년 남송을 멸망시킨 쿠빌라이는 그 여세를 몰아 1281년 또다시 일본 정벌에 나섰다. 고려에서 동원한 4만의 동로군과 중국 본토에서 동원한 남송 출신 10만의 강남군, 총 14만 명의 대군을 4,400여 척의 배에 나누어 싣고 2차 침공을 단행했다. 일본군은 그동안 쌓아놓았던 석벽에 의지하며 약 2개월에 걸쳐 공방전을 계속했다. 이러던 중, 또다시 큰 폭풍우가 발생하여 원정군은 큰 피해를 입고 마침내 퇴각하고 말았다. 일본에서는 몽골군의 2차 침공을 격퇴한 일을 두고 '고안의 역弘安の役'이라고 한다.

일본 역사상 최초로 본토가 침공을 받은 전쟁에서, 막부는 때마침 불어온 태풍 덕분에 침공을 막아낼 수 있었다. 그러자 당시 일본의 사찰과 신사들은 자신들의 기도를 들어준 신이 일본을 보호하기 위해 바람을 일으켜준 덕분이라고 여겼다. 그러한 뜻에서 이때 일어난 폭풍을 '가미카제神風'라고 불렀다.

몽골의 침공 이후
발생한 후유증

원의 쿠빌라이는 다시 침공을 계획했으나, 베트남 침공에 실패하고 국내에서도 분쟁이 일어나 3차 원정을 실행할 수 없었다. 이렇게 해서 일본은 몽골의 위협에서 벗어났다. 그렇지만 그 후유증은 적지 않았다. 몽골에서 일본 침공을 포기했다는 사실을 확인할 수 없던 막부에서 경계 태세를 늦추지 못했던 것이 하나의 이유였다. 그래서 규슈 지방의 요지를 지키는 고케닌은 물론, 고케닌이 아닌 무사들까지 동원되었다.

이는 일시적으로 호조씨의 권력을 강화시켜주었다. 우선 몽골의 침공에 대비한다는 명분을 내세워, 막부가 고케닌이 아닌 공령과 장원의 무사들까지 동원할 수 있는 권한을 조정으로부터 얻어냈기 때문이다. 이는 막부가 고케닌 이외의 무사들까지 통제하게 되는 계기가 되었다. 또한 규슈 지역의 행정·사법·군사 문제를 관할하는 진제이탄다이鎭西探題를 설치하고, 여기에 호조씨 일족을 임명해 지방에 대한 통제도 강화해나갔다.

또한 호조 가문 내부에서도 권력 구조에 변화가 있었다. 호조 가문의 적자를 중심으로 한 도쿠소가 실권을 장악해나갔던 것은 몽골의 침공이 있기 전부터 있어왔던 현상이었다. 그러나 몽골과의 전쟁을 치른 호조 도키무네가 집권하고 있던 즈음에는 그 양상이 이전보다 더욱 강화되었다.

이러한 현상의 이면에는 무사 가문이 직면해야 했던 현실적 문제를 해결하려던 움직임이 있었다. 원래 이들의 상속 관행에서는 유산을 균등하게 물려주는 것이 관례였다. 심지어 여자도 살아 있는 동안에는 상속받은 유산을 가지고 있을 권리가 있었다. 이러다 보니 가문이 가진 영지는 자식들의 숫자만큼 쪼개지게 마련이었으며, 이는 가문의 힘과 단결을 약화시키는 결과를 가져왔다. 이를 피하기 위해 점차 적자에게 영지를 중심으로 한 유산을 몰아주는 방향으로 상속 관행이 바뀌기 시작했다.

그러다 보니 원래는 대등한 지위에서 협력하던 적자와 서자의 관계가 주종 관계처럼 바뀌어 갔다. 싯켄으로 권력을 장악한 호조 가문도 여기서 예외는 아니었다. 이 과정에서 서자들의 저항으로 권력투쟁이 있었지만, 이를 제압한 도쿠소가 권력의 핵심이 되었다. 그 결과 주요 사안에 대한 결정은 도쿠소와 그가 개인적으로 임명하는 미우치비토御內人의 모임에서 내려졌다. 이러면서 전체 절반 이상의 슈고 자리와 많은 숫자의 지토 자리를 호조 가문이 장악하게 되었다.

이와 같은 사회의 변화와 몽골의 침공 등이 계기가 되어 일시적으로는 호조 가문 도쿠소의 권력이 강화되었지만, 여기에는 불안 요인이 있었다. 막부의 기반이 되는 고케닌들의 경제적 기반이 무너져갔기 때문이다. 이는 미나모토노 요리토모가 고안해냈던 고케닌 체제의 근원적 문제가 드러난 것이라고 할 수 있다. 이 체제에서 쇼군과 고케닌의 관계를 유지시켜주는 것은 쇼군에 대한 고케닌의 충성을 은상恩賞으로 보상해주는 시스템이었다.

그런데 몽골의 침공은 이 시스템을 근본적으로 무너뜨렸다. 몽골의 침공에 맞서 싸우는 데에는 물론, 이후의 침공에 대비하는 데까지 참여해야 하는 고케닌들의 부담은 적은 것이 아니었다. 여기에 드는 비용 대부분을 고케닌들 스스로가 부담해야 했기 때문이다. 그런데 몽골의 침공을 물리 친 전쟁은 패배한 측의 영지를 빼앗아 나누어주던 일본 내부의 내전과는 달리 은상으로 나누어줄 영지를 확보할 수 있는 구조가 아니었다.

따라서 막부는 전쟁에서 공을 세운 고케닌들에게 은상으로 나누어줄 토 지나 재물을 확보할 수 없었다. 그렇지만 고케닌들에게는 은상을 받는 것 이 절박한 과제였다. 고케닌뿐 아니라 사원과 신사에서도 자신들의 기원 을 들어주어 일본이 원의 침공을 막아낼 수 있었다며 은상을 요구했다. 이와 같이 은상을 바라는 곳은 많았지만, 그만큼 나누어줄 능력이 없었던 막부는 결국 1294년 은상을 지급하지 못하겠다고 선언해버렸다.

그러자 막대한 비용을 들여 전쟁을 치르고도 이를 충당할 만한 은상을 받지 못한 많은 고케닌들이 파산할 상황에 몰렸다. 심지어 생활까지 어려 워진 고케닌들 중에는 자신의 영지를 저당 잡히거나 매매하는 자들이 늘 어갔다. 이들이 때마침 활발하게 유통되었던 화폐를 바탕으로 나타난 고 리대금업자에게 걸려들어 압박을 받았다.

막부는 이러한 고케닌의 파산을 막기 위해 고케닌이 진 빚을 강제로 탕 감하기도 하고, 여러 차례에 걸쳐 영지를 매매하거나 저당 잡히는 행위를 금지했다. 1297년, 막부가 내린 '도쿠세이레이德政令'는 대표적인 조치이다. 고케닌이 저당 잡히거나 팔아버린 영지를 무상으로 돌려주게 하며, 고케 닌이 빌린 금전 관계의 소송은 받지 않는다는 내용이었다.

이 조치가 일시적으로는 효과가 있었지만, 고케닌들이 새로운 빚을 얻 을 수 없게 만드는 결과를 낳았다. 결국 쪼들리던 고케닌들의 자금줄을 더욱 조이게 되었다. 구제 정책의 실패로 인해 막부는 고케닌들의 신뢰를 잃어갔다. 그러자 슈고 중에서는 몰락한 고케닌을 수하로 끌어들여 세력을 키우는 경우도 생겼다. 상당수의 고케닌들이 막부가 아닌 쪽에 충성하게 되면서 호조씨가 장악한 막부의 단결력은 점차 약해졌다.

가마쿠라막부의 붕괴

막부의 통제력이 약화되면서, 일본의 서부 지역을 중심으로 '악당惡黨'이라 불리는 집단이 나타나기 시작했다. 일부 무사나 묘슈名主들이 패거리를 모아 약탈에 나선 것이다. 이들은 장원의 연공미를 약탈하거나 창고를 습격하는 등 영주의 수탈에 저항하는 역할을 하기도 했다.

사태가 심각해지자 공가나 사원, 신사 등에서는 막부에 악당 단속을 요구했고, 막부에서도 슈고와 고케닌들을 동원해서 악당 토벌에 나섰다. 그러나 악당은 쉽게 토벌되지 않았다. 슈고와 고케닌 일부는 악당의 위세에 눌리기도 했고, 일부는 뇌물을 받고 악당의 행패를 눈감아주었다. 심지어 토벌에 나서야 할 슈고와 고케닌들 가운데에도 악당 조직을 키워 세력 확대에 이용하는 자가 나타났다.

이 때문에 악당에 대한 토벌이 제대로 이루어지지 않았고, 일부 악당을 소탕한다 하더라도 이러한 조직이 일본 전역으로 퍼져나가는 사태를 막지 못했다. 이러한 사태의 흐름 속에서, 처음에는 소규모 범죄자 집단에서 출발했던 악당 집단에 점차 무사와 고케닌들이 가담하면서 무사단과 비슷한 존재로 성장해나갔다. 그러면서 악당들이 장악한 지역도 나타나기 시작했다. 이와 같은 혼란 속에서 막부 내부에 대한 반감이 높아지며 호조씨는 점차 고립되어갔다. 이는 막부 자체의 위기로 발전되었다. 우선 이러한 혼란을 틈타 그동안 주도권을 잃었던 공가에서 막부 타도에 나섰다.

이 배경에는 막부가 일본 황실의 분열을 이용하여 정국의 주도권을 장악한 데 대한 반발이 있었다. 그 당시 조정은 고사가後嵯峨 법황이 사망한 후, 고부카쿠사後深草 천황의 자손인 지묘인토持明院統와 가메야마亀山 천황의 자손인 다이카쿠지토大覚寺統라 불리는 두 파벌로 나뉘어 있었다. 두 파벌은 천황 자리와 인세이에 관한 주도권, 황실이 가진 장원의 상속과 관리 문제로 갈등을 빚었다. 막부는 이러한 분열을 이용하여 두 파벌이 교대로 천황에 오르게 하는 방식을 취하며 조정을 사실상 좌지우지했다.

그러던 중 1318년 즉위한 다이카쿠지토 계열의 고다이고 천황이 이러한 상황의 타개에 나섰다. 그는 주자학적 대의명분론에 입각하여, 인세이를 폐지하고 천황의 친정체제를 구축하는 등의 개혁 조치를 추진했다. 이는 막부 타도를 위한 준비 작업이었다.

1324년, 고다이고 천황은 막부 타도를 실행에 옮기려 했으나, 계획이 누설되는 바람에 실패했다. 이를 이른바 '쇼추正中의 변變'이라고 한다. 이때 천황은 관련이 없다고 발뺌했고, 막부도 책임을 추궁하지 않았다. 그럼에도 불구하고 고다이고 천황은 1331년, 또다시 승병을 끌어들인 봉기 계획을 세웠으나 이번에도 누설되고 말았다. 이를 '겐코元弘의 변'이라 한다. 이번에는 막부가 조치를 취했다. 지묘인토 계열의 고곤光厳 천황을 즉위시키고, 고다이고 천황은 오키섬에 유배 보냈다.

그런데 이 조치가 화근이 되었다. 1332년, 고다이고 천황의 아들인 모리요시護良 친왕은, 악당 출신으로 세력을 키운 구스노키 마사시게楠木正成 등 막부에 불만을 품은 세력을 모아 일어났다. 막부도 대규모 병력을 동원하여 진압을 시도했다. 구스노키 마사시게는 막부의 진압에 맞서 가와치河內 지방을 중심으로 산악지대에서 농성하면서 막부의 토벌군을 괴롭혔다. 이렇게 막부에 대한 반란이 전국적으로 일어나는 혼란 속에서, 1333년 고다이고 천황은 유배지인 오키섬에서 탈출했다.

막부는 반란 진압을 위해, 세력이 큰 고케닌 중 하나인 아시카가 다카우지足利高氏를 지휘관으로 한 대규모 토벌대를 교토로 보냈다. 그렇지만 아시카가 다카우지는 막부를 배반하고 교토의 로쿠하라六波羅를 점령했다. 비슷한 시기 간토 지방에서 세력을 떨치던 고케닌 닛타 요시사다新田義貞도 막부 타도에 가세하여 가마쿠라 공격에 나섰다. 이 공세가 성공을 거두어 막부의 양대 거점이라 할 수 있는 교토와 가마쿠라가 함락되자, 당시의 도쿠소인 호조 다카토키北条高時는 일족과 함께 자살했다. 이로써 가마쿠라 막부는 미나모토노 요리토모가 세운 지 약 150년 만에 붕괴되었다.

겐무신정

호조씨가 아시카가 다카우지에게 제압당한 후, 교토에 돌아온 고다이고 천황은 가마쿠라막부에서 내세운 고곤光嚴 천황을 폐위시키고 국사國事를 직접 돌보려 했다. 이를 위하여 셋쇼와 간파쿠를 폐지하고, 통치체제를 셋칸 정치 이전의 체제로 돌려놓았다. 또 그때까지 최고 관직이었던 다이조다이진太政大臣을 없애버려, 사다이진左大臣이 가장 높은 관직이 되면서 자연스럽게 신료들의 지위가 격하되었다.

이와 함께 정무政務를 총괄하는 기로쿠쇼記錄所를 설치하여 공가公家와 무가武家 출신을 안배해서 기용했다. 그리고 토지 관련 소송을 담당할 잣소

케쓰단쇼雜訴決斷所, 교토의 경비를 맡으며 무사들을 통솔할 무샤도코로武者所, 가마쿠라막부를 붕괴시키는 데에 공을 세운 자들을 심사하고 포상을 내리기 위한 기관으로 온쇼가타恩賞方가 설치되었다.

지방 통치를 위한 제도 역시 바꾸었다. 먼저 중앙에서 파견하는 지방관인 고쿠시國司를 부활시켰다. 고다이고 천황은 그때까지 지방을 장악하고 있던 슈고를 없애려 했지만, 무사들의 반발 때문에 그럴 수 없었다. 대신 슈고나 지토를 천황이 임명하도록 하는 조치를 취했다.

이 개혁이 시작되었던 1334년의 연호가 '겐무建武'로 정해지면서 고다이고 천황이 이끄는 새 정권이 시작한 정치 개혁을 한때 '겐무중흥建武中興'이라 부르기도 했었다. 이는 천황 중심으로 일본의 역사를 보려는 발상에서 나온 것이지만, 그렇게 평가해주기에는 고다이고 천황 정권이 오래가지 않았다.

고다이고 천황은 주자학에 빠져 유교적 덕치주의德治主義를 바탕으로 한 율령국가律令國家를 만들어보겠다는 생각을 가지고 있었다. 그런데 이런 생각으로 감행한 급격한 변혁은 곳곳에서 문제를 일으켰다. 우선 천황이 정국을 주도하기 위하여 공가 쪽에 힘을 실어주려는 정책이 반발을 불렀다.

고다이고 천황은 호조씨 일족이 가지고 있던 영지를 몰수하여, 그 대부분을 천황의 일족에게 나눠주었다. 그러면서 노골적으로 공가와 사원 위주의 정책을 추진했다. 상대적으로 무가 세력은 박대를 받았다. 호조씨 타도에 가장 공이 컸다고 할 수 있는 아시카가 다카우지마저도 조정에서 홀대를 받으며 밀려나 있었다. 그만큼 무사들에 대한 포상이 상대적으로 박했으며, 무가 측은 고다이고 천황에게 불만을 가지게 되었다.

게다가 무사가 영지에 대한 소유권을 인정받기 위해서는 천황의 허가가 있어야 된다는 원칙이 급하게 발표되었다. 이 때문에 포상을 받지 못한 무사들이 앞다투어 소송을 재기하면서 혼란을 초래했다. 이러한 신정부의 조치에 무사들의 불만은 높아갔다. 사실 가마쿠라막부가 무너졌다고는 하지만, 이는 호조씨 가문의 몰락일 뿐 무사 세력의 힘이 없어졌음을 의미하는 것이 아니었다. 그럼에도 불구하고 고다이고 천황은 막부체제가 성립하기 이전의 율령체제로 돌아가려 했다.

이런 발상이 무가의 불만을 샀다. 무사들은 몽골의 침략을 격퇴한 이후에 악화된 상황을 수습하지 못하는 호조씨에 반기를 들었던 것이지, 율령체제로 돌아갈 생각은 없었다. 조정에서 밀려난 아시카가 다카우지는 자신이 함락시킨 로쿠하라를 근거로 하여, 조정과 상관없이 호조씨 타도에 공을 세운 무사들에 대한 보고를 받으며 세력을 키우고 있었다.

이런 와중에 고다이고 천황은 권위를 높일 겸, 자신이 거처할 궁성 다이다이리大内裏를 건설할 계획을 세워 그 비용을 각국의 지토에게 할당시켰다. 그리고 이 비용은 고스란히 농민들에게 전가되었다. 또한 일부 영주들은 이런 조치들을 이용하여 가마쿠라시대보다 더 많은 연공과 부역을 농민들에게 부과했다. 이 때문에 농민들의 불만도 커져갔다. 정국이 불안한 상황에서 아시카가 다카우지의 세력이 커지자, 모리요시護良 친왕은 아시카가 다카우지를 제거하려 했다. 그러나 이 분쟁에서 모리요시 친왕은 아시카가 다카우지에게 패배해 가마쿠라에 유폐되는 신세가 되었다.

그러던 중 가마쿠라막부 붕괴 이후에도 살아남았던 호조 도키유키가 잔여 세력을 규합하여 1335년 반격을 시도했다. 이를 '나카센다이中先代의 난'이라 한다. 고다이고 천황은 자신의 아들 나리나가成良 친왕을 세이이타이쇼군征夷大将軍으로 임명하여 호조 도키유키를 토벌하도록 했다. 그러나 가마쿠라로 진격해오던 호조 도키유키에게 나리나가 친왕이 패배해버렸다.

이 소식을 들은 아시카가 다카우지는 1335년 8월 1일 천황의 허가 없이 세이이타이쇼군을 자처하며 가마쿠라로 진군, 호조 도키유키를 토벌하고 가마쿠라를 점령했다. 가마쿠라를 차지한 아시카가 다카우지는 노골적으로 조정의 통제에서 벗어났다. 그러자 고다이고 천황은 닛타 요시사다에게 아시카가 다카우지 토벌 명령을 내렸다. 닛타 요시사다는 일진일퇴의 공방전을 벌이다가, 교토에서 구스노키 마사시게 등의 도움을 받아 아시카가 다카우지의 군대를 물리쳤다. 그러나 아시카가 다카우지는 규슈로 물러나 체제를 정비하고, 이듬해에 고다이고 천황에게 폐위된 고곤 상황을 등에 업고 다시 교토로 진격했다.

이 공세에 맞선 고다이고 천황은 미나토湊川강 전투에서 패했고, 구스노키 마사시게가 이 과정에서 죽었다. 그와 함께 개혁 정치도 막을 내렸다. 교토를 점령한 아시카가 다카우지는 고곤 상황의 동생을 새 천황으로 옹립했다. 그가 고묘光明 천황이다. 이와 같이 고다이고 천황의 개혁이 오래가지 못하고 실패로 돌아갔기 때문에, 개혁 정치도 '겐무중흥'보다는 그냥 '겐무신정建武新政' 정도의 의미로 보는 것이 보통이다.

난보쿠초시대

아시카가 다카우지는 교토를 점령하고 나서 고다이고 천황에게 화의를 청했다. 이를 받아들인 고다이고 천황은 천황의 상징인 3개의 신기神器를 넘겨주고 교토로 돌아왔다. 이렇게 해서 자신이 내세운 고묘 천황의 권위를 세워준 아시카가 다카우지는 고다이고 천황을 유폐시켰다.

그러자 고다이고 천황은 곧 유폐된 곳에서 탈출하여 요시노吉野 지방으로 피신했다. 이곳으로 피신한 고다이고 천황은 고묘 천황이 가지고 있는 신기가 가짜이며 자신이 정통이라고 주장했다. 이 정권을 '남조南朝'라 부른다. 이에 반해 아시카가 다카우지가 내세운 고묘 천황 계열을 '북조北朝'라 한다. 이렇게 두 명의 천황이 양립하여 각각 정통성을 주장한 이 시기를 일본 역사에서의 난보쿠초南北朝시대라 한다.

이후 60여 년 동안 두 세력이 대립하는 상황이 지속되었다. 남조의 세력은 그다지 강하지 않았으나, 일부 지방 무사들과 상인들의 도움으로 명맥을 유지할 수 있었다. 이런 상황이었음에도 고다이고 천황은 닛타 요시사다 등에게 북조 토벌을 지시했다. 어렵게 시작된 북조 공략에서 남조 군대는 고전을 거듭했고, 이 과정에서 닛타 요시사다가 전사하는 피해를 입었다. 이후 남조의 세력은 급격하게 위축되었다.

닛타 요시사다가 전사한 이후인 1338년, 아시카가 다카우지는 고묘 천황으로부터 세이이타이쇼군으로 임명되며 17조의 겐무시키모쿠建武式目를 발표했다. 이것은 무가는 힘으로 찍어 누르는 것밖에 모른다는 공가의 비아냥거림에 대응한 조치라 할 수 있다. 쇼토쿠 태자의 17조 헌법을 많이 참조한 것으로 평가받는 이 법전은, 무사들이 갖추어야 할 기본 방침이 밝혀져 있다.

이후 아시카가 다카우지는 자신의 고케닌 고노 모로나오高師直를 집사로 삼아 막부의 운영을 맡겼다. 그러면서도 군사·치안 문제와 논공행상 등은 자신이, 일반적인 업무는 여러 재판기관을 통하여 동생인 아시카가 다다요시足利直義가 관리하는 방식으로 권력을 장악해나갔다.

아시카가 다카우지가 권력을 다지고 있는 동안 남조에서는 고전을 거듭했다. 이 때문에 어려운 상황을 헤쳐나가다가 건강을 해친 고다이고 천황은 1339년 병으로 사망하고 말았다. 그 뒤를 이어 고무라카미後村上 천황이 즉위했다. 그러자 구스노키 마사시게의 아들 구스노키 마사쓰라楠木正行가 천황을 보좌하여 북조에 대한 공세에 나섰고, 한때 기세를 올렸다. 그러나 곧 이은 북조의 반격으로 1348년 그마저 전사해버렸다. 고무라카미 천황은 피신하여 목숨을 건졌으나, 남조가 위기에 몰린 것은 분명했다.

그런데 이다음 해 북조에 내분이 생겼다. 공가와의 협력을 추구하는 아시카가 다다요시와 무가 위주의 정책을 추진하던 고노 모로나오 사이의 갈등이 불거진 것이다. 이로 인하여 고노 모로나오가 아시카가 다다요시에 의해 집사직에서 해임되는 사태가 일어났다. 이에 반발한 고노 모로나오는 동생인 고노 모로야스高師泰와 함께 아시카가 다다요시를 습격했고, 위협을 느낀 아시카가 다다요시는 형인 아시카가 다카우지의 집으로 피신했다.

이 사태는 아시카가 다카우지의 중재로, 아시카가 다다요시가 출가하여 공직에서 물러나는 것으로 타협을 보았다. 이 결과 아시카가 다다요시 일파가 숙청되었다. 이를 '간노의 난観応の擾乱'이라고 한다. 이 사태의 이면에 동생을 견제하려 한 아시카가 다카우지가 고노 모로나오를 이용한 측면이 있다는 해석도 나온다.

다다요시를 출가시킨 후, 고노 모로나오는 아시카가 다카우지의 적장자 아시카가 요시아키라足利義詮를 보좌한다는 명목으로 실권을 장악했다. 그러자 다다요시의 양자 아시카가 다다후유足利直冬가 군사를 일으켰다. 이를 토벌하기 위해 고노 모로나오가 아시카가 다카우지와 함께 출병한 틈을 타, 아시카가 다다요시는 교토를 탈출하여 남조와 화해해버렸다. 그러고는 형과의 싸움에 집중했다.

아시카가 다다요시와 남조의 공세에 밀린 아시카가 다카우지는 1351년 고노 모로나오 형제를 출가시키는 조건으로 다다요시와 화의를 맺었다. 이에 따라 교토로 호송되던 고노 모로나오, 모로야스 형제는 도중에 살해되고 말았다. 그랬음에도 아시카가 다카우지 형제의 암투는 끝나지 않았고, 이후 일본 열도 내부의 분쟁은 아시카가 다카우지 형제와 남조가 삼파전을 벌이는 형태로 진행되었다.

이런 형태의 싸움에 위협을 느낀 아시카가 다카우지는 남조와의 화해를 모색했다. 그렇지만 어렵게 성사되어가던 화해는, 아시카가 다다요시를 토벌한다고 출동한 남조의 군대가 교토로 진군함으로써 깨졌다. 계속된 싸움에서 아시카가 다카우지는 동생의 세력을 제압해나갔고, 1352년에는 아시카가 다다요시를 죽이면서 형제 사이의 내분에 종지부를 찍었다.

남조는 이 틈을 타 한때 교토를 점령했다. 그렇지만 곧 아시카가 다카우지의 반격에 밀려났다. 이후에도 상쟁은 계속되었다. 아시카가 다다요시는 죽었지만 아시카가 다다후유가 저항을 계속했기 때문이다. 이러한 혼란 속에 1358년 아시카가 다카우지도 죽었다. 그 뒤를 장남 아시카가 요시아키라가 이었다. 이후에도 분쟁은 한동안 더 계속되었지만 대세는 아시카가 다카우지의 후손에게 기울었다.

**무로마치막부의
성립**

1367년에는 아시카가 다카우지의 장남 아시카

가 요시아키라와 차남 아시카가 모토우지足利基氏가 잇달아 죽었다. 그 결과 10세에 불과한 아시카가 요시미쓰足利義滿가 3대 쇼군으로 취임하며 그 뒤를 이었지만, 이 세력은 위축되지 않았다. 반면 다음 해 남조에서는 고무라카미 천황이 죽고 구스노키 마사시게의 셋째 아들 구스노키 마사노리楠木正儀가 북조에 항복하면서 그 세력이 급속하게 약화되었다. 규슈를 중심으로 일부 저항이 있기는 했지만, 1371년이 되면서 그마저 잦아들었다.

1378년으로 접어들면서, 아시카가 요시미쓰는 우콘에노다이쇼右近衛大将를 시작으로 곤다이나곤權大納言 등 조정의 고위직에 취임하면서 공가 사회에 대한 영향력도 확대해나갔다. 그러면서 이해, 교토의 무로마치室町에 '하나노고쇼花の御所'라고 불린 저택을 세우고 이곳으로 거처를 옮겼다. 이후 여기를 막부의 근거로 삼았기 때문에 아시카가씨의 막부를 '무로마치 막부'라고 부른다.

아시카가 요시미쓰는 이와 함께 조정과 막부가 나누어 행사하고 있던 교토 시내의 통제와 과세 등을 막부가 단독으로 맡도록 해놓았다. 또 쇼군 직속의 상비군인 호코슈奉公衆를 확보하고, 나아가 부교슈奉行衆라 불리는 실무 관료층도 정비했다. 그러면서 장군의 보좌역으로 가마쿠라막부의 싯켄과 비슷한 지위인 간레이管領(싯켄이 간레이라고 불렸던 경우도 있다)를 두었다. 물론 간레이에게 싯켄만큼 강력한 힘을 실어주지는 않았다. 간레이는 아시카가 가문의 가신 중 시바斯波, 호소카와細川, 하타케야마畠山 세 가문에서 교대로 임명되었다. 이를 두고 산칸레이三管領, 산칸三管, 산쇼쿠三職 등으로 불렀다.

가마쿠라막부 대부터 설치되었던 사무라이도코로, 만도코로, 몬추조와 함께 막부의 주요 인물로 구성된 자문기구 효조슈는 간레이 밑에 두었다.

이 중 교토 내외의 경비나 형사 소송을 맡는 사무라이도코로가 가장 비중 있는 조직이었다. 그 수장에는 야마나山名, 아카마쓰赤松, 교고쿠京極, 잇시키一色 4가문 출신이 교대로 임명되었는데, 이를 시시키四職라고 불렀다.

지방 통치에 있어서는 가마쿠라를 중시하여, 가마쿠라후鎌倉府를 두고 간토 지방의 10개국을 관할하게 했다. 가마쿠라막부가 교토를 중심으로 서쪽 지방을 지배하기 위해 로쿠하라탄다이六波羅探題를 설치한 것과는 반대로, 무로마치막부는 가마쿠라후를 두어 가마쿠라 동쪽 지방을 지배했던 것이다. 그 수장을 두고 쇼군의 별칭인 구보公方라고 한 것도 가마쿠라후를 동쪽의 작은 막부와 같은 존재로 여겼음을 보여준다.

아시카가 다카우지의 차남인 아시카가 모토우지가 처음으로 수장인 가마쿠라구보鎌倉公方에 임명된 이후, 이 자리는 아시카가 모토우지의 자손에게 세습되었다. 하지만 가마쿠라구보는 후에 교토의 막부와 갈등을 빚었다. 가마쿠라구보를 보좌하는 간토칸레이關東管領 자리는 우에스기上杉씨가 세습하며 임명되었다. 이 밖에 규슈에는 규슈탄다이九州探題가, 도후쿠東北 지방에는 오슈탄다이奧州探題와 우슈탄다이羽州探題, 그리고 주고쿠 지방에는 주고쿠탄다이中国探題가 설치되어 무사들을 통제했다.

아시카가 요시미쓰가 쇼군이 되면서 간레이에 임명된 사람이 호소카와 요리유키細川賴之이다. 아시카가 요시아키라가 죽으면서 호소카와 요리유키에게 아들의 보좌를 맡겼다. 호소카와 요리유키는 간레이에 취임하면서, 막부의 주요 인물로 구성된 효조슈의 자문을 받아가며 정국을 이끌었다. 그러나 1379년, 다른 가문의 견제를 받아 물러났다. 그럼에도 불구하고 아시카가 요시미쓰는 그를 곧 복귀시켰다. 이 과정에서 쇼군의 권력이 강화된 점으로 미루어, 아시카가 요시미쓰가 가신들의 갈등을 이용하여 서로 견제하게 만들면서 자신의 권력을 강화했다고 해석하기도 한다.

　이후에도 아시카가 요시미쓰는 할아버지 아시카가 다카우지와 아버지 아시카가 요시아키라보다 훨씬 높은 관직에 취임하면서 사다이진에까지 올랐다. 이렇게 강화된 위상을 바탕으로, 아시카가 요시미쓰는 슈고다이묘들에 대한 견제에 나섰다.

　1390년 아시카가 요시미쓰는 강력한 힘을 가지고 있던 슈고다이묘 도키 야스유키土岐康行로 하여금 반란을 일으키도록 자극해서 토벌해버렸다. 이를 '도키씨土岐氏의 난'이라고 한다. 다음 해인 1391년에도 야마나 가문의 내분에 개입하는 비슷한 수법을 써서 11개 구니의 영지를 지배하던 야마나 유지키요山名氏淸를 토벌했다. 이를 '메이토쿠明德의 난'이라고 한다.

　이렇게 자신의 지위를 다져나가던 1392년, 아시카가 요시미쓰는 남조에 하나의 협상안을 제시했다. 남조의 고카메야마後亀山 천황이 북조의 고코마쓰後小松 천황에게 천황 지위를 양보하는 대신, 남조의 황태자를 옹립한다는 것이다. 고카메야마 천황은 이를 승낙하고 교토로 돌아와 고코마쓰 천황에게 3개의 신기를 넘기고 물러났다. 이리하여 약 60년 동안에 걸친 내란이 막을 내렸다.

　아시카가 요시미쓰는 1394년에 쇼군 자리를 아들 아시카가 요시모치足利義持에게 물려주었지만, 여전히 실권을 쥐고 있었다. 그리고 이해, 최고 관직인 다이조다이진에 취임했다. 다음 해에는 로쿠온인 덴잔 도기鹿苑院天山道義라는 법명을 쓰면서 출가했다. 이는 쇼군으로서 무가의 최고 지위에, 다이조다이진으로서 공가의 최고 지위에 오른 아시카가 요시미쓰가 사원 세력마저 통제하는 지위를 얻기 위한 조치로 해석된다. 이때 많은 무가와 공가의 요인들이 함께 출가했다.

이후에도 권력 기반을 다지기 위한 아시카가 요시미쓰의 노력은 계속되었다. 다음 해인 1395년, 남조 공략의 일환으로 규슈를 정벌하고 나서 그 지역에서 권력 기반을 다지고 있던 이마가와 사다요今川貞世를 파면해버렸다. 그리고 1399년에는 오우치 요시히로大內義弘를 자극하여 반란을 일으키도록 유도한 다음, 토벌하여 멸망시켰다. 이를 '오에이應永의 난'이라고 한다. 이렇게 해서 아시카가 요시미쓰에게 대항할 수 있는 세력이 거의 제거되었다.

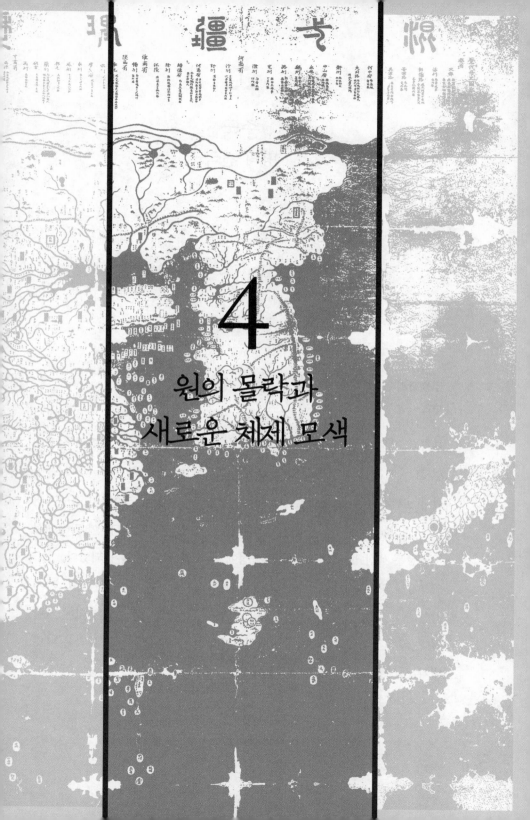

4

원의 몰락과
새로운 체제 모색

1

중국
명의 건국

주원장의
부각
홍건적의 반란이 일어나고 원이 몰락하면서
부각된 인물이 명 태조 주원장이다. 가난한 집에서 태어나 어렵게 성장했
던 그는 기근이 심하게 들었던 1344년, 17세의 나이로 황각사皇覺寺에 들어
갔다. 그러나 곧 황각사 역시 기근을 견디지 못하고, 승려들이 흩어지면
서 주원장도 탁발승托鉢僧이 되어 여러 곳을 방랑하고 다녔다. 이 과정에서
주원장은 세상 물정과 백성들의 사정에 대해 많은 것을 알게 되었다.

그렇게 3년을 방랑한 주원장은 다시 황각사로 돌아왔지만, 얼마 가지
않아 황각사를 다시 뛰쳐나와 홍건적 무리였던 곽자흥郭子興 부대에 가담
했다. 주원장이 25세 되던 1352년이었다. 이때부터 주원장은 두각을 나타
내기 시작했고, 곽자흥의 양녀를 부인으로 맞을 정도로 신임을 얻었다.
이 부인이 후일의 마황후이다.

이후 원 진압군과의 전투에서 곽자흥 부대가 타격을 받자, 주원장은 고향으로 돌아가 잃어버린 병력을 보충해 왔다. 그런데 그가 병력을 모아 돌아왔을 때, 곽자흥 부대 내부의 갈등이 심해진 상태였다. 이 사태에 염증을 느낀 주원장은 자신의 부대를 이끌고 남쪽으로 이동하기 시작했고, 이 과정에서 흡수한 원의 진압군을 합쳐 2만의 병력을 가지게 되었다. 주원장은 이 병력을 이용하여 남경을 점령하고 기반을 잡았다. 주원장이 남경을 점령하고 자리 잡는 동안 곽자흥이 죽는 바람에, 그는 곽자흥의 후계자를 자처했다.

이즈음 중원에서는 다른 세력들도 힘을 키워가고 있었다. 그중에는 한산동과 유복통 세력이 원의 진압군에 궤멸된 뒤, 잔여 세력을 이끌고 양자강 중류를 중심으로 기반을 잡았던 서수휘徐壽輝가 있었다. 그는 1351년에 호북성을 함락시켜 기반을 잡은 다음, 나라 이름을 천완天完, 연호를 치평治平이라 정하고 황제를 자칭했다. 이후 원 진압군에게 고전하던 그는 예문준倪文俊을 기용하고 실권을 맡겼다.

실권을 장악한 예문준은 1357년, 서수휘를 제거하고 황제가 되려다가 실패하고 도망쳤다. 예문준의 부하였던 진우량陳友諒이 그를 죽이고, 그의 부대를 자신의 휘하로 흡수했다. 이 결과 진우량의 세력이 서수휘 세력을 능가하게 되었다. 이를 기반으로 1359년, 진우량은 서수휘를 죽이고 나라 이름을 대한大漢이라 정하고 황제를 자칭했다.

또 다른 세력으로 장사성張士誠이 있었다. 소금을 운반하던 공인貢人 출신이었던 그는 방국진의 반란이 일어난 뒤인 1353년, 동생들과 함께 원의 수탈에 저항하는 반란을 일으켰다. 1355년 타쿠타의 진압에 고전했으나, 타구타 본인이 황제의 견제를 받아 귀양 가서 죽는 바람에 원 진압군을 격파하고 위기를 벗어났다. 그러나 이후 방국진이 원과 타협하여 그 벼슬을 받아들였고, 주원장 세력의 압력까지 받게 되었다. 이러한 사태 흐름에 위기를 느낀 장사성 역시 원에 투항해 태위太尉 벼슬을 받았다.

주원장은 원 세력보다 먼저 동족인 이들과 세력 다툼을 벌였다. 1361년 주원장은 양자강을 거슬러 올라가 진우량을 공략했다. 제법 오랜 시간의 공방전 끝에 1363년, 주원장은 포양호鄱陽湖(파양호)의 결전에서 진우량을 전사시키며 승전을 거두었다.

이 시기 유복통의 홍건군은 원의 토벌군에 쫓겨, 정통성 확보를 위해 데리고 있던 한림아와 함께 안풍安豊으로 물러나고 있었다. 그런데 1363년 3월, 원의 군대가 아닌 장사성이 한림아가 있던 안풍을 공략해 오는 사태가 일어났다. 장사성의 군대에 포위당한 유복통은 주원장에 구원을 요청했다. 그러자 주원장은 곽자흥 때부터의 인연을 감안해 구원부대를 파견하여 한림아를 구출해냈다.

그 직후인 1364년에는 오왕吳王을 자칭한 뒤, 1365년 10월 장사성에 대한 공략에 나섰다. 그리고 1367년, 결국 장사성의 세력을 궤멸시켰다. 이 과정에서 1365년 12월 홍건적에 가담했던 사람들의 지지를 유도하기 위해, 형식상 모시고 있던 한림아도 죽었다. 주원장이 더 이상 필요 없어진 한림아를 제거했다고 보기도 한다. 이렇게 주원장은 동족 경쟁자를 제거한 이후인 1368년 나라 이름을 대명大明, 연호를 홍무洪武라 정하며 황제 자리에 올랐다. 이것이 명明의 시작이다. 즉위한 이후의 주원장을 연호에 따라 홍무제洪武帝라 칭한다.

**홍무제의
정책**

황제에 오른 명 태조 홍무제는 곧바로 북쪽의 원 공략에 나섰다. 그리고 8개월 만에 원의 수도였던 대도를 함락시켜 몽골의 지배로부터 중원 지역을 되찾았다. 그 결과 명의 영토는 북으로 고비사막에서 서쪽으로 바라시호, 동쪽과 남쪽으로는 바다에 이르는 지역으로 넓혀졌다.

이렇게 영토를 되찾은 홍무제는 중원을 경영하기 위한 조치를 취했다. 이 조치는 크게 행정기구 개편과 농업생산력 증대였다. 명 태조는 세금을 줄여 오랜 전란에 시달린 백성의 부담을 가볍게 해주었다. 그러면서 수리시설 확충과 개간에 힘썼다. 그 결과 경작지가 크게 늘어났고, 농업생산과 함께 인구도 비약적으로 늘었다.

명 태조는 국력을 키워가며 권력 기반 역시 착실하게 정비했다. 처음에는 원의 제도를 그대로 썼다. 오른쪽右을 왼쪽左보다 우위에 놓는 제도, 문관보다 무관을 우대한 제도 등이 그것이다. 그러나 점차 자신의 권력을 다지는 방향으로 제도를 바꾸었다. 그 계기는 1380년에 있었던 승상 호유용胡惟庸의 모반 사건이었다. 명 태조는 이를 빌미로 행정기구의 대폭적인 변화를 꾀했다. 이 사건에 대한 증거가 충분하게 남아 있지 않기 때문에, 실제로는 호유용이 모반을 꾀한 것이 아니라 명 태조가 제도 개혁을 위한 핑계를 찾은 것이라 해석하기도 한다.

모반 사건의 진상 여부와 상관없이, 여기서 핵심적인 조치는 중서성과 그 수반인 승상을 없애버리고 실무기구인 6부部를 황제가 직접 통제하는 방식으로 바꾼 것이다. 사실 이전부터 황제의 권력 기반 강화를 위한 조치가 취해졌다. 1376년에 행중서성을 폐지하고 민정사무와 지방의 재정사무를 관할하도록 하는 승선포정사사承宣布政使司, 군사업무를 맡는 도지휘사都指揮使司, 감찰 기능을 가진 제형안찰사사提刑按察使司 등으로 기능을 나누어 설치했다. 더욱이 이 기구들은 황제가 직접 통제하는 방식으로 운영되었다.

이에 더하여 군 지휘권에 대한 정비도 시도했다. 군사 문제를 관장하는 대도독부大都督府도 전·중·후·좌·우 5군軍 도독부都督府 체제로 바뀌었다. 군대가 한 사람에게서 지휘받는 체제에서 5개로 나뉜 것이다. 또한 이 도독부들은 문관文官을 장관으로 하는 병부兵部에 소속되었다. 이 병부를 황제가 직접 통제하는 방식이었으니, 결국 황제의 통제권을 강화한 셈이다. 대부분의 정부기구가 이런 방식으로 바뀌었다. 이러한 체제는 명 다음의 청淸 제국에도 이어졌다.

중앙정부의 체제 개혁과 함께 민생 안정을 위한 조치도 취했다. 오랜 전란 때문에 떠돌아다니는 농민들을 고향으로 돌려보내면서도, 인구에 비해 토지가 부족한 지역 출신들은 토지가 남는 곳으로 보내 종자와 소 등을 지원해주었다. 이에 더하여 황무지를 개간하면 농민에게도 소유권을 인정해주는 정책을 시행했다. 그리고 농민의 정착을 돕기 위해 때때로 조세를 면제시켜주었고, 수리 시설 확충에도 힘썼다.

이와 함께 많은 노비와 소작인을 가진 대지주를 압박했다. 이는 기본적으로 농민에 대한 착취가 사회불안의 원인이 되기 때문에, 그러한 횡포를 부릴 수 있는 대지주의 존재 자체를 없애버리는 의미였다. 하지만 또 다른 의미도 있었다. 황제에 위협적인 세력의 부각을 원천적으로 봉쇄하자는 뜻도 있었던 것이다. 장사성의 기반이 되었던 강남 대지주들의 토지를 몰수했던 조치를 그러한 측면에서 해석한다. 이와 같은 농업 진흥 정책은 소기의 성과를 거두었다. 이러한 정책을 통하여, 명 왕조에 들어와서는 농사짓는 땅이 넓어지고, 생산 또한 늘어났다.

생활의 안정을 찾게 된 농민을 국가에서 장악할 조치도 취했다. 농업 안정 정책과 함께 전국적인 토지측량과 인구조사도 실시했다. 이를 장량丈量과 편심編審이라 한다. 이를 기반으로 농민 통제 조직도 바꾸었다. 편심 작성을 통해 호적을 만든 다음, 조세와 요역을 공정하게 부과할 기반이 될 부역황책賦役黃册을 작성했다. 이는 각 호가 가진 땅과 사람의 이동 및 증감을 파악하여 조세와 요역 부과에 활용되었다.

이렇게 만들어진 체제를 효과적으로 활용하기 위해 향촌 조직도 재편성했다. 그 조직이 이갑제里甲制였다. 이 제도는 부역황책이 작성된 1381년 정월에 시작되었다. 가까이 있는 110호를 1리로 편성하고, 이 110호 가운데 부릴 수 있는 사람과 재산이 많은 10호를 이장호里長戶로, 나머지 100호를 갑수호甲쑵戶로 편성하는 것이 기본 구조였다. 이렇게 되면 이장호 1호당 10호의 갑수호가 배속된다. 이렇게 전체 10갑으로 조직을 편성하여, 매년 이장 1명과 각 갑에서 뽑은 10명의 갑수가 돌아가면서 각 촌의 여러 업무를 맡도록 했다.

이장과 갑수들은 부역황책 작성과 부역 징수 등 촌락을 운영하기 위한 여러 기능을 맡았다. 이렇게 정식으로 이갑제에 편성된 호를 정관호正管戶라 불렀다. 그런데 여기에 들지 못할 정도로 토지를 갖지 못하거나 적게 가진 기령호畸零戶도 있었다. 이런 호는 정규 편성된 110호에 붙였다. 그 결과 이갑제에서는 이장호, 갑수호, 기령호라는 서열이 생긴 셈이다.

그런데 이런 서열을 통해 각 촌락을 운영한 결과 이 체제의 맨 위에 자리 잡은 이장에게 과중한 업무를 맡기는 꼴이 되었다. 그래서 과중한 업무를 맡은 이장이 매년 교체되도록 한 결과 안정감이 떨어졌다. 이 때문에 이갑체제를 안정적으로 유지하기 위하여 이장의 역할을 보완하는 조치가 필요했다. 이에 따라 기숙耆宿이라 하여 나이 많고 덕 있는 자를 지방관의 보좌역으로 임명했다. 이것이 이노인제里老人制의 성립으로 이어졌다.

이노인의 기능과 역할은 일상적인 사건에 대한 재판권의 행사, 촌락 백성 교화, 농사 권장, 각종 경조사 때의 품앗이, 치안 질서 유지 등이었다. 그런데 이노인은 매년 교체되었던 이장과 달리 임기가 규정되어 있지 않고, 큰 문제가 없는 한 계속해서 자리를 유지했다. 따라서 그 영향은 이장보다 크다 할 수 있었으며, 이장과 함께 명나라 향촌 지배의 중요한 축이었다.

각 촌락을 다스리는 기본 규범은 육유六諭였다. 그 내용은 "부모에게 효도하고, 웃어른을 존경하고, 이웃과 화목하게 지내고, 자손을 잘 가르치고, 각자 자신의 생업에 힘쓰고, 잘못된 일을 벌이지 마라孝順父母, 尊敬長上, 和睦鄉里, 敎訓子孫, 各安生理, 毋作非爲"였다. 이러한 규범으로 촌락 백성을 교화함으로써 체제에 순응하도록 유도했다. 그러나 이러한 제도는 촌락의 계층을 인정한다는 전제에서 성립할 수 있었다. 이는 결국 향촌에 존재하는 기득권을 인정함으로써, 장기적으로 대지주를 압박해 위협 세력을 없앴던 정책을 상쇄시켜버리는 결과를 낳았다.

영락제의 등장과 명의 팽창

홍무제는 호유용 제거부터 시작하여 여러 차례 옥사를 일으키며, 위협이 될 만한 인물과 세력을 제거해나갔다. 심지

어 홍무제는 자신을 우롱하는 듯한 문자만 써도 엄벌에 처했다. 특히 광光
자나 독禿자는 홍무제가 떠돌이 승려였음을 연상시킨다 하여 그 사용에 민
감한 반응을 보였다.

적대적인 세력을 제거하며 황제의 권위를 세워 홍무제가 원하는 개혁을
추진하는 데에는 이런 식의 조치가 도움 되는 측면이 있었다. 하지만 여
기에는 부작용도 있었다. 공신들이 제거되면서 홍무제가 신뢰할 만한 사
람도 사라졌다. 이런 와중인 1382년 황후를 잃고, 1392년에는 황태자 주표
朱標까지 잃었다.

이해 9월 황태자의 둘째 아들 주윤문朱允炆을 황태손으로 책봉하며, 이른
바 '남옥藍玉의 옥獄'을 일으켰다. 이는 서번西蕃과 원 세력 토벌에 혁혁한 공
을 세운 바 있던 무장武將 남옥藍玉이 모반을 꾀했다는 혐의로 처형된 사건
이다. 그런데 이 사건의 실체가 모호하여 황태손의 장래를 우려한 홍무제
가, 명성을 떨치던 남옥이 황태손에 위협이 되지 않도록 제거한 것이라고
해석하기도 한다.

그러고 난 뒤인 1398년에 홍무제가 죽었다. 그의 뒤를 이어 16세의 나이
로 즉위한 황태손이 명 혜종 건문제惠宗 建文帝이다. 그런데 건문제의 권력은
미묘한 문제로 위협을 받았다. 홍무제가 살아 있을 때부터 넷째 아들 주
체朱棣의 능력을 높이 평가하며, 그를 후계자로 삼을 뜻을 비쳤기 때문이
다. 그만큼 주체의 능력은 출중했다. 그리고 홍무제의 마음은 황태자에게
도 알려져 잠재적인 갈등 요인이 되었다.

주체의 능력이 발휘될 수 있었던 데에는 북방 몽골과의 관계가 한몫을
했다. 홍무제는 나라를 세우고 난 뒤, 권력 기반을 다지기 위하여 창업 공
신으로 하여금 지방을 지배하도록 봉封해주지 않는 정책을 폈다. 그래도

아들들은 전국 요충지에 책봉해주었다. 물론 아들이라 할지라도 지방 백성을 마음대로 통제할 권한은 주지 않았다. 하지만 아직 몽골 세력이 북원이라는 나라를 통해 유지되고 있었기 때문에 이에 대한 대책은 필요했다. 그 결과 북방의 아홉 아들들에게만큼은 군대에 대한 통제권을 더 많이 위임했기 때문에 세력이 커져갔다. 그중에서 현재의 북경인 북평에 봉해진 연왕燕王 주체의 세력이 출중했다.

그랬음에도 황태자가 죽었을 때, 후계자 자리가 황태손에게 넘어가자 연왕 주체는 잠재적인 위협이 되었다. 홍무제는 황태손에 위협이 될 다른 세력에 대해서는 웬만큼 처리했지만, 아들인 주체에 대해서는 별다른 조치를 취해놓지 않았다. 이런 상태에서 홍무제가 죽자, 건문제에게는 숙부들의 위협을 제거하는 문제가 심각한 현안으로 대두되었다.

이에 대한 해결책으로 건문제는 숙부들이 수도로 문상 오는 것부터 막았다. 그리고 황자징黃子澄, 방효유方孝孺 등의 건의에 따라 숙부들에게 내려진 영지를 삭감시켜 그 세력을 약화시키려 했다. 숙부들 역시 연왕을 중심으로 긴밀하게 소통하여 대책을 세웠다. 이런 와중에 건문제가 세력이 약한 숙부들을 체포한 후, 유배 보내거나 처형해버렸다. 이와 함께 부하들을 체포하는 등 주체에 대한 압박도 강화했다.

그러자 이에 반발한 주체가 1399년 반란을 일으켰다. 이것이 이른바 '정난의 변靖難之變'이다. 이때부터 시작된 충돌은 3년 동안 이어졌으나 1402년 7월, 주체가 수도를 함락시키면서 끝났다. 그렇게 해서 황제 자리에 오른 주체가 명의 태종太宗 성조成祖(원래 태종이었으나 후에 성조로 바뀜) 영락제永樂帝이다. 군사정변을 통해 즉위한 영락제는 우선 건문제의 흔적을 지우는 데 힘썼다. 건문제의 황제 지위를 박탈했음은 물론, 건문제가 남긴 업적들도 역사에서 삭제해버렸다. 이 과정에서 저항이 있었지만, 영락제는 강경하게 진압하며 권력 기반을 다져나갔다. 그러면서 아버지인 홍무제가 꺼렸던 환관의 역할이 강화되기 시작했다.

이런 과정을 거쳐 즉위한 영락제에 대한 여론은 그리 좋지 않았다. 이는 수도인 남경에 머물러야 하는 영락제에게 불편한 일이었다. 그뿐만 아니라 몽골과 대치하는 중심지 북평을 방치하는 것도 문제였다. 이러한 문제를 해결하기 위해 단행한 것이 통치의 중심을 자신의 정치적 기반이었던 북평으로 옮기는 일이었다. 그래서 영락제는 즉위한 후 북평을 북경北京으로 고치며, 원의 왕궁에서 약간 남쪽 지역에 새로운 도시를 건설했다. 이렇게 북경을 정비한 후 영락제가 북경에 머무르는 시간이 길어졌고, 자연스럽게 통치의 중심지도 북경으로 옮겨갔다.

통치 기반을 다진 영락제는 본격적으로 명 제국의 세력을 확장시켰다. 우선 1403년 백두산 북쪽에 건주위建州衛를 설치하여 만주의 여진족 통제에 나섰다. 1405년 자신의 집권에 공이 컸던 환관 정화鄭和에게, 당시로서는 세계 어느 나라도 동원하기 어려웠던 대규모의 함대를 딸린 세계 원정을 보냈다. 이 함대는 동남아시아를 거쳐, 지금의 인도와 서남아시아를 넘어 아프리카까지 진출했다. 이 원정을 통해 명은 세계 여러 나라와 중화주의에 입각한 조공—책봉 관계를 맺었다. 이때 시작된 원정은 이후 29년에 걸쳐 일곱 차례 감행되었다. 이 원정에서 일부 지역을 제외하고는, 중원의 우수한 문물을 제공하며 평화적인 관계를 맺는 형태로 진행되었다. 즉, 중원 문물 제공을 바탕으로 경제적으로는 손해를 감수하고 형식적인 지배—복속 관계를 맺는 데에 불과했다. 그렇기 때문에 이때 개척했던 항로가 유지되며 명 발전의 동력이 되지 못했다.

그리고 1406년 영락제는 현재의 베트남인 안남安南 내부의 분쟁에 개입했다. 진陳씨 왕조가 호湖에게 밀려나는 과정에서 진씨 왕조의 왕족 진천평陳天平이 명나라에 망명해 왔다. 명은 진천평에게 안남의 지배권을 찾게 하여 영향력 회복을 노렸으나, 안남으로 돌아간 그가 호씨 왕조에게 살해당하는 사건이 일어났다. 이에 영락제는 안남 원정을 감행했다. 우여곡절 끝에 안남 군대를 격파하고 호씨 왕을 포로로 잡는 성과를 올렸다. 이를 바탕으로 1407년, 영락제는 안남을 명의 일개 성省으로 편입시켰다. 하지만 이후 안남 지역 사람들의 저항을 극복하지 못하고 이 지역에 대한 지배를 포기하는 지경에 이르렀다.

그리고 재기를 노리는 몽골족도 제압해나갔다. 북쪽으로 물러났던 몽골의 잔여 세력은, 명이 정변으로 혼란을 겪는 동안 동부의 타타르부部를 중심으로 세력을 정비하고 있었다. 특히 원의 적통嫡統임을 내세우던 벤야시리本雅失里가 칸으로 즉위한 이후에는 명에 대해서도 강경한 태도를 보였다. 그러던 중인 1409년 4월, 명에서 벤야시리에게 보냈던 사신이 살해당하는 사건이 일어났다.

이에 노한 영락제는 곧바로 구복丘福에게 10만의 병력을 주어 응징하도록 했으나, 구복은 패배하고 병력은 전멸했다. 그러자 영락제는 다음 해인 1410년 3월, 50만의 병력을 이끌고 직접 원정에 나섰다. 이 원정에는 나중에 선덕제宣德帝로 즉위한 황태손까지 동반했다. 이 원정에서 명나라 군은 대포를 활용하여 몽골군에 타격을 주었고, 벤야시리도 피신하다 최후를 마쳤다.

명 군대 역시 큰 피해를 입고 돌아왔다. 그래도 이 원정 덕분에 당분간 몽골과의 분쟁은 잠잠해졌다. 이렇게 몽골을 두 번째로 정벌한 후인 1421

년, 영락제는 도읍을 북경으로 옮겼다. 그리고 천도한 뒤 다음 해, 또다시 세력을 회복한 몽골족에 대한 원정을 시도했다. 하지만 이번에는 몽골에서 명나라 군대를 상대하지 않고 회피하는 전략을 썼기 때문에, 추격에 실패한 명군은 별다른 전과를 올리지 못하고 돌아와야 했다.

이러한 원정은 명 내부에 무리를 가져왔다. 흉년과 천재지변으로 백성의 생활이 어려워지고 있었음에도, 전쟁을 위해 징발을 계속하여 백성의 고통이 커졌다. 이 때문에 백성들의 저항이 일어나기도 했다. 그중에서 가장 강력했던 저항이 당새아唐賽兒의 반란이다. 평범한 농부의 아내였던 당새아는 어릴 때부터 불경을 외웠는데, 백련교에 들어가고 나서 이를 통해 교단 내부에서 영향력을 가지게 되었다. 당새아는 이 영향력을 바탕으로 1420년 2월, 폭정에 저항하는 반란을 일으켰다. 한동안 관군도 이들을 진압하지 못하고 고전했으나 이해 연말에 이르러 간신히 진압했다.

이렇게 내부의 반란이 일어나는 어려운 상황에서도 영락제는 몽골에 대한 원정을 포기하려 하지 않았다. 이전까지의 실패를 만회하기 위해 1421년 7월, 또다시 몽골 원정에 나섰다. 하지만 같은 상황이 되풀이되었을 뿐이다. 영락제는 이러한 실패에 굴하지 않고 다음 해 4월, 또다시 정벌을 감행했다. 상황은 이전과 같았지만, 이번에는 영락제가 돌아오던 도중에 죽었다.

영락제는 정치적으로뿐만 아니라 문화적으로도 많은 업적을 남겼다. 백가서百家書에서 천문, 지리, 음양, 의복, 기예 등을 편집하여 편찬한 일종의 백과사전인 『영락대전永樂大典』은 대표적인 업적이다. 영락제의 명령에 따라 1408년에 완성되었다. 또 과거科擧에 참고할 『사서대전四書大典』, 『오경대전五經大全』, 『성리대전性理大全』 등도 편찬했다.

명의
안정

영락제가 죽은 다음 그 뒤를 이은 사람이 황태자였던 주고치朱高熾이다. 그의 건강에 문제가 있었기 때문에 영락제가 죽고 나서 후계에 대한 다소의 논란이 있었으나, 결국 원칙대로 황태자가 뒤를 이었다. 그가 인종仁宗 홍희제洪熙帝이다. 즉위하면서 정한 연호가 홍희洪熙였기 때문에 홍희제라 불리게 되었다.

그러나 지나치게 살이 찌는 이상 체질이었던 그는 즉위한 지 8개월 만에 죽었다. 그럼에도 짧은 재위 기간 동안 명의 정책 방향을 바꾸었다. 사실 그는 북경에 오래 머물렀던 영락제를 대신하여, 남경에서 황제의 업무를 처리하는 역할을 맡았다. 홍희제는 즉위하기 전부터 정국 운영의 경험이 축적되어 있던 셈이다. 그는 영락제 대에 너무 잦은 원정으로 백성의 고통이 컸다는 점을 고려하여 더 이상 세력을 팽창시키기보다 확보한 세력을 지키는 정책을 폈다.

그래서 정화의 원정을 중지시키고, 안남에 대해 사실상의 독립을 승인했다. 이와 함께 내부 화합을 도모하기 위해 건문제와 함께 몰락했던 여러 대신들을 복권시켰다. 홍희제는 수도를 다시 남경으로 옮기려 했으나, 그가 일찍 죽었기 때문에 이루어지지 않았다. 1년도 채 되지 않는 재위 기간이었지만, 정국 안정의 기틀을 마련하여 다음 황제인 선종宣宗 선덕제宣德帝의 통치에도 큰 영향을 주었다. 그래서 이 두 황제의 통치 시기를 홍희제의 묘호인 인종과 선덕의 묘호인 선종을 합쳐 '인선의 치仁宣之治'라고 부른다.

이와 같은 평가가 나올 만큼 홍희제의 뒤를 이은 아들 주첨기朱瞻基의 능력도 수준급이었다. 사실 홍희제의 건강 때문에 황태자 교체도 고려되었으나, 황태자에게 문제가 생겼을 경우 황태손인 주첨기가 이어받으면 된다는 점 때문에 중지되었다고도 한다. 그럴 만큼 황태손 주첨기는 할아버지 영락제의 총애를 받았다. 영락제가 원정 갈 때에 같이 수행을 다녔던 것도 영락제가 총애했음을 보여주는 척도였다.

선덕제가 즉위한 다음 해에 숙부인 주고후朱高煦가 반란을 일으켰을 때, 그의 결단력이 드러났다. 숙부를 죽이게 했다는 누명을 쓰지 않게 하라는 명령을 내려 반란 진압에 차질을 주었던 건문제와 달리, 직접 군대를 인솔하고 반란 진압에 나서 한 달도 되지 않는 시간 안에 진압했다.

이 사건을 계기로 선덕제는 황족을 억압하며 황제의 권위를 확립해나갔다. 그러나 이는 새로운 문제를 불러일으켰다. 황제의 실권을 강화하기 위해서는 재상들에게 맡겨놓은 권한을 줄여야 했다. 그러자면 황제 자신이 대부분의 사안을 처리하는 구조를 만들어야 한다. 하지만 이는 황제가 감당하기 어려운 부담을 져야 하는 구조가 된다. 이를 극복하기 위해 영락제는 실무조직인 6부六部를 통제하고 황제의 업무를 도울 내각대학사內閣大學士를 설치했다. 이것이 황제에게 올라온 문서 내용을 검토하고 자문하는 역할을 맡았다. 그리고 황제의 결정을 작성했는데, 이를 표의票擬라 불렀다. 이러다 보니 내각대학사는 내각內閣이라 불리며, 홍희제·선덕제 대에 들어오게 되면 재상보다는 권력이 작지만 사실상 재상의 역할을 대신하게 되었다. 그러면서 분쟁이 잦았던 명 초기에 비해 문신文臣의 비중이 커지는 결과를 가져왔다.

여기에 또 한 가지 요소가 된 것이 환관이다. 홍무제 대에는 환관의 정치 개입을 강력하게 막았으나, 친족과 신료들에 대한 견제가 더 중요해진 영락제 대에는 사정이 달라졌다. 그래서 영락제 대부터 환관의 역할이 커졌다. 선덕제 대에는 아예 환관을 교육시키는 내서당內書堂을 설치하고 태감의 권한을 강화시켰다. 이 조치가 사례감司禮監 설치로 이어졌다.

사례감은 내각에서 표의를 붙여 황제에게 보낸 문서를 처리했기 때문에, 이 과정에서 영향력을 행사할 수 있었다. 그러다 보니 관리들 중에서도 자신의 주장을 관철하기 위해 환관과 결탁하는 경우가 나와, 그만큼 환관의 영향력이 커졌다. 이러한 선덕제의 정책이 후에 환관의 정사 농락을 야기했다는 평가를 받기도 하지만, 명대 환관의 영향력은 다른 시대에 비해 황제의 강력한 통제 아래에 놓여 있었다는 평가도 있다.

그렇지만 이 시기 국내 안정으로 인한 쌀 생산 증가가 이율배반적인 문제를 일으키고 있었다. 명의 재정은 토지에서 거둔 쌀로 관리들의 봉급을 비롯한 비용을 지급하는 체제가 기본이었다. 그런데 쌀의 생산이 늘어나면서 자연스럽게 쌀값은 떨어졌다. 그러자 일부 관리들은 녹봉을 쌀이 아닌 은이나 포布로 줄 것을 요청했다. 홍무제는 은의 유통을 금지시켰지만, 이런 상황의 발생과 함께 은 사용을 막기 어려워졌다. 결국 1433년 강남지방을 중심으로 쌀 대신 은을 세금으로 받기 시작했다. 하지만 이 조치는 곧 문제를 일으켰다. 명 제국의 재정이 은을 바탕으로 운영되기 시작했지만, 필요한 만큼의 은을 생산해내기 어려웠던 것이 이유였다.

명 내부의 혼란

나름대로 힘 있게 정국을 이끌어나갔을 뿐 아니라, 그럼에도 조예가 깊었던 선덕제는 즉위 10년 만인 1435년에 죽었다. 그리고 그 뒤를 이은 맏아들 주기진朱祁鎭이 영종英宗 정통제正統帝이다. 그가

9세에 불과했기 때문에 할머니인 태황태후 장씨太皇太后 張氏가 섭정에 나섰다. 한동안은 선덕제 대의 신하들이 정국을 이끌어나가며 심각한 문제를 일으키지 않았으나, 이들이 차례로 세상을 떠난 다음 환관 왕진王振이 실권을 장악하면서 사정이 달라졌다.

왕진은 어렸을 때부터 영종의 교육을 맡았던 인연으로 황제에게 선생으로 불렸다. 이와 같이 각별한 신임을 받았던 왕진은, 이를 이용하여 횡포를 부렸다. 왕궁 부근에 자신의 대저택을 짓고 사원 건설과 외국 원정 등의 문제를 독단적으로 결정할 수 있었다. 여기에 반대하는 사람은 가차없이 탄압하며 권력을 다졌다.

이러던 1446년, 은 광산의 문제가 터졌다. 명대 중원의 은 광산은 채굴량이 적어 많은 광산이 폐쇄되었으나, 수요가 늘어나자 조정에서는 공납貢納을 조건으로 일부 은 광산에 대한 채굴을 허용해주었다. 그러나 필요한 만큼 은 생산이 되지 않자 광산 운영자들은 이를 광부들에게 전가했고, 이 때문에 착취당하던 광부들이 반란을 일으켰다.

조정에서 이에 대한 해결책으로 총갑제總甲制라는 조치를 취했다. 이는 농민들을 무장시켜 자체적인 자경단을 만들게 하는 것이었다. 그런데 문제는 여기 들어가는 비용까지 농민들에게 부담시켰다는 점이다. 중앙정부가 병력을 동원할 비용을 농민에게 전가시키는 형태였다. 결과적으로 총갑제는 농민들을 무장시키는 동시에 무장한 농민이 조정에 반감을 갖게 만들어, 이들로 하여금 막게 하려던 광부들에게 정서적으로 동조하게 만든 셈이다.

자연스럽게 부작용이 생기지 않을 수 없었다. 그중 하나가 '등무칠鄧茂七의 난'이다. 총갑에 임명된 농민 대표 중 등무칠·등무팔鄧茂八 형제는, 이를 기화로 조정에 각종 부담을 면제시켜달라는 요구를 했다. 일부가 받아들여졌지만, 그때까지 받아가던 소작료를 지주에게 받아가서 운반비를 지주가 부담하는 방식으로 바꾸어달라는 요구는 받아들여지지 않았다. 그러자 등무칠 형제는 1448년 무장한 농민을 동원하여 반란을 일으켰다.

조정에서 '진압에 나섰고, 체납세와 3년간 요역 면제를 조건으로 협상을 벌였으나 이해 10월 결국 결렬되고 말았다. 그러자 등무칠은 왕를 자칭하고 조정에 대항했다. 그 규모가 수십만에 이르러 진압군을 괴롭혔지만, 1449년 2월 등무칠이 전투에서 패배하며 죽었다. 그 잔여 세력이 이후에도 저항했지만, 결국은 하나하나 진압되었다.

하지만 그 의미는 적지 않다. 우선 종교 조직이나 지식인에 의지하지도 않았던, 순수한 수탈에 대한 저항이었다. 중국의 역사에서 이러한 사례는 찾기 어렵다. 이는 은으로 조세를 걷었던 조치의 부작용이 드러났음과 함께 수탈에 대한 농민층의 자각도 깊어졌음을 보여준다. 그리고 이 저항은 이후 명대 수탈에 저항해서 일어나는 반란의 시발점 역할을 했다.

명 제국 내부가 이렇게 혼란스럽던 틈을 타, 에센也先을 중심으로 한 몽골족의 세력이 강해져갔다. 명과 이들의 교역은, 대부분의 조공-책봉 관계처럼 조공품에 비해 과도한 회사품에 사절단 부풀리기로 명이 손해 보는 거래가 관례처럼 되어 있었다. 그런데 1448년, 명에서 이러한 관행을 무시하고 회사품을 곧이곧대로 지급하는 사건이 일어났다. 이에 불만을 품은 에센은 다음 해 7월, 명과의 국경 지역에 대한 약탈에 들어갔다.

명에서 이에 제대로 대응하지 못하자, 조정에서 대책 논의에 들어갔다. 이때 병부를 중심으로 한 관료들은 대규모 원정에 반대했으나, 왕진이 나서서 황제가 직접 이끄는 대규모 원정을 주장했다. 관리들의 반대에도 불구하고 결국 왕진의 뜻대로 1449년, 50만의 병력을 황제가 직접 이끄는 대규모 원정이 감행되었다. 그렇지만 이 원정에서 군 지휘 능력이 없는 왕진의 고집 때문에, 명나라 군대는 토목보土木堡 부근에서 몽골에 전멸당했다. 그 결과 왕진은 죽고 영종도 몽골에 포로로 잡혔다. 이를 '토목보의 변土木堡之變'이라 한다.

이 패전 소식은 조정에 큰 충격을 주었다. 황제가 포로로 잡혔다는 것을 알게 된 명 조정은 정통제의 이복동생인 주기옥朱祁鈺을 새로운 황제로 옹립하고 대책을 세우려 했다. 그가 1449년 9월 22일에 즉위한 명의 대종代宗 경태제景泰帝이다. 몽골의 침략에 대한 대책 회의에서 남경으로 수도를 옮겨야 한다는 주장도 나왔지만, 병부시랑 우겸于謙이 이를 막았다. 그리고 몽골의 공격에서 북경을 지켜냈다.

이 결과 사태는 빠르게 안정되었다. 북경 공략에 실패한 다음 몽골에서는 더 이상 이렇다 할 공세를 진행시키지 못했다. 사태가 이렇게 되자, 에센은 황제를 인질로 잡고 있으면 명에서 상당한 양보를 해 오리라던 기대가 오산임을 깨달았다. 그래서 토목보에서 대승을 거둔 다음 해인 1450년, 정통제를 명으로 돌려보냈다.

이 조치의 이면에는 명에 새로운 황제가 들어선 상황에서 이전 황제를 돌려보내, 정통제와 경태제 사이의 갈등을 조장하여 혼란을 일으키자는 계산도 있었다고 본다. 그렇지만 경태제는 돌아온 형을 상황上皇으로 추대한 다음 남궁南宮에 가두어 실권을 행사하지 못하게 만들었다. 이 덕분에 명은 경태제 중심으로 정국이 운영되며 한동안 안정되었다.

그렇지만 이런 안정이 오래가지는 않았다. 그 조짐은 황태자 책봉 문제에서부터 보였다. 1452년, 경태제는 원래 황태자였던 정통제의 아들 주견준朱見浚을 폐위시키고 자신의 아들인 주견제朱見濟를 황태자로 책봉했다. 하지만 주견제는 다음 해에 병으로 죽고 말았다. 그런 후 경태제는 새로운 황태자를 책봉하지 못했다. 이 때문에 경태제에게 문제가 생길 경우 사태를 수습할 후계자가 없어져버린 셈이 되었다.

이는 1457년에 경태제가 중병에 걸려 앓아누우면서 심각한 사태로 이어졌다. 이를 틈타 영종을 옹립하려는 석형石亨, 조길상曹吉祥, 서유정徐有貞 등이 병력을 동원하여 남궁에 갇혀 있는 영종을 빼내며 왕궁을 장악했다. 그리고 영종을 복위시켰다. 이를 '탈문의 변奪門之變'이라 부른다. 이 과정에서 우겸이 처형당했으며, 경태제도 한 달 후에 죽었다. 복위한 영종은 연호를 천순天順으로 바꾸었다. 명나라는 황제마다 하나의 연호를 사용하는 것이 원칙이었으나, 이와 같이 복위하여 연호를 바꾼 경우는 영종뿐이다. 그래서 영종은 혼란을 피하기 위해 정통제나 천순제라 부르기보다 묘호에 따라 영종英宗이라 부르는 경향이 있다.

잠깐의 중흥, 그리고 쇠퇴

영종이 즉위한 후 그를 옹립했던 핵심 인물들도 제거되었다. 서유정은 유배당했고, 석형은 모반 혐의로 처형되었다. 조길상 역시 영종의 신임을 잃자, 정변을 시도하다가 처형당했다. 그리고 폐위되었던 영종의 아들도 황태자로 복위되었다. 복위된 주견준은 이름을 주견심朱見深으로 바꾸었다. 이후 정국은 한동안 안정되었지만, 영종은 복위한 지 얼마 되지 않은 1464년 죽었다.

그 자리는 황태자 주견심이 이어받았다. 그가 명 헌종憲宗 성화제成化帝이다. 성화제는 즉위하면서, 죽은 우겸과 경태제를 복권시켜주며 포용력을 보여주었다. 그렇지만 이런 상황에서도 환관의 영향력은 커져갔다. 왕직汪直과 상명尙銘 등이 성화제 시기 권력을 휘둘렀던 환관으로 꼽힌다.

이러던 성화제는 즉위한 지 23년 만에 주목할 만한 업적을 남기지 못한 채 죽었다. 그 뒤는 궁녀에게서 낳은 아들 주우탱朱祐樘이 이었다. 그가 명 효종孝宗 홍치제弘治帝이다. 태아胎兒였을 때부터 암살 위협에 시달렸던 그는, 어렸을 때에도 궁이 아닌 민가에서 키워졌다. 친어머니인 효목순황후 기씨孝穆純皇后 紀氏도 홍치제가 18세 되던 해에 독살당했다.

이렇게 불우했던 성장 과정에도 불구하고, 즉위한 홍치제는 많은 업적을 남겼다. 우선 통치의 기반이 되는 법전을 정비했다. 대명률大明律을 개정한『문형조례問刑條例』,『대명회전大明會典』등이 이에 해당한다. 이와 함께 유능한 인재를 등용했다. 서부徐溥, 유건劉健, 이동양李東陽, 왕서王恕, 마문승馬文升, 구준丘濬 등이 이때 등용된 인재로 꼽힌다.

법적 통치 기반을 다진 홍치제는, 군사적 기반인 금의위도 확실하게 장악했다. 그러면서 대규모 공사 벌이기를 자제하고, 사정이 어려운 지방에 하세夏稅, 추세秋稅를 면제해주었다. 이렇게 국내 기반을 다져나가면서, 주변의 여진·몽골과의 관계도 개선시켰다. 그렇지만 이와 같이 한동안 명의 중흥을 이끌었던 홍치제가 1505년 36세의 나이로 죽었다.

홍치제의 뒤를 이은 맏아들 주후조朱厚照가 명의 무종武宗 정덕제正德帝이다. 정덕제가 즉위하면서부터 명에 암운이 드리워지기 시작했다. 정덕제가 어렸을 때에는 학문을 즐겼다 하나, 황제가 된 뒤로는 라마교를 믿으며 방탕한 생활에 빠졌다. 이 때문에 환관의 영향력이 커지며 기강이 무너지는 경향이 생겼다. 백성과 황족들의 반란도 여러 차례 일어났다. 정덕제는 이 반란들을 하나하나 진압해, 당장 왕조가 무너지지는 않았다.

하지만 명 왕조의 쇠퇴는 구조적인 문제였다. 명 초기에는 부역 부담이 비교적 가벼워, 이갑제를 기초로 어느 정도 안정을 이룰 수 있었다. 그렇지만 점차 국가 조직의 지출이 커지면서 백성의 부담도 늘어났다. 여기에 기득권층이 국가로부터 각종 혜택을 받아 조세와 부역을 면제받으면서, 이것까지 백성들에게 전가되었다. 이는 명 사회의 빈부격차를 키웠고, 가난한 백성들에게는 기득권층의 요구에 따라 은으로 세금을 내게 하는 정책으로 인한 부담까지 겹쳤다.

이러한 상황 전개는 갑수호는 물론이고 이장호마저 몰락시킬 정도로 심각했다. 그 결과 향촌은 극소수의 부자와 대다수의 가난한 농민으로 나뉘었다. 이러한 현상은 자작농을 기반으로 부담을 나누는 이갑체제를 무력하게 만들었다. 특히 향촌질서 유지를 담당해온 이노인의 권위가 심하게 떨어졌다. 농민의 여유가 없어지면서 곡식을 비축하고 국가에 보내는 역할의 의미가 퇴색했고, 기강이 무너진 상태에서 재판이나 훈계의 권위가 서지 않았기 때문이라 할 수 있다. 극단적으로는 이노인이 갈등을 일으키는 경우도 있었다.

몰락한 농민들 중에는 고향에서 소작인이 된 경우도 있었지만, 무거운 세금과 요역을 피해 고향을 등지고 떠나는 경우들도 많았다. 이들은 대체로 국가의 통제력이 미치지 않은 광산, 도시 지역으로 흩어졌다. 이러면서 각 향촌의 질서는 문란해졌다. 이런 상황에서 반란이 여러 차례 일어났다.

조정에서도 대책 마련에 애썼다. 그 결과 부역 징수의 폐해를 줄이기 위해, 그때까지 시기와 물량을 제멋대로 할당했던 것을 일정한 시기에 부과하도록 했다. 그래도 부정이 심하여 공정하게 조세와 부역이 부과되지 않자, 수를 정확하게 조사하고 면제되는 액수를 제외시켰다. 이와 함께 면세특권을 제한하고, 유랑민 유입에 따라 행정구역을 조정했다.

이렇게 조정에서는 여러 대응책을 강구했지만 부자와 가난한 사람의 차이가 커지는 현상은 멈추지 않았고, 이갑제는 변질되며 해체되어갔다. 이와 같은 현상은 정덕제가 즉위하면서 더욱 심해졌다. 즉위한 정덕제는 유근劉瑾을 필두로 한 환관들을 가까이했다. 이들을 팔호八虎라 불렀다. 이들이 국정을 농단하면서 뇌물이 유행했다. 그리고 뇌물을 마련하기 위해 백성들을 착취하는 관리들이 많아졌다. 환관과 이들에 빌붙은 지방관의 착취에 비례하여 백성들의 생활이 어려워진 셈이다. 이에 따라 반란은 더욱 잦아졌다.

이때 일어난 반란 중 1506년 일어난 유육劉六과 유칠劉七의 난이 유명하다. 이들은 원래 관군과 협력하며 도적을 소탕하던 인물이었으나, 유근의 부하가 요구하는 뇌물을 거절하다가 도적으로 몰려 쫓기는 몸이 되었다. 이를 뇌물로 해결하기 위해 유육은 나라의 창고를 약탈하려다가 이것이 반란으로 확대되었다. 이들의 반란은 결국 진압되고 말았지만, 세태를 조롱하는 이른바 '뇌물의 난'이라고 불리며 알려졌다.

이 반란이 진압되기 전인 1510년, 유근은 모반을 일으키려 했다는 죄명으로 처형당했다. 이러한 점에서 정덕제가 무능하지만은 않았다는 평가도 받는다. 그는 횡포가 심한 환관을 제거하기도 하고 백성을 구하기 위해 물자를 내놓기도 했으며, 이런 와중에서도 몽골의 위협을 잘 막아냈다고도 보는 것이다. 하지만 그렇다고 명이 기울어가는 풍조가 바뀌지는 않았다.

이렇게 반란을 일으킨 자 중에는 착취당하는 백성뿐 아니라, 이 기회를 틈타 권력을 빼앗으려는 황족들도 있었다. 유근이 제거당하던 해, 안화왕安化王 주치번朱寘鐇이 반란을 일으켰고, 1519년 6월에는 영왕寧王 주신호朱宸濠가 반란을 일으켰다. 이 반란들도 진압되기는 했으나 후유증이 컸다. 정덕제는 주신호의 반란을 진압한다며 남경으로 가서도, 배를 띄우고 놀다가 물에 빠지는 바람에 병을 얻었다. 그리고 이 병을 치료하지 못하고 2년 후 후계자를 정하지 못한 채 죽었다. 그 바람에 사촌동생인 주후총朱厚熜이 뒤를 이었다. 그가 명 세종世宗 가정제嘉靖帝이다. 한편 이 무렵부터 포르투갈 같은 서양 세력의 배가 명의 해안에 나타나기 시작했다.

2

한국
고려에서 조선으로

**원의 몰락과
공민왕**

충목왕이 왕위에 오른 지 4년 만에 갑자기 죽
자, 그 뒤는 충혜왕의 서자庶子인 충정왕忠定王이 이었다. 그러나 외가인 파
평 윤씨 가문이 나서면서 국내외의 난국에 제대로 대처하지 못했다. 결국
충정왕은 즉위한 지 3년을 채우지 못하고 물러났다. 그 뒤를 이은 사람이
충정왕의 숙부 공민왕恭愍王이다. 일찍부터 신망을 얻은 그는 충정왕과 왕
위 계승 경쟁에서 밀렸지만, 몇 년 후 결국 집권하게 되었다.

공민왕이 즉위할 즈음 국제정세도 크게 바뀌고 있었다. 원에서 황제 자
리를 둘러싼 분쟁과 귀족들 사이의 알력이 심해지는 상황에서, 원 혜종(순
제順帝)은 주색에 빠져 실정失政을 거듭했다. 이 때문에 재정이 파탄 나고 백
성들의 생활이 도탄에 빠진 틈을 타 여러 곳에서 한인漢人들의 반란이 일
어났다. 혜종 초부터 시작된 반란은 몇 년 되지 않는 사이에 전국적으로

확대되었다.

원에서는 이 반란을 진압하기 위해 고려에 지원군을 요청했다. 고려 군대는 큰 활약을 했지만, 원 조정 내부의 알력 때문에 반란 진압이 실패하면서 1354년 고려군도 철수했다. 그러나 고려는 이때 원 사회가 동요하고 있다는 점을 직접 확인할 수 있었다. 공민왕은 이에 고무되어 1356년부터 원의 영향에서 벗어나려는 개혁에 착수했다.

이때 이른바 부원배附元輩를 제거하며, 이어 정동행성의 이문소를 혁파, 잃어버린 영토 회복, 원의 연호 사용 중지, 변경했던 관제官制의 환원 등의 개혁이 시행되었다. 그러나 이때의 개혁은 공민왕과 특수한 관계에 있는 권문세족을 앞세워 추진하는 형태였고, 그만큼 권문세족에 손을 대는 데 한계가 있었다.

여기에 비록 어려운 처지에 빠졌다고는 하지만, 원의 압력도 컸다. 정면 대결을 벌이는 데 부담을 느낀 공민왕은 타협하는 형식을 갖추었다. 그런데 공민왕의 개혁은 엉뚱한 사건에 의해 타격을 받았다. 고려가 1359년과 1361년, 중원에서 일어났던 한인 반란군의 일부인 이른바 홍건적紅巾賊의 침략을 받은 것이다. 이들의 침입은 격퇴했지만, 이 혼란 때문에 고려 내부의 개혁도 타격을 받지 않을 수 없었다.

원에서도 고려에 대한 영향력을 회복하기 위해, 곧 공민왕 제거에 힘썼다. 홍건적의 침입을 피해 복주로 피난 갔던 공민왕이 돌아오다가 임시로 거처하던 흥왕사興王寺에서, 원과 결탁한 김용金鏞에 의해 습격을 당한 것이다. 이 사건이 이른바 '흥왕사의 변'이다. 이 위기는 군사를 이끌고 온 최영崔瑩 덕분에 모면했지만, 공민왕을 제거하려는 원의 시도는 끝나지 않았다.

몇 달 뒤, 원은 일방적으로 공민왕을 폐위시키고 충숙왕의 아우 덕흥군德興君을 고려 왕으로 삼는다고 선언했다. 그리고 1363년 12월에 최유崔濡에게 요양遼陽의 군사 1만 명을 주어 고려 침공에 나섰다. 이듬해 정월, 이들은 압록강을 건너 의주를 점령하고 남하하려다가 최영, 이성계李成桂 등이 이끄는 고려군에게 패해 돌아갔다. 패배를 맛본 원은 공민왕 복위를 선언하고 최유를 고려로 보내 극형을 받게 하는 등 화해를 모색했지만, 고려와의 관계는 냉각되었다.

위기를 넘긴 공민왕은 1365년부터 다시 개혁을 시도했다. 이를 위해 공민왕이 기용한 인물이 승려 신돈辛旽이다. 공민왕이 신돈을 등용한 이유는 권문세족의 영향에서 벗어나 소신껏 개혁을 추진할 수 있는 사람이었기 때문이다. 1365년 5월에 신돈은 먼저 최영 등 무장 세력과 권문세족들을 물러나게 하고 개혁을 추진해나갔다. 집권한 그는 일부 선발된 재신宰臣과 추밀樞密이 궁중에서 나라의 중대한 일을 처리하도록 한 내재추제內宰樞制를 시행했다. 권문세족 중심으로 구성된 도평의사사都評議使司를 약화시키고, 상대적으로 왕권을 강화시키려는 의도였다.

이어서 관리들에 대한 통제를 강화하고, 1366년에는 전민변정도감田民辨整都監을 다시 설치했다. 이전에도 설치된 바 있었지만 별 효과를 보지 못한 이 기구가 신돈이 운영하면서부터는 상당한 효과를 냈다. 권문세가들이 빼앗았던 토지를 주인에게 돌려주고, 노비에게 원래의 신분을 찾아주는 경우가 많아졌던 것이다.

1367년에는 숭문관崇文館 옛터에 성균관을 다시 지었으며, 신진 사류와의 협력도 모색했다. 이 덕분에 신진 사류 세력이 조정에 등장했다. 이들의 출신 성분이나 신돈에 대한 태도 같은 성향은 한결같지 않았지만,

과거에 급제해 관직에 오른 새로운 세대로 종래의 개혁 세력과도 맥이 닿는 집단이었다. 그래서 기본적으로 공민왕과 신돈의 개혁에 동조하는 입장이었다.

신돈의 개혁에 위협을 느낀 권문세족들은 그를 제거하려는 모의를 적극적으로 시작했다. 처음에는 공민왕의 옹호로 무산되었으나, 이후에도 신돈 제거 시도를 포기하지 않았다. 그러나 시간이 흐르면서 개혁의 부작용이 나타나고, 심한 가뭄으로 인한 흉년이나 신돈 자신의 부정 등의 사태가 신돈의 입장을 약화시켰다. 여기에 동녕부에 대한 정벌을 단행하면서 무장들의 입장이 강화되었고, 이에 비해 불교에 대해 비판적이었던 신진 사류와 승려 신돈 사이의 협력은 한계를 드러냈다.

그러자 1370년 말부터 그동안 정치 일선에서 물러나 있던 공민왕이 친정親政을 시작하며 신돈도 권문세족의 공격을 받아 반역 혐의를 받고 수원으로 유배되었다. 결국 신돈은 1371년 7월에 유배지에서 처형당했다. 신돈 몰락 후 조정에 대한 개편에서 요직을 차지했던 세력은 신돈이 집권하면서 제거되었던 최영, 경복흥慶復興 등 무장 세력을 주축으로 하는 권문세족이었다. 그렇지만 신돈 집권 이전과 완전히 같은 상태로 돌아간 것은 아니다.

그동안 꾸준히 성장해온 신진 사류가 정계에 부각되는 계기도 되었던 것이다. 비록 권문세족에 비해서는 낮은 관직에 머무르고 있지만, 정몽주鄭夢周나 정도전鄭道傳 등이 비중 있는 지위를 차지했다. 아울러 이와는 별도로 쌍성총관부 수복 때에 고려와 내통해온 이자춘의 뒤를 이은 이성계가 그동안 여러 차례 공을 세워 이 당시에는 이미 재상의 지위에 올라 있었다.

이러한 상황 속에서 공민왕은 1372년에 자신의 신변을 보호할 겸 인재를 양성한다는 명분을 내세워 공신 및 고위 관리의 아들을 선발해 자제위 子弟衛를 설치했다. 그렇지만 1374년에 공민왕은 여기 소속되어 있던 홍윤洪倫 등과 환관 최만생崔萬生에 의해 살해당했다.

신흥사대부와 이성계

고려 후기에는 지배세력인 권문세족에 도전하는 새로운 사회 세력으로 신흥사대부新興士大夫들이 부각되었다. 이 세력이 형성되기 시작한 시점은 최씨 정권 때로 거슬러 올라간다. 최씨 정권은 정국이 안정되자, 정권 유지를 위해 학문적 교양이 높고 행정실무에 밝은 문인들을 등용했다. 이들은 유교적 지식이 부족한 무인 정권에 대해 학문과 행정능력을 보충해주는 역할을 맡았다.

이들은 무인 정권의 붕괴 이후 더욱 활발하게 중앙 정계에 진출해 커다란 사회 세력으로 성장해나갔다. 12세기부터 원을 통해 주자학이 도입되면서, 주자학을 시험과목으로 하는 과거시험을 통해 신흥사대부들이 양반 신분을 획득했다. 이들은 자연스럽게 불교를 믿는 구귀족舊貴族과 다른 노선을 걸었다.

이들 중에는 향리 출신도 많았다. 고려 말에 이르러 많은 향리 출신 사대부들이 새로운 양반층에 가담하게 되었다. 이들이 정치 세력으로 성장해나가기 시작했다. 공민왕 때에는 개혁을 추진하기 위해 많은 신흥사대부들을 기용한 데다가, 1354년부터는 전쟁에서 세운 공을 포상하기 위해 첨설직添設職이 남발되어 향리나 일반 양인 자제들은 물론 천인들까지 양반 자격을 얻는 경우가 생겼다. 이 때문에 고려 말에 이르면 신분 질서가 문란해지고 양반이 급격히 늘어났다.

이와 같이 양반수가 늘어나자 관직 경쟁이 치열해지며, 향리가 양반이 되는 길이 점차 제한을 받기 시작했다. 그 결과 공민왕 이후에는 향리 자신이 과거에 급제해 양반이 된 예는 드물어졌다. 권문세족에 비해 가문이 미약했고 지방의 향리층 출신이 많았던 신흥사대부 세력은, 여러 가지로 견제를 받으면서 권문세족과 대립하지 않을 수 없었다. 이에 신흥사대부들은 주자학의 이념을 이론적 무기로 삼아 권문세족과 사원 세력의 부정부패를 공격하기 시작했다.

고려 말 정국의 주요 변수로 등장하게 된 사대부의 개념은 동아시아의 역사 속에서 조금씩 달라져왔다. 진秦이 중원을 통일하기 이전 시대에는 신분 질서가 천자天子－제후諸侯－경卿－대부大夫－사士－민民－천민賤民으로 잡혀 있었다. 여기서 '대부'와 '사'는 제후의 가신家臣 집단이나 전사戰士 등 하위 귀족계급을 의미했다. 그러던 것이 전국시대戰國時代에 이르러 개인의 능력으로 관료가 된 사람들이 나타나면서 세습적인 신분 용어가 무너지고 자유로운 계층 이동 속에서 형성된 '사대부'라는 용어가 생기게 되었다.

이후 사대부는 송대에 이르러 평민과 구별되는 문관 관료(문관 4품 이상이 대부, 5품 이하가 사)를 뜻하는 말로 쓰였다. 그러다가 유교 교양을 갖춘 포의布衣의 사士까지를 사대부에 포함시켰다. 고려 말 과전법에서는 문무 관료를 통틀어 사대부라 지칭하기도 했다. 이는 '사'가 고대의 전사戰士 또는 무사武士를 의미했다가 후에 문사文士를 뜻하게 된 것과도 무관하지 않다. 역사 발전에 따라 무사가 지배하던 사회에서 문사가 지배하는 사회로 이행하는 과정에서 사대부라는 용어의 의미도 달라진 것이다. 특히 송 이후로는 새로운 농업 기술인 중국의 강남농법江南農法 덕분에 경제적 기반을 확보하고 새로이 정계에 진출한 신진 학자 관료들을 의미했다. 이로부터 사대부는 하나의 정치 세력을 가리키는 역사적 개념으로 쓰이게 되었다.

1298년에 충선왕이 즉위하면서 추진한 개혁을 주도한 인물들은 과거를 통해 중앙 정계로 진출한 지방 출신의 신흥사대부들이었다. 이때의 개혁은 이렇다 할 효과를 보지 못했지만, 공민왕 대 이후로 신흥사대부의 세력을 기반으로 개혁 정치를 실행할 수 있었다. 신흥사대부들을 키우는 중심에는 성균관이 있었다. 성균관에 들어온 개혁 성향의 유생들은 불교를 배척하고 유교 윤리를 보급하는 활동을 전개했다. 이들의 활동 결과 조선 왕조가 건국되자 불교 대신 주자학이 지배이념으로 대치되었다.

신흥사대부와 함께 무장武將 세력도 성장했다. 고려 말의 혼란한 정세를 틈타, 홍건적과 왜구 등 여러 외적이 고려에 침입해 왔던 사태가 무장 세력의 성장을 촉진했다. 반란을 일으켰다가 실패하고 원의 군대에게 쫓기게 된 홍건적은 도망치다가 1359년에 고려를 침범했다.

첫 번째 침입 때에는 철주鐵州와 서경西京이 함락되었지만, 곧 압록강 너머로 몰아낼 수 있었다. 그런데 1361년 10월에 있었던 두 번째 침입 때에는 수도 개경이 위협을 받았다. 이 때문에 공민왕이 광주廣州를 거쳐 복주福州(지금의 경상북도 안동)로 피신하는 사태로 이어졌고, 결국 개경마저 함락되었다. 그러나 이들은 고려 무장들의 활약으로 격퇴되었다.

홍건적이 일시적인 타격을 주었던 데 비해 왜구는 지속적으로 고려를 괴롭혔다. 1223년부터 나타나는 왜구의 침입은 100년 동안 10여 차례에 지나지 않았기 때문에 그리 심각했던 상황이라고 하기는 어렵다. 그러나 충정왕 시기인 1350년 이후로는 양상이 달라져, 규모도 커지고 침입 횟수도 잦아졌다.

일본에서 가마쿠라막부가 붕괴되고 무로마치막부가 세워지던 과도기에 일본 천황 가문도 남북으로 갈라져 싸우는 혼란기가 이어졌기 때문이다. 이 시기 고려에서 진상進上과 하사下賜 형식으로 이루어지던 일본과의 교역을 금지시킨 조치 역시 왜구의 활동을 자극하는 이유가 되었다. 여기에 고려 자체도 정치·경제적 혼란으로 국방력이 약화되어 있었다.

왜구들은 주로 곡식을 저장했던 창고와 운반선을 목표로 삼았다. 이 때문에 고려에서는 거둬들인 곡식을 육로로 운반하게 했다. 그러자 왜구들은 내륙 깊숙이 침투해 약탈했으며, 민가의 곡식까지 약탈하는 방향으로 전략을 바꾸었다. 여기에 그치지 않고 고려 백성들을 잡아다가 노예로 파는 일도 있었다.

한동안 고전하던 고려에서는 외교와 무력, 양방향으로의 해결을 모색했다. 왜인들의 귀화를 받아들여보기도 하고, 무로마치막부에 해적의 근절을 요구해보았다. 무로마치막부에서는 잡혀간 고려인 수백 명을 돌려주기도 하는 등 성의를 보였다. 그러나 당시 무로마치막부가 지방 해적을 통제할 여력이 없었기 때문에 이러한 조치들은 큰 효과를 거두지 못했다.

그보다는 무력 진압이 효과를 보았다. 방어 시설을 갖추는 한편, 최영·이성계 등의 무장들이 나서 침입해 온 왜구들을 소탕했다. 또한 1377년에 최무선崔茂宣의 노력으로 화통도감이 설치되어 화포가 제작되었다. 이렇게 개발한 화포를 이용해 왜구들의 함대를 공격하자, 화력이 달리는 왜구는 큰 피해를 보았다.

더 나아가 1389년에는 박위朴葳가 전함 100여 척을 이끌고 쓰시마섬 정벌에 나섰다. 이때 적선 300여 척을 불태우고 고려인 100여 명을 구출하는 전과를 올렸다. 이와 같은 적극적 진압으로 우왕禑王 말년부터 왜구로 인해 입는 피해가 줄어들었다. 그렇지만 이를 틈타 고려의 천민들이 왜구를 가장해 도적질에 나서기도 했다.

그리고 이들을 격퇴하는 과정에서 무장들의 세력이 커졌다. 무장 중에는 미천한 신분 출신이 많았다. 그중 정국을 좌우할 영향력을 가지게 된 인물이 최영과 이성계였다. 최영은 홍건적과 왜구 토벌뿐 아니라, 최유의 침공과 김용의 공민왕 암살 시도 등을 막는 데 공을 세웠다. 그는 신돈의 집권 시기에 좌천되었다가 귀양 갔으나, 1371년에 신돈의 처형과 함께 중앙 정계에 복귀했다. 1388년, 문하시중이 되어 왕의 뜻에 따라 일부 권문세족을 숙청했으며, 이해 그의 딸이 우왕의 왕비가 되었다.

이성계는 고려를 괴롭히던 홍건적과 왜구를 물리치는 공을 세우며 무장으로서 이름을 떨치기 시작했다. 특히 1378년에 남원까지 침범한 대규모의 왜구를 크게 물리친 황산대첩荒山大捷으로 자신의 위치를 확고히 다졌다. 이후 이성계는 신흥 무인 세력의 선두 주자가 되어 중앙 정계의 실력자로 부상했다.

원과 명의 교체, 그리고 조선의 성립

고려가 내부 개혁과 외적의 침입으로 어려움을 겪고 있던 시기, 대륙의 정세에도 큰 변화가 있었다. 1368년에 한족 왕조인 명明이 세워졌고, 이해 8월에는 명의 군대가 원의 수도를 함락시켰다. 이를 기점으로 원의 세력은 급속하게 위축되었고, 원 혜종이 북쪽으로 도망갔다. 이 소식을 접한 고려에서는 명과 접촉했고, 원에 대처해야 할 입장 때문에 두 나라의 협력은 순조롭게 진행되었다. 공민왕이 원의 동녕부 정벌을 단행하는 것도 이즈음의 일이다. 그렇지만 1371년, 고려가 요동으로 진출하면서부터 명은 고압적인 태도로 고려를 압박하기 시작했다.

명은 고려에 파견되었던 명 사신의 죽음을 빌미로, 고려가 북원과 내통하고 있다고 의심하며 명에 파견되는 고려의 조공 횟수를 줄이겠다고 통보해 왔다. 명에 대한 조공을 통해 국가안보를 보장받고 막대한 이익을 얻어왔던 고려로서는 큰 손실이었다. 그래도 고려는 명과의 관계를 포기하지 않으려 했지만, 명의 태도가 누그러지지 않자 국내의 친원親元 세력이 반발하고 나서면서 정국이 불안해졌다.

이런 와중에 공민왕이 암살되며 후계 문제로 혼란이 생겼지만, 이인임李仁任 일파가 서둘러 10세의 우왕을 즉위시켜 일단락되었다. 이후 조정은 이인임이 최영, 경복흥 등 보수적 무장 세력의 협력을 얻어 이끌어가는 형태로 운영했다. 그래서 이인임 집권 시기에는 대체로 권문세족이 요직을 장악했다. 그러나 이때에는 신진 사류의 세력도 만만치 않아 두 세력의 갈등이 심해졌다. 이 갈등은 외교정책에서 불거졌지만, 이인임은 명과 원에 모두 사신을 파견하며 등거리 외교를 추구하며 수습해갔다.

그렇지만 이런 외교는 오래가지 않았다. 명에서는 공민왕 살해사건 자체에 의혹을 제기했고, 명이 그 책임을 재상인 자신에게 물어 올까 염려한 이인임의 사주로 당시 고려에 와 있던 명나라 사신이 돌아가다가 살해당하는 사건이 일어났다. 이 사건을 계기로 껄끄러웠던 고려와 명의 관계가 악화되었다. 이인임 일파는 이를 기화로 북원과의 국교를 재개했으나, 이 조치는 신진 사류의 반발을 받았다. 이들이 북원 사신의 입국을 막는 사태가 일어나며, 고려와 명·원 사이의 관계도 많은 우여곡절을 겪었다.

명의 태도에 자극받은 고려에서는 명과 일전을 불사해야 한다는 주장도 나왔다. 그러던 1388년 1월에 우왕과 최영, 이성계 등의 협력에 의해 이인임 일파가 숙청되었다. 이를 계기로 신흥사대부들이 본격적으로 활동하며, 미온적인 정책을 추진하던 최영과 적극적인 개혁을 원하는 이성계 및 신흥사대부 사이에는 틈이 생겼다.

갈등이 심해지던 1388년 3월, 명은 철령 이북이 본래 원에 속했던 땅이라며 이 지역을 모두 요동에 귀속시키겠다는 통보를 해 왔다. 이것이 이른바 '철령위鐵嶺衛' 문제이다. 명의 통보에 고려 내부에서는 이에 대한 대응책에 논란이 있었으나 우왕의 부추김을 받은 최영이 요동 정벌을 밀어붙였다. 이에 대해 이성계는 요동 정벌을 할 수 없는 네 가지 이유, 이른바 '4불가론四不可論'을 내세우며 반대를 했으나 받아들여지지 않았다.

4불가론

첫째, 약소국이 강대국을 공격하는 것은 옳지 못하다.

둘째, 농사철인 여름에 전쟁을 해서는 승산이 없다.

셋째, 명나라를 공격하다 보면 남쪽의 방위가 허술해져서 왜구들이 쳐들어 온다.

넷째, 장마철이라 병사들이 질병에 걸리기 쉽다. 또한 더위로 활의 아교가 풀어져서 전쟁을 할 수가 없다.

이 원정에 우군도통사右軍都統使로 임명된 이성계는 마침 내리기 시작한 장맛비 때문에 압록강 가운데에 있는 위화도威化島에서 발이 묶인 사태를 빌미로 동료 장수들과 휘하 병사들의 의중을 파악했다. 이때 여론은 원정을 강행한 우왕과 최영에 반발하는 경향이 강했고, 이를 확인한 이성계 일파는 좌군도통사左軍都統使 조민수曹敏修와 함께 군대를 돌렸다. 이 사건이 이른바 위화도회군威化島回軍이다. 우왕과 최영은 이러한 사태에 대비해서 이성계를 비롯한 장군들의 가족을 인질로 잡아두었으나, 감시가 철저하지 못해 회군에 때를 맞추어 인질들이 탈출해버렸다.

원정군에 맞설 전력을 갖추지 못한 우왕과 최영은 개경으로 돌아왔다. 이성계는 우왕에게 사람을 보내 요동 정벌의 책임을 물어 최영을 처벌하라고 요구했지만, 우왕은 응하지 않고 오히려 이성계와 조민수의 관직을 박탈하고 이들을 처단하면 큰 상을 내리겠다고 개경 거리에 방을 붙였다. 그렇지만 요동 정벌군을 휘하에 두어 압도적인 병력을 보유한 이성계와 조민수에 대항하기는 무리였으며, 무리한 정벌 때문에 자식과 친지를 전쟁터로 보낸 백성들의 마음도 고려왕조를 떠나 있었다. 이 덕분에 이성계와 조민수는 쉽게 최영을 제거하고 정권을 장악했다. 그러나 이때 우왕을 제거하지는 않았다.

이렇게 고려에 정변이 일어나자, 명의 철령위 설치 압력도 줄어들었다. 최영을 몰아내고 정권을 장악한 이성계는 평소 존경하던 이색李穡을 문하시중의 자리에 앉히고, 본인은 좌시중이 되었다. 위화도회군에 동조했던 조민수는 우시중이 되었다. 이와 함께 조준趙浚, 정도전 등의 신흥 세력이 조정에 대거 포진했다. 이때에 이르러서는 이성계와 신진 사류 세력이 밀착하는 양상이 뚜렷해졌다. 당시의 긴박한 대외적 시련을 극복하고 권문세족을 억누르며 개혁을 추진하기 위해서는 서로가 필요한 존재였다.

이에 반발한 우왕이 또다시 이성계와 조민수를 제거하려 했지만 실패했고, 이 직후 이성계와 조민수는 우왕을 폐위시켜 강화도로 추방시켜버렸다. 이는 조민수의 주도로 이루어졌다. 여기에 이성계를 비롯한 신흥 세력들은 불만이 많았다. 그러던 중 1389년에 일부 신료들이 유배된 우왕을 만나 이성계를 죽이려고 모의한 사실이 발각되었다. 이성계는 이를 계기로 우왕을 죽이고, 창왕과 창왕의 지지 세력인 이색·조민수·변안렬 등을 귀양 보냈다가 죽였다.

그 대신 신종神宗의 7대손인 공양왕을 1389년에 왕위에 올렸다. 공양왕 즉위 초만 하더라도 고려 조정에는 구세력과 신세력이 공존하고 있었으나, 오래지 않아 이성계 일파가 정권을 장악했다. 이에 위기감을 느낀 반이성계 세력들은 지금까지 이성계와 같은 노선을 걷던 정몽주를 필두로 최후의 저항을 했다. 정몽주 등은 이성계가 사냥을 하다 말에서 떨어져 다리가 부러진 사건을 기회로 삼아 이성계 세력을 일망타진하려 했으나 이 계획은 이방원이 정몽주를 살해함으로써 수포로 돌아갔다. 위협을 느낀 공양왕은 보신책으로 이성계와 형제의 맹약을 맺으려 했지만, 이방원·정도전·남은·조준 등 이성계파는 공양왕을 폐위시켰다. 결국 이성계는 1392년 7월 17일에 개경 수창궁壽昌宮에서 왕위에 올랐다.

**사대부 중심의
개혁**   조선은 사대부가 권문세족에게서 정권을 빼앗아 세운 왕조라고 할 수 있다. 조선이 세워지면서 실행했던 개혁들도 사대부 계층이 사회를 장악하는 방향으로 이루어졌다. 그중 전제개혁은 최우선적으로 단행된 것이었다. 이러한 개혁을 해야 할 만큼, 권문세족들의 경제적 기반을 무너트리지 않고 개혁파 신진 관료의 기반이 마련되기 어려웠다.

　고려 말 권문세족들은 권력을 이용해 남의 땅을 차지하고 농장農莊을 늘렸다. 이들 농장은 세금조차 내지 않았고, 차지한 토지를 경작하기 위해 많은 양민을 노비로 삼았다. 이들 노비는 군역을 지지도 않았기 때문에, 군대를 유지하기도 어려웠으며 세수稅收는 감소하고 노동력은 고갈되어 국가 재정이 파탄에 이르렀다. 이에 백성들뿐 아니라 새로 관료가 된 신흥사대부들에게까지 녹봉조차 줄 수 없을 정도의 피해가 돌아갔다. 홍건적과 왜구 등을 막아야 하는 신흥 무장들도 군사비를 조달하기 어려웠다.

　전제개혁은 이러한 문제들을 한꺼번에 해결할 수 있는 조처였다. 새로 권력을 잡은 집단의 자금줄도 필요했고, 권문세족들의 세력을 약화시키기 위해서는 권문세족에게 일방적으로 유리하게 되어 있는 경제구조를 바꾸어야 했다. 이 같은 상황에서 권문세족이 불법적으로 차지한 재산을 빼앗아 국가나 원래 주인에게 돌려준다면 필요한 효과를 거둘 수 있었다.

　이성계 일파는 이를 시행하기 위해, 경제 관료인 조준 등을 내세워 위화도회군 한 달 뒤인 1388년 7월에 사전개혁私田改革을 주장하고 나섰다. 권문세족들의 거센 반발이 있었지만, 이성계 일파는 법 시행을 밀어붙여 1391년 5월에는 과전법科田法을 강행했다. 과전법은 국가에 대한 농민의 조세 부담을 줄여주고, 권력자들의 토지겸병을 막기 위해서 실시되었다. 이 법 실행으로 국가 재정의 기반이 튼튼해졌고, 억울하게 노비가 되었던 사람들의 양인 신분도 회복되어 과전법 시행 이후 자작농이 70퍼센트에 이르게 되었다.

　과전법 등의 개혁을 통해 조선을 세운 신흥사대부들이 국가 운영의 주도권을 장악함에 따라, 조선에는 중앙집권적 문치주의가 정착되어갔다.

사실 고려시대부터 이런 체제를 확립시키려는 노력이 있었으나, 반독립적인 향리 세력 때문에 제대로 실시되지 못했다. 사대부들은 정국주도권을 잡자 개혁을 강력하게 밀어붙였다. 이를 위해 사대부들이 제시한 건국이념은 숭유억불崇儒抑佛, 중농억상정책重農抑商政策, 사대교린事大交隣이었다.

이러한 정책을 내세우게 된 배경이 있었다. 불교를 억누르려 한 이유는, 고려 말의 불교계가 지나치게 부패해 있었기 때문이다. 고려시대에는 권력과 결탁한 불교 사원에 상당한 토지와 양민들을 지원해주었다. 이 조치가 국가의 기반을 좀먹고 있었기에, 이를 국가가 되찾아야 했다. 조선 건국의 주역들은 불교 자체는 물론 불교와 연결되어 있는 귀족·사원 세력을 탄압하고 정리하여 목적을 이루고자 했다. 그렇다고 해도 불교를 일거에 적으로 돌리기 부담스러웠던 태조 이성계는 무학無學이라는 승려를 통해 불교계와의 관계를 유지해나갔다. 또 일부 사원은 실록 보관 같은 조선왕실의 일을 맡겨 유지시켜주었다.

농업을 중요하게 여기는 정책은 농업 위주였던 조선의 경제 현실을 그대로 반영한 것이다. 조선이 농업에만 의지해서 성장하기는 곤란했으나, 당시 체제에서 상공업을 장려하거나 전쟁 또는 약탈로 경제 문제를 해결하기는 더 어려웠다. 또, 동아시아에서 패권을 쥐고 있던 명이 외국과의 통상을 억제하고 있었다. 군사력이 상대적으로 약한 조선이 명의 정책을 거슬러가며 경제적 팽창을 꾀하기 어려웠다. 조선이 얻을 것이 많지 않았던 일본이나 여진과의 교역은 대안이 될 수 없었다.

사대교린도 문치주의의 산물이다. 사대事大란 중원을 차지한 명을 천자의 나라로 섬긴다는 뜻이며, 교린交隣이란 여진이나 일본 등 주변국과 우호·협력 관계를 유지한다는 의미이다. 동아시아 조공–책봉체제란 제후국들이 정기적으로 사신을 통해 조공朝貢을 바치면 황제는 조공품의 몇 배에 해당하는 선진문물을 제공하고 제후국의 안보를 책임지는 형식을 취한, 일종의 평화적인 공존체제였다.

그러나 조선의 국익에 맞지 않을 때에는 사대 정책도 무시될 수도 있었다. 정도전이 요동을 공격하려 했던 것이 그 예이다. 조선이 겉으로는 명을 떠받든다고 하면서 실제로는 여진족이 사는 동·서북면 지역을 차지하기 시작했다. 이를 괘씸하게 여긴 명이 1396년 6월에 조선에서 보낸 표전문表箋文에 트집을 잡아 정도전을 잡아들이려 한 것이 이른바 '표전문 사건'이다. 이에 반발한 정도전이 요동 정벌을 추진했으나, 1398년 8월에 1차 왕자의 난으로 정도전이 제거됨으로써 이 사건은 무마되었다.

겉으로는 신하 취급을 했다 해도 황제 측에서는 제후국에 간섭하지 않는 것이 일반적이었다. 그러나 갈등이 생기면 으레 주어야 하는 고명誥命을 주지 않거나, 형식적인 조공의 액수를 늘리거나, 군사적 압력을 넣기도 했다. 조선의 교린은 그럴듯한 외교적 용어로 포장되어 있지만 사정은 달랐다. 조선은 일본이나 여진에 대해 성의를 보이지 않으며 가능하면 상대하지 않으려 했다. 다만 이들과의 전쟁 또는 긴장 상태는 막아야 했기에 교린이라는 최소한의 외교 관계만 유지하려 했다. 이 노선이 현실에 맞는 동안, 조선은 평화와 안정을 누릴 수 있었다.

조선의 새로운 신분제 | 정도전 일파는 정권을 장악하고도 한동안 고려라는 나라 이름과 체제를 유지했다. 하지만 고려왕족과 그 추종 세력을

제거한 후, 수도를 한양으로 옮기고 나라 이름도 조선으로 바꾸었다. 지배세력의 변화에 맞추어 조선의 사회 신분도 대체로 양반兩班, 중인中人, 양인良人, 천인賤人으로 나뉘어갔다.

이 중에서 최고의 신분층은 양반이다. 양반이란 용어는 관직제도상의 문반文班과 무반武班을 뜻하는 개념으로, 관료체제가 정착되기 시작한 고려 초기부터 사용되어왔다. 이것이 점차 고려·조선시대의 지배 신분층을 뜻하는 개념으로 발전해나갔다. 양반 관료체제가 정비되어감에 따라 관직을 가진 당사자뿐만 아니라 그 가족·가문까지도 양반으로 불리게 되었다.

조선 사회에서 양반은 많은 특권을 가지고 있었다. 우선 음직蔭職과 과전科田을 받을 수 있었고, 문·무과를 보아 관직에 임명될 수 있었으며, 국가에 공로가 있으면 공신전·사전賜田을 받을 수 있었다. 군역이 면제되었던 것은 아니나, 실제로는 여러 가지 방법을 통해 면제받거나 특수군特殊軍에 종사하며 편하게 치를 수 있었다.

양반 신분이 확립되면서 향리층이 갈라져 나갔다. 사대부 정권은 지방 사족을 자기편으로 끌어들이는 대신, 새로운 정권에 비협조적이거나 자질이 부족하다고 여긴 기술관技術官·향리·서리·서얼 등을 중인층으로 격하시켰다. 조선의 지배층은 유교적 민본주의를 이용해 공정하게 정해진 법 조차도 양반에게 유리한 방향으로 운영했다. 즉, 조선 사회가 관료제 사회라고는 하지만 실제로는 엄격한 신분의 제약이 있었던 것이다. 조선 사회는 몇몇 귀족들에 의해 농단되는 사회는 아니었지만, 폭넓은 양반 신분이 특권을 누리는 양반 관료제 사회였다는 뜻이다.

중인층도 조선 초기부터 형성되기 시작해 조선 후기에 확립되었다고 할 수 있다. 법적으로 차별하는 것이 아니었음에도 불구하고, 조선시대에 접어들어 실질적으로는 중인에 대한 대우에 차이가 나기 시작했다. 15세기 후반기부터는 중인 중에서도 가장 지위가 높은 기술관조차 차별당하는 지경이었다. 고려시대에는 지방의 향리 세력을 누르고 중앙집권적 관료제를 확립하기 위해 너무 많은 사람들을 관직에 끌어들이는 바람에 관료 사회는 포화 상태에 이른 상황이었다. 조선에서는 이를 해결하면서 사대부가 정치 주체가 되는 지배체제를 확립시키기 위해, 양반들은 향리를 하급 지배 신분층인 중인으로 떨어뜨리고 각종 특권을 누렸다. 고려시대에 양반과 향리가 서로 견제하는 가운데 지방 사회를 지배했던 반면, 조선 초기에 이르러서는 향리를 양반의 통제 아래에 둔 것이다.

피지배층으로는 양인과 천인이 있었다. 넓은 의미의 양인은 천인을 뺀 모든 자유민을 뜻하고, 좁은 의미의 양인은 넓은 의미의 양인 중에서 양민良民, 상인常人, 상민常民, 평민平民으로 불리는 평상인平常人을 뜻한다. 조상 중에 적어도 4대 내에 9품 이상의 양반직이 있지 않으면 양반도 양인으로 강등되었다. 양반이 아닌 신분과 혼인하게 되어도 마찬가지였다. 반대로 과거, 입공立功 등을 통해 양인에서 양반으로 올라갈 수도 있었다. 관직에도 양반만이 할 수 있는 관직과 중인·양인·천인이 할 수 있는 관직이 따로 있었으며, 관계官階도 달랐다. 양인은 문·무과를 통해 양반으로, 잡과를 통해 중인으로 올라갈 수 있었으나, 가난하고 교육 여건이 나쁜 양인의 과거 응시는 사실상 곤란했다.

그리고 사람으로 취급받지 못하고 짐승처럼 매매·증여·상속의 대상이 되는 천인賤人층이 있었다. 천인은 본래 전쟁포로·범죄자·채무자 등 출신이었고, 직업은 노비奴婢·부곡인部曲人·광대廣大·기생妓生·백정白丁 등 다양했다. 그러나 부곡인은 부곡이 해방되면서 양인이 되었고, 재인才人·화척禾

尺 등 신양역천身良役賤들은 보충군補充軍을 통해 양인이 될 수 있었기 때문에 천인 대부분은 노비로 구성되었다.

노비주는 대부분 양반이었지만 양반 아닌 신분도 노비를 소유할 수 있고, 심지어는 노비도 노비를 소유할 수 있었다. 노비는 양반의 사회적 권위와 경제적 여유를 제공해주는 수단이었다. 고려시대부터 정복전쟁이 없어지자 양반들은 노비의 숫자를 늘리기 위해 노비수모법奴婢隨母法, 일천즉천一賤則賤 등의 법을 만들었다. 양반들이 불법으로 노비를 늘려가자 국가에서는 노비변정사업奴婢辨正事業을 통해 양반의 불법적인 노비 증식을 규제했다. 이 조치가 실패하면서 노비는 날로 늘어갔고, 이러한 상태가 극심해진 결과 고려왕조가 망한 것이다. 이를 해결하기 위해 조선왕조는 노비종부법奴婢從父法을 간헐적으로 실시해 노비 인구를 조절했다. 이는 주로 양반이 천첩에게서 얻은 아이를 양인으로 돌리는 선에서 이루어졌지만, 때로는 40이 되도록 정실에게서 얻은 아이가 없는 양인의 경우에까지 확대되기도 했다.

양반은 노비에 대한 지배권을 강화해 노비가 상전에게 대항하거나, 양반 여자를 간奸하는 경우에는 극형에 처하도록 되어 있었다. 그리고 노비가 상전의 말을 듣지 않을 때에는 죽이는 형벌을 제외하고는 개인적으로 처벌해도 무방하게 해놓았다. 그래도 알게 모르게 살해당하는 노비들이 많았다. 노비 중에는 집안에서 부리는 가내노비家內奴婢와 독립해 살면서 몸값身貢을 내는 신공노비身貢奴婢가 있었다. 가내노비는 양반의 토지를 경작해주거나 소작小作을 할 뿐만 아니라 양반의 사치 생활을 뒷바라지하기도 했다. 노비 중에는 양반이 소유한 농장의 관리인이 되어 부자가 되거나 권력을 얻는 자들도 있었다.

태종의 등장과 개혁

1398년 8월, 이방원 일파는 정변을 일으켰다. 이들은 막내 방석芳碩을 세자로 추대했다는 것과 세자를 보호하기 위해 배다른 형들을 죽이려 했다는 두 가지 명분을 내세웠다. 그러나 진짜 원인은 정도전 일파가 군권을 장악하고, 종친과 무장들이 가진 병력을 빼앗기 시작한 데에 있었다고 본다. 이에 위기를 느낀 세력이 난관을 타개할 수 있는 방안을 모색하기 시작했고, 이를 조직화한 사람이 이방원이었다. 이방원은 태조의 병문안을 빌미로 궁궐에 들어와 정변을 일으켰다.

이 정변을 성공시킨 후 둘째 아들 방과芳果가 세자로 책봉되었다. 그 결과 1398년 9월에 왕위에 오른 방과가 정종定宗이다. 정종은 왕이 된 후, 개경으로의 천도, 벼슬을 청탁하는 분경奔競 금지, 노비변정도감奴婢辨正都監 설치 등의 조치를 취하며 적극적으로 정사에 임했다. 이는 당시 공신 세력들의 이익과 상반되는 것이었다.

그런데 정종이 권력 기반을 다져 개혁의 성과를 보기도 전에 태조의 넷째 아들인 방간芳幹과 1차 왕자의 난 주역인 방원 사이에 충돌이 벌어졌다. 이 사건이 이른바 2차 왕자의 난이다. 이 충돌에서 이긴 방원은 이때 정종의 휘하에 있던 갑사甲士의 일부가 방간 편에 참여했다는 의혹을 빌미로 정종의 실권을 빼앗았고, 이후 정국 운영의 주도권을 잡았다. 방원은 곧 세자로 책봉되었고, 정종은 왕위를 양위하고 상왕의 자리로 물러났다. 이렇게 해서 1400년 11월 13일, 이방원이 조선의 3대 왕 태종太宗으로 왕위에 올랐다.

그러나 이 과정에서 태종 이방원은 태조 이성계의 미움을 샀다. 원래 이방원은 고려 말, 문과에 급제해 아버지의 신임을 얻었으나, 정몽주를 죽이는 사태 등을 계기로 이성계와 틈이 생겼다. 이에 더하여 계속 정변을 일으키며 형제들을 죽이자 태조의 증오가 더욱 깊어진 것이다. 급기야 태조는 태종이 즉위한 뒤, 태조에게 충성하는 세력이 많은 동북면을 자주 왕래했다. 그러다가 결국 1402년 10월 19일에 명나라 사신을 배웅하며 동북면에 있는 선조의 능을 참배한다는 핑계를 내세워 함흥으로 가버렸다. 그리고 같은 해 11월 5일, 안변부사 조사의趙思義 등이 반란을 일으켰다. 이는 진압되었지만 정황을 보아 태조가 개입했던 것은 분명하다. 그러나 태조가 조선의 시조이자 국왕이었던 태종의 아버지였기에, 태조와의 연관성을 감추기 위해 '조사의의 난'이라 부를 뿐이다.

이후 태종의 왕권은 안정되어갔다. 정도전 집권 시기에 악화되었던 명과의 관계도 명의 내란을 계기로 개선되었다. 태종은 세자로 책봉될 때부터 제도적으로 권력 기반을 강화해나갔다. 국가의 중요 문제를 고위 관료들이 도평의사사에 모여서 의논하고 결정하는 체제를, 왕과 소수의 고위 관리가 결정하도록 바꾸는 개혁은 정도전 집권 시기부터 추진되어왔다. 그러나 정도전이 모든 권한을 총재冢宰가 갖는 재상중심체제를 추구한 반면, 태종은 모든 업무를 육조에 나누어 맡기고 판서가 국왕에게 직접 보고하는 육조직계제六曹直啓制를 채택했다. 이는 왕이 주요 현안에 대한 보고를 직접 받고 결정을 내려 시행할 수 있도록 한 체제로, 고위 관료의 역할을 참모나 실무자 정도로 축소시키는 효과가 있었다. 그만큼 왕권이 강화되는 체제였다. 이 같은 행정부 개혁은 1405년을 전후해 점차로 시행되었다.

그러나 육조직계제가 시행되면서 반작용도 적지 않았다. 의정부 대신들의 반발은 물론이었지만, 폭발적으로 늘어난 업무를 왕이 혼자 처리하기가 힘들어진 것이다. 육조에서 보고되는 수많은 국정을 왕이 직접 확인·결정해야 하는 체제라, 재상들의 힘을 약화시킨 만큼 일도 늘어난 셈이다. 이에 따라 왕이 병들거나 또는 능력에 벅차 국사를 감당하기 어려울 경우에는 육조에서 담당 업무를 의정부에 보고하고, 의정부에서 다시 그 업무를 심의하는 의정부서사제議政府署事制가 나타났다. 세종 대 이후 간간이 등장했던 이 체제 아래에서는 의정부 대신들의 역할과 기능이 강화되었다.

태종은 불교계에 대한 개혁도 단행했다. 태종이 왕위에 오른 지 5년이 지나면서부터는 국내 정치는 물론, 명·일본과의 관계도 안정되었다. 태종은 이러한 안정을 배경으로 불교계에도 손을 댔다. 그 목적은 고려시대에 국가나 귀족으로부터 받았던 토지와 노비를 고스란히 가지고 있으면서도 국가에 전혀 세금을 내지 않는 사찰의 토지를 몰수해, 국고를 채우고 사찰의 노비를 관청으로 흡수시키는 데에 있었다.

태종은 1402년 4월 불교에 대한 대대적인 개혁을 시작해서, 1406년 3월 전국의 사찰 수를 대폭 줄이고 사찰이 가지고 있던 토지와 노비를 국고로 환수하는 조치를 취했다. 동시에 12종파였던 불교계의 종파도 7개로 축소시켜, 국가가 지급했던 사찰의 토지와 노비를 10분의 1로 줄였다. 여기에 승려 자격증인 도첩제度牒制의 발급 기준을 강화한 것, 승려들이 도성 출입을 못 하게 한 것, 사찰을 중수하지 못하게 한 것 등의 조치가 추가되었다.

그럼에도 불구하고 태종도 일부 사찰에 대해서는 토지를 지급했을 뿐만 아니라 사찰의 중수를 허가하기도 했다. 그러나 개인적인 차원의 조치였을 뿐, 국가 운영에 필요한 인적·물적 자원을 마련하기 위한 불교계의 구조조정이라는 큰 틀에서 벗어난 것은 아니었다. 고려 말부터 조선 초기에 걸쳐 전개되었던 불교 배척 운동은 불교 자체를 억압하자는 것이기도 하지만, 불교의 세속화로 팽창한 사찰의 경제력을 몰수함으로써 국가의 재정을 확보하고자 한 것이기도 했다. 그래서 이 개혁은 승려에 대한 국가 차원의 탄압이라는 성격을 띠었고, 이 때문에 승려의 사회적 지위는 크게 하락할 수밖에 없었다.

조선의 전성기를 이끈 세종

태종은 제도적으로 왕권을 강화시켰을 뿐 아니라, 나중에라도 왕권을 위협할 수 있는 요소들까지 제거했다. 우선 자신의 처가인 민씨 집안이 첫 희생양이었다. 태종은 외가와 가까웠던 세자 양녕대군讓寧大君을 폐위시켰다. 이어 셋째 충녕대군忠寧大君을 세자로 지명하고, 7일 만에 아예 왕위를 넘겨주는 절차까지 마쳤다. 이렇게 해서 1418년 8월 10일, 왕위에 오른 충녕대군이 조선의 제4대 왕 세종世宗이다.

태종은 충녕대군을 즉위시켜 자신이 살아 있을 때, 후계 구도를 둘러싼 갈등을 없애버렸다. 그러고도 태종은 세종이 즉위한 후 4년을 더 살며 실권을 행사했다. 이 시기에도 태종은 세종의 처가였던 심씨 가문 역시 제거해버렸다. 세종이 즉위한 지 2년 만에 어머니 민비가, 이어서 2년 후 1422년에는 태종이 죽었다. 상왕 태종이 죽은 뒤, 세종이 국왕으로서 자신의 시대를 열어가기 시작했다.

세종은 태종 대부터 있어온 신하들과 자신이 발탁한 인재들을 조화시켜가며 정국을 이끌었다. 세종 대에는 개국 초기 불사이군不事二君을 내세우던 세대가 사라지며, 이들의 후손들이 벼슬길에 나아가는 분위기가 형성되었다. 세종은 1420년 3월 16일, 학문 연구 기관인 집현전集賢殿을 설치하며 태종과 다른 통치 방식을 구축해나갔다. 세종은 집현전 상위직에는 태종의 신하들을, 하위직에는 자신이 뽑은 신하를 포진시켰다. 집현전은 학문 연구 기관으로 출발했으나, 점차 국가의 정책을 기획하는 역할을 했다. 태종이 전제정치를 통해 나라의 기틀을 잡았다면, 세종은 집현전을 활용해 안정적인 문치의 기틀을 마련한 셈이다.

이와 함께 1424년 2월에 흥천사興天寺에서 일어났던 음주와 공금횡령 같은 비리를 빌미로 삼아, 1424년 4월 불교 교단에 대해 두 번째 구조조정이 실시되었다. 이를 계기로 그때까지 7개로 나뉘어 있던 불교 종파를 선교양종禪敎兩宗으로 통합하고, 전국의 사찰을 양쪽 종파에 18개씩 36본산本山에 속한 절만 남기고 모두 없애버렸다. 이를 통해 고려시대 사찰이 가지고 있던 총 10만 결에 달했을 것으로 추산되는 토지의 규모를 약 7,000여 결로 축소시켰다.

세종 대에는 이렇게 안정시킨 정치·경제적 기반을 바탕으로 여러 가지 업적을 남겼다. 우선 정치는 예禮로써 절제節制하고 악樂으로 화합하게 한다는 유교 정치의 이념에 입각하여 예악을 정비했다. 중국과 다른 독자적 예법은 『국조오례의國朝五禮儀』로 집대성되었다. 이는 성종 대에 완성된 『경국대전經國大典』과 함께 조선왕조의 양대 기본법이었다. 이에 발맞추어 음악도 정비되고, 조선의 기본적인 악기들도 대부분이 이때에 개발되었다.

세종은 국가 운영의 핵심이라 할 수 있는 세금체제에도 손을 댔다. 세금을 낼 수 있는 능력과 실제로 걷는 세금을 조화시켜나가는 점은 국가적 차원에서 중요한 과제이다. 이런 차원에서 세종은 이전부터 확립되어 있었던, 수확의 10분의 1을 걷는 이른바 십일조 원칙보다 훨씬 정교한 기준을 마련하려 했다. 그래서 전국의 토지를 조사해, 토지의 비옥도와 풍년·흉년까지 고려해서 세금을 매긴 것이 세종의 공법貢法이다.

이는 너무 이상적인 방법이어서 이후 폐단이 나타나기는 했지만, 당시로서는 획기적인 발상이었다. 세종은 법 시행 이전에 여론을 조사하고 나서 실행으로 옮길 만큼 시행에도 신중을 기했다. 이와 함께 백성들에게 불필요한 세금을 걷지 않게 하려고 공안貢案을 정비시켰다. 태조 즉위 직후부터 각 부서에서 경비를 지나치게 요구하는 경우가 많아, 이를 막기 위해서였다. 세종 대에 한꺼번에 완성시키지 못했지만, 그 노력은 이후 정책에 반영되어 조선 초기의 민생을 안정시키는 데 큰 역할을 했다. 그러다가 세조 대인 1464년에 공안을 전면 개정하면서 지출 부담을 3분의 1 정도로 줄이는 효과를 거두었다.

경제개혁을 통해 재정 기반을 확보하자, 세종 대에는 이 자금을 과학자 양성과 연구 기회 확보 및 연구비 지급 등에 사용하며 과학기술 분야가 발달했다. 그 결과 가뭄이나 홍수 같은 자연재해로 인한 피해를 막고 농사 일정에 도움을 줄 천문학 분야를 비롯해, 농업기술·의학 분야가 큰 발전을 보였다.

세종의 대표적인 업적으로는 1443년 12월 창제된 훈민정음訓民正音이 꼽힌다. 훈민정음은 중국의 한자음을 정확히 표기하려던 목적에서 시작되었으나, 한문을 모르는 사람들에게도 명령을 전달할 수 있는 수단 확보를 통하여 통치가 편해지는 측면도 있었다. 사대부들은 정보 독점이 풀릴 우려와 지나친 모화사상 때문에 훈민정음 창제에 반대했다. 그러나 세종은 정인지·성삼문·신숙주 등 일부 학자들과 환관·기술자 등 그의 측근을 시켜 훈민정음 창제를 밀어붙였다. 쉬운 문자가 개발되면서 서적 편찬도 활발해졌다. 이러한 정책에 따라 『소학』, 『삼강행실도』 등의 유교 윤리서와 『용비어천가』, 불경佛經 등도 훈민정음으로 풀이되어 간행되었다. 서적의 편찬을 위해 우수한 활자나 종이도 필요해져 활자의 개발도 활발하게 이루어졌다.

이러한 활동을 통해 국력이 성장하자 영토 확장에도 나섰다. 조선은 북방의 여진 등에 대해 귀순을 받는 온건 정책과 군사적으로 정벌하는 강경 정책을 같이 썼다. 그 결과 압록강 상류에 4개의 군四郡을 설치했다. 그러나 이에 대한 유지는 쉬운 일이 아니어서 결국 모두 폐지되었다. 이 지역은 19세기까지 버려진 땅으로 남았다.

이에 비해 동북면은 태조 이성계가 일어난 본거지라 좀 더 정성을 쏟았다. 따라서 정책 역시 온건책 위주로 여진족의 편의를 배려했음에도, 당시 여진족은 자주 변방 지역을 침입해 주민들을 약탈했다. 그러자 세종은 1435년, 때마침 일어난 여진족의 내분을 이용해 김종서金宗瑞를 시켜 여진 정벌에 나섰다. 김종서는 이징옥李澄玉 등 무장들의 보좌와 세종의 적극적인 후원에 힘입어 6개의 진鎭 개척에 성공했다.

이후 이 지역을 조선의 영토로 굳히기 위해 여러 정책이 실시되었으나 부작용이 커, 우선 해당 지역에 거주하는 주민 가운데 명망 있는 인물을 토관土官으로 임명했다. 그리고 삼남(경상, 전라, 충청)에 거주하던 백성들을 이주시키는 사민徙民 정책을 적극적으로 실시해 개척된 땅이 버려지는 사태를 막았다. 그러나 사민 정책은 강제로 시행되었기 때문에 국가에 의해 이주된 백성들의 원망을 낳았고, 훗날 이 지역에서 발생한 반란의 직접적 원인이 되기도 했다. 또 6진 개척을 통해 미미한 관직에 머물렀던 김종서가 정치적으로 성장했고, 그의 휘하에 있었던 이들이 단종의 즉위를 전후로 정국 운영의 핵으로 부상하게 되었다.

세종이 죽고
세조가 등장하다

많은 업적을 남긴 세종은 왕위에 오른 지 32년 만인 1450년에 세상을 떠났다. 뒤를 이은 첫째 아들이 조선의 제5대 임금 문종文宗이다. 문종은 1445년부터 질병에 시달리던 세종을 대신해 대리청정을 시작했다. 그렇기 때문에 문종이 실질적으로 통치한 시기가 겉으로 드러난 것보다 길었던 셈이다. 문종이 대리청정에 나설 즈음 의정부의 서사권이 부활되고, 육조직계제가 폐지되었다. 이렇게 왕권이 견제받는 상황에서도, 왕위에 오른 문종은 대리청정의 경험을 살려 제도 개편을 추진했다.

그의 업적 중 손꼽히는 것이 군 지휘체계의 정비였다. 삼군총제부三軍摠制府를 의흥삼군부義興三軍府로 바꾸며 시작된 조선의 군 지휘체계 개편은, 무신들을 효과적으로 통제하는 데 애를 먹으면서 변화를 거듭하다가 1457년에 오위五衛로 개편되었다. 최고 군령 기관으로 오위도총부五衛都摠府를 두어 군무를 전담케 한 이 조치는 문종이 주도한 것이다. 오위와 오위도총부는 실질적으로 병조에 소속되어 있었다. 병조의 관리가 대부분 문신임을 감안하면, 조선에서는 군사 조직의 개편 역시 문치주의 실현이라는 명제 아래에서 수행됐음을 알 수 있다.

중앙의 군사 조직이 이와 같이 정비되면서 국토 전체에 대한 방어는 국경지대의 각 요충지마다 진鎭을 설치해 방어하는 진관체제鎭管體制로 짜여 갔다. 오위가 총 25개 부部로 구성되어 각각의 부에 지방 부대인 진관鎭管 군사가 나뉘어 소속되어 있는 형태였다. 세조가 즉위하면서부터 이 체제에 대한 보완이 시도되었다. 진관체제는 국경의 방어선이 돌파당하면 후방에서 뒷받침할 부대가 없다는 문제점이 있었다. 여러 가지 보완책이 마련되다가 삼포왜란 등을 겪으면서 운영에 융통성을 발휘하는 방향으로 보완되었다. 유사시에 각 고을의 수령이 그 지방에 소속된 군사를 이끌고 본진本鎭을 떠나 배정된 방어지역으로 가는 제승방략制勝方略으로 귀결되었고, 이런 상황에서 임진왜란壬辰倭亂을 맞았다.

이러던 문종이 왕위에 오른 지 2년 만에 세상을 떠났다. 그 후 엿새 만인 1452년 5월 18일, 열두 살에 불과했던 노산군魯山君이 즉위식을 가졌다. 그가 단종端宗이다. 조선왕조에서 국왕이 미성년일 경우에는 대비가 수렴청정 하는 것이 관례였으나, 이때에는 이미 대비도 이 세상에 없었다. 이에 문종은 황보인皇甫仁과 김종서 등 원로대신들에게 아들을 부탁하는 유언을 남겼고, 이들이 대비 역할을 대신하게 되었다. 이런 구도가 정국 운영에도 영향을 주었다.

이때 중앙 정계의 세력 판도는 종친宗親과 신료臣僚 세력으로 나뉘어, 종친 중 서열상 위였던 수양대군이 의정부 대신들의 집중 견제를 받았다. 의정부 대신들은 안평대군을 내세워 수양대군을 견제하고, 이를 이용해 종친 세력을 분열시키려 했다. 신료 집단 내부도 의정부 대신들과 집현전 출신들의 갈등이 있었다. 집현전 학사들은 원로대신들의 독단적인 정국 운영에 불만이 있어, 의정부 대신들과 반대로 수양대군을 지지했다.

이 같은 갈등 때문에 정쟁이 격화되었으나 이를 중재할 만한 지위와 권위를 가진 사람은 없었다. 그러던 중 단종이 왕위에 오른 지 1년 만인 1453년 10월 10일, 수양대군이 정변을 일으켰다. 이 정변을 계유정난癸酉靖難이라 한다. 수양대군은 계유정난을 통해 대립 관계에 있던 김종서를 비롯한 의정부 대신들을 살해하고, 동생 안평대군은 유배시켰다가 결국 죽였다. 이 결과 단종은 모든 실권을 숙부에게 빼앗겼고, 1455년 숙부에게 왕위를 물려주었다. 이렇게 왕위에 오른 수양대군이 조선 제7대 왕 세조世祖이다.

훈신을 키운 세조

조카인 단종을 몰아내고 왕위를 탈취한 파렴치한 인간이라는 인식 때문에, 세조의 즉위에는 저항이 컸다. 그 저항은 크게 두 가지 형태로 나타났다. 하나는 함경도(당시 함길도) 지방을 중심으로 일어난 반란의 형태였고, 다른 하나는 단종을 복위시키려는 움직임이었다.

함경도 지역에서 일어난 두 차례 반란은 1453년 10월에 일어난 이징옥李澄玉의 난과 1467년 5월 10일에 일어난 이시애李施愛의 난이다. 이 반란 원인은 중앙 권력에 대한 함경도 지역 사람의 불만과 불신이라 할 수 있다. 함경도는 이성계의 고향으로, 그의 집권 과정에서 근거지 역할을 했음에도 불구하고 함경도 출신 인사나 지역에 대한 중앙 권력의 배려는 거의 이루어지지 않고 있었다. 또 여진족을 직접 상대하는 군사적 요충지로서 그 지역 사람들이 치러야 할 부담도 컸다. 특히 조선 초기부터 변방의 빈 땅에다 충청도, 경상도, 전라도 주민들을 강제로 함경도에 이주시킨 불만도 컸다.

중앙정부는 이러한 불만을 무마하기 위해 지방 유지들의 권한을 키워 포섭해보기도 하고, 과거시험을 실시하기도 했으나 그리 큰 효과를 거두지는 못했다. 과거시험을 치르기만 하고 실제로 등용하지 않는 등 실질적인 개선이 이루어지지 않았기 때문이다. 이러한 불만은 반란으로 폭발하게 되었다. 그러나 반란은 결국 진압되었고, 이후 함경도 지역은 조선왕조 내내 차별을 받았다.

이러한 반란은 왕권 강화를 추진하던 세조에게도 정치적 시련이었다. 태종처럼 공신들을 숙청하지 못한 결과, 세조 즉위에 결정적 역할을 한 공신들의 정치적 영향력은 급속히 커져갔다. 이들이 세조 즉위 후 주도세력으로 부상하면서 새로운 소외 세력과 불만 세력들이 생겨났다.

단종 복위 시도는 바로 이 때문에, 단종이 상왕으로 물러난 지 1년 만인 1456년 6월부터 시작되었다. 명분을 중히 여기는 집현전 출신의 젊은 학자들은 세조의 왕위 찬탈에 비판적이었다. 게다가 세조가 왕위에 오른 후, 측근 공신들이 정국을 주도하며 집현전 학사 출신들은 소외되고 있었다.

이런 상황에 반발한 집현전 출신 젊은 관료들과 단종 및 문종의 외척을 중심으로 단종 복위 운동이 일어났다. 그래서 중국 사신을 환영하는 연회에서 세조를 비롯해 세자와 한명회, 권람 등을 모두 죽이고 상왕을 복위시키려는 계획을 세웠다. 하지만 이 시도는 밀고 때문에 실패했다. 이 사건을 계기로 단종은 상왕에서 노산군魯山君으로 강등되어 귀양 갔다가, 또 다른 복위 시도가 발각되는 바람에 서인庶人으로 강등되었다. 결국 1457년 10월 24일에 사약을 받아 죽었다.

많은 파란을 일으켰던 계유정난은 중앙 정치 세력 및 국정 운영 방식에도 큰 변화를 가져왔다. 우선 세종 말년에 왕이 격무를 견디지 못하고 부활시켰던 의정부의 서사권을 폐지시켰다. 이는 왕이 직접 국정을 챙기는 육조직계제의 부활을 의미했다. 또 세조는 사회통제를 강화하기 위해 호적을 개정하고 성인들로 하여금 성명, 출생, 신분, 거주지 등을 명기한 목패를 의무적으로 차게 하는 호패號牌 제도를 강력하게 추진했다. 아울러 관료에게 재직 기간 동안만 토지를 지급하는 직전법職田法도 실시해, 지주들의 대토지 소유를 막고 국가의 재정을 확보하는 효과를 노렸다. 그리고 수많은 서적 편찬에도 힘썼다.

이러한 개혁은 그동안 기득권을 누리고 있던 계층의 불만을 샀다. 그래서 저항이 생기고 반란으로까지 연결되었지만, 세조는 이를 극복하고 강력한 왕권을 지켜나갔다. 세조를 축출하려던 반란에서는 대체로 그의 정통성을 문제 삼았다. 이와 같이 세조가 유학자들에게 인정받지 못하는 상황은, 공신의 입지를 더욱 키워주는 결과를 가져왔다. 이 때문에 250명의 공신들을 중심으로 하는 훈구파勳舊派가 정국을 주도하게 되었다. 여기에 이시애의 난 진압으로 중앙 정계에 등장한 구성군龜城君 이준李浚, 태종의 외손자 남이南怡 등 왕실 세력이 점차 그 세력을 키워나가면서, 세조 말년의 정국은 이들 훈신勳臣과 왕실 세력의 대결 구도로 짜였다. 세조는 유학자들로부터 인정받지 못하자 불교에 대해서 호의적인 정책을 폈다. 그리고 공신 세력을 견제하려는 의도로 지방에서 김종직을 비롯한 젊고 야심찬 사림士林을 정계에 불러들였다. 이들이 후에 사림파로 성장했다.

그러던 세조가 아들에게 왕위를 물려준 다음 날인 1468년 9월 7일, 파란 많던 생애를 마감했다. 열아홉 살 나이에 새로 왕위에 오른 예종睿宗은 정치적으로 큰 부담을 지고 있었다. 그래서 자신의 권력 기반을 굳히기 위한 개혁에 들어갔다. 예종은 현직에 있을 때에 한해 조租를 받을 수 있게 하는 직전수조법職田收租法을 비롯해서 소작인의 고소권도 인정하는 등 세력가들의 대토지 소유를 억제하는 정책을 실시했다. 그리고 벼슬을 얻기 위해 권력자의 집에 분주하게 드나드는 행각을 뜻하는 분경奔競(분추경리奔趨競利의 준말)을 막는다는 명분으로 한명회 등 훈구대신들을 감시했다.

그래도 훈구대신의 세력이 커가는 것을 막을 수 없었다. 예종이 즉위할 당시 정국이 혼란스러웠기 때문이다. 이때는 세조의 강력한 중앙집권화 정책이 이시애의 난을 겪은 후 난항을 겪으며, 한명회와 신숙주 등 훈구 세력과 구성군 이준, 남이 등 종친 세력이 커지고 있었다. 아울러 이시애 난을 진압하는 과정에서 무신들도 성장했다. 예종은 이 중에서 자신의 왕좌를 넘볼 수 있는 종실 세력을 특히 꺼렸다. 본래 종실들은 정치에 간여해서는 안 된다는 것이 고려 이래의 관행이었지만, 정치적으로 의지할 데 없는 세조가 이 관행을 무시하고 종실을 키웠다. 이것이 못마땅했던 예종은 때마침 남이에 대한 고변이 들어오자, 이 사건을 빌미로 남이를 비롯한 상당수의 종실과 무신을 제거했다. 이른바 '남이의 옥'이다. 왕권 강화에 골몰하던 예종의 정치적 입장이 일부 훈신들과 맞아떨어져 발생한 사건이었다. 이렇게 훈신은 세력을 키워갔다. 힘을 유지한 훈신은 계유정란 이후로 등장한 공신 세력과 중종·명종 대에 나타난 외척 권신 세력을 합쳐 부르는 뜻으로 쓰였다.

이후 예종은 재상의 숫자를 3명에서 10명 내외로 늘려 훈구 세력들 내부의 균형을 유지하도록 애썼다. 그럼에도 불구하고 정국 운영은 문신을 중심으로 한 훈구파들의 손에 넘어갔다. 이와 같은 현상은 사림이 본격적으로 중앙 정계에 등장하기 전까지 계속되었다.

예종은 아버지 세조의 정책을 이어받아 강력한 중앙집권제를 추진하려 했으나, 험한 정국을 헤쳐나가며 격무에 시달려 건강이 악화되었다. 결국 예종은 즉위 1년 만인 1469년 11월 28일에 스무 살의 젊은 나이로 죽었다. 예종의 죽음에 대해, 살해당했다는 의문이 제기되기도 한다.

예종이 죽었을 때 원자 제안대군齊安大君이 다섯 살에 불과하여, 세조의 큰아들로 병에 걸려 일찍 죽었던 의경세자懿敬世子의 두 아들 중 자산군者山君이 추대되었다. 이렇게 해서 즉위했던 자산군이 조선의 제9대 왕 성종成宗이다. 성종의 즉위 배경에는 자산군의 장인 한명회가 있었다. 한명회 같은 훈구대신은 왕을 정하는 데에도 결정적인 영향을 줄 만큼 큰 세력을 가지고 있었다. 성종 역시 처음에는 구성군 이준을 유배 보내는 등, 종실 세력을 견제할 수밖에 없었다. 성종이 열세 살밖에 되지 않았기 때문에, 스무 살 성년이 되기까지 정희대비貞熹大妃가 7년 동안 수렴청정을 실시했다. 이 기간 중에는 정희대비와 한명회, 신숙주, 구치관 등 훈구대신들이 정국을 이끌어갔다.

문치주의의 확립

정국의 주도권은 훈구대신들이 장악했음에도 불구하고 성종은 탁월한 업적을 남겼다. 그중 손꼽히는 것이, 세조 대부터 편찬을 시작했던 조선왕조 법치의 근본이 되는 법전인『경국대전』을 완성·반포했다는 점이다. 법전의 정비는 조선이 세워지면서부터 추진되었다. 그 시작은 급격한 변화를 피하는 동시에 일관성 있는 법률을 제정해

법에 의한 정치를 시행하겠다는 의지였다. 이를 밝힌 태조 이성계의 명命에 의해, 1394년 5월에 정도전이 『조선경국전朝鮮經國典』을 편찬해 바쳤다. 이후 왕조 통치의 기본이 되는 새로운 법령들이 점차 바뀌어 발표되었다. 『조선경국전』이 나온 지 3년 뒤인 1397년 12월에 한국 역사상 최초의 성문 통일 법전인 『경제육전經濟六典』이 나왔다.

세조 대에 이르러서는 법전 편찬의 기본 틀이 바뀌었다. 세조는 새로운 법률이 계속 쌓이고 결함이 나타날 때마다 다시 속전을 제정하는 기존의 편찬 방식을 바꾸어, 모든 법을 전체적으로 조화시켜 영구적으로 시행할 수 있는 법을 만들고자 했다. 이를 위해 육전상정소六典詳定所가 설치되고 통일 법전의 편찬이 시작되었다. 이런 노력의 결과 1460년 7월에 재정 경제의 기본이 되는 호전戶典이, 이어서 1461년 7월에는 형전刑典이 완성되었다. 두 법전이 일반 백성들의 생활에 직접 관련되어 있으며 국가 운영의 기본이 되기 때문에 우선적으로 완성한 것이었다.

그런데 『경국대전』, 특히 형전은 명의 『대명률』을 기본으로 하고 『대명률』에 없거나 아니면 조선 상황에 맞지 않는 부분만 개정한 것이다. 조선왕조는 이렇게 해서 형법을 만드는 데 들어가는 비용과 노력을 아끼려 했다. 그러므로 조선시대의 형법은 『대명률』이 일반법이고 『경국대전』의 형전은 특별법이라 할 수 있다.

새로운 체제의 법전 편찬을 시작한 세조가 나머지 4개 분야의 법전을 완성시켰으나, 미진한 부분을 보충하고 수정하는 와중에 죽었다. 이에 따라 6개 분야 법전으로 완성된 『경국대전』은 성종 대에 반포되었다. 『경국대전』이 완성되며 조선왕조는 실정이 다른 중국 법으로 통치해야 하는 난점을 극복했다. 이후에도 많은 법전이 편찬되었지만 『경국대전』의 틀에서 벗어나지 않았다.

『경국대전』의 특징은 양반이 집권층으로 군림하는 중앙집권적 문치주의를 실현시킨 데 있었다. 문과가 무과나 잡과보다 우월하여 무관이나 기술관은 고위 양반직에 올라갈 수 없었다. 군사령관까지도 문관이 맡는, 이른바 문치정치가 일찍부터 발달하게 된 것이다. 문치주의는 중앙집권체제를 지향했다. 그렇기 때문에 중앙집권적 문치주의 국가에서는 모든 권력이 국왕에게 집중되고, 모든 명령이 국왕으로부터 나오는 것이 원칙이다. 그렇게 해야만 행정이 효율적이고 신료들 간에 파벌이 생기지 않는다. 그러나 조선시대에는 이것이 지나쳐 국왕이 독주하는 체제로 흐르는 것도 의식했다.

그래서 관료 내부의 분열을 방지하기 위해 왕권을 강화하고, 그 왕권을 견제하는 제도적 장치를 마련했다. 사간원司諫院을 독립시켜 왕의 전제專制를 견제하고, 경연經筵과 서연書筵을 통해 왕과 왕세자를 교육시키며, 사관을 두어 국왕의 일거수일투족을 실록에 기록해 역사의 심판을 받게 한 이유가 여기에 있다.

이는 교육제와 과거제의 운영과도 연관이 깊다. 조선시대에 모든 권한을 국왕에게 집중시켰다고는 하지만, 국왕 혼자 국가를 운영할 수 없었다. 따라서 상당 부분의 권한을 신료들에게 위임할 수밖에 없었고, 그러자면 우수한 관료가 필요했다. 이 때문에 교육제와 과거제가 중요해졌다. 그러나 조선의 과거제는 과거시험을 준비할 여력을 갖춘 양반 계급의 특권을 이어가는 수단으로 변질된 측면도 있다.

사림의 성장과
파란

조선 역사에 상당한 영향을 준 세력이 사림이다. 그런데 이 사림의 성장 배경은 조선왕조의 지방 지배 정책과 관련이 깊다. 조선 건국 초기까지만 해도, 향리는 지방 사회에 큰 영향력을 가지고 있었다. 군현까지 중앙관이 파견되었지만, 그 이하 지역에 대한 통치를 향촌 자치에 맡겼던 점은 중국도 마찬가지였다. 이는 조선왕조의 중앙 집권화에 있어 걸림돌이었다. 조선왕조는 향리의 영향력을 축소시키고자 했다.

이를 위해 조정에서는 지방의 사족들을 적극 후원했다. 특정 지방에 연고를 가진 중앙 관료들은 경재소京在所라는 조직을 통해 연고권을 유지하기도 하고, 지방에 유향소留鄕所라는 기관을 설치해 향촌 사회를 지배하는 경우도 있었다. 향촌의 자치적인 지배기구인 경재소와 유향소를 매개로 중앙과 지방의 사족들이 서로 단결해 향리들을 억압한 셈이다.

그러나 향리 세력이 몰락하고 중앙 관료들이 훈구화해 대대로 서울에 거주하게 되자, 연고지에 대한 지배력은 자연 쇠퇴하게 되었다. 지방의 사족들도 서울 양반들의 간섭과 통제에서 벗어나고자 했다. 서울 양반들의 간섭을 받는 기존의 유향소 대신 사마소司馬所라는 재지 사족들만의 조직을 따로 만들거나 향약 등 자치 조직을 결성한 것 등이 그런 사례이다.

지방 사회의 주도권을 지방에 남아 있던 사림이 주도하면서, 이들 중 일부가 중앙 정계에 진출하기 시작했다. 이들은 관학파官學派가 아니라, 고려에 대한 절의節義를 지킨 정몽주-길재 계통의 사학파私學派 전통의 계승을 내세웠다. 그리고 중앙에 진출한 사림들이 중앙의 훈구 세력 비판에 나섰다. 정권을 장악한 훈구 세력들이 많은 부정을 저지르면서 스스로 문제를 일으켰고, 여기에 훈구 세력을 억제하려는 세조나 성종, 중종 등 왕의 후원으로 사림의 발언권은 커져갔다.

향촌 사회를 장악한 지방 사족들은 중앙 정계에서 패배하더라도 자신의 연고지로 돌아와 힘을 키웠다. 중앙의 정치 정세가 변하거나 왕에게 새로운 정치 세력이 필요해질 때, 그 대안은 지방 사족뿐이었다. 이러한 흐름에 따라 성종 대에 들어서면서 중앙 정계에는 이른바 '사림파'라는 정치 세력이 형성되었다. 특히 공신 세력에게 둘러싸이면서 위기의식을 느꼈던 세조가 사림 기용에 앞장섰다. 세종은 공신의 성장을 견제하기 위해 집현전을 이용했지만, 이들은 사육신 사건을 일으키며 세조에게서 등을 돌렸다. 이 때문에 세조는 집현전을 없애버리며, 그 대안으로 공신 세력과 관계없는 종친·무인 세력과 시골 출신의 젊은 사림들을 발굴해 중앙으로 불러들였다. 성종 대의 사림파 영수로 추앙받던 김종직을 비롯한 사림 세력은 이렇게 세조에 의해 중앙 정계로 진출하게 되었다. 세조 대에 훈구 세력과 함께 사림파의 싹이 튼 것이다.

중앙에 진출한 사림은 우선 훈신들의 부정부패를 공격하며, 자신들의 도학과 의리를 기치로 국가와 사회에 새로운 기풍을 불러일으켰다. 세조의 뒤를 이어 예종과 성종도 강성한 공신 세력을 견제하고자 사림들을 비호했다. 이들은 성종 대에 이르러 새로운 정치 세력인 사림파로 성장했다. 이러한 맥락에서 성종 대에는 세조가 폐지한 집현전을 대신해 홍문관弘文館을 설치했다.

성종의 뒤를 이은 연산군은 권신들이 장악한 체제를 뒤엎기 위해 신료들과 충돌했다. 그러면서 사림들이 훈구 관료들을 공격하며 생긴 충돌은 연산군 대부터 본격적으로 일어났다. 훈구파가 이에 대한 반격으로 사림파를 타도한 사건들이 이른바 사화士禍이다. 김종직이 지은 조의제문弔義帝文(세조의 찬탈을 풍자하여 지은 글)을 빌미로 일어난 '무오사화戊午士禍'는 훈구 세력이 사림 세력을 제거한 대표적 사건이다. 연산군의 생모 윤씨의 죽음을 빌미로 일어난 '갑자사화甲子士禍'의 성격은 훈구파의 사림 제거라고 하기는 곤란하지만, 많은 사림이 희생되기는 했다.

이러면서 연산군은 유교적 가치관에 반하는 모습을 여러 차례 보이며, 왕의 존엄성과 절대성을 과시하기 위한 토목공사를 벌였다. 그러나 지지 세력을 키우지도 못했고, 유학을 대체할 새로운 이념을 찾지도 못했다. 결국 연산군은 중종반정으로 정권을 잃었으며, 이는 양반의 지지를 잃으면 왕도 축출될 수 있다는 것을 보여준 꼴이 되었다.

연산군을 축출한 이후 정계에 대거 진출한 사림파와 훈구파의 권력투쟁이 심해졌다. 사림파는 주로 직책은 높지 않았지만, 정책과 인물을 비판할 수 있는 언론인 삼사三司에 진출해 조정에서의 발언권을 강화했다. 중종이 즉위한 이후에도 훈구파와 사림파의 충돌은 되풀이되었다. 공신 세력에 의해 왕권이 제약을 받았던 중종은 조광조趙光祖 같은 사림들을 끌어들여 훈구 세력을 견제했다. 그러나 사림들이 군주의 수신修身을 강요하며 왕에게까지 압력을 넣자, 중종은 훈신들과 결탁해 조광조를 제거해버렸다. 이것이 1519년의 '기묘사화己卯士禍'이다.

이렇게 사림파가 제거당하고 나이 든 공신들이 늙어 죽은 뒤, 중종 말기부터 정권은 외척 권신들의 손아귀에 들어가게 되었다. 김안로金安老, 윤임尹任, 윤원형尹元衡, 이량李樑 등이 그 핵심 인물들이다. 그렇지만 외척 권신들이 권력을 휘두른 기간은 그리 길지 않았다. 집권 명분이나 특별한 정치이념도 없이, 훈구파는 무너지고 사림파가 아직 정권을 차지할 만한 세력을 갖추지 못한 과도기에 잠시 권력을 차지한 데 불과했기 때문이다. 이 시기는 대략 중종 말기부터 명종 대까지로 볼 수 있다.

김안로가 명종의 어머니 문정왕후 일파의 공작 정치에 휘말려 목숨을 잃은 이후, 조정의 권력투쟁은 이른바 대윤大尹과 소윤小尹의 대립으로 연결되었다. 이 배경에는 복잡했던 중종의 혼인 문제가 걸려 있었다. 조강지처인 단경왕후 신씨는 중전에 책봉된 지 7일 만에 역적의 딸이라는 이유로 쫓겨나고, 장경왕후章敬王后가 두 번째 부인으로 들어왔다. 그런데 그녀 역시 1516년 원자(후일의 인종仁宗)를 낳자마자 죽었다. 뒤를 이어 들어온 왕비가 문정왕후文定王后였다. 조강지처 다음 얻은 두 왕비가 모두 파평 윤씨이기 때문에 장경왕후의 외척을 대윤大尹, 문정왕후의 외척을 소윤小尹이라 불렀다.

이런 와중인 1520년, 중종의 적자嫡子였던 원자 호峼가 세자로 책봉되었다. 그런데 1534년 문정왕후가 경원대군慶源大君을 낳으면서 갈등이 생겼다. 이 갈등은 대윤 쪽 외숙 윤임과 소윤 쪽 외숙인 윤원형을 중심으로 불거졌다. 그러던 1544년 11월, 인종이 즉위하여 권력투쟁은 일단 대윤 측에 유리해졌다. 그렇다고 해서 정치적으로 큰 파란이 일어나지는 않았다. 인종은 자신이 대윤의 지원을 받고 있었지만, 사림파에 대해서도 매우 우호적이었기 때문이다.

그러나 아들도 없던 인종이 왕위에 오른 지 8개월 만에 죽자 사정이 달라졌다. 뒤를 이어 문정왕후의 아들 명종明宗이 즉위하고 소윤 세력이 정권을 장악하자 큰 파란이 일어났다. 즉위할 당시 명종이 열두 살에 불과했기 때문에 문정왕후가 수렴청정을 했고, 이 기세를 업은 문정왕후의 동생 윤원형이 1545년 반대파를 제거하려고 일으킨 사화를 '을사사화乙巳士禍'

라 한다. 을사사화는 앞서 일어났던 세 차례의 사화와는 달리, 외척 사이의 싸움에서 사림이 피해를 당한 사건이었다.

이렇게 외척이 횡포를 부리며 생겨난 혼란을 틈타 도적이 일어났다. 명종이 특별 대책을 마련하기도 했으나, 이미 국가에서 통제하기 힘든 지경에까지 이르렀다. 특히 임꺽정은 황해도, 경기도, 평안도, 강원도에 걸쳐 활약하며 유명해졌지만, 이는 전국에 걸쳐 일어나고 있던 현상의 일부에 불과했다. 이와 같은 혼란 통에 소윤의 권력도 오래가지 않았다. 명종의 나이가 스무 살이 되자 문정왕후의 수렴청정이 끝났고, 문정왕후가 죽자 영의정 이준경李浚慶의 상소로 윤원형이 쫓겨났다. 그렇다고 외척 세력이 주도하는 정국 구도가 완전히 무너지지는 않았다. 심의겸을 중심으로 또 다른 외척 세력이 주도권을 잡았던 것이다. 그렇지만 명종이 죽을 때 즈음 서원書院 건립을 통해 그 세력을 모은 사림의 세력도 눈에 띄게 커졌다.

이런 와중에 승려 보우普雨가 조선 불교의 부활을 위해 나섰다. 세조 대에 이르러 회복의 기미를 보였던 불교는 1476년에 성종의 친정이 시작되면서 타격을 받기 시작했다. 세종 대에는 사찰의 수를 제한받았다가 세조 대에 약간 회복되었지만, 성종 대가 되자 사림들의 압력이 심해지면서 다시 위축되기 시작했다. 우선 이전부터 실시되던 도첩제를 강화하여 승려의 숫자를 제한하고, 도첩이 없으면 역을 피해 도망한 사람으로 간주하고 환속시켰다. 왕실과 밀착된 일부 사찰들은 보호받았지만, 1491년에는 도첩제까지 폐지되며 승려의 지위를 인정받을 방법이 없어졌다.

보우는 이러한 흐름을 바꾸기 위해 불교계 자체 내의 단결을 촉구하려 선禪과 교敎의 일치와 함께 유불조화儒佛調和를 주장했다. 유교와 불교는 겉으로는 달라 보여도 근본 이치는 다를 바 없다는 논리였다. 당시 권력을 잡고 있었던 문정왕후와 소윤 세력도 과중한 부역을 피하고자 승려가 된 이들이 살인, 방화, 약탈 등을 저지르는 일을 막아야 했다. 이를 위해 불교계 자체를 통솔할 새로운 인물을 모색하고 있었던 터였다. 그래서 문정왕후는 보우를 정계로 끌어들였다. 보우는 문정왕후의 후원을 받아, 도첩제 폐지로 인해 자격 있는 승려까지 사라지는 등의 폐단을 없앤다는 명분을 내세우며 도첩제를 부활시켰다. 승려의 부역 동원 중지, 유생들의 사찰 출입 금지, 사원전에 대한 면세 등의 조치도 취해졌다.

그러자 보우에 대한 탄핵 상소가 빗발쳤다. 사림파 관료들과 유생들은 보우를 공략하여 문정왕후를 둘러싼 척신 세력까지 제거하려 했다. 결국 문정왕후의 죽음과 함께 보우도 처단되고, 그가 추진한 불교 부흥 정책도 무위로 돌아갔다. 보우의 실패에 대해, 당시의 현실을 알고 있으면서도 권력에 의지하여 복을 비는 불사밖에 할 수 없었던 점 등이 문제로 지적된다. 그래서 농민의 봉기를 세상을 어지럽히는 역도들이라 비난하는 등 인식의 한계를 드러냈다는 것이다.

일본

센고쿠시대를 거쳐 통일까지

슈고다이묘의 부각

아시카가 다카우지의 후손이 주도권을 잡을 수 있었던 비결은, 이른바 한제이법半濟法을 필두로 하여 지방 슈고들의 권한을 강화시켜준 것이었다. 특히 핵심적인 역할을 했던 한제이령은 1352년 아시카가 다카우지가 내란에서 이기기 위해 슈고들을 자기편으로 끌어들이려는 의도에서 시작되었다. 지방의 슈고들에게 구니 안의 장원과 공령의 연공 중의 절반을 군량미 확보라는 명분으로 걷을 수 있게 해주는 것이 이 조치의 핵심이었다. 이 조치가 아시카가 다카우지의 후손이 주도권을 잡을 수 있는 계기를 만들어주었다. 이를 통해 기득권을 확보한 슈고들이 대거 아시카가 다카우지 측에 가담했다.

원래 이 조치는 임시적인 것이었고, 기간도 1년에 범위도 교토 부근의 일부 지역에 한정되어 있었다. 그러나 곧 전국에 걸쳐 무기한 실시되는 것으로 변해갔다. 슈고들은 이를 이용하여 장원과 공령의 연공 수취를 사실상 통제할 수 있는 지위를 확보했다. 이렇게 장원과 공령의 연공 징수를 슈고들이 맡는 관례를 이른바 슈고케守護請라 불렀다.

가마쿠라시대에 만들어진 관직인 슈고는 원래 치안을 유지할 권한을 위임받은 지방관에 불과했다. 따라서 자신의 관할 지역에 있는 지토, 고케닌과는 개인적 주종 관계가 없었다. 그렇지만 아시카가 다카우지가 취해준 조치를 통해 슈고들은 장원과 공령을 자기 영지처럼 관리하게 되었다. 반면 천황을 위시한 공가 측은 장원을 빼앗기며 몰락해갔다.

이즈음 가마쿠라시대의 지토에서 시작된 무사집단이 성장하고 있었다. 이들을 고쿠진國人이라 불렀다. 슈고들은 이들 고쿠진들에게 공령이나 장원에서 나오는 수익을 은상으로 나눠주면서 자신들의 가신단으로 편성해 나갔다. 고쿠진들 역시 자신들의 입지를 굳히기 위해 슈고들의 지원이 필요했다. 이렇게 서로의 필요에 따라 맺어진 관계를 기반으로, 슈고들은 각각의 구니를 지배하는 역할을 하게 되었다.

가마쿠라시대의 슈고와 구별될 만큼의 권력을 확보했던 이 시대의 슈고들을 슈고다이묘守護大名라 한다. 그리고 슈고가 관할하는 지역을 료코쿠領国라 불렀고, 슈고다이묘가 영지를 지배하는 제도를 슈고료코쿠제守護領国制라 일컫는다. 확보된 슈고다이묘들의 료코쿠는 세습되었고, 막부에서도 슈고를 쉽게 파면할 수 없게 되었다. 이는 무사들에 대한 쇼군의 통제력이 와해되고 슈고들이 무사들과 개인적으로 주종 관계를 맺게 되었음을 의미했다.

무로마치막부의 운영에도 이러한 상황이 반영되어 있다. 가마쿠라막부가 쇼군이나 싯켄에게 권력이 집중된 구조였던 것과 달리, 아시카가 다카우지 가문은 슈고다이묘와의 협력을 통해 정국을 운영했다. 이렇게 보면 난보쿠초南北朝시대의 혼란은 하나의 관직에 불과했던 슈고가 영토를 지배하는 슈고다이묘로 성장하는 계기였다고 할 수 있다.

이 때문에 일부 슈고다이묘는 막부에 위협이 되기도 했다. 야마나山名 가문의 경우 11개국의 슈고직을 갖고 있었고, 오우치大內 가문은 6개국의 슈고 자리를 차지하고 있었다. 야마나 가문은 슈고 자리를 많이 차지하고 있었을 뿐 아니라, 이들이 지배하는 토지가 매우 많아 당시 일본 전체 토지의 6분의 1을 장악하고 있었다고 한다. 아시카가 요시미쓰가 이들을 토벌했던 것도, 위협이 될 수 있는 슈고다이묘를 제거하기 위한 조치로 해석할 수 있다. 그랬음에도 불구하고 아시카가 요시미쓰 이후 슈고다이묘에 대한 막부의 통제는 약화되어갔다.

그렇다고 해도 막부와 슈고다이묘는 근본적으로 대립하는 존재라고 할 수는 없다. 아시카가 가문은 교토 주변의 긴키 지방에 자기 가문 출신 중에서 슈고를 임명하여 정권의 안정을 꾀했다. 쇼군 역시 슈고다이묘의 힘을 빌리지 않고서는 일본 전체를 통제하기 어려웠던 셈이다.

슈고다이묘 역시 자기 영지 내부에서 저항을 받는 일도 있었다. 이를 제압하기 위해 쇼군과 막부의 권위가 필요했다. 쇼군과 슈고다이묘는 가끔 대립하는 일도 있었지만, 기본적으로 서로 협력하는 존재였다. 그래서 무로마치막부를 슈고다이묘와의 타협으로 이루어진 연합 정권이라고 보는 시각도 있다.

무로마치막부의
경제적 기반과 국제무역

이 당시 막부의 재정 수입은 직할지에서 나오는 수입을 의미하는 고료쇼御料所와, 필요에 따라 가신들에게 경비를 할당해 거둬들이는 것이 기본이었다. 그런데 이 시대는 농업을 중심으로 여러 산업이 크게 발달한 시기이기도 했다. 양수기와 비료 사용, 벼의 품종 개량 등 농업 기술이 발달하며 쌀과 보리의 이모작이 농민들 사이에도 보급되었다. 이 분야에서 앞서나가던 기나이 지방에서는 쌀과 보리, 메밀의 삼모작까지도 이루어졌다고 한다. 그리고 상업적으로 판매하기 위한 작물이 널리 재배되었다. 도시 근교에서는 팔기 위한 채소를 재배했고, 차가운 기후의 도고쿠 지방에서는 옷 만드는 원료인 삼베나 모시를, 미카와三河(현재의 아이치현 일부) 지방에서는 조선에서 도입된 목화를 많이 재배했다.

농업과 수공업의 발달은 자연스럽게 상업 발달로 이어졌다. 가마쿠라시대에는 한 달에 세 차례 열리던 시장이, 무로마치시대에는 여섯 차례 열릴 정도로 활성화되었다. 교토의 산조三條와 시치조七條의 쌀 시장, 로코가쿠六角의 어시장, 요도淀의 소금과 어시장, 미노美濃의 종이 시장 등과 같이 특정 상품만을 취급하는 시장도 생겨났다.

이들 시장에서는 자리가 지정되었으며, 시장의 감독권은 다이묘들에게 있었다. 시의 상인은 다이묘에게 세를 바치고 독점적으로 영업 활동을 할 수 있는 권한을 보장받았다. 교토나 나라와 같은 도시에서는 상설 점포가 생겨났는데, 이런 상인들을 '조닌町人'이라고 불렀다.

이 시기에 교역이 활발해지자 교통의 요지에 세키쇼關所를 설치해 부과했던 세키센關錢 수입의 비중이 커졌다. 이 밖에도 교토 지역의 도소土倉(오늘날의 전당포)와 사카야酒屋(술의 생산과 판매업)의 영업을 보호해주고 그 대가로 거둬들이는 자금도 있었다.

상공업이 발달하면서 일본에서도 유럽의 길드와 비슷한 자座가 생겨났다. 헤이안시대 말 무렵부터 생겨나기 시작한 자는, 사원이나 공가의 세력을 등에 업고 있었던 동업자 조합이었다. 무로마치시대가 되자 상공업 분야 전반에 걸쳐 그 숫자가 증가했다. 특히 교토와 나라의 주변에 많았다.

자의 구성원座衆은 그 수장 격인 혼조本所에게 공납이나 노동을 제공했다. 그 대가로 혼조는 자의 구성원에게 각종 세를 면제해주고, 상품의 구입과 판매를 독점하도록 도와주었다. 오닌應仁의 난 무렵부터 교토에 모여든 이들 상공업자들을 '마치스町衆'라고 부르게 되었다. 그리고 이들이 합쳐지면서 '소마치惣町'가 생겨났다. 이는 농촌에서 농민들이 지역마다 단결하여 자기들 스스로의 마을을 형성하고 자치적인 활동을 강화해, 장원 영주들의 지배에서 벗어났던 것과 같은 경로를 밟은 것이라 할 수 있다.

무로마치막부에서는 중국의 원과 명을 상대로 한 해외무역을 통해서도 막대한 수입을 올렸다. 그런데 중원과의 무역을 위해서는 이곳을 차지하고 있는 제국, 특히 몰락해가는 원보다는 새로 중원을 장악한 명과의 국교를 여는 것이 과제였다. 아시카가 요시미쓰는 명과 국교를 열기 위해 1374년 사절을 파견했다. 그러나 이때까지만 해도 명에서는 남조를 정통으로 인정하고 있었다. 이 때문에 아시카가 요시미쓰가 보낸 사신을 받아주지 않았다. 명에서는 아시카가 요시미쓰의 사신을 반역 집단으로 간주하고 있었다.

그러자 아시카가 요시미쓰는 1380년, 세이이타이쇼군 자격으로 사신을 보냈다. 그러나 이 시도 역시 실패했다. 이때 아시카가 요시미쓰는 명의 황제가 아닌 승상에게 국서를 보냈고, 통치자가 아닌 신하를 대표로 하는 교섭을 할 수 없다는 이유로 명에 거절당했다. 그런데 1394년 12월에 아시카가 요시미쓰가 다이조다이진에서 물러나 출가한 것이 또 다른 명분이 되었다. 천황의 신하가 아닌 신분으로 명과 교역할 수 있는 입장이 된 것이다. 이에 따라 1401년, 명에 파견한 사신부터는 사정이 달라졌다. 이때는 남조가 몰락한 상태였고, 아시카가 요시미쓰가 천황의 신하가 아닌 일본 국왕 자격으로 책봉받았기 때문이다. 이렇게 해서 양국의 국교가 정식으로 수립되었다. 이때의 교류는 일본 국왕이 황제에게 조공하는 형식을 취하고 있었다.

전통적으로 천황을 중원의 천자와 동등한 존재로 간주하고 있던 공가에서는, 명 황제의 신하가 되는 형식으로 맺어진 국교에 대해 불만과 비판이 많았다. 그렇지만 아시카가 요시미쓰의 선택에 공공연히 반대하지는 못했다. 국교를 맺고 나서 행해진 무역의 형태는 이른바 감합무역勘合貿易이었다. 이는 중국에서 일련번호가 붙은 장부에 등록된 선박의 수, 화물, 인원에 대해서만 교역을 허가하는 형태였다. 이러한 형태의 무역은 1404년부터 시작되었다. 그러나 이와 같은 운영 때문에 막부의 수입은 토지에서 얻는 연공年貢보다도, 변수가 많은 상업적 이익의 비중이 높아졌다. 그래서 막부의 기반이 불안정해졌다고 보는 경우도 있다.

무로마치막부의 혼란

1397년 아시카가 요시미쓰는 교토 기타야마에 기타야마도노北山殿라 불리는 저택을 지었다. 이 저택은 무가, 공가, 선종의 융합된 문화가 반영되어 있어 시대를 대표하는 건축물로 꼽힌다. 그래서 저택이 있는 지역의 이름을 따, 이 시대의 문화를 '기타야마 문화'라고 부른다.

이렇게 권력을 누리던 1408년 4월 27일, 아시카가 요시미쓰는 병으로 쓰러졌다. 그리고 5월 6일, 51세를 일기로 사망했다. 아시카가 요시미쓰가 죽은 이후 무로마치막부는 균열 조짐을 보였다. 우선 아시카가 요시미쓰의 뒤를 이은 제4대 쇼군 아시카가 요시모치는 아버지의 정책을 뒤집으며 다른 노선을 걸었다. 아버지 요시미쓰가 동생 아시카가 요시쓰구足利義嗣를 편애했기 때문에 이렇게 엇나갔다는 해석이 지배적이다. 그는 1394년에 아홉 살의 나이로 쇼군 지위를 물려받았으나 실권이 없었다. 이 때문에 아버지에게 반감을 품게 되었다는 것이다.

아시카가 요시모치는, 요시미쓰가 살아 있을 때의 희망에 따라 조정에서 요시미쓰에게 추증한 태상천황의 칭호를 사양해버렸다. 그뿐만 아니라 아버지가 아끼던 저택에도 손을 댔다. 아시카가 요시미쓰가 죽은 다음 해에 제2대 쇼군 아시카가 요시아키라가 살았던 저택으로 이사하면서, 기타야마도노 일부를 제외하고 모두 철거해버렸다. 또 신하가 되는 형식을 받아들여, 일본의 자존심을 훼손했다고 비판받던 명과의 교류도 끊었다.

아시카가 요시모치가 정책의 변화를 꾀하던 1410년, 고카메야마 천황은 교토를 탈출하여 요시노로 돌아와 다시 남조를 부흥하려고 했다. 남조의 황태자에게 천황 자리를 물려주겠다는 약속도 1412년 파기되었다. 고코마쓰 천황이 약속을 어기고 자신의 장남 미히토實仁 친왕에게 양위를 해버린 것이다. 이렇게 즉위한 미히토 친왕이 쇼코稱光 천황이다.

이 영향으로 기타바타케 미쓰마사北畠滿雅가 남조 측에 천황 자리를 물려주도록 한 약속을 지킬 것을 요구하며 1414년 반란을 일으켰다. 그렇지만 이 영향은 그다지 크지 않았다. 이 반란 자체가 오래가지 못하고 타협을 통해 마무리되었다. 요시노로 탈출했던 고카메야마 천황도 1416년 교토로 돌아왔다. 그 다음에도 때때로 남조 부흥을 명분으로 내세운 저항이 있기는 했지만 대세에 영향을 주지는 못했다. 그 결과, 이후의 천황은 북조의 혈통에서 나왔다.

천황 자리를 둘러싼 갈등은 이렇게 해서 일단락되었지만, 그럼에도 불구하고 정국의 혼란은 계속되었다. 고카메야마 천황이 교토로 돌아온 해, 아시카가 요시모치 집단 내부의 갈등이 불거졌던 것이다. 1379년 호소카와 요리유키를 몰아내는 데에 한몫을 하고 그 자리를 차지했던 시바 요시유키斯波義将의 조카 시바 미쓰타네斯波満種가 아시카가 요시모치의 노여움을 사 밀려나는 사건이 생겼기 때문이다. 여기에 간토 지방의 간레이 우에스기 젠슈上杉禅秀와 동생 아시카가 요시쓰구가 결탁한 반란도 일어났다. 이 반란은 진압되었고, 아시카가 요시쓰구는 1418년에 살해되었다.

이후 아시카가 요시모치는 1423년, 아들 아시카가 요시카즈足利義量에게 쇼군직을 물려주고 출가했다. 그러나 실권 없이 쇼군 자리를 지키던 아시카가 요시카즈가 1425년에 죽어버렸다. 그리고 1428년 1월, 아시카가 요시모치도 죽었다. 그는 죽기 전에 다음 쇼군을 제비뽑기로 결정하도록 지시했고, 그 결과 남아 있던 동생들 중 아시카가 요시노리足利義教가 뽑혔다.

그런데 이 조치는 후유증을 남겼다. 아시카가 요시노리가 중신들의 충성 서약을 받고 쇼군에 올랐음에도 가마쿠라구보인 아시카가 모치우지足利持氏는 공공연하게 아시카가 요시노리의 권위를 무시했다. 이러한 태도는 아시카가 모치우지가 간토칸레이인 우에스기 노리자네上杉憲実를 공격하는 사태로 연결되었다. 아시카가 요시노리는 이에 대응하여 1438년, 우에스기 노리자네를 지원하여 아시카가 모치우지 토벌에 나섰다. 이를 '에이쿄永享의 난'이라고 한다. 이 사태는 토벌당한 아시카가 모치우지가 자결하는 것으로 결말이 났다.

그러나 곧이어 1440년에 간토 지방의 호족들이 두 파로 분열되어 싸우게 되는 유기 갓센結成合戰이 발생하여 혼란 상태에 빠졌다. 이로 인하여 막부나 가마쿠라후鎌倉府의 통제력은 현저하게 줄었다. 이러한 사태를 겪으며 추첨으로 뽑힌 쇼군의 권위가 약하다고 느낀 아시카가 요시노리는 무리하게 권위를 높이려 공가의 귀족과 다이묘들을 처벌하는 일이 잦았다. 이러한 조치가 반발을 샀고, 결국 1441년 3개국의 슈고를 겸하고 있던 아카마쓰 미쓰스케赤松滿祐가 아시카가 요시노리를 집으로 초대하여 암살하는 '가키쓰嘉吉의 난'이 일어났다.

막부는 간신히 아카마쓰 미쓰스케를 토벌했지만, 이로 인해 막부 권위는 크게 흔들렸다. 이 사태를 맞이한 호소카와 요리유키는 아홉 살에 불과했던, 아시카가 요시노리의 어린 아들 아시카가 요시카쓰足利義勝를 쇼군으로 내세워 전열을 정비했다. 그리고 암살 현장에서 탈출했던 야마나 모치토요山名持豊(출가한 다음의 법명은 야마나 소젠山名宗全)를 파견하여 아카마쓰 미쓰스케를 토벌해버렸다. 이리하여 사태는 수습되었지만, 막부의 통치력은 큰 타격을 받았다.

더욱이 아시카가 요시카쓰도 몇 달 만에 세상을 떠나고, 이어서 동생인 아시카가 요시마사足利義政가 여덟 살의 어린 나이로 쇼군이 되었다. 이렇게 실질적인 통치 능력이 없는 쇼군이 올라서며 실권은 호소카와 요리유키와 야마나 모치토요 등이 장악했으나, 이들도 나라 전체를 통제할 힘은 없었다. 이런 상황에서 막부의 통제력은 돌이킬 수 없을 정도로 약해졌다.

왜구와
동아시아

13세기에서 16세기에 걸쳐 한반도나 중국 대륙 해안을 습격한 해적 집단을 왜구라 불렀다. 보통은 왜구가 일본 열도의 해적을 의미하는 것으로 인식하고 있으나, 당시 해적 집단들이 꼭 일본 열도에서만 발생한 것은 아니었다. 왜구의 근거지 중 상당수는 규슈의 마쓰우라松浦, 쓰시마, 이키, 세토내해 등 식량 사정이 어려운 일본 열도 지역에 있기는 했다. 그렇지만 당시 해적 집단 중에는 몽골이나 중원, 고려에 동남아 출신들도 있었다. 특히 고려 말 내륙 깊숙이까지 침투하여 위협을 주었던 아지발도阿只拔都(혹은 아기발도阿其拔都)의 출신이 논란거리가 되고 있다.

일본에서는 당시 규슈의 무사였던 아카보시赤星씨나 아지히相知比씨의 성을 가진 무장의 이름이 고려에 와전되어 기록되었다든가, 규슈의 해적 집단이었던 마쓰라토松浦党 소속으로 보려 한다. 하지만 그의 복장을 봐서는 설득력이 없다고 한다. 그래서 당시 탐라(제주도)에 주둔하고 있던 몽골인이었다는 설이 유력하고, 심지어 고려인이나 류큐琉球 출신이라고 주장하는 설도 있다.

왜구는 고려시대인 1223년 금주金州(지금의 김해)에 침입했다는 기록을 시작으로 해서, 13세기에 11차례 정도 고려를 침입한 기록이 나타난다. 이때는 고려가 몽골의 침공을 받던 기간이었다. 그렇지만 몽골이 일본을 침공하고 난 이후에는, 14세기 중엽까지 80여 년 동안 왜구가 고려를 침략한 기록이 나타나지 않았다.

그렇지만 1350년 이후 왜구는 또다시 심하게 고려를 침략하기 시작했다. 이전에 비해 규모, 빈도, 침입한 지역과 침입하는 양식 등에 있어서 차이가 크다. 또한 고려와 그 뒤를 이은 조선뿐만 아니라 중국 연해 지방까지 광범위한 지역에 출몰했기 때문에, 중원에까지 문제가 되었다. 고려만 하더라도 수도인 개경의 치안을 위협받기도 했으며, 해안지대뿐만 아니라 내륙까지 침략당했다. 특히 고려 우왕 때는 14년 동안 378회의 침입을 받았다. 이렇게 왜구의 피해가 심해지자, 고려에서는 1366년 무로마치막부에 사신을 보내 왜구 근절을 요구해서 약속을 받아내기도 했다. 또한 일본의 협조로, 잡혀갔던 고려인 수백 명을 데리고 돌아오는 일도 있었다.

그러나 당시 무로마치막부의 통제력으로는 큰 실효를 거둘 수 없었다. 이에 고려에서는 침략해 온 왜구에 대한 무력 대응을 병행했다. 1376년 최영이 홍산鴻山에서 대승을 거둔 것을 시작으로, 1380년 나세羅世, 최무선 등이 진포鎭浦에서 화포로 왜선 500여 척을 불사르기도 했다. 이때 상륙한 왜구가 내륙 각지를 노략하며 황산荒山에 이르렀을 때, 이성계 등이 이를 물리쳤다. 또한 성을 쌓고 해군력을 위주로 한 군사력을 강화하여 방어를 보강했다. 왜인만호부倭人萬戶府를 설치하여 왜인을 고려 백성으로 받아들이기는 방법도 썼다.

그렇지만 이 정도의 조치로 왜구의 출몰을 완전히 막을 수는 없었고, 이로 인하여 동아시아 사회에 많은 갈등과 파란이 일어났다. 고려는 왜구의 출몰이 왕조가 무너지는 원인 중 하나였을 정도로 일방적인 피해를 입었다. 그러고도 고려(조선)가 일본과 협력하는 것이 아니냐는 중원 명明의 의 구심과 위협에 곤욕을 치러야 했다. 그럴 만큼 '왜구' 중에는 고려인도 일부 포함되어 있는 등 구성이 다양했음을 보여주는 것이라 할 수 있다.

명의 압력을 받게 된 고려(조선)는 의심을 불식시키기 위해 왜구를 정벌할 필요가 있었다. 일본에서도 주변국인 고려(조선)·명과의 관계를 개선하고, 남북조의 혼란기에 일본에서 정통성을 가진 통치 집단으로 인정받기 위해서는 왜구 문제가 해결되어야 했다. 그 결과 1389년(창왕 즉위년)과 1418년(세종 즉위년) 등에 쓰시마 정벌이 감행되었다. 이는 동아시아 3국의 공감대가 성립되어 이루어진 것이었다. 당시 남북조의 대립 속에서 이에 협조한 측은 북조였다. 북조는 왜구 토벌에 협조함으로써, 일본을 대표하는 '일본 국왕'으로 인정받으며 대외적으로 남조에 비해 위상을 높일 수 있었다.

첫 쓰시마 정벌은, 경상도원수慶尙道元帥 박위가 1389년 2월에 병선 100여 척을 이끌고 감행했다. 이때 적선 300여 척을 파괴하고, 잡혀갔던 고려인 100여 명을 구출해서 돌아왔다. 조선 건국 이후에도 왜구의 출몰이 계속되자, 이를 막기 위하여 조선은 왜인의 귀화를 받고 일부 항구를 개방하여 일본과의 교류를 활성화시켰다. 이러한 회유책과 병행하여 1396년 김사형金士衡 등이 쓰시마와 이키를, 1419년에는 이종무李從茂 등이 다시 쓰시마를 정벌했다.

고려(조선)에 비해 명은 대규모 정벌을 자제하고 회유책에 주력했다. 그러한 맥락에서 취한 조치가 감합무역이었다. 명에서 '감합부勘合府'라는 증명서를 받은 자들에 한하여 교역을 허가하는 방식이었다. 교역으로 이익을 얻는 집단이 왜구를 통제하도록 유도하는 정책이었던 것이다.

일본과 명의 교역은 신하의 예를 갖추는 조공의 형태를 취했고, 무로마치막부의 제3대 쇼군 아시카가 요시미쓰는 이를 받아들였다. 그 결과 1404년부터 1410년까지 6차례 교역선이 파견되었다. 그러나 아시카가 요시모치가 쇼군이 된 후, 신하를 칭하며 유지되는 조공 형식의 교역을 받아들이지 않겠다는 입장을 취해 이 교역이 중단되었다. 이 때문에 왜구의 출몰이 심해지는 결과를 낳았다.

그러나 막부의 재정이 궁핍해지자 아시카가 요시노리는 1432년에 명과 무역을 재개하는 결정을 내렸다. 감합무역의 규정도 이때 10년에 한 번, 선박은 세 척, 승무원은 300명으로 하기로 개정되었다. 이후 1547년까지 11차례 걸쳐 감합선이 파견되었다. 그렇지만 엄격하게 규정이 지켜지지는 않았다.

교역에 대한 막부의 주도권도 약화되어갔다. 처음에는 막부가 교역을 주도하면서 직접 운영하는 선단을 중심으로 이루어졌다. 다른 다이묘나 사원, 신사神社의 배도 참가할 수 있는 정도였다. 그러나 오닌의 난 이후에는 호소카와·오우치 가문에 주도권이 넘어갔다. 그 결과 호소카와씨와 결탁한 사카이堺 상인, 오우치씨와 결탁한 하카타 상인들이 명과의 교역에 참여하게 되었다.

그러던 중, 1523년 오우치씨와 호소카와씨가 파견한 배의 승무원들이 중국의 영파寧波(닝보)에서 충돌하는 사건이 일어났다. 오우치씨가 정식 감합부를 독점하여 사신을 파견하자, 호소카와씨가 무효가 된 감합부로 사신을 파견한 다음 뇌물을 써서 교역을 하려 한 것이 사건을 발단이었다. 그러자 오우치씨가 호소카와씨 사신단을 습격해 살해하고 명의 관리까지 해쳤다. 이것이 이른바 영파의 난寧波の乱(닝보의 난)이다. 이런 사건이 일어난 결과 명은 무역을 금지시켰으나 곧 무역은 재개되었고, 명과의 교역

주도권은 오우치씨에게 넘어갔다. 이후 1551년 오우치씨가 멸망할 때까지 감합무역은 계속되었다.

농민의 저항, 잇키의 시대

공지공민제公地公民制가 무너진 다음에, 토지를 통제하기 위해 만들어진 장원莊園은 농민의 입장에서 불편한 것이었다. 마을의 입장에서는 농사에 필요한 물을 같이 이용하거나 공동으로 이용할 수 있는 산이나 어장(입회지入會地)을 관리할 필요 등의 이유 때문에 같이 협력해야 할 처지가 되는 경우가 많았다. 그런데 이런 마을이, 서로 다른 영주들의 통제를 받게 됨으로써 곤란을 겪는 경우가 생겼기 때문이다.

그뿐만 아니라 영주 또는 지토가 부당한 요구를 하는 경우가 많았고, 정국이 불안해지며 분쟁이 생길 때마다 피해를 입었다. 이러한 문제를 해결하기 위해 묘슈나 백성들은 점차 단결을 모색했다. 그 결과 무로마치시대에서 난보쿠초시대에 걸쳐, 농민들이 근처 지역과 연대하여 소惣라든지 소손惣村이라고 하는 자치 조직을 만들기 시작했다.

소의 구성원 전체는 소뱌쿠쇼惣百姓라 불렀다. 소를 주도하는 집단은 지자무라이地侍 등으로 불리는 유력한 묘슈들로서, 무사의 역할도 겸했다. 그들 가운데서 반토番頭, 사타닌沙汰人, 오토나乙名 등으로 불리는 대표자들이 뽑혔다. 이들 대부분이 마을 유지들로 요리아이寄合라는 회의를 주도하며 소를 운영했다.

요리아이에서는 마을을 지키는 신사의 제사, 공동 재산의 관리, 입회지나 농업용수의 관리, 질서 유지, 마을 방어, 도로 보수 등 마을 운영에 관한 일들을 결정했다. 요리아이의 규약을 어기면 나오지 못하게 하거나 벌금을 부과했으며, 경우에 따라서는 마을에서 추방해버렸다.

소가 생기면서 농민 하나하나가 영주에게 연공을 내는 대신에, 햐쿠쇼우케百姓請라고 하여 소 단위로 연공을 바치는 관행이 생겼다. 이 결과 백성들도 소를 통해 한 덩어리로 단결하여 행동하게 되었다. 이러한 현상은 생산력이 비약적으로 증가했던 기나이·도카이東海·호쿠리쿠北陸 지방에서 두드러졌다. 슈고다이묘들도 이를 막지 않았다. 여러 마을이 연결되어 있으면 지배하기에 편리하다고 생각했던 것이다. 소는 하나의 마을 단위로만 형성된 것이 아니라, 여러 이유에서 더욱 넓은 지역에 분포된 마을이 향鄕으로 결합된 경우도 많았다. 이러한 현상을 향촌제鄕村制라고 불렀다.

그런데 소를 통해 단결된 힘을 발휘할 수 있게 되자, 농민들은 장원 영주나 슈고다이묘·무사들의 부당한 압박에 저항하기 시작했다. 연공의 감면을 요구하기도 하고, 부당한 요구를 하는 영주의 대리인들을 파면해달라고 요구하는 경우도 있었다. 이러한 문제가 생기는 경우에는 슈소愁訴(일종의 집단 소송), 고소强訴(무장한 채 감행되었던 집단적 시위 행동), 조산逃散(경작을 포기하거나 장원 밖으로 도망가는 일) 등의 방법이 동원되었다.

심지어 무력을 쓰는 경우도 있었다. 이 경우를 '쓰치잇키土一揆'라고 부른다. '잇키'라고 하는 것은 '마음을 합하여 행동한다'라는 뜻이다. 처음에는 무사들 사이에서 결성되었지만, 이 시점에서는 농민들도 잇키를 결성했다.

쓰치잇키는 교토와 나라에서 많이 일어났다. 슈고다이묘와 무사에게 장원을 잠식당하자, 막부와 장원 영주가 세금을 걷을 수 있는 범위가 좁아져 기나이 지방에 세금과 연공이 집중되었기 때문이다. 큰 부담을 안게 된 이 지역의 농민들은, 주변의 농민 및 도시의 주민 등과 협력하여 대규모의 잇키를 일으켰다.

이들은 빚을 탕감하거나, 담보물을 무상으로 되찾거나, 연공의 미납분을 면제받도록 막부에 도쿠세이德政를 요구했다. 이 과정에서 교토·나라의 중요한 곳을 점거하기도 하고, 또 직접 돈을 빌린 도소土倉·사카야酒屋를 습격하여 차용 증서를 태우거나 저당물을 빼앗기도 했다. 쓰치잇키는 막부에게 도쿠세이 반포를 요구했기 때문에 '도쿠세이잇키'라고도 한다.

1428년에 발생한 '쇼초正長의 쓰치잇키'는 최초의 대규모 잇키였다. 이해는 전국적으로 기근이 발생하여 굶어 죽는 사람이 많이 생겼다. 그 결과 이해 8월, 오미近江 지방 사카모토坂本의 바샤쿠馬借가 도쿠세이를 요구하며 봉기했고, 교토 부근의 백성들이 가담했다. 막부는 군대를 출동시켜 겨우 이를 진압할 수 있었다. 그렇지만 잇키 하나를 진압한 것으로 끝날 문제가 아니었다.

1441년에는 수만 명의 농민이 잇키를 일으켜 교토를 점령하고 도쿠세이를 요구했고, 이를 진압하는 데 실패한 막부도 농민들의 요구를 받아들이지 않을 수 없었다. 15세기 전반에는 막부 권력의 동요와 발맞추어 쓰치잇키가 거의 매년 여러 지역에서 일어났다. 그중에서도 교토, 나라 지역이 심했다. 대기근의 영향 때문이기도 했지만, 당시 기나이 지역에서 화폐경제가 발달한 것도 이유였다. 고리대 자본이 농촌에까지 침투하며, 토지를 저당 잡힌 백성들이 잇키에 의존할 수밖에 없었다.

막부는 이렇게 자주 발생하는 농민 봉기에 대한 대책에 고심했다. 그렇지만 그런 와중에도 이권을 챙기는 데에 신경 썼다. 도쿠세이레이를 통해 부채를 없애주면서, 채무자나 채권자에게는 일정한 수수료를 받았다. 이로 인해 막부의 권위는 점차 실추되어갔다. 자연스럽게 쇼군의 권력도 흔들리기 시작했다. 아시카가 요시마사 대에만도 13차례나 도쿠세이레이를 발포했고, 정치는 혼란을 더해갔다. 더욱이 아시카가 요시마사는 사치스러운 생활을 좋아해서 여러 가지 건축 공사를 벌였다. 특히, 만년에는 교토의 히가시야마東山 지구에 긴카쿠銀閣를 짓는 등 과도한 토목 공사를 일으켰기 때문에 재정은 극도로 궁핍해졌다.

더구나 아시카가 요시마사의 처인 히노 도미코日野富子가 정치에 관여하면서부터는 뇌물을 받고 직접 쌀장사나 고리대금업까지 손을 댔다. 그뿐만 아니라, 교토의 여러 장소에 세키쇼關所라는 검문소를 설치하여 통과하는 사람들에게 세키센關錢이라는 통행료를 걷는 등 막부의 부패는 극에 달했다.

오닌의 난

여러 사건을 통하여 막부의 권위는 떨어져만 갔다. 그러던 중 막부의 권위에 결정적인 타격을 준 사건이 '오닌應仁의 난'이다. 이 사건이 일어나게 된 배경은 당시 무가 사회의 상속 문제와 관계가 깊다. 당시 무가 사회에서는 재산을 여러 자식에게 공평하게 물려주는 분할상속 관행이, 적장자에게 재산을 몰아 물려주는 단독상속으로 바뀌고 있었다. 따라서 누가 후계자가 되느냐에 따라 가문의 모든 권력이 집중되는 상황이었다. 그렇기 때문에 상속을 둘러싼 분쟁이 이전보다 심해졌다.

이러한 현상은 쇼군이나 간레이 같은 고위층 가문뿐 아니라, 지방의 슈고다이묘를 비롯한 일반 무사 가문에서도 나타나고 있었다. 그런데 이런 상속 문제에는 상속해주는 사람의 의사만 중요했던 것이 아니라, 쇼군의 의향이나 가신들의 지지 여부 등도 중요한 변수로 작용했다. 그렇기 때문에 주요 가문의 상속 문제에서 시작된 갈등이, 이권이 복잡하게 얽혀 있던 다른 가문들까지 끌어들이기 쉬운 구조였다.

요시마사는 이런 상황을 이용하려 했다. 그는 각 가문의 분쟁에 개입하여 자신의 영향력 확대를 노렸다. 그러나 상황은 그의 뜻대로 전개되지 않았다. 아내인 히노 도미코 가문을 비롯하여 간레이와 슈고다이묘들의 반대에 부딪쳐 자신의 뜻과 다른 상속이 이루어지는 것을 지켜봐야 했다. 그러면서 요시마사는 점차 정치에 관심을 잃고, 잇키가 일어나는 와중에도 사치스러운 생활에 빠져들었다.

하지만 요시마사의 태도와 상관없이, 상속을 둘러싼 분쟁은 심해져갔다. 간레이 자리를 차지하고 있던 시바·하타케야마 가문에서부터 생긴 갈등에, 야마나·호소카와 가문이 개입하여 분쟁이 가열되었다. 여기에 쇼군 가문까지 후계자 분쟁에 말려들었다. 요시마사는 첫 아들을 잃은 후 29세가 되기까지 아들을 얻지 못했다. 이 때문에 동생인 아시카가 요시미足利義視를 후계자로 정하고, 간레이 호소카와 가쓰모토細川勝元를 후견인으로 삼았다. 그런데 그다음 해에 아내 히노 도미코에게서 아시카가 요시히사足利義尙가 태어났다.

자신의 아들을 쇼군 자리에 올리고 싶었던 도미코는 야마나 소젠山名宗全에게 협력을 요청했다. 그 결과 동생 요시미와 호소카와 가쓰모토, 아들 요시히사와 야마나 소젠 사이의 갈등이 심해졌다. 이와 같은 갈등이 결국 1464년 정월, 병력을 동원한 충돌로 발전했다. 호소카와 가쓰모토가 이끄는 동군 16만 명의 병력과 야마나 소젠의 서군 9만 명의 병력이 교토를 중심으로 전투를 개시했다.

쇼군 아시카가 요시마사는 전쟁을 중지하라는 명령을 내렸지만 효과가 없었다. 더욱이 아내인 히노 도미코는 동군과 서군을 가리지 않고 돈을 빌려주고 있었다. 결국 아시카가 요시마사는 수습을 포기하고 연회나 즐기며 세월을 보냈다. 이렇게 되어 걷잡을 수 없이 확대된 교전 상태는 11년 동안이나 계속되었다.

그렇지만 이 내전의 영향이 전국으로 퍼져나가며, 슈고의 료코쿠 내부에도 고쿠진층과 농민이 주도하는 반란이 일어났다. 그러자 일부 다이묘들은 자신의 영지를 보호하기 위해 돌아가는 경우가 생겼다. 이런 와중인 1473년, 양쪽 수뇌인 호소카와 가쓰모토와 야마나 소젠이 잇달아 죽었다. 이를 계기로 여러 장수가 병력을 거두어서 자신의 영토로 귀국하면서, 내란은 서서히 진정되기 시작했다. 이후에도 쇼군 가문과 간레이 가문의 갈등은 해결되지 않아 전투는 산발적으로 계속되었다. 그러나 이조차 막부의 수습 노력을 통해 1477년 흐지부지 끝나고 말았다.

내란은 이렇게 끝났지만, 그 영향은 적지 않았다. 교토는 전란의 와중에 많은 시설들이 파괴되며 폐허로 변했다. 이 결과 상당수의 지배층 인사들이 기반을 잃고 지방의 다이묘들에 기대기 위해 교토를 떠났다. 이는 지방의 발전을 촉진하는 요소로 작용했다. 이와 함께 무로마치막부는 영향력을 잃었다. 기나이 일부 지역 외에는 실질적인 지배력이 미치지 못하게 되면서, 전국을 통치할 정권으로서의 기능을 사실상 상실한 것이다.

**무로마치막부의
몰락**

쇼군의 권위와 함께 중앙의 귀족, 사원 세력도

크게 약화되었다. 자신들의 영지로 내려간 슈고다이묘들 대다수가 쇼군의 통제를 받으려 하지 않았다. 그러나 슈고다이묘들의 세력이 유지된 것도 아니다. 상속을 둘러싼 내분이 거듭되면서, 슈고다이묘들도 그들의 영지를 대신 다스려온 슈고다이守護代 등 가신들에게 빼앗기는 일이 많았다. 그리고 슈고다이들은 고쿠진들의 도전을 받았다. 즉, 슈고다이묘에서 고쿠진까지 상전을 몰아내고 신분 상승을 꾀하는 일이 만연한, 이른바 '하극상의 시대'가 열린 것이다.

이 중 가장 극적인 사례가, 하타케야마씨의 료코쿠 중의 하나인 구니에서 일어난 사태이다. 오닌의 난이 끝난 후인 1485년, 야마시로山城 구니의 고쿠진들은 농민들을 지휘하여 내분으로 서로 대치 중인 하타케야마씨 병력의 철수를 요구했다. 이를 관철시킨 이후 고쿠진들의 주도 아래 8년 동안, 하타케야마씨의 어느 편에도 가담하지 않고 자치적으로 다스렸다. 이것을 '야마시로의 구니잇키山城の国一揆'라고 한다.

이와 같은 사태의 흐름은 오닌의 난 결과로 막부의 권위가 떨어지고 하극상의 풍조가 만연했음을 보여준다. 슈고다이묘들은 오닌의 난을 자기 세력을 강화시킬 기회로 여기고 참가했지만, 고쿠진이나 가신들에게 세력을 빼앗기는 계기가 되기도 했던 것이다. 당장 막부의 실권부터 쇼군 가문의 손을 떠났다. 오닌의 난이 끝난 이후에도 아시카가 요시마사는 긴카쿠 등의 화려한 건물을 세우며 사치스러운 생활을 했다. 이러다가 부인 및 아들 요시히사와 갈등을 빚은 끝에 출가해버렸다.

아시카가 요시히사는 쇼군 위상을 회복시키려 1487년 9월, 막부에 반항적인 오미 구니의 슈고 롯카쿠 다카요리六角高頼를 토벌하려고 2만의 병력을 이끌고 출전했다. 이를 '조쿄·엔토쿠의 난長享·延德の乱'이라 한다. 이를 통해 일시적으로 막부의 권위가 회복되는 듯했으나, 얼마 가지 않은 1489년 3월, 아시카가 요시히사가 25세의 나이로 진중에서 병으로 죽었다.

아시카가 요시히사가 아들 없이 죽었던 사태가 무로마치막부의 후계 구도에 일대 혼란을 가져왔다. 요시마사는 정치 일선에 복귀하려 했으나, 아내인 히노 도미코가 반대한 데다가 요시마사 자신도 중풍이 심해져 사실상 불가능했다. 결국 요시마사는 동생 아시카가 요시미의 아들 아시카가 요시키足利義材(후의 요시타네義稙)를 양자로 삼아 제10대 쇼군에 지명하는 결단을 내렸다.

그러나 이 조치가 무로마치막부의 몰락을 막지는 못했다. 사실 막부 내부의 세력 구도 역시 극심한 변화를 맞고 있었다. 간레이 가문 가운데 오닌의 난에 원인을 제공했던 시바·하타케야마 두 가문은 막부 안에서 세력을 잃고 있었다. 이에 비해 종가宗家를 중심으로 단결력을 유지했던 호소카와씨는 가쓰모토의 아들 호소카와 마사모토細川政元를 중심으로 막부의 권력을 장악했다. 마사모토는 1493년 쇼군 요시키를 쫓아내고, 이미 출가해 있던 아시카가 세이코足利淸時를 환속시켜 요시즈미義澄라 이름을 바꾸고 제11대 쇼군으로 옹립했을 정도였다. 이는 무로마치막부의 위상 변화를 상징적으로 보여주는 사건이었다. 무로마치막부가 성립된 이래, 쇼군이 암살당한 일은 있었어도 부하에 의해 추방되고 옹립된 일은 처음이었기 때문이다.

그래서 이 사건을 '하극상의 시대'의 시작으로 보기도 한다. 그러나 호소카와씨의 권력도 오래가지 않았다. 호소카와 마사모토에게 친자식이 없어 들였던 호소카와 스미모토細川澄元와 호소카와 다카쿠니細川高国, 두 양자를 둘러싸고 갈등이 시작되었다. 이 갈등에는 호소카와 가문의 가신뿐만 아니라 슈고다이묘들도 가세하여 심각한 분쟁으로 번졌다.

그런 와중인 1507년, 호소카와 마사모토가 암살되었다. 이를 '에이쇼의 사쿠란永正の錯乱'이라 한다. 그 이듬해 4월, 전임 쇼군 요시키를 옹립한 오우치 요시오키가 군을 이끌고 올라오자 호소카와 다카쿠니가 이들을 맞이했다. 그러자 사태가 기울었음을 느낀 요시즈미는 오미로 달아났다. 그해 7월에 요시즈미는 쇼군직에서 쫓겨났으며, 요시키는 요시타네로 이름을 바꾸고 다시 쇼군으로 취임했다. 요시즈미는 재기를 노렸으나, 뜻을 이루지 못하고 오미에서 병으로 죽었다.

요시타네는 호소카와 가문의 갈등을 등에 업고 쇼군으로 복귀한 셈이었지만, 이나마도 오래가지 못했다. 호소카와 다카쿠니는 요시타네와의 갈등이 생기자 태도를 바꾸어, 또다시 쇼군을 아시카가 요시즈미의 아들인 아시카가 요시하루足利義晴로 교체했다. 이렇게 해서 호소카와 다카쿠니가, 아시카가 요시타네와 호소카와 스미모토의 반격까지 물리치고 한때 실권을 장악하기도 했다. 아시카가 요시타네는 또다시 쫓겨나 시골에서 일생을 마쳤다.

그렇지만 호소카와 다카쿠니의 권력도 오래가지 못했다. 호소카와 다카쿠니가 가신 고자이 모토모리香西元盛를 살해한 것을 계기로, 호소카와 가문 내부에서 분열이 일어났다. 이 틈을 타 호소카와 스미모토의 아들인 호소카와 하루모토細川晴元가 여러 가신들과 함께 들고 일어났다. 그는 호소카와 다카쿠니를 물리치고 간레이 자리를 차지하며 권력을 빼앗았다. 호소카와 다카쿠니는 아시카가 요시하루와 함께 오미로 도망쳤다가, 1531년 전투에서 패배하며 죽었다.

그러나 호소카와 하루모토에게도 문제가 생겼다. 자신이 권력을 장악하는 데 큰 공을 세운 가신 미요시 모토나가三好元長와 갈등이 생긴 것이다. 1532년 호소카와 하루모토가 미요시 모토나가와 전투를 벌여 죽이는 틈을 타 아시카가 요시하루는 오미에서 본격적으로 막부를 운영했다. 그러던 1534년 호소카와 하루모토와 화해하고 교토로 돌아왔으나, 다시 갈등이 생겨 오미로 피신해버렸다. 이후에도 이런 행위가 반복되다가, 1546년에는 아들 아시카가 요시후지足利義藤(후일의 요시테루)에게 쇼군직을 물려주고 후견인 역할을 했다.

1548년 아시카가 요시하루는 다시 교토로 돌아왔지만, 다음 해에 미요시 모토나가의 아들인 미요시 나가요시三好長慶가 반기를 들고 호소카와 하루모토를 쫓아내는 사태가 일어났다. 이렇게 실권을 장악한 미요시 나가요시는 자신이 간레이가 되는 대신, 호소카와 다카쿠니의 양자인 호소카와 우지쓰나細川氏綱를 허수아비 간레이로 세워놓고 배후에서 실권을 장악하는 수법을 썼다. 이 사태를 맞은 아시카가 요시하루는 아시카가 요시후지와 함께 오미로 피신했다가 다음 해인 1550년에 죽었다.

그러자 아시카가 요시후지는 1552년 미요시 나가요시와 화해하고 교토로 돌아왔다. 하지만 이듬해인 1553년 또다시 호소카와 하루모토와 손잡고 미요시 나가요시와 싸웠다. 이때에도 아시카가 요시후지는 또다시 패배를 맛보고 오미로 도망쳤다. 이곳에서 지내던 중 1554년, 이름도 요시테루義輝로 바꾸었다.

**무로마치시대의 문화와
사회 변화**

무로마치막부가 자리 잡고 있었던 교토에는,

고대부터 이어져온 공가公家 문화 색채가 짙었다. 여기에 이른바 고잔五山을 중심으로 이 시기에 번성했던 선종 문화가 더해졌다. 이와는 별도로 잇키와 자치 활동이 반영되어 서민적인 색채가 짙은 문화도 발달했다. 이렇게 혼합된 문화가 무로마치시대의 특징으로 자리 잡았다. 제3대 쇼군 아시카가 요시미쓰 시대를 중심으로 한 문화를 기타야마北山 문화, 제8대 쇼군 아시카가 요시마사 시대를 중심으로 한 문화를 히가시야마東山 문화라고 부른다. 물론 무로마치시대의 문화를 통틀어 '히가시야마 문화'라고 부르는 경우도 있다.

아시카가 요시미쓰가 세운 킨카쿠金閣와 아시카가 요시마사가 세운 긴카쿠銀閣는 지금도 일본 문화의 대표적인 유적으로 여겨진다. 킨카쿠는 누각이 금박으로 덮여 있어서 붙여진 이름이다. 이는 아시카가 요시미쓰가 은퇴 후 별장으로 사용할 목적으로 1397년에 지은 것이다. 요시미쓰는 교토의 기타야마에 킨카쿠를 짓고, 곳곳에서 예술품을 수집하며 무용과 연극을 곁들인 사치스러운 연회를 열었다.

이에 비해 교토의 히가시야마에 세운 긴카쿠는 히가시야마 문화의 상징으로 여겨진다. 킨카쿠를 모방해 은을 건물에 입히려 했기 때문에 이러한 이름이 붙게 되었다 한다. 그렇지만 결국 은이 부족해서 계획대로 추진하지 못했다. 조용함 속에 기품이 있는 것을 '간가閑雅'라 하는데, 히가시야마 문화는 이를 추구하는 특징이 있다. 긴카쿠의 건물과 정원에도 이를 추구하는 특색이 잘 나타나 있다고 본다.

현재 전통 예술로 인정받고 있는 노能도 기타야마 문화를 대표하는 것이다. 노는 가면 음악극으로, 신사에서 신을 위해 바치던 소박한 형식의 가극에 기원을 두고 있다. 그래서 좀 지루한 측면이 있었는데, 이를 쇼군 요시미쓰의 후원을 받은 간야미觀阿彌·제아미世阿彌 부자父子가 보완하여 발전시켰다. 가면을 쓰고 화려한 의상을 입은 악사들이 와카和歌 등의 곡에 맞추어 노래하고 춤추는 형태를 넣고, 여기에 곡예나 사람을 웃기는 사루가쿠猿樂가 들어가 사루가쿠노로 완성된 것이다. 이것이 이후 공가나 사사寺社에서 여는 행사에 여흥으로 들어가게 되었다. 이 시기가 되면 노악사能樂師도 동업 조합座을 만들어 사원과 신사의 비호를 받았다. 모내기할 때에 신에게 풍년을 기원하며, 일할 때 박자를 맞추는 정도였던 덴가쿠田樂 역시 노의 형태로 발전해갔다. 이 덴가쿠가 교토에서 성행하면서 덴가쿠노가 완성되었다.

이 밖에도 다도茶道나 불전에 꽃을 바치는 헌화 의식에서 출발한 이케바나生け花, 쇼인즈쿠리書院造 양식의 건물과 산수山水를 표현한 정원庭園 등도 히가시야마 문화의 영향으로 완성되었다고 본다. 그만큼 히가시야마 문화 중 오늘날 일본 문화의 대표 격으로 이어지고 있는 것이 많다는 뜻이다. 특히 건물 정면의 현관과 깊숙한 곳에 창窓·선반·장지문·맹장지를 갖춘 서원書院을 만들고, 내부에 다다미를 깐 쇼인즈쿠리 양식은 현대 일본 주택의 모델이라 할 수 있다.

기타야마·히가시야마 문화가 핵심인 무로마치시대의 문화는 교토를 중심으로 선종의 영향을 받아 형성되었다. 그리고 이러한 문화가 지방으로 퍼져갔다. 교토 문화의 지방 확산을 부추긴 계기가 오닌의 난이다. 오닌의 난으로 인하여 교토가 파괴되자, 위협을 느낀 귀족들 일부가 지방의 센고쿠다이묘戰国大名들에게 보호를 요청했다. 교토 문화에 대한 동경이 있었던 데다가, 피신해 온 귀족들이 가져온 문화를 통해 자기들의 위상을 높이려 했던 센고쿠다이묘들은 이들을 받아들여 '조가마치城下町'에 거처를 만들어주었고, 교토 문화가 이렇게 지방으로 확산해나갔다.

경전이 아닌 선禪을 강조하는 불교 종파 선종도 무로마치시대의 문화에 큰 영향을 주었다. 선종은 가마쿠라시대 일본에 도입된 이후, 무로마치시대까지도 막부의 후원을 얻어 발전했다. 공가의 보호로 성장했던 교종 계열이 막부의 등장으로 공가와 함께 몰락하고, 막부의 성향에 맞는 선종 세력이 커지게 되었다고 할 수 있다. 선종 승려들이 외국과 교류하는 데에 중요한 역할을 했기 때문에, 이에 활용하기 위해 막부에서 후원하는 측면도 있었다. 무엇보다도 일본에서의 선종은 사무라이 세계의 위계질서를 확립하기 위한 윤리 강령으로서의 역할이 컸다.

아사카가 요시미쓰는 선종 비호에 특히 적극적이었다. 요시미쓰는 중국 송宋의 제도를 참고하여 교토와 가마쿠라에 5개 종파로 고잔五山을 지정해놓았다. 여기에 소속된 절의 승려에게는 특히 주자학 연구를 장려하고, 시와 문장도 아울러 익히도록 했다. 이렇게 시와 문장을 훈련시킨 승려들을 외교와 정치에 활용했다.

불교가 무로마치막부의 정책에 이용되자, 한편에서는 승려들의 정치 개입에 비판적인 시각도 생겨났다. 교토 다이토쿠지太德寺의 잇큐一休가 대표적인 인물이다. 그는 정치에 개입하는 것을 수치로 생각하고 선禪의 보급에 주력했다. 호넨에서 신란으로 이어졌던 정토진종淨土眞宗도, 신란이 죽은 후 오랫동안 침체되었다가 렌뇨蓮如의 활약으로 인하여 일본 열도 북쪽 방면에서 큰 세력을 떨쳤다. 렌뇨는 쇠퇴하던 혼간지本願寺를 중심으로 강력한 교단을 재건했다. 이렇게 세력을 확장시킨 교단은 슈고와 대항할 수 있을 정도로 성장하여 마침내 잇키를 일으키기에 이르렀다. 다이묘들은 이들을 진압하려 했지만, 렌뇨의 교단은 농민과 토호의 가세로 힘을 얻어가며 1508년 오다 노부나가에 의해 평정될 때까지 약 100년 동안 버텨냈다. 이를 잇코잇키一向一揆라고 한다.

이에 비해 니치렌의 법화종은 황실과 공가 귀족, 쇼군에서 각 지방 영주들에 이르기까지의 광범위한 지지를 통해 전국적으로 성장해나갔다. 교토 혼보지本法寺의 가이산 닛신開山日親이 이 시기 법화종의 포교에 큰 역할을 했다. 그러나 그는 자신의 종파 이외의 종파를 배격하여 갈등을 키웠다. 이러한 태도 때문에 쇼군 아시카가 요시노리의 응징을 받았음에도 태도를 바꾸지 않았다고 한다.

5

동아시아,
전란에 휩싸이다

1

중국
명의 붕괴와 동아시아의 혼란

**가정제의 즉위와
북로남왜의 위협**

가정제嘉靖帝는 즉위하자마자 골치 아픈 문제를 일으켰다. 그 원인은 가정제가 정덕제의 직계가 아니라 사촌동생이었기 때문이다. 이 때문에 가정제가 황제로서 누구의 뒤를 이었다고 보느냐와, 가정제의 친아버지는 어떻게 처우할 것이냐 하는 문제가 대두되었다. 가정제는 자신의 친아버지를 황제로 추존追尊하려는 생각을 가지고 있었지만, 주자가례朱子家禮 원칙을 중시한 신하 중에는 반대 의견이 많았다. 그러자 가정제는 4년에 걸친 시비 끝에 반대하는 신하들을 내치거나 처형하고 친아버지를 황제로 봉封했다. 이 결과 조정은 가정제의 뜻에 영합하는 신하들로 채워졌다. 이러한 현상은 이후 정국 운영에 악영향을 주었다.

명 내부 정국이 황족들의 계보 문제로 혼란을 일으키던 시기, 몽골에서는 15세기 후반 다얀達延칸이 등장하여 분열되어 있던 몽골족을 통합해나가기 시작했다. 다얀칸이 죽고 난 다음 내분을 겪기도 했으나, 다얀칸의 손자 알탄俺쏩칸이 나서서 기세를 이어나갔다. 이 세력은 가정제의 즉위 초기, 명을 압박할 기회를 잡았다. 그 기회는 명 자체의 문제에서 발생했다.

몽골과의 국경지대에 배치된 명 군대에 대한 처우는 매우 열악한 상황이었다. 이 때문에 불만을 품은 병사들 중에는 지휘관을 살해하고 몽골로 도망하는 일이 많았다. 이렇게 해서 알탄칸 측에는 많은 한족들이 모여들게 되었다. 모여든 한족들 중에는 명을 노리는 몽골에 길 안내 역할을 하는 자들도 나왔다.

이러한 상황은 알탄칸 휘하의 몽골족이 명을 자주 침공할 수 있는 기반이 되었다. 처음에는 소규모 침공으로 국경지대를 약탈해 가는 정도였으나, 1542년 산서 지역에 대한 침공은 명 20만의 인명을 살상할 정도로 대규모였다. 1550년에는 북경을 포위·공략할 정도로 명을 압박했다. 이 사건을 '경술의 변庚戌之變'이라 한다.

그러자 명에서는 다음 해에 국경지대에 말 시장을 열어, 경제적 이익을 얻게 해주며 알탄칸을 달래는 조치를 취해 더 이상의 분쟁을 막았다. 이 정책은 몽골이 가져온 말을 무조건 사주며 막대한 적자를 감수하는 형태였기 때문에 분쟁이 계속 생길 구조를 안고 있었다. 이런 상황에서도 몽골과의 분쟁에 대처해야 할 명의 장군들은 무능을 드러냈다. 심지어 그중에는 몽골과 내통하는 경우도 있었다. 당시 총병관總兵官이었던 구란仇鸞이 대표적인 예이다. 그는 경술의 변이 일어날 당시 제대로 대처하지 못했으면서도 전과戰果를 조작하여 출세했다. 이렇게 출세한 그는 나중에 몽골에 대한 원정도 제대로 수행할 수 없었다. 그가 죽은 후 몽골과 내통한 문서가 발견되었고, 이에 따라 그의 시체는 난도질당했으며, 잘린 목이 시장에 전시되었다.

가정제 대에 명을 괴롭힌 집단은 북방 민족만이 아니었다. 일본 열도를 중심으로 발생한 왜구 역시 명의 해안지대에 출몰하며 피해를 입혔다. 왜구는 원이 망할 무렵인 13세기부터 출몰했지만, 중원과 한반도에 새 왕조가 들어서 체제를 정비하면서부터는 잦아들었다. 그러나 16세기에 들어서면서부터 다시 기승을 부리기 시작했다. 그런데 이 시기에 기승을 부리던 왜구의 뿌리는 교역 문제에 있었다. 무로마치막부의 아시카가 요시미쓰 대에는 조공체제를 받아들여 평화로운 교역을 했으나, 교역 규정이 잘 지켜지지 않으면서 분쟁의 씨가 뿌려졌던 것이다.

사실 조공체제에 입각한 교역은 중원 제국의 경제적 손해를 바탕으로 이루어지는 것이라 중원 제국에서는 교역 규모를 통제하려 한 반면, 조공을 가는 측에서는 규정을 어기고 규모를 키우는 경향이 있었다. 그나마 막부의 통제력이 유지될 때에는 크게 문제를 일으키지 않을 정도까지는 유지되었으나, 무로마치막부가 힘을 잃으면서 명과의 교역에까지 악영향을 주었다. 그 악영향이 불거진 사건이 '영파의 난'이다.

조공체제에서는 교역으로 이익을 얻을 수 있는 집단이 선택된 소수일 수밖에 없다는 문제점이 불거진 셈이다. 이후 명과의 교역에서 소외된 집단들이 밀무역에 나섰고, 명에서는 이를 단속하려 했지만 여러 세력의 이권이 걸려 제대로 이루어지지 않았다. 심지어 단속에 나선 관리가 밀무역자들과 결탁한 권신들의 모략으로 처형당하는 일도 있었다. 이러면서 밀무역은 점차 약탈로 발전해나갔다. 당시 부패한 명 조정에서는 이러한 상황을 제대로 통제하지 못했다. 이렇게 이민족의 피해를 입는 상황을 '북로

남왜北虜南倭의 화禍'라 불렀다.

가정제 통치 시기 이러한 재난을 제대로 통제하지 못했던 주요 원인은 중앙 정계의 혼란에도 있었다. 즉위하자마자 예법 문제로 조정을 뒤집어 놓은 가정제는, 자신의 뜻을 관철시키면서 예법 문제에 집착했다. 그리고 이 홍역을 겪고 난 다음에는 도교道敎에 집착했다. 이 결과 도사道士들이 황궁을 출입하면서 점차 정치에도 개입하게 되었다. 이는 정국 운영에도 영향을 주지 않을 수 없었다. 심지어 도사가 예법을 담당하는 예부상서禮部尚書에 임명되어, 유학을 기초로 만들어진 예법 운영에 혼선을 초래했다.

가정제는 점차 정치에 관심을 두지 않고 즉위 18년째인 33세에 궁 깊숙이 틀어박혀버렸다. 그리고 불로불사不老不死 단약을 제조하는 데 집착했다. 불로장생의 약초를 찾아 각지로 사람을 파견하기도 하고, 단약 제조를 위해 12~14세의 궁녀들에게서 강제로 월경액을 채취하는 일도 벌였다. 이러면서 궁중의 기강도 문란해졌고, 그 때문에 가정제도 목숨의 위협을 받았다. 1542년 겨울, 가정제의 엽기적인 행각에 앙심을 품은 일부 궁녀들이 가정제가 잠든 틈을 타서 그를 목 졸라 죽이려 한 사건이 일어났다. 이 사건에서 가정제는 황후 방씨方氏의 도움으로 목숨을 건졌고, 사건에 가담한 궁녀들과 후궁들이 처벌당하는 것으로 마무리되었지만 악영향은 컸다.

가정제가 정치에 관심을 잃으면서, 정국 운영의 실권도 내각대학사 엄숭嚴嵩에게 넘어갔다. 실권을 잡은 엄숭은 국가에 심각한 영향을 주는 문제를 해결하기보다 아들을 내세워 뇌물을 거둬들이는 데 열중했다. 1556년에는 중국 역사에서 손꼽히는 자연재해 피해인 산서 대지진이 일어났다. 탄광들이 많았던 산서 지방의 재해에 대해서도 별다른 대책을 세워주지 않아, 이후 이어진 여진餘震에도 큰 피해를 입었다.

자연재해에도 대처하지 못하는 상황에서 북로남왜가 일으키는 각종 문제에 제대로 대처하기가 어려웠다. 그런 만큼 군대의 사기는 떨어져 있었고, 고위 관리들 중에는 이민족에 매수당한 사람이 많았다고도 한다. 그 때문에 어려운 상황을 맞이한 가정제 시대에 이를 해결할 업적이라 할 만한 것이 없다. 가정제는 말년에 엄숭에 대한 탄핵을 받아들여 그를 숙청했다. 하지만 이러한 조치가 흐름을 바꿀 수 없었다. 이러던 중 가정제가 1566년, 방사方士가 바친 약을 먹고 앓다가 죽었다.

융경제와 만력제의 개혁 시도

가정제를 이은 인물이 그의 셋째 아들 주재후 朱載垕, 목종穆宗 융경제隆慶帝이다. 즉위한 그는 내정 개혁에 착수했다. 우선 가정제 시기에 충고하다가 파면되었던 해서海瑞를 비롯하여, 비슷한 시기에 벼슬길에 올랐던 신진 관료들을 중요한 자리에 기용했다. 그리하여 서계徐階, 고공高拱, 장거정張居正 등은 재상宰相에까지 올랐다. 그러면서 황실의 도교 행사를 줄이며 도사들을 쫓아냈다.

대외적으로는 이민족과의 교역을 허용하는 정책을 폈다. 1567년 해금海禁을 해제한 것이 그러한 사례이다. 교역이 허용되면서 왜구의 피해가 크게 줄었다. 이와 함께 척계광戚継光 등의 활약으로 해안과 함께 북방의 방어 태세도 강화되면서 북방도 점차 안정되어갔다. 마침 몽골에서는 알탄칸이 손자의 아내를 빼앗는 바람에, 1570년 손자가 명으로 망명하는 사태가 있었다. 알탄칸은 이를 해결하기 위해 1571년 명과 평화조약을 맺고 교역도 열었다. 이러한 조치 덕분에 일시적으로나마 이민족과의 갈등 감소로 명에 대한 위협도 줄어들었다.

그러나 융경제는 즉위한 지 6년 만인 1572년 7월 5일, 비교적 젊은 나이인 36세로 죽었다. 그 뒤를 셋째 아들 주익균朱翊鈞이 이었다. 두 형이 일찍 죽는 바람에 여섯 살 때 황태자가 되었다가 열 살의 나이로 즉위했다. 그렇게 즉위한 주익균이 명의 신종神宗 만력제萬曆帝이다.

어린 나이에 즉위했기 때문에 통치에 나설 수 없었던 만력제 초기에 명의 정국을 주도했던 인물이 장거정이다. 그는 1572년부터 1582년까지 섭정하면서 명의 개혁을 추진했다. 장거정은 일단 관료의 기강 확립과 내각의 권한 강화에 중점을 두었다. 그러한 의도로 마련한 조치 중 하나가 고성법考成法이다. 이는 관리가 보고하여 황제의 재가를 얻은 사안에 대해서는 집행 여부를 매달 보고하도록 한 것이다. 이렇게 하여 관리들이 추진하기로 결정된 일을 게을리하지 못하도록 하며 기강을 잡는 효과를 노릴 수 있었다.

장거정은 이런 식으로 관리에 대한 감찰을 강화하고, 행정부서의 개편을 단행하며 관료조직을 장악했다. 이렇게 하여 반대 세력을 약화시킨 다음 본격적인 개혁에 들어갔다. 그 개혁 중 핵심은 전국적인 토지 측량과 호구조사의 실시였다. 이는 지주가 조세와 요역을 피하기 위해 장부에서 누락시킨 토지를 조사하여 세금을 매기려는 정책이라 할 수 있다. 이렇게 기반은 닦아놓은 장거정은 이른바 일조편법—條鞭法을 실시했다. 각종 조세와 요역을 통합하여 은銀으로 납부하도록 하는 조치였다.

이러한 정책을 써야 했던 이유는 당 이래로 정착되어온 양세법이 문제를 드러냈다는 점 때문이다. 15세기 중엽에는 기술이 발전하면서 생산 품

목이 다양해져서 징세 항목과 종류가 많아졌다. 이에 따라 요역도 복잡해져, 이를 틈탄 부정부패가 공공연히 자행되며 백성에게 조세와 요역이 공정하게 부과되지 않았다.

그래서 장거정은 잡다한 항목으로 나누어져 있던 조세와 요역을 각각하나의 체계로 정비했다. 가지고 있는 땅의 면적과 정丁의 숫자에 따라 부과된 요역을 은으로 내게 했다. 1560~1570년경에 강남 지역을 중심으로 시행하다가 점차 화중·화북 지역에도 적용시킨 이 법이 일조편법이다. 이 조치는 기본적 조세 부과 대상이 호戶에서 땅으로 바뀌는 추세를 낳았다. 이러한 개혁을 통해 명의 재정은 크게 개선되었다.

명 내부가 안정되자 황하에 대대적인 치수 사업도 벌일 수 있었다. 그리고 주변 세력과의 관계도 정리했다. 호시互市를 재개하는 방법으로 몽골과의 분쟁을 해결했고, 척계광戚繼光·이성량李成梁 등을 기용하여 동북 지방 건주위建州衛를 토벌하고 왜구에 대한 방어를 강화하여 외부의 위협을 줄였다. 서남 지방의 야오족搖族, 좡족壯族의 저항도 꺾었다. 이러한 성과를 평가하여, 이 시기를 '만력중흥萬曆中興'이라고도 부른다.

하지만 이와 함께 장거정에 대한 기득권층의 반발은 커져갔다. 이를 의식한 장거정은 1577년, 아버지가 죽었을 때에도 고향에 내려가 상을 치르지 않았다. 그 사이에 탄핵되는 사태를 막기 위해서였다. 이렇게 자리와 함께 개혁 기조를 지켜내던 장거정은 1581년에 병으로 쓰러져 다음 해에 죽었다.

장거정의 죽음은 명의 정국에 엄청난 변화를 가져왔다. 장거정의 죽음이 마침 만력제가 성인이 되는 시기와 맞아떨어졌기 때문이다. 어머니인 황태후도 더 이상 간섭하지 않았기 때문에, 장거정의 죽음은 성인이 되어 직접 정국을 챙기기 시작한 만력제를 제어할 사람이 없어졌다는 의미이기도 했다.

이 틈을 파고든 기득권층은 일제히 장거정파를 공격하기 시작했다. 그 공격의 핵심 중 하나가 장거정이 아버지의 장례도 챙기지 않는 불효를 저질렀다는 것이다. 처음에는 장거정을 비호하던 만력제도 기득권층의 요구를 받아들였다. 그 결과 장거정이 추진해온 개혁들은 중지되었다. 관리들이 역의 시설을 제멋대로 사용하지 못하게 한 금지 조항과 6부를 압박하던 고성법, 외척들이 작위를 세습하지 못하게 했던 조항 등이 대표적인 사례이다. 행정부서를 개편하며 퇴출시켰던 관리들도 다시 복직되었다. 결국 장거정이 개혁을 추진하기 이전 상태로 복귀한 셈이다.

여기에 기름을 끼얹은 사건이 장거정 가문의 재산에 대한 조사였다. 1583년 3월, 만력제는 장거정에게 주었던 시호를 박탈했고, 금의위를 지휘했던 그의 아들도 서민으로 강등시켰다. 이어 장거정이 황족의 재산까지 강탈했다는 호소가 들어와, 이에 대한 조사를 하던 도중 막대한 장거정의 재산이 발견되었다. 배신감을 느낀 만력제는 장거정의 재산을 몰수했고, 이후 자신의 재산을 모으는 데 집착했다.

명 정치의 파행과
전란 발생

장거정의 개혁을 무위로 돌린 만력제는, 당연히 이어져야 할 대안 모색을 비롯한 정국 현안을 제대로 돌보지 않았다. 1586년, 맏아들 주상락朱常洛 대신 셋째 아들 주상순朱常洵을 황태자로 책봉하려는 시도가 조정의 반대에 부딪친 사건이 하나의 계기가 되었다. 이후 1589년부터는 30여 년을 조정에 나오지 않을 정도로 국정 운영을 포기하는 이른바 태정怠政에 들어갔다. 이 여파로 회답을 받지 못한 상주문上奏文이 방치되고, 빈 관직조차 채우지 못하여 국정 운영에 심각한 문제가 생겼다.

이러한 상황에서 만력제는 개인의 재산을 불리는 데에 몰두하기 시작했다. 1596년부터 광세사鑛稅使로 환관들을 파견한 것이 대표적인 사례이다. 광세사란 발견된 광맥鑛脈에서 광물을 캐내기 위해 파견된 관리를 말한다. 광세사는 광맥을 확인하면 광물을 캐낸다는 명분을 내세워 그 지역 백성들을 몰아냈다. 그리고 원하는 만큼 광물이 나오지 않으면, 부근의 상인들에게 광물을 몰래 캐냈다는 혐의를 뒤집어씌워 배상을 강요했다.

이런 사태가 벌어지면서 백성들의 원성이 높아졌고, 조정과 환관 사이의 갈등도 커졌다. 그럼에도 불구하고 만력제는 황제로 있는 동안 계속해서 광세사를 파견했고, 이를 통해 모아들인 자금을 왕실 재정인 내탕內帑에 두고 개인적인 사치로 낭비해버렸다. 황태자의 결혼 비용으로 명 조정의 연간 수입을 웃도는 2,400만 냥의 은을 소비한 사태는 대표적인 사례로 꼽힌다.

이렇게 해서 장거정이 채워놓은 명의 국고가 바닥을 드러내는 상황에서 국내외 정세도 불안하게 돌아갔다. 우선 1592년 2월 18일 보바이哱拜가 반란을 일으켰다. 원래 보바이는 몽골 출신으로, 가정제 시기에 명으로 귀화했던 인물이다. 이후 공을 세워 만력제 통치 시기에는 몽골 접경 지역을 관리하는 유격장군遊擊將軍에 올랐다. 1591년 몽골족이 침입해 오자 보바이는 3,000명을 이끌고 이 사태를 수습한 다음, 침입해 온 몽골 병력까지 흡수했다.

세력을 키운 보바이가 이를 기반으로 독립을 위해 반란을 일으켰다. 그는 반란을 저지하려는 사람들을 제거하고, 몽골 접경 지역을 점령하며 몽골 족장들의 협력을 얻어내려고 했다. 명 조정에서는 이후李昫를 보내 반란 진압에 나섰다. 그래도 보바이가 저항하자 마귀麻貴로 하여금 몽골족을 공략하게 하며, 몽골의 지원을 차단하는 전략을 폈다. 4월에는 이여송李如松을 영하총병寧夏總兵으로 삼아 증원군을 보냈다. 명군의 증원된 병력을 바탕으로 7월, 마귀 등이 몽골족의 근거지 공략을 성공적으로 이끌고 섭몽웅葉夢熊의 지휘 아래에 영하성에 대한 포위 공격을 시도했다. 사태가 이렇게 흐르자, 보바이 부대 내부에서 분열이 생겼고, 이러한 틈을 타 이여송이 성문을 돌파하여 반란을 진압해버렸다. 명 조정은 이 반란을 진압하기 위해 은 180여만 냥을 소모했다.

그런데 이사이인 1592년 4월, 일본이 조선을 침공하는 사태가 일어났다. 이 침공이 일어나기 전부터도 명에서는, 일본에서의 첩보 활동과 조선이 제공한 정보를 통해 일본군이 조선을 경유하여 자국을 침공하려는 의도를 파악하고 있었다. 하지만 명 조정 일각에서는 조선이 일본과 모의하여 명나라를 치려고 하는 것 아니냐는 의구심도 제기되어 정확한 사태를 파악하지는 못했다.

이러던 중 일본군이 평양성을 점령하자, 명에서는 어떻게 대응해야 할지에 대해 논란이 일어났다. 일본을 공격할 함대 파견, 조선 영토로의 병력 파견, 협상, 국경에 병력을 배치하고 직접 개입하지 않는 등의 방법이 제시되었다. 논란 끝에 결국 수도 북경이 일본군의 위협을 받을 수 있다는 위기감에 명은 병력을 파견하기로 결정했다. 그래서 만력제는 1592년 9월, 조선에 군대를 보내겠다고 알렸다. 명의 구원병이 도착하기 전에 조선이 자멸하지 않도록 사기를 북돋우려는 의도가 있었다.

　사실 조선에 대한 구원군 파병 명령이 떨어졌음에도 명의 군대가 신속하게 조선으로 진입할 수는 없었다. 우선 보바이의 반란을 진압하기 위해 동원되었던 부대가 복귀해야 했다. 즉, 원정군 파견에 필요한 병력과 군수 물자를 준비할 시간을 확보해야 했다. 그래서 명은 우선 조승훈祖承訓 휘하 3,000명을 보냈으나 일본군에 패배하고 말았다. 그러자 12월, 명은 이여송·송응창 휘하의 4만 3,000명의 병력을 추가로 보냈다. 이 부대는 1593년 1월 평양성 포위 공략에 들어갔다. 이 전투에서 명의 남쪽 지방에서 동원되었다는 뜻의 '남병南兵' 소속 포병부대의 활약으로 성을 함락시켰다.

　그런데 이후 명군 지휘부 내부의 갈등이 불거지기 시작했다. 이여송이 이끄는 북군과 송응창이 이끄는 남군 사이에 알력이 생겨, 이여송은 남병의 지원 없이 공을 세우려 기동력이 느린 남병을 빼고 일본군을 추격했다. 그렇게 파주까지 진격했다가 벽제관碧蹄館에서 참패를 맛본 뒤 개성으로 퇴각해버렸다. 이러면서 명군과 일본군은 양쪽 다 전의를 잃어갔다.

　일본군은 물자 부족과 전염병으로, 명군은 패배의 충격으로 전투를 피하고자 했다. 사실 명은 보바이의 반란에 양응룡楊應龍의 반란까지 겹쳐 조선에서의 전쟁에 집중할 수 있는 상황이 아니었다. 명 조정 내에서는 평양과 개성을 되찾았으니, 목적을 달성했다고 주장하는 여론도 생겼다. 그래서 명에서는 외교를 통해 조선에서의 전쟁을 마무리 짓고자 했다. 결국 명에서 먼저 타협을 제시했고, 심유경沈惟敬을 보내 일본과 타협할 길을 찾았다.

　그렇다고 명에서 타협에만 집착한 것은 아니다. 조정 일각에서는 일본과 강화를 맺으면 조공을 허락하게 되는데, 일본이 이를 빙자하여 연해안 지역에 무역을 요구할 것이고 여기서 문제가 생길지 모른다는 주장이 있었다. 여기에 협상 실무자인 심유경을 믿을 수 없다는 점도 반대 원인이었다. 더 나아가 조선은 지배층에 문제가 있으니, 명이 직접 통치해야 한다는 주장까지 나왔다.

그러나 명과 일본의 강화협상은 파탄이 났다. 심유경과 고니시가 전쟁의 재개를 막기 위하여 자기 나라 조정을 속이고 있었다는 사실이 드러났기 때문이다. 명은 도요토미 히데요시를 일본 국왕에 봉하고 조공을 허락하는 선에서 일본과 강화를 추진하려 한 반면, 일본은 명의 황녀를 일본의 후비后妃로 삼게 할 것, 조선의 8도 중 4도를 할양할 것, 일본과 명의 무역을 복구할 것, 조선의 왕자 및 대신 12명을 인질로 삼을 것 등을 요구했던 것이다. 이렇게 현실적으로 타협이 어려운 상황에서 심유경과 고니시는 자신들의 요구가 상대에게 받아들여지는 것처럼 꾸며 4년 동안 협상을 끌었다.

하지만 명이 일본에 책봉 사절을 보내면서 거짓이 드러나 협상은 파탄을 맞았고, 전쟁이 재개되었다. 이 때문에 명은 양호楊鎬, 마귀 휘하 5만 5,000명의 육군과 진린陳璘 휘하 수군 5,000명을 파견해야 했다. 이런 상황에서 1591년부터 조짐이 좋지 않던 파주토사 양응룡의 반란 사건이 확대되었다. 명 조정은 이를 진압하는 데에도 군대를 투입해야 했다. 이 역시 2년에 걸쳐 연인원 20만 명의 관군이 동원되었고, 200여만 냥의 비용을 썼다. 이렇게 명 조정이 대규모 군대를 동원해야 했던 사건들을 이른바 '만력3정萬曆三征'이라고 부른다.

누르하치의 등장과
명의 몰락

한때 고전하기는 했지만, 조선에서의 전쟁은 일본군의 전력이 바닥을 드러내면서 마무리되어갔다. 양응룡의 반란도 점차 진압되었다. 이렇게 해서 전란 자체의 위협은 사라져갔다. 하지만 그 후유증은 적지 않았다. 전란 과정에 엄청난 비용이 들어갔기 때문이다. 이는 국가 재정의 파탄을 의미했다. 이러한 위기 속에서도 만력제를 비롯한 황족들의 생활은 사치스러웠다. 만력제는 부족한 재정을 메우기 위해 광세사 파견 등에 집착했을 뿐, 본질적인 대책을 세우지는 않았다. 이는 백성들의 저항을 자초했다. 만력제 후기에는 광세사의 횡포가 심한 곳마다 민란이 일어났다.

이 과정에서 명 황실 내부에도 어두운 그림자가 드리워졌다. 신종이 맏아들 아닌 셋째 아들을 황태자로 책봉하고 싶어 했던 것이 후계구도의 혼란을 자초했다. 맏아들 주상락은 1601년이 되어서야 대신들과 할머니인 자성황태후慈聖皇太后 이씨李氏의 압력 덕분에 황태자로 책봉될 수 있었다. 하지만 주상락은 황태자로 책봉된 뒤에도 냉대받다가, 급기야 1615년에는 장차張差라는 남자가 몽둥이를 들고 자경궁慈慶宮에 난입하여 황태자의 목숨을 노리는 사건이 일어나기도 했다. 이 사건을 정격안挺擊案이라고 부른다. 이런 와중인 1620년 만력제가 죽었다. 그와 함께 황태자인 주상락이 즉위했다. 그가 광종光宗 태창제泰昌帝이다.

명이 이렇게 전란에 시달리며 혼란을 겪자 만주에 대한 지배력도 약화되어갔다. 사실 정통제 이후 명은 만주 지역을 통제하기 어려웠다. 이에 대처하기 위해 명에서는 여진족을 3개로 분열시켜 서로 견제하도록 하는 정책을 썼다. 그래서 여진족은 지금의 길림성 지역을 중심으로 살던 건주

여진建州女眞, 흑룡강黑龍江(헤이룽장)을 중심으로 분포되어 있던 해서여진海西女眞, 송화강松花江(쑹화장) 북방의 야인여진野人女眞으로 나뉘었다. 명에서는 이들을 더 작은 조직으로 나누어 그 수장마다 관직을 주고, 교역 특전을 주어 명에 의지하게 하는 정책을 취했다.

이러한 정책 때문에 여진족은 오랫동안 분열되어 큰 세력을 키우지 못하다가, 1500년대 후반 명이 혼란에 빠지면서 그 세력을 확장해나갔다. 이런 상황에서 부각된 인물이 아이신기오로 누르하치愛新覺羅 奴爾哈赤이다. 그런데 누르하치의 집안은 전통적으로 명의 후원으로 세력을 유지하던 집단이었다. 이때 명의 후원자 역할을 한 인물이, 이른바 임진왜란 때 조선에 출병했던 명의 장군 이여송의 아버지였던 이성량李成梁이었다. 그는 요동 지역 총관으로 있으면서 여진족들에게 막강한 영향력을 행사하고 있었다. 누르하치의 할아버지 교창가覺昌安와 아버지 타쿠시塔克世도 이성량의 후원을 받아 세력을 유지하던 상황이었다.

그런데 1574년, 건주여진의 왕고王杲가 반란을 일으킨 사건이 일어났다. 이 반란은 제압되었으나, 1582년에 왕고의 아들 아타이阿台가 아버지의 복수를 위해 군사를 일으켰다. 이성량은 다음 해 이를 진압하기 위해 출격했고, 이 과정에서 포위된 아타이에게 항복을 설득하기 위해 성안으로 들어갔던 누르하치의 할아버지와 아버지가 명나라군에 의해 피살당하는 일이 있었다. 당시 이성량의 집에 볼모로 잡혀 있던 20대의 누르하치는 이런 꼴을 보고도 할 수 있는 것이 없었다.

그렇지만 누르하치에게 기회가 찾아왔다. 명이 여진족의 세력을 키우지 않기 위해 분열시켰지만, 이 때문에 여진족 사이에서 분쟁이 끊이지 않았다. 이러한 분열로 인한 분쟁 역시 명에게 골치 아프기는 마찬가지였다. 그래서 명에서는 이런 분쟁을 통제할 세력을 키워놓고, 그 세력을 명이 통제하는 정책을 기획했다. 바로 그런 세력으로 선택된 것이 누르하치였다.

이성량은 할아버지와 아버지의 희생에 대한 대가로 누르하치에게 관직과 함께 여러 가지 경제적 특혜를 주었다. 이는 누르하치가 세력을 키울 기반이 되어주었다. 명의 후원으로 세력을 키운 누르하치는 1583년 건주여진의 5개 부部를 복속시켰다. 그러자 다른 9개 부가 연합해서 누르하치를 견제하려 했으나 누르하치는 이들마저 물리쳤다.

이렇게 누르하치의 세력이 커지고 있었음에도 명에서는 이를 견제하지 못했다. 요동 지역을 관리하던 이성량이 이를 방치했기 때문이다. 요동 지역을 기반으로 거래하던 상인들은 어떠한 형식으로든 이성량과 누르하치에게 상납금을 바쳐야 했는데, 누르하치 덕분에 이성량도 돈을 버는 구조였던 셈이다. 이성량은 자신의 이익을 위해 누르하치 세력의 팽창을 눈감아주었다. 사태가 이렇게 되자 이성량에 대한 탄핵이 이어졌고, 1591년 여진족의 침입을 막지 못했다는 이유로 결국 이성량이 해임되었다.

그렇지만 이후 요동 군사 책임자로 임명된 명의 인사들은 이미 강해진 누르하치 세력을 견제하지는 못했다. 더욱이 1592년 조선에 대한 일본의 침공이 시작되면서, 명이 여진에 대한 견제에 집중하지 못할 상황이 되었다. 이는 누르하치가 세력을 더욱 확대할 수 있는 기회였다. 1616년 누르하치는 여진 대부분을 세력권에 넣고 나라를 세우며 이름을 금金이라 정했다. 이를 아골타의 금과 구별하기 위해 후금後金이라 부른다. 그리고 1618년 4월, 명에 대해 칠대한서七大恨書를 발표하면서 선전포고를 했다. 이와 함께 명과의 접경 지역들을 점령해나갔다.

칠대한서

여기서 첫 번째로 내세운 것은 명이 까닭 없이 자신의 조부를 죽였다는 것이다. 그리고 명이 예허의 편을 든 것, 맹세를 어기고 한족들의 월경을 방조한 것, 만주족을 거주지에서 내쫓고 경작과 수확은 금지한 것 등의 일곱 가지 원한을 말한다.

사태가 이렇게 전개되며 군대가 사용할 비용이 모자라자, 명의 대신들이 만력제에게 자금 지원을 요청했지만 만력제는 이를 거절했다. 이런 상황에서도 양호楊鎬를 사령관으로 하는 군대를 편성해 출전시켰다. 그러나 명군은 자금 부족으로 병력이 모자랐고, 양호는 병력을 보충하기 위해 후금 북쪽에 접해 있는 여진 부족 예허葉赫와 남쪽에 있는 조선에도 원병을 요청했다. 누르하치와 대립하고 있던 예허와 임진왜란 때 도움을 받았다는 명분으로 압박받던 조선은 병력을 파견해 왔다. 명은 이들까지 포함된 군대를 4개의 부대로 나누어 누르하치의 본거지 허투알라赫圖阿砬로 진격시켰다.

명군의 진격을 파악한 누르하치는 허투알라 북방의 요충지 사르후薩爾滸산 및 혼강 맞은편에 있는 자이피안吉林崖산에서 방어를 위한 성을 쌓았다. 그런데 1619년 3월 1일, 다른 부대의 진격이 느려 이들보다 먼저 도착한 명군 지휘관 두송杜松의 부대는 후금군이 성을 쌓고 있다는 사실을 간파했다. 그러자 두송은 후속 부대를 기다리지 않고 혼강을 건너 사르후산을 점령해버렸다. 그리고 내친 김에 일부 병력을 사르후산 방어를 위해 남겨둔 다음, 나머지 병력으로 자이피안산 공격에 나섰다.

이때 누르하치는 자이피안 방어에 나설 것이라는 명군의 예상을 뒤엎고, 일부 병력만 자이피안으로 보낸 뒤 나머지 병력으로 사르후를 공략했다. 기습을 받은 사르후의 명군이 전멸하자 자이피안 공략에 나섰던 부대도 혼란에 빠져 후금군의 공격에 괴멸되고 말았다. 이후 누르하치는 합류하지 못한 명군과 조선군을 각개격파 해버렸고, 명군의 패전 소식을 들은 예허 부대는 전투를 포기하고 철수해버렸다.

명의
멸망

명이 사르후에서 후금에 참패하고 난 다음 해인 1620년, 만력제가 죽었다. 그 뒤를 이어 즉위한 광종光宗 태창제泰昌帝는 만력제와 다른 정책을 폈다. 후금의 침입을 막고 있던 요동 지역에 황실의 재정인 내탕금內帑金에서 160만 냥의 은을 지급하여 사르후 전투의 패배로 어려움에 빠져 있던 명군을 정비하려 했다. 그리고 원성이 높던 광세사의 파견을 중지시켜 사람들의 기대를 모았다.

하지만 그는 즉위한 지 29일 만에 신하가 바친 붉은 알약紅丸을 먹고 갑자기 죽었다. 그리고 태창제의 뒤를 이은 인물이 그의 아들인 주유교朱由校이다. 그를 희종熹宗 천계제天啓帝라 부른다. 이 사건을 계기로 이전부터 있었던 명 조정의 분란은 더욱 심각하게 드러났다. 만력제 중·후기부터 명 조정은, 황제의 총애를 받는 환관 중심의 엄당閹黨과 손을 잡은 파와 이에 저항하는 파로 나뉘어 있었다. 이때의 반환관파를 동림당東林黨이라고 불렀다. 동림당에서 태창제가 독살당했다고 주장하며, 안 그래도 심각했던 당파 싸움에 불이 붙었다.

당파 싸움은 명 내부의 혼란을 가중시켰다. 이런 와중에 태창제의 총애를 받던 이씨李氏는 환관 위충현魏忠賢과 결탁하여, 황태후 자리에 올라 나이 어린 천계제를 대신해 수렴청정을 하겠다고 나섰다. 그러자 동림당 관리들은 그녀가 거주하는 궁을 옮기게 하여 수렴청정을 하지 못하도록 막았다. 이 사건을 이궁안移宮案이라고 한다.

하지만 동림당이 정국을 주도하지도 못했다. 천계제는 황태손 때부터 자신을 섬겨왔던 위충현을 환관의 수장首長인 사례감司禮監 병필태감秉筆太監으로 삼았다. 그뿐만 아니라 1623년부터는 황제 직속의 비밀경찰인 동창東廠 책임자도 겸하도록 하여 위충현에 힘을 실어주었다. 그러고 나서 천계제 자신은 정무政務를 내팽개치고 취미 생활에만 몰두했다.

이 결과 명 제국의 정국은 위충현이 주도하게 되었다. 위충현은 1624년 탄핵을 받아 동창을 지휘하는 자리에서 잠시 물러나기도 했지만, 곧 천계제의 신임을 회복한 다음 동림당에 대한 대대적 탄압에 나섰다. 그 결과 1625년 동림당의 핵심 인물인 양련楊漣, 좌광두左光斗, 주기원周起元 등을 죽였으며, 1626년에는 동림서원東林書院을 폐쇄하고 강학講學도 금지시켰다.

명이 내부에서 이러한 혼란을 겪는 동안, 후금은 천계제가 즉위한 다음해에 만주에서 명을 완전히 몰아냈다. 그리고 그해 5월, 심양瀋陽을 점령하고 수도로 삼았다. 이런 상황에서도 명 조정은 내부의 문제를 해결하지 못했다. 이 때문에 곳곳에서 생활에 쪼들린 농민의 폭동과 반란이 일어났다. 후금과의 갈등으로 인한 군비 지출은 이러한 상황을 더욱 악화시켰다.

그 와중에도 명은 원숭환袁崇煥의 활약으로 반전의 기회를 마련했다. 요동 지역을 정찰한 원숭환은 당시 명에서 심혈을 기울여 지키려 했던 방어 중심지 산해관山海關(산하이관) 북쪽에서 후금의 남하를 막아야 한다고 주장하고, 영원성寧遠城 증축을 건의하여 관철시켰다. 그리고 포르투갈 상인들에게 구입한 '홍이포紅夷砲'를 배치하여 후금의 공격에 대처했다. 이는 1626

년 누르하치가 영원성을 공격해 왔을 때 효과를 보았다. 누르하치는 이 공격에 실패한 뒤 죽었다.

그렇지만 이렇게 승리를 거두었던 원숭환은 자리에서 물러나야 했다. 명 조정 내부에서 치열해졌던 당쟁 때문이었다. 당시 정국을 주도하던 위충현은 살아 있는 자신을 숭배할 사당을 짓게 만들 정도로 막강한 권력을 휘둘렀다. 그러한 위충현이 동림당과 가까운 원숭환의 영향력이 커지는 것을 원하지 않았던 것이다. 그러나 위충현의 권력도 오래가지는 않았다. 누르하치가 죽은 다음 해에 명의 천계제도 죽었다. 그 뒤를 이은 인물이 천계제의 동생 주유검朱由檢이며, 그가 명의 마지막 황제인 사종思宗 숭정제崇禎帝이다. 즉위한 숭정제는 위충현을 파면시켰다. 정치적으로 재기할 수 없다고 느낀 위충현은 자살했다.

후금에서도 누르하치의 여덟 번째 아들 아이신기오로 홍타이지愛新覺羅 皇太極가 뒤를 이었다. 그는 즉위한 다음 해인 1627년, 조선을 침공해 배후를 다져놓고 명에 대한 압박을 증가시켰다. 이렇게 후금의 압박이 심해지는 상황에서도 명은 내부의 혼란을 제대로 수습하지 못했다. 당쟁 자체부터도 위기 극복을 위한 정책에 대한 논쟁이 아니라, 그저 권력을 장악하기 위해 상대를 비난하는 차원으로 흐르고 있는 상황이었다.

이러한 상황은 위충현이 몰락한 이후 다시 복귀한 원숭환을 제거하는 과정에서 적나라하게 드러났다. 그 계기는 1622년경부터 조선의 가도椵島에 주둔하고 있던 모문룡毛文龍을 1629년에 처형한 데에서 나왔다. 원숭환은 모문룡이 후금과의 전투에 적극적으로 나서지 않으면서도 허위보고를 올리고 밀수 등에 가담하며 세력을 키우고 있음을 파악했다. 그래서 모문룡을 처단했는데, 그 과정에서 황제의 허락을 제대로 받지 못했고 이것이 모문룡을 비호하던 엄당의 공격을 받는 빌미가 되었다.

　이것이 후금의 공세에 이용되었다. 후금 태종 홍타이지는 원숭환이 지키고 있는 산해관을 우회하여 북경을 공격했고, 이를 막기 위해 북경까지 출동한 원숭환은 후금 군대를 격파하여 퇴각하게 만들었다. 그러자 후금은 숭정제에게 화친을 요청하는 한편, 환관을 매수하여 원숭환이 후금과 내통하고 있다는 말을 퍼뜨렸다. 그러자 숭정제는 1629년 12월 원숭환을 체포했고, 동림당 계열 관리들의 반대에도 불구하고 엄당의 요청을 받아들여 1630년 9월 22일 거리에서 공개처형 해버렸다. 이는 후금과 대치하고 있던 명 군대의 사기를 떨어뜨렸다.

　이러한 상황에서 명 내부에서 농민의 봉기도 격렬해졌다. 농민 봉기를 이끈 대표적인 인물이 이자성李自成이었다. 그는 빚을 갚기 위해 역참驛站에서 역졸驛卒 생활을 하다가, 1628년 조정에서 경비 절감을 위해 역참을 줄여가자 역졸을 그만두고 집으로 돌아갔다가 1629년 군인이 되었다. 하지만 군대의 여건이 악화되자 반란을 일으켜 농민 반란군에 가담했다.

　이후 1637년 관군의 토벌에 위기를 맞기도 했으나, 다음 해 조정에서 청淸의 공략에 대응하느라 관군을 전선으로 빼내는 바람에 위기를 모면하고 세력을 키워나갔다. 그리고 1639년, 중원 전역이 가뭄 등의 재해를 겪게 되자 농민 봉기는 또다시 격렬해졌다. 이러한 상황에서 이자성이 두각을 나타내기 시작했다. 특히 1641년 그가 공언한 4개의 정책이 주목된다. 백성들에게 토지를 고르게 분배할 것, 악독한 지주의 창고를 열어 농민들에게 나누어줄 것, 군기를 엄정히 하여 재물을 탐하거나 함부로 죽이지 않을 것, 지식인들을 존중하고 예우할 것이 그가 내세운 공약이었다. 이러한 정책은 종래의 농민 봉기에서는 찾아보기 어려운 내용이었다는 평가를 받는다.

이렇게 세력을 확대해간 이자성은 1641년 낙양을 시작으로 명의 주요 거점들을 점령해나갔다. 1643년에 양양을 점령한 다음 '신순왕新順王'을 자칭하며 6부 등의 국가체제를 갖추었다. 1644년에 서안西安(시안)을 함락시킨 다음에는 나라 이름을 '대순大順', 연호를 '영창永昌'으로 정하고 황제로 즉위했다. 그리고 3월, 북경에 진입했다. 그러자 숭정제가 자살하며 명 왕조의 명맥도 끊겼다.

**명 후기의
사회와 문화** | 명 말기는 왕조 초기에 정비했던 제도에 큰 변화가 일어났던 시기라 할 수 있다. 그 변화의 주요인 중 하나는 이갑제가 크게 흔들렸다는 사실이었다. 그 원인은 기본적으로 이갑제 자체가 가지고 있는 문제점 때문이었다. 이갑제에서의 부역 징수는 소속되어 있는 호戶가 부담할 수 있는 능력이 달랐음에도 총액을 정해 균등하게 할당하는 체제였다.

더욱이 세稅의 기준이 되는 토지는 요역의 기준이기도 했다. 따라서 토지를 많이 가지고 있는 호가 요역도 그에 비례해서 부담하게 된다. 그런데 지방 서리와 유지들이 짜고 부역황책을 조작하여 자신들이 부담해야 할 요역을 줄이는 일이 잦았다. 그럼에도 불구하고 중앙정부에서 할당한 요역의 총량에는 변화가 없었기 때문에 이들이 조작을 통해 줄인 요역 부담은 결국 일반 농민들에게 전가되는 결과를 낳았다. 이런 식으로 늘어난 요역 부담을 이기지 못해 파산하는 농민이 늘어나면서, 농민이 요역 비용을 충당하려고 토지를 파는 경우도 많아졌다.

이렇게 나온 토지 상당 부분은 자신들의 부담을 줄여 돈을 모은 지방 유지들이 샀고, 매입한 토지의 요역 부담을 줄이면 이것이 또 다른 농민의 부담으로 전가되는 악순환이 되풀이되었다. 부자는 더 부자가 되고 가난한 자는 더 가난해지며, 농민들이 토지를 버리고 떠나는 현상도 심해졌다. 이것이 명 사회에 변화를 일으키지 않을 수 없는 원인이 되었다.

이러한 상태에서 화폐경제 규모가 커지면서, 그 영향이 지방의 농촌에까지 미치기 시작했다. 장거정의 개혁을 통해 일조편법이 폭넓게 실시되면서, 농민들도 농기구·일상용품 등을 은을 중심으로 한 화폐로 구입해야 하는 상황이 되었다. 이 때문에 은의 수요가 폭발하여, 당시 세계에서 생산된 은 대부분이 중국으로 흘러들어 갔다. 이렇게 어려운 변화 속에서 농민들이 살아나갈 수 있었던 이유는 면화나 견직물 같은 부업을 통한 소득이 있었기 때문이라고 본다. 하지만 이런 활동을 통해서도 무거운 세와 요역을 부담할 수 없게 된 농민들이 늘어나면서 농민 반란이 활발하게 늘어났다.

명 조정에서는 이에 대응하여 총갑제와 향약 강화 등의 조치를 취했다. 그렇지만 조정이 통제에 협조하리라고 기대하고 향약 조직 등을 관리하도록 한 촌락 유지들이, 이를 이용하여 자신들이 촌락을 장악하는 일도 있었다. 이 때문에 지방관들이 이들을 지방 통제 조직에서 배제하는 경우도 있어, 문제를 근원적으로 해결할 효과를 거두기 어려웠다.

이러한 와중에서도 명 지배층 일부는 예술에 몰두했다. 그 결과 문학·예술 부문에서는 많은 업적이 남았다. 이와 함께 사상에서도 새로운 조류가 나타났다. 그중 하나는 양명학陽明學의 등장이다. 형이상학에 몰두했던 주자학에 비해 간명하고 현실 비판적인 요소가 강했다. 하지만 양명학에 대한 중원 제국의 시각은 곱지 않았다. 양명학자들이 통치 계급에 대해서도 비판적인 태도를 보이기 십상이었기 때문이다. 그래도 그 현실을 중시하는 태도에 매료된 학자들 덕분에 명맥은 이어갔다.

그리고 서양 세력이 팽창하며 새로운 지역에 관심을 보이면서, 이들의 문화도 중원을 비롯한 동아시아에 유입되기 시작했다. 이때 앞장선 사람들이 가톨릭 계통의 선교사들이었다. 프란시스코 자비에르Francisco Xavier가 동아시아에 들어온 선두 주자였고, 그 뒤를 이어 주목할 만한 활동을 했던 인물이 이탈리아 출신 마테오 리치Matteo Ricci였다. 그는 중국에 서양의 수학, 천문학, 지리학 등을 소개하는 동시에, 중원에서 원하는 유럽의 정세를 전해주는 역할도 했다. 그러면서 만력제로부터 북경에 교회 건설과 포교를 허락받았다. 그의 활약은 독일 출신 아담 샬Adam Schall에게로 이어졌다. 아담 샬은 대포 기술을 명에 전함으로써, 명 제국이 한동안 여진족의 팽창을 막는 데 도움을 주었다.

2
═══

한국
조선 체제의 약화와 전란

사림이 세력을 얻으며 시작된
당파 싸움

사림士林은 '사대부의 수풀士大夫之林'이라는 뜻으로 사대부 무리를 말한다. 이들은 15세기 후반부터 역사적으로 중요한 사건에 등장하기 시작했다. 우선 성리학의 정통적 계승자로 자부하던 사림 세력은 중앙 정계에 진출하면서 훈구파의 학풍을 비판하고, 유향소를 비롯한 향촌 자치제 실시를 기존 지배체제의 대안으로 내놓았다. 훈구파는 사림 세력의 기반 강화를 의미하는 유향소 부활을 여러 가지로 방해했지만, 사림파는 도학道學을 내세우며 세력을 키워나갔다. 이 과정에서 관학을 비판하며, 그 대안으로 중국의 서원 제도가 소개되었다.

향촌기구의 구성이나 운영에 있어서도 주자의 구상을 실천에 옮기려고 했던 조선 사림들에게 서원은 그런 수단 중 하나였다. 조선시대의 서원은 유향소, 향교와 함께 사림 세력의 지방 지배 주도와 향촌 교화를 위한 조

5장 동아시아, 전란에 휩싸이다 **377**

직이었다. 사림들은 이러한 기구를 통해 향촌을 장악해나갔다. 이런 가운데 1543년, 최초의 서원이 생겼다. 풍기군수 주세붕이 고려 말 유학자 안향安珦을 모시고 유생들을 가르치기 위해 백운동서원白雲洞書院을 세운 것이다. 그 후 서원은 주자학자들의 깊은 관심과 배려를 등에 업고 전국적으로 보급되었다. 백운동서원을 비롯한 대부분의 서원이 사찰이 있던 터에 세워졌다. 이는 조선왕조의 정책이었던 억불숭유의 정신에도 부합하는 것이었다. 서원 설립 초기에는 존경받는 선학을 모시는 역할과 교육이 서원의 두 가지 주요 기능이었다. 그러나 시간이 지나며 서원은 사림들이 수양하고 쉬는 장소로 바뀌며 붕당朋黨의 온상 역할도 했다.

사림은 훈구대신과 권신에 의해 네 차례의 사화士禍를 거치면서 타격을 받았지만, 언론을 장악하면서 노쇠해가는 훈구파의 비리를 공략하며 세력을 키워갔다. 이렇게 된 데에는 이조·병조 정랑 및 좌랑, 즉 전랑이 강해졌다는 배경이 있었다. 전랑銓郎이란 조선시대 문무관의 인사행정을 담당하던 이조와 병조의 정5품관인 정랑正郎과 정6품관인 좌랑佐郎을 합쳐서 부르는 말이다. 전랑은 후임자를 천거하는 자대권自代權(전랑천대법銓郎薦代法), 당하 청요직淸要職을 추천하는 통청권通淸權, 과거에 급제하지 않은 사람을 추천하는 낭천권郎薦權을 가졌다. 이 권한을 통해 전랑이 당상관 이하의 인사권을 주도했다. 그러나 이러한 전랑들도 조광조趙光祖와 같은 감주監主의 지휘를 받는 것이 관례였다.

이들의 권한에는 의정부의 삼정승三政丞도 간섭하지 못했으며, 가장 중직重職으로 꼽혔던 삼사의 관원 임명은 반드시 이조 전랑의 동의가 있어야 하는 등 거의 모든 인사권을 이들이 좌우했다. 이른바 전랑권銓郎權이라 하여 요직에 대한 인사권을 사림파의 핵심들이 장악하면서 사림이 주도하는 정치가 성립되었다. 이들은 특별한 일이 없으면 전랑, 대간, 홍문관원 등 청요직을 역임하다가 정승과 판서가 될 수 있었다. 또 이들 뒤에는 산림山林이 있어 이들의 논리를 이론적으로 뒷받침해주었다. 산림은 학문적인 식견과 지조가 높은 학자로서, 고려의 왕사王師나 국사國師처럼 국왕의 존경을 받으면서 유교적 이념이나 명분을 주도하는 역할을 했다.

전랑의 권한이 강력해지자 이를 둘러싼 붕당朋黨이 생기고, 붕당 사이의 당파 싸움이 치열해졌다. 그런데 전랑의 권한은 법적 근거가 있는 것이 아니라 관행이었다. 훈신들에게 눌려 지내던 국왕의 후원이 있었기에 법에도 없는 권한 행사가 가능했다.

특히 16세기 중반 즈음에는 왕도 사림을 후원해주는 상황이었다. 명종의 유일한 아들이었던 순회세자順懷世子가 명종보다 먼저인 1563년에 뒤를 이을 아들 없이 죽었다. 이 때문에 명종은 후계자를 정해놓지도 못하고 세상을 떠났고, 중종의 서자였던 덕흥군德興君의 셋째 아들 하성군河城君이 뒤를 이었다. 그가 선조宣祖이다. 선조의 즉위 이후, 서원과 유향소 등을 등에 업고 세력을 키워가던 사림 세력이 정계에 대거 진출하기 시작했다. 이에 밀려 윤원형尹元衡, 이량李樑, 남곤南袞처럼 정치를 주도하던 권신들은 관직과 지위를 잃었다. 기묘사화 이후에 위축되었던 사림이 선조의 즉위를 계기로 정계를 장악한 셈이다. 즉, 선조가 즉위하던 16세기 중반은 권신 위주의 정치가 종말을 고하고, 이른바 '사림정치'가 시작되던 시기라 할 수 있다.

그러자 외척 같은 훈구 세력 중에도 사림파로 돌아서는 이른바 전향사림파가 생겨나게 되었다. 외척 심의겸沈義謙이 그런 사례이다. 그는 권신 이량이 사화를 일으키려 하자 사림을 보호하기 위해 이를 저지했다. 이러한 흐름 속에서 훈구 세력 같은 적대 세력이 없어지자, 사림은 분열해서 붕당朋黨을 짓고 당쟁을 벌였다. 법적으로 불법인 붕당은 사림정치에서 파생한 부산물에 불과하며, 학통을 바탕으로 사림 사이에 생긴 정파를 말한다. 붕당은 정치적 이해관계에 따라 일시적으로 형성되는 파벌과 달리, 혈연血緣·지연地緣을 바탕으로 오랜 시간 유지되는 것이 특징이다. 16세기에 이황李滉, 이이李珥, 조식曺植, 성혼成渾 등을 중심으로 학파가 생기면서부터 붕당은 학통을 바탕으로 발달하게 되었다.

이 조짐은 이미 명종 대부터 나타나고 있었다. 이때 노당老黨과 소당少黨으로 불리는 붕당이 있었다. 그러나 정치 세력의 교체가 순간적으로 이루어질 수 있는 것은 아니었기에, 적어도 선조 초반에는, 중종에서 명종까지의 원로들과 새로이 진출한 사림들이 공존했다. 그러나 시간이 흐르며 사정이 달라졌다.

사림 사이의 갈등이 심해지자, 이준경은 임종 직전인 1572년에 붕당의 조짐을 경고했다. 이 경고는 율곡栗谷 이이 등에 의해 사림들 사이를 이간질하는 음해의 표본으로 매도되었다. 그러나 3년 만인 1575년, 이준경의 예언은 현실로 드러났다. 신진 사림들은 심의겸 등이 구태의연한 태도를 취한다고 비난했다. 그런 이유로 후배 사림들이 선배 사림들을 소인小人으로 몰아세우고, 자신들은 군자君子로 자처하며 대립이 심해졌다. 심의겸과 신진 사림 중 하나인 김효원金孝元 사이의 알력을 계기로, 사림이 동인東人과 서인西人으로 분열되었다. 이와 같은 사태가 벌어진 표면적 원인은 이조 전랑 자리를 둘러싼 갈등이었지만, 재상의 권위에 바탕을 둔 선배 사림과, 낭관의 견제권을 정치적 기반으로 하는 후배 사림이 대립한 결과라 할 수 있다.

1584년, 당쟁 조정에 힘썼던 이이가 죽은 뒤, 서인은 한동안 조정에 들어가지 못했다. 그러던 1589년, 정여립이 반란을 도모한다는 보고가 올라왔다. 이 사건 자체는 정여립의 자결로 마무리되었지만, 사건의 조사를 맡았던 서인 정철鄭澈은 이 역모를 국면전환에 이용하여 많은 동인 인사들을 죽이거나 귀양 보냈다. 이를 기축옥사己丑獄事라 한다. 이를 통해 서인들이 조정에 등용되었고, 당파 사이의 대립은 심해졌다.

시간이 흐른 뒤, 인조반정 이후 숙종 조까지는 산림이 당파의 의리(당론黨論)를 이끄는 이론적 지도자로서 당쟁의 핵심이었다. 조선 전기의 여론은 재상이나 대신들에 의해 주도되었지만, 조선 후기의 여론은 낭관들에 의해 주도되고 있었다. 이것이 사림정치의 틀이다. 이러한 틀을 통하여 재상이 주도하던 고려와 조선 초기의 정국을, 사림이 주도하는 정국으로 바꾼 것이다. 이러한 틀은 1741년, 탕평정치를 시작하면서 전랑권이 없어질 때까지 계속되었다.

16세기 후반 동아시아의 격변과 조선 군사력의 약화

14세기 이후 약 200년 동안 안정을 유지하던 동아시아는 16세기 후반에 접어들면서 흔들리기 시작했다. 조선의 주변 국가인 중국과 여진, 일본 모두 자체적인 혼란에 휩싸여 대전란의 조짐이 싹트고 있었다. 보통 동아시아의 정세는 대륙의 변화가 한반도를 거쳐 일본에 파급되는 것이 일반적인 양상이었다. 그러나 이 시기에는 일본에서 생긴 분란이 한반도를 거쳐 명에 영향을 미쳤다. 여기에 만주의 여진족이 급속하게 성장함으로써 동아시아 정세는 더욱 긴박하게 돌아갔다. 이런 와중에 명의 국력이 쇠퇴하며 북방 이민족과 왜구의 침략이 잦아졌다. 16세기 후반의 전란은 기본적으로 명의 쇠퇴가 원인이라 할 수 있다.

이렇게 동아시아 각국에 큰 변화가 생겼지만, 이에 대비해야 할 조선의 군사체계는 무너져가고 있었다. 포布를 내고 군역을 대신하게 하는 이른바 '수포대역제收布代役制'가 성행하며, 문종을 거쳐 세조 대에 확립되었던 오위五衛 조직이 15세기 후반부터 붕괴되기 시작했다.

이런 문제점은 이른바 삼포왜란三浦倭亂을 계기로 드러났다. 고려 후기부터 날뛰던 왜구의 피해를 줄이기 위해, 조선 조정은 교역을 허가하면서 항구를 부산포釜山浦, 제포薺浦, 염포鹽浦로 제한했다. 그러나 왜인들이 규정을 지키지 않으면서, 조선의 후한 대접이나 하사품을 노리고 세 항구에 들어와 사는 왜인의 수는 해마다 크게 늘어나고 있었다. 이 사태를 감당하기 어려워진 조선에서 통제를 가하자, 불만을 품은 왜인들이 폭동을 일으킨 사건이 1510년의 삼포왜란이다. 폭동의 목적 자체가 전쟁이 아니었기 때문에 이 사건은 쉽게 제압되었다. 하지만 세 항구가 폐쇄되어, 1512년에 국교가 정상화될 때까지 양국의 교역은 막혀버렸다.

이 사건을 통해 조선 군사체계의 심각한 문제가 드러났다. 문관 위주로 정국을 운영하다 보니, 군사 책임자도 경험이 없는 인물들이 임명되기 일쑤였다. 당시 조선의 군사 전략은 원칙적으로 의정부와 병조에서 세웠기 때문에 문관들이 세운 정책도 현실성 없는 것이 많았다. 현장 수령들 중에도 문관 출신이 많아 효과적으로 군대를 통솔하지 못했다.

이런 문제점을 극복하기 위해 조선 조정에서는, 군사 문제가 관련된 일에 의정부 대신과 병조의 주요 인사는 물론, 변경 지방의 군사 책임자를 지낸 인물들까지 참여시켰다. 이를 위해 만들어진 조직이 비변사備邊司였다. 중종이 삼포왜란을 계기로 비변사라는 임시 기구를 만들어 비상시국을 대비하도록 한 이후, 비상시국 때마다 비변사는 한시적으로 설치·운영되었다.

그러나 이것이 해결책이 되지는 못했다. 사실 비변사는 당시 『경국대전』에도 없는 기구였다. 외침을 당했을 때 효율적인 정책 수립을 위해 만든 기구라고는 하지만, 기존 행정 체제를 뿌리부터 흔들 위험성도 안고 있었다. 실제로 왜구를 격퇴하는 과정에서 비변사가 이 업무를 맡게 되자 병조가 소외되는 사태가 있었다. 그러자 1522년 이후 비변사를 폐지해야 한다는 말이 계속 나왔다.

그래도 군사 문제를 효율적으로 처리해야 한다는 명분 때문에 비변사의 기능은 거의 그대로 존속되었다. 1554년에 일어났던 을묘왜변 이후에는 한발 더 나아가 독립된 합의기구로 발전했다. 물론 법으로 공인되었다고는 하지만, 비변사는 어디까지나 군사 부분만을 담당하는 의정부의 하위 기관일 뿐이었다. 그러나 '군사 부분의 범주'를 확대해석 하기만 하면 비변사의 실권을 키우는 데에는 문제가 없었다. 이렇게 비변사의 권한이 비대해지게 된 배경에는, 군 지휘권을 통해 자신의 정치적 이익을 확보하고자 했던 정객들의 욕심도 있었다. 특히 일부 권력자들의 영향력 확보 경쟁에 이용되어 상대적으로 왕권을 취약하게 만들기도 했다.

더욱이 오랫동안 지속된 평화는 지배층의 안일함을 키우며 현실 감각을 무디게 만드는 효과도 있었다. 여기에 사화와 당쟁으로 인한 정치적 혼란이 겹치면서 국방 체제는 더욱 약화되고 있었다. 남쪽의 왜와 북쪽의 여진족의 침입에 대처하기 위해 국방력을 강화하자는 대책이 제시되기는 했으나, 현실성 없는 구호에 그쳤다. 조선은 이러한 상황에서 일본의 침공을 받게 되었다.

임진왜란의 발발

16세기 후반, 일본 열도를 장악한 도요토미 히데요시豊臣秀吉는 대륙 침략의 야욕을 가지게 되었다. 그 징조는 실제 침공이 이루어지기 훨씬 전부터 나타났다. 1586년에 도요토미 히데요시는 명과 조선 등 주변 국가의 국왕들에게 조공을 바치라고 독촉했다. 더 나아가 이를 거부한 명나라를 정벌하기 위해 조선에 길을 빌려달라고 요구하는 사태도 일어났다. 이러한 사태와 함께 왜관倭館의 일본인들이 한꺼번에 본국으로 돌아갔다.

사태가 심상치 않게 돌아가자, 조선에서는 통신사를 파견해 상황을 알아보려 했다. 이때 통신사로 파견되었던 사신 중, 정사正使 황윤길黃允吉과 서장관 허성許筬은 일본이 침략해 올 것이라고 했지만, 조선 조정에서는 침공이 없을 것이라는 부사副使 김성일金誠一의 주장을 믿었다. 이에 따라 그나마 일본 침입에 대비해 추진되고 있던 준비는 대부분 무산되었고, 일본의 침략 가능성을 시사하는 다른 징조들도 모두 무시되었다.

그렇지만 1592년 4월, 일본군은 침공을 감행하여 부산진과 동래부만 전투를 치러 함락시킨 이후 파죽지세로 수도를 향해 진격해 왔다. 상주에서 이일李鎰, 충주에서 신립申砬의 저항을 받았지만 쉽게 격파했고, 이후로는 수도 한양을 점령할 때까지 별다른 저항도 받지 않았다. 4월 29일, 신립의 패전보고를 접한 선조는 여러 사람의 반대에도 불구하고 피난 가기로 결정했다. 왕자 임해군과 순화군은 근왕병을 모집하기 위해 함경도와 강원도로 파견되었다. 임금이 도성을 버리자 반감이 폭발한 백성들은 왕궁에 불을 질렀다. 이 와중에 노비문서가 보관되어 있는 장례원掌隸院도 불타버렸다.

4월 30일, 선조가 서울을 떠나자 조선은 사실상 체계적인 통치가 곤란해졌다. 한양과 개성, 평양이 함락되고 함경도까지 왜군이 진격해 오자 선조는 요동으로 망명할 의도까지 보였다. 유성룡柳成龍 등의 반대로 망명이 성사되지 않았지만, 나라를 유지하기 어려운 지경이었음이 드러났다. 이러한 혼란 속에서 타개책으로 제시된 것이 광해군을 세자로 삼아 분조分朝 활동을 하게 하는 것이었다.

의주로 향하기 직전, 선조는 세자 광해군으로 하여금 분조를 이끌도록 지시했다. 이에 따라 조정을 둘로 나누어 선조가 이끄는 조정을 원조정元朝廷, 세자가 있는 곳을 소조정小朝廷, 즉 분조라 했다. 이 체제는 공식적으로 1592년 6월부터 이듬해 10월까지 유지되었다. 광해군의 임무는 분조를 이끌고 평안도, 황해도, 강원도 등지를 돌며 전쟁 수행을 주도하는 것이었다. 그에게는 잃어버린 영토를 되찾고 종묘사직을 돌봐야 할 임무와 관리에 대한 인사권까지 주어졌다. 광해군은 나중에 조선에 구원군을 이끌고 들어온 명나라 장수 이여송의 찬사를 받을 정도로 이러한 임무를 잘 수행했다.

이러한 노력과 함께 전황도 좋아졌다. 바다에서는 이순신李舜臣이, 패전을 거듭하던 지상전과 달리 해전을 승리로 이끌며 왜군의 승기를 꺾었다. 권율權慄과 정기룡鄭起龍 등이 지상전에서도 승리를 거두기 시작했다. 승병을 포함한 의병의 활약도 전세 역전에 큰 도움을 주었다.

여기에 명나라 원병까지 참전하여 전세는 역전되었다. 조승훈이 이끄는 1차 원군 5,000명은 평양 탈환에 실패했지만, 명의 개입 자체가 일본에게는 위협이었다. 1592년 12월에는 명의 이여송이 2차 원군 4만 3,000여 명을 이끌고 압록강을 건넜다. 전열을 정비한 이여송은 1593년 1월, 조선군과 합세해 평양성을 탈환했다. 이 작전은 광해군과 이여송의 신뢰에 기반을 두고 실행한 것이었다. 그해 4월에는 광해군이 위험을 무릅쓰고 호남 지방에 가서 민심을 수습하는 활약도 보였다. 그리하여 1593년에 분조가 해체된 뒤에도 광해군은 국난 극복의 선봉에 설 수 있었다.

그러나 한양 북쪽 40리 지점인 벽제관碧蹄館에서 명군이 왜군에게 기습을 당해 패배한 다음에는, 전선이 교착 상태에 빠졌다. 이에 따라 강화 협상이 시도되었다. 협상을 위해 명나라에서는 심유경이, 일본에서는 고니시 유키나가小西行長가 교섭에 나섰다. 심유경과 고니시는 전쟁 재개를 막기 위해 명 황제와 도요토미 히데요시를 속였다. 심유경은 도요토미 히데요시를 왕으로 임명해주면 된다고 했고, 고니시는 조선의 4개 도道가 일본에 넘겨질 것이라고 했다.

이러한 거짓이 오래갈 수 없어 협상 과정에서 모두 거짓임이 드러났다. 그러자 도요토미 히데요시는 1597년 1월에 14만 대군을 보내 전쟁을 다시 시작했다. 이것이 이른바 정유재란丁酉再亂이다. 이때 이순신은 파직되어 백의종군白衣從軍하고 있었고, 원균元均이 그 자리를 대신하고 있었다. 원균이 이끄는 조선 수군은 4월, 칠천량漆川梁 전투에서 왜군에게 대패했다. 이를 계기로 일본군은 육군이 호남과 호서를 공략하고, 수군이 호남 해안을 점령한다는 전략을 세웠다. 이에 7월부터 일본군은 공세로 돌입했고, 조선·명 연합군의 저항에도 불구하고 8월 중순경 남원성과 전주성이 함락되었다.

왜군이 다시 북상하기 시작하자 선조가 또다시 피난 가야 한다는 주장이 다시 나왔다. 그렇지만 이후 삼도수군통제사로 복귀한 이순신의 조선 수군이 12척밖에 남아있지 않았던 전함으로 명량鳴梁에서 승리를 거두었다. 전열을 정비한 명군도 9월의 소사평素沙坪에서 이겼다. 타격을 받은 일본군은 때마침 닥쳐온 겨울 추위로 고전했다. 전쟁은 한동안 주춤했지만, 이후에도 명나라 원군은 계속 조선에 도착하고 있었다. 조선도 수륙 양면에서 전력을 보강해갔다. 이러한 상황에서 전쟁을 일으킨 장본인 도요토미 히데요시가 사망하자 일본군은 싸울 의사를 잃었다. 일본군은 철수를 시작했고, 1598년 11월 18일 노량露梁에서의 해전을 마지막으로 전쟁이 끝났다.

전쟁은 끝났지만 전란의 중심지였던 조선의 피해는 컸다. 많은 사람이 죽고, 농경지의 상당 부분이 황폐해졌다. 이로 인한 식량 부족을 극복하기 위해 곡식을 받고 신분을 올려주는 납속책納粟策이 시행되었고, 신분제에 혼란이 일어났다. 조선의 일부 성리학자들은 명의 파병을 두고 이른바 '재조再造의 은혜'로 여겨 국가 운영에도 영향을 주었다.

**심해지는 당쟁 와중에 이룬
광해군의 업적**

동인과 서인으로의 분열로 시작된 당쟁의 처음 구도는 단순했으나, 이후의 당쟁은 보다 복잡해졌다. 당쟁이 시작된 이후 줄곧 동인이 주도권을 잡았으나, 서인은 정여립 역모 사건을 기화로 한때 주도권을 빼앗아 왔다. 그렇지만 서인의 거두 정철이 정여립 사건을 빌미로, 동인 인사들을 억울할 만큼 처벌하면서 여론이 악화되었다. 이를 우려한 선조는 세자책봉 건의를 문제 삼아 정철과 서인을 몰아냈다.

그런데 이는 동인이 분열되는 계기가 되었다. 정철 및 서인에 대한 처벌 수위를 놓고, 엄한 처벌을 주장하는 북인北人과 심한 처벌을 피하자는 남인南人이 갈려나간 것이다. 북인은 남명南冥 조식의 제자들, 남인은 퇴계退溪 이황의 제자들이 주류였다. 서인 세력은 이 사건 이후 인조반정이 있기 전까지 거의 소외된 반면, 동인 세력은 더욱 커져갔다.

전쟁이 진행되고 있는 와중에도 당파 싸움이 있었으나, 그나마 이때에는 국가적인 전란 극복이 급했기 때문에 그렇게 심각한 분열은 없었다. 그러나 전쟁이 끝나자, 의병장으로 활동한 인물들이 많았던 북인들이 선제공격에 나섰다. 일본과 화의를 주장했다는 책임을 물어 유성룡을 실각시켰던 것이다. 이를 계기로 남인 세력이 크게 위축되었다.

이런 와중인 1570년, 사림들의 사기를 높이고 예의를 차린다는 명분을 내세워 이들의 추앙을 받는 인물을 문묘文廟에 종사從祀하자는 건의가 나왔다. 그런데 이것도 당쟁에 불을 붙이는 결과를 낳았다. 자신의 스승인 조식이 배제된 것에 불만을 품은 북인의 거두 정인홍鄭仁弘이 이황의 행실을 비난하기 시작했다. 이와 함께 자신의 스승 조식을 변호하는 상소를 올린 것이 이른바 '회퇴변척晦退辨斥'이다. 이에 대해 조정 관료들은 물론, 성균관 유생들까지 정인홍을 양반 유생의 학적부인 청금록靑衿錄에서 삭제하는 등의 강력한 반발을 일으켰다. 이 자체는 대북 정권의 붕괴와 함께 묻혔지만, 당쟁의 불씨 중 하나였다. 이런 식으로 정파 사이의 분열은 계속되었다. 동인이 북인과 남인으로 갈린 데 이어, 1599년 북인 홍여순洪汝諄이 대사헌에 임명된 것을 계기로 북인이 또다시 대북과 소북으로 갈렸다.

명에서 정식 세자로 인정하지 못했던 광해군의 처지도 당쟁의 또 다른 변수로 작용했다. 비슷한 시기 명에서도 맏아들이 아닌 후계자를 태자로 책봉하려는 움직임이 있었다. 이 때문에 맏아들이 아닌 조선의 광해군을 인정하는 것이 선례를 남기게 될 우려 때문에 그에 대한 책봉까지 미루고 있었던 것이다. 이런 상황에서 영창대군이 태어났다. 그러자 당시 영의정 유영경柳永慶 등 소북 세력은 선조의 뜻을 간파하고 영창대군으로 세자를 바꾸려 했다. 이런 와중에 갑자기 선조가 죽고 광해군이 선조의 뒤를 이었다. 명에서 이를 문제 삼았지만, 수만 냥의 은과 인삼을 뇌물로 주고 해결했다. 광해군이 이렇게 즉위하는 과정에서 후유증이 남았다. 처음으로 명 사신에 뇌물을 쓰는 전례를 남겼던 것도 문제이지만, 즉위 초부터 정통성 문제로 상처를 입은 것이다.

이러한 사태가 북인의 분열로 이어졌다. 대북은 홍여순과 이산해 사이에 갈등이 생겨, 이산해의 골북骨北, 홍여순의 육북肉北으로 갈렸다. 여기에 광해군의 즉위와 함께 소북이 궁지에 몰리면서, 광해군을 지지하는 청북淸北과 영창대군을 지지하는 탁북濁北으로 나뉘었다. 이 결과 광해군 즉위 초기에는 육북과 청북의 공존 체제, 중반 이후에는 대북의 독점이 강화되는 정국 형태가 나타났다.

이와 같이 동인에 잦은 분열과 대립이 나타난 이유가 있었다. 동인은 그 뿌리가 다른 이황, 조식, 서경덕徐敬德 학통의 연합이라 결속이 잘 이루어지지 않았다. 특히 이황과 조식은 사상적으로 차이가 많았고, 제자들 역시 서로에 대한 불신이 있었다. 남인의 대부분이 이황에 동조하는 사람들이고, 북인의 대표적 인물들은 조식의 문인이었다. 이에 비해 서인은 이이와 성혼의 문인들로 단순하게 이루어져 커다란 갈등이 없었다.

이러한 성향은 정국 운영에도 악영향을 주었다. 광해군이 즉위하면서 집권한 북인들은 단결되지 못했고, 광해군이 적자도 장자도 아니었기 때문에 정통성 문제에 예민하게 반응했다. 그 결과 왕위를 지키는 데 위협이 되는 집단을 제거하면서 무리수를 많이 두었다. 먼저 영창대군을 지지했던 유영경 세력을 제거하고 친형 임해군도 제거했다. 이후 선조의 여섯 번째 왕자 순화군의 양아들 진릉군晉陵君에 이어 영창대군까지 제거해버렸다. 영창대군의 어머니 인목대비仁穆大妃는 서인庶人으로 강등하고 서궁西宮에 가두었다.

불안한 정치적 위상에도 불구하고, 광해군은 과단성 있는 정책을 펼쳤다. 특히 국내 정치에서는 대동법大同法을 실시했다는 점이 높이 평가받는다. 대동법이 시행되기 이전까지 조선의 백성들이 부담하는 조세는 토지에 대한 세금인 조租, 노동력을 부담하는 용庸, 지방의 특산물을 현물로 내는 조調가 있었다.

이 중 조調에 해당하는 공납貢納이 큰 문제였다. 지방에 따라 배정된 품목을 직접 바치는 것이어서 여러 가지 문제를 낳았기 때문이다. 그 지방에서 생산되지 않는 품목을 배정하는 경우, 다른 곳에서 구입해 바쳐야 하는 자체만 해도 번거로운 일이었다. 여기에 수도까지 운송하는 과정에서 발생하는 손실과 비용도 백성들에게 부담시켰다. 더욱이 상하기 쉬운 물품일 경우, 까다로운 절차를 거쳐야 해서 종종 관리들이 백성들을 착취하는 빌미가 되기도 했다.

이런 요인 때문에 백성들은 원래 할당량 이상의 수량을 내는 일이 보통이었다. 이렇게 공납할 물품을 구하기가 어려워지면서, 공물을 대신 내고 나중에 그 값을 받아가는 대납代納과 방납防納이 유행했다. 이에 따라 조정에서는 공물을 공급하는 사람을 정해놓고, 이들에게 국가에 필요한 공물을 마련해 바치도록 했다. 이들을 공인貢人이라고 불렀다. 바로 이들이 백성들에게 실제 가격의 몇 배에 달하는 액수를 받아가는 경우가 많았다. 이러한 행위는 공인들이 지방 관리들과 결탁해 자행되는 중요한 이권 가운데 하나가 되어 있었다.

일찍부터 이와 같은 폐해를 고쳐보려는 논의가 있었다. 1569년에 이이는 토지 1결結에 쌀 1말斗을 걷는 수미법收米法을 통해 공물을 직접 걷는 폐단을 극복해보자고 건의했다. 이 건의는 받아들여지지 않았고, 공안貢案 개정 수준에서 그쳤다. 그러나 이 제도는 전쟁이라는 상황을 맞이하여 부활했다. 유성룡은 군량을 확보하기 위한 방책으로, 전쟁 중인 1594년에 대공수미법代貢收米法을 실시했다. 이는 각 도에서 상납하던 모든 물품을 쌀로 환산한 다음, 이를 다시 전국의 토지에서 산출되는 쌀로 거두도록 한 것이다. 그렇지만 이 제도 역시 군량이 필요했던 전쟁이 끝난 뒤인 1599년에 폐지되었다.

그 뒤 이 제도를 이원익과 한백겸 등이 보완한 것이 대동법이다. 대동법이란 백성들이 부담하는 공물을 실물 대신 쌀로 통일해 납부하도록 한 제도였다. 백성들에게는 여러 가지 세금 대신에 토지 1결당 쌀 12말만을 납부하도록 했다. 국가는 이 대동미를 공인들에게 나누어주고 필요한 물품을 구입해 납부하도록 했다. 이 일을 맡은 관청이 선혜청宣惠廳이었다. 이 제도는 세금 매기는 기준을, 사람이나 호戶에서 토지로 바꾼 의미도 있었다. 즉, 능력이 있는 토지 소유자에게 세금 부담을 지우며, 상대적으로 재산이 적은 백성들의 세금을 줄여주는 효과가 있었다.

이 법은 광해군이 즉위했던 1608년에 경기도에서 시범적으로 실시된 후, 김육의 건의로 1652년에 충청도, 1657년에 전라도 해안지대에서 실시됐다. 이 제도가 농민들의 호응을 얻자 1623년에는 강원도, 충청도, 전라도로 점차 확대되었다. 이후 우여곡절을 겪으며, 대동법이 전국적으로 실시된 데에는 100년이라는 시간이 걸렸다. 지방의 토호와 서리 및 지방 관리들, 방납을 담당했던 상인들, 이들과 연계된 중앙 관리들은 방납을 통해 얻던 자신의 이권을 지키기 위해 저항했던 것이다. 그러나 대세를 막을 수는 없어, 대동법은 1894년에 근대적 세제 개혁이 있기까지 지속되었다.

인조의 즉위 뒤에 닥친 위기

1623년 3월 13일, 능양군綾陽君 이종李倧은 서인 김류金瑬, 신경진申景禛, 구굉具宏, 이귀李貴, 최명길崔鳴吉 등과 함께 정변을 일으켜 광해군을 내쫓았다. 이를 인조반정仁祖反正이라 한다. 이를 통해 광해군은 쫓겨나고 대북 정권도 무너졌다. 이렇게 해서 즉위한 능양군이 인조仁祖이다. 정변에 성공한 측에서는 광해군 일가를 강화도로 유배 보내고, 이이첨, 정인홍 등의 대북 세력을 처단하며 권력을 장악했다. 광해군은 강화도로 귀양 갔다가 1641년 7월 1일에 죽었다.

이러한 과정을 볼 때, 인조반정의 본질은 대북의 독주에 대한 서인의 반발, 즉 권력투쟁의 결과라 할 수 있다. 이 정당성을 인정받기 위해 반정 세력이 내세운 명분은 크게 두 가지였다. 하나는 형제를 죽이고 어머니를 유폐시켰다는 패륜 행위였고, 또 하나는 명에 대한 은혜를 저버리고 오랑캐와 협력했다는 것이었다. 이러한 명분에 여론은 그다지 우호적이지 않았다. 그만큼 인조 집권 초기에는 정권의 기반이 확고하지 못하여 각종 역모 사건이 끊이지 않았다. 특히 정변 후 1년도 채 안 되어 일어난 반정 2등 공신 이괄의 반란은 왕이 피난까지 가야 할 만큼 위기에 몰렸던 사건 이었다.

이괄의 난을 진압한 이후에도 분열은 계속되었다. 그런 와중에 일부 공 신들은 횡포를 부렸다. 여론이 악화되자 인조는 남인 이원익을 불러들여 영의정에 앉히는 등 인심을 얻어보려고 애썼다. 또한 대북의 독주가 정변 을 부른 사태를 감안하여 남인, 소북 등의 온건파들을 모아 통제하기 쉬 운 반대파를 유지시켰다. 서인은 북인 정권이 독주하다가 망한 것을 감안 하여, 통제하기 쉬운 반대 세력을 남겨놓고 긴장 관계를 유지한 것이다.

그렇지만 구색만 갖춘 반대파 남인이 서인 공신 세력에 대한 견제를 제 대로 수행하지 못하자, 서인 내부에서 인조반정의 공신을 의미하는 공서 功西 세력을 견제하는 청서淸西 세력이 생겨났다. 이들은 척화파의 거두인 김상헌金尙憲을 비롯해 신흠申欽, 오윤겸吳允謙 등이 주축이었다. 이 대립은 1629년을 전후해 노서老西와 소서少西의 대립을 거쳐, 병자호란 중에는 주화 主和와 척화斥和로 나뉘어 대립이 격렬해졌다.

한편 왕위에 오른 인조는 정통성을 세우기 위해, 자신의 친아버지인 정 원군定遠君을 왕으로 만들어놓으려 했다. 반정을 통해 왕위에 오른 인조는 정상적인 왕위 계승권자가 아니었기 때문에, 종법상 선조와 인조 사이를 이어주는 아버지 대의 자리가 비어 있었다. 인조와 그를 추대한 공신들은 이를 정상적 왕통으로 만들어놓고 싶었던 것이다.

이 과정에서 광해군을 인정하지 않는 인조가, 선조宣祖를 할아버지 아닌 아버지로 불러야 하느냐 여부를 따지는 예송禮訟 문제가 불거졌다. 인조와 박지계를 중심으로 한 일부 신하들은, 정원군을 아버지라 인정해야 한다고 주장했다. 이를 칭고칭자설稱考稱子說이라 한다. 그러나 사계沙溪 김장생金長生을 비롯한 대다수 유신들은 할아버지 선조를 아버지로, 아버지인 정원군은 큰아버지로 불러야 한다 했다. 이를 숙질론叔姪論이라 한다. 논란에도 불구하고 인조와 공신 세력은 자신들의 뜻을 밀어붙였다. 그 결과 1635년 3월, 정원군은 원종대왕으로 봉해졌다.

이 과정에서 부각된 세력이 사계沙溪학파와 산림이다. 율곡 이이의 학문은 김장생金長生에게 전승되었고, 북인의 몰락으로 생긴 화담학파花潭學派의 공백을 대체한 셈이다. 이 영향으로 사계학파가 서인의 학문적인 모체가 되어갔다. 김집金集, 송시열宋時烈, 송준길宋浚吉, 이유태李惟泰, 유계俞棨는 사계학파를 대표하는 인물들로서 강력한 기반을 구축하고 있었다. 이들이 호서지방에 거주했기 때문에 호서사림이라고도 부른다. 이들은 벼슬을 하지 않고 숨어 살며 주자학 탐구에 힘썼다. 이들은 점차 유교이념의 보루로서 주목을 받게 되었다.

산림은 '산림지사山林之士'의 준말로서, 과거를 보지 않고 초야에서 학덕을 닦은 선비를 말한다. 때로 '산림은일지사山林隱逸之士', '임하숙덕지사林下宿德之士'로 불리기도 한다. 산림이 벼슬에 나오지 않고 있었지만 정국의 동향에 무관심하지는 않았다. 그들에게는 문인이 따르고 있었고, 이를 통해 정치를 비판하기도 했다. 그만큼 산림은 특정 지역 또는 특정 학파의 우두머리였다. 공론을 중시하는 '사림정치' 상황에서, 산림의 영향력은 막강할 수밖에 없었다.

이들은 사림들과의 유대를 강화하여, 조정과 일정한 간격을 두면서도 영향력을 행사하며 정치 세력으로 규합되어갔다. 반정 공신 중에는 상당수의 사계 문인이 포함되어 있었고, 이이·성혼 등 영향력 있는 유학자들이 죽은 상황에서 사계 김장생의 위상은 높았다. 김장생은 은거하는 사람에 불과했던 것이 아니라 학파의 영수가 되어 있었다. 그 영향력은 아들 김집에게로 이어졌다. 김장생이 호서사림의 기반을 제공했다면, 김집은 그 자신이 산림의 영수로서 정치적 구심점이 되었다. 그리고 대代를 이은 결속력은 호서사림이 정치집단으로 성장할 수 있는 실질적인 기반이었다. 이런 맥락에서 호서사림은 척화파의 거두 김상헌과 긴밀하게 협조하며, 효종 초 대거 정계에 진출했다.

조선이 이렇게 혼란스러운 중, 국제정세는 심상치 않게 돌아갔다. 중원의 명나라가 임진왜란을 비롯한 여러 전란에 시달리게 되자 만주 지역 등에 대한 영향력이 약화되었다. 이 틈을 타 성장한 후금은 명을 침략했고, 명은 임진왜란 때 지원했음을 내세우며 조선에 파병을 요구해 왔다. 대부분의 조선 관리들이 명에 대한 의리를 내세워 파병을 주장했지만, 광해군은 신중했다. 1609년 일본과 우여곡절 끝에 기유조약己酉條約을 체결하는 데 성공하여 평화를 회복한 상태에서, 또 다른 전란에 말려드는 일을 피한 것이다.

그렇지만 명의 파병 압력이 거세지자 광해군도 1만 명의 군대를 보내기로 결정했다. 그래도 이 부대의 지휘관인 도원수 강홍립姜弘立에게, 전세가 불리해지면 큰 저항 없이 후금에 항복하라는 밀지를 내렸다. 그 결과 1619년 2월 사르후 전투에서 패배했지만, 후금과의 충돌이 확대되는 사태는 막았다. 그리고 이해 12월, 후금에 막대한 물자를 보냈다. 청의 통치자인 누르하치도 이에 화답하여 강홍립 등 10여 명을 제외한 포로를 돌려보내 주었다. 이것이 광해군의 외교정책이었다.

그러나 이러한 외교정책이 반대파의 비판을 받았다. 명을 섬기는 사대事

★ 원칙을 어겼다는 것이다. 이것이 인조반정의 명분이기도 했다. 광해군을 쫓아내고 정권을 장악한 서인 세력은 광해군이 추구한 중립외교정책을 버리고 명을 가까이하고 후금을 배척하는 정책으로 바꾸었다. 이러한 정책의 변화가 후금을 자극하지 않을 수 없었다. 여기에 명나라 장군 모문룡이 평안도의 가도에 주둔하면서 후금의 배후를 위협하고 있었고, 이괄의 난에 동참했던 한명련의 아들 한윤이 후금으로 망명해 조선과 후금 사이에 분쟁을 조장했던 점도 충돌을 부추겼다.

이러한 사태를 지켜보던 후금의 태종은 결국 1627년, 3만 6,000명의 군대를 동원해 조선을 침공했다. 이것이 정묘호란丁卯胡亂이다. 이때 후금군은 의주성을 함락시키고 평산까지 진격해 왔다. 그러자 인조는 강화도로, 세자는 전주로 피난 갔다. 그러나 평산까지 진출한 후금도 각지에서 의병이 일어나 퇴로를 위협하자, 더 이상 진격하지 못하고 조선에 화의를 요구해 왔다. 결국 정묘호란은 2개월 만에 두 나라가 '형제의 맹약'을 맺는 것으로 마무리되었다. 이때 맺은 조약이 정묘화약丁卯和約이다.

화의를 맺었음에도, 이후 두 나라의 관계는 더욱 악화되었다. 1636년에 나라 이름을 청淸으로 고친 후금은 군주의 호칭도 황제로 바꾸었다. 그러고는 조선에 '형제'에서 '군신'으로의 관계 변화를 요구해 왔다. 이에 대해서 조선 조정은 청과 화친 관계를 이어가자는 주화파主和派와 전쟁도 불사하자는 척화파斥和派로 나뉘었다.

이런 상황에서 인조가 척화파를 지지하자 분위기도 척화론 쪽으로 기울었다. 그러나 척화론자들이 전쟁에 대책을 세운 것은 아니었다. 결국 1636년 12월, 청 태종이 15만 군대를 이끌고 다시 쳐들어왔다. 청군은 압록강을 건넌 지 6일 만에 한양 부근까지 진격해 왔다. 청군이 강화도로 가는 길목을 이미 점령해버린 사태에 대비할 시간도 없어, 강화도로 피난 가던 인조가 다시 도성으로 돌아오는 사태까지 벌어졌다.

주화파인 최명길이 청군의 진영을 찾아가 시간을 끌고 있는 동안 인조는 겨우 도성을 빠져나가 남한산성으로 들어갔지만, 군사는 1만 명에 식량도 1달 치밖에 없었다. 청군은 남한산성을 바로 공략하지 않고 삼전도三田渡에 진을 쳤다. 이후 청군은 주력부대의 도착을 기다리기 위해, 조선은 각도의 근왕병勤王兵을 기다려서 반격하기 위해 더 이상의 전투를 벌이지 않았다.

그러나 수도 구원에 나섰던 조선의 근왕병들은 궤멸한 반면, 청의 주력부대는 무사히 서울에 도착했다. 이런 상태에서 강화도마저 함락되어, 미리 피난 가 있던 왕비와 왕자 및 관료들과 그 가족들이 청군의 포로가 되어 삼전도로 압송되어 왔다. 1633년 3월, 명의 수군장수 공유덕孔有德과 경중명耿仲明 등이 후금에 투항하는 바람에 청의 수군 전력이 강화된 결과였다.

척화파들이 반대했지만, 조선 군사들은 척화파를 잡아 청군 진영으로 보내라는 시위까지 벌였다. 결국 인조는 항복할 수밖에 없었다. 1637년 1월 30일, 인조는 삼전도에서 청 태종 앞에 여진족이 천자를 만날 때 행하는 의식인 삼배구고두三拜九叩頭의 항복의식을 치렀다. 항복의 결과, 조선은 청나라에 막대한 양의 공물을 바치고 인조의 두 아들 소현세자昭顯世子와 봉림대군鳳林大君을 인질로 보내야 했다. 1639년에는 청의 요구로 인조로부터 항복을 받은 삼전도의 수항단受降檀에 청 태종의 공덕비까지 세웠다.

병자호란 이후의 갈등과
북벌을 둘러싼 파란

반정이 일어나면서 세자로 책봉된 인조의 장남 소현세자는 병자호란 후 인질로 심양에 갔다. 소현세자는 그곳에서 조선과 청의 관계를 개선하기 위해 노력했다. 청의 고관들에게 줄 뇌물과 조선인 노예를 구출하기 위한 자금 마련을 위해 영리 활동도 활발하게 벌였다. 그러나 정작 조선에서는 소현세자의 이런 활동을 의심했다. 인조는 청나라가 조선의 왕을 소현세자로 교체하려 할까 우려했기 때문이다. 이런 상황에서 청이 북경을 함락시킨 1645년, 인질로 끌려갔던 소현세자와 세자빈 강씨가 귀국하게 되었다. 그러자 인조는 더욱 노골적으로 세자에 대한 경계심을 드러냈다.

그러던 중 소현세자가 귀국한 지 두 달 만에 병을 얻어 갑자기 죽었다. 이 죽음에 의문점이 많았음에도 인조는 조사를 방해했다. 그뿐만 아니라 세자에 대한 치료를 잘못했다는 혐의를 받은 의원 이형익李衡益을 처벌하지도 않았다. 그리고 박대에 가까울 정도로 간소하게 세자에 대한 장례식을 치렀다. 이후의 조치는 인조의 의도를 시사해주었다. 종법대로라면 소현세자가 죽은 후 그의 아들 중 살아남은 원손 석철石鐵이 세손으로 책봉되어야 했다. 그러나 인조는 원손이 어리다는 명분을 내세우며, 소현세자의 아우인 봉림대군鳳林大君과 인평대군麟坪大君 중에서 세자를 고르도록 했다.

조정에서는 종법상의 하자에도 불구하고, 단 하루 만에 봉림대군을 새로운 세자로 결정했다. 이후 소현세자의 부인 강빈姜嬪까지 인조를 독살하려 했다는 혐의로 사약을 받아 죽었고, 친정까지 피해를 보았다. 소현세자의 두 아들 역시 의문의 죽음을 당했다. 이러한 사태는 인조 정권의 구조적 문제 때문에 일어났다고 할 수 있다. 당시에 정권을 유지하기 위해서는 사림의 여론을 중시하지 않을 수 없었다. 특히 인조 대에 이르러서는 김장생 제자들의 세력이 컸다. 인조반정을 일으킨 반정 공신들이 자신들의 기득권을 지키기 위해 '산림을 존중하고 기용하는崇用山林' 정책을 펼침에 따라 정계에도 활발하게 진출했기 때문이다.

그렇지만 현실을 외면하는 사림의 주장은 문제를 일으켰다. 병자호란 때 국가운영을 책임지고 있던 공신들은 나라의 보존을 위해 후금과의 화의를 주장했지만, 사림들은 대안 없이 명분만 내세워 반대했다. 이러한 압력 때문에 후금에게 항복한 이후로는 사림들의 공격을 견디기 어려워졌다. 청의 인사들과 가까이 지내려던 소현세자가 죽음을 당한 이유도 여기에 있었다. 형의 죽음을 목격하고 세자가 된 봉림대군도 압력을 느꼈다. 그 후유증으로 여론에 밀려 현실성이 희박한 북벌 정책을 밀고 나가지 않을 수 없었다.

그러던 1649년 5월에 인조가 죽자 봉림대군이 조선의 17대 왕 효종孝宗으로 즉위했다. 효종은 병자호란 때 부왕인 인조가 청 태종 앞에서 삼배구고두를 하는 모습을 지켜봤고, 형 소현세자와 함께 청나라 심양에서 8년간 인질 생활을 한 경험이 있었다. 이때 그가 형 소현세자의 보호를 자처하고 나서 우애는 더욱 돈독해졌다. 그러나 이런 개인적인 경험과 별개로 효종은 사림들의 눈치를 보지 않을 수 없었다.

즉위 전부터 '복수설치復讐雪恥'(명나라의 원수를 갚고, 청나라에 항복한 인조의 치욕을 씻는다)를 내세웠던 효종은 즉위와 함께 북벌 계획을 세웠다. 효종이 즉위하기도 전인 1649년 3월, 우의정 정태화가 청나라에 가서 일본의 동태를 알린다는 명분으로 조선의 성 수축과 병기 정비에 제한을 가한 조약 일부분을 풀어달라고 요청한 일이 있었다. 그러나 정권에서 밀려난 김자점金自點 일당에 의해 이 조치가 북벌 계획의 정지 작업으로 알려지며, 계획 자체가 좌절 위기를 맞았다.

그러자 효종은 사림 세력의 지원을 얻어 청과 가까운 공신 세력을 제거했다. 이렇게 효종과 반청적 사림 세력이 협력하는 과정에서 자연스럽게 북벌론이 부각되었다. 그리고 효종 즉위 3년째에 접어들면서부터 본격적으로 북벌 준비에 박차를 가했다. 이를 위해 먼저 호위 군사력 역할을 하는 어영군의 확대와 개편부터 손을 댔다.

그러나 재정적 부담이 커지자 당시 조정 핵심 인사였던 김육 등이 반대하고 나섰다. 그래도 효종은 뜻을 굽히지 않았다. 결국 어영청은 훈련도감과 함께 국왕을 호위하기 위해 도성에 상주하는 1,000명의 병력을 확보할 수 있었다. 또한 효종은 금군禁軍의 전투력을 향상시키기 위해 600여 명 전원을 기병으로 편성하고, 1655년에는 금군의 병력을 1,000명으로 확장시켰다. 이에 더하여 제주도에 표류한 네덜란드인 하멜Hamel 일행을 훈련도감에 배속시켜 신식 조총을 제작하게 했다. 가정에서 말을 기르게 하고, 마을 단위로 활과 조총 사용법을 훈련시키는 조치도 추가되었다.

이 북벌 계획의 배경에는 명 후예의 재기 가능성과 러시아의 중원 침략 등 대륙의 정세 변화에 대한 기대가 있었다. 그러나 청이 러시아 세력을 몰아내는 과정에서 사태는 엉뚱하게 흘렀다. 청나라는 1654년 2월, 조선에 원병 파견을 요청해 온 것이다. 이를 거절할 수 없었던 효종은 군사를 파견했고, 이 전투에서 승리를 거두었다. 이것이 1654년에 있었던 이른바 제1차 러시아 정벌羅禪征伐이다. 1658년에 한 차례 더 조총 부대를 파병하게 되는데, 이를 제2차 러시아 정벌이라고도 한다.

두 차례의 파병에서 조선 군대는 기대 이상의 전과를 올리며, 북벌을 준비하며 강화했던 군사력이 실전에서도 위력을 발휘한다는 사실을 입증했다. 그러나 러시아 원정 자체는 복수의 대상인 청을 도와주는 결과를 가져왔을 뿐이다. 이후 뚜렷하게 북벌 계획이 실행되지 않자 반대의 목소리가 커지기 시작했다. 명 잔존 세력의 저항도 미약했고, 군사력 강화 작업도 조세 부담이 커진 백성의 저항과 흉년으로 인해 지장을 받았다.

게다가 북벌론을 주장했던 송시열과도 반목이 생겼다. 효종은 북벌을 내세워 왕권을 강화하려 했고, 송시열은 북벌을 사림의 정치적 기반을 다지는 데 이용하려 했다. 그럼에도 불구하고 효종은 송시열을 통해 북벌의 대의명분을 확보하고자 했고, 송시열은 효종을 등에 업고 자신의 정치적 입지를 강화하고자 했기 때문에 겉으로는 협조한 것이다. 그러나 송시열이 치욕을 씻기 위해서는 수신修身을 먼저 해야 한다는 논리를 내세우며, 실질적으로 효종의 군비 확장을 간접적으로 비판하며 갈등이 불거졌다.

사실 북벌은 현실성도 없었다. 말로는 10만 병력을 확보한다고 했지만, 조선이 실제로 10만 군사를 확보해본 적이 없었다. 또한 청이 200만 병력을 유지하고 있었으므로, 10만 병력이 확보되어도 북벌 실현은 곤란했다. 그래도 효종은 송시열과 대화를 시도하며 북벌 운동을 추진해나갔다.

예송 문제와 현종의 즉위

즉위한 이후 효종은 검소하고 결단력 있는 처신으로 인심을 얻었다. 1652년에는 김육 등의 건의를 받아들여 충청도에, 1657년에는 전라도 해안 고을에 대동법을 실시해 성과를 거두었다. 그러나 사림들은 효종의 종법상 약점을 물고 늘어졌다. 이는 다음 대인 현종 대까지 이어져 두 차례에 걸친 예송을 초래했다.

인조 대의 서인이 공서功西(훈서)와 청서淸西로 갈려져 있었다면, 효종 대에는 낙당洛黨, 원당原黨, 한당漢黨, 산당山黨 넷으로 쪼개졌다. 이 중 낙당과 원당은 반정 공신인 김자점과 원두표元斗杓를 중심으로, 한당과 산당은 김육과 김집을 중심으로 모인 신진 세력이었다. 낙당과 원당은 서로를 견제하며 사림을 등용해 자신들의 입지를 강화하고자 했으나, 등용된 호서사림들은 오히려 낙당과 원당에 공격을 퍼부었다. 그 결과 김자점과 원두표가 탄핵을 당해 차례로 파직되었다. 이후 김자점은 그의 아들들과 모반을 꾀했다는 혐의를 받아 처형당했다. 이를 계기로 낙당과 원당은 완전히 몰락하게 되었다.

이 여파로 산당과 한당이 조정을 주도하는 세력으로 부상했다. 산당은 도학을 지향하는 시골 출신 유학자들로, 한당은 서울에 사는 명문사족(경화사족京華士族)으로 구성되어 있었다. 이들의 대립은 두 당의 영수인 김집과 김육의 갈등으로 더욱 심해졌다. 김육은 대동법의 확대를 주장한 반면, 김집은 반대했다. 이러한 갈등의 와중에 김육의 조롱을 받은 김집은 관직에서 물러나 고향으로 내려갔다. 송시열 등은 효종에게 김집의 낙향을 만류해줄 것을 요청했으나, 효종은 '강빈신원姜嬪伸寃'을 주장한 산당을 내심 꺼리고 있었다. 이 결과 산당은 세력이 급격히 약화되었으며, 한당이 정국의 주도권을 쥐게 되었다.

그러나 1658년에 김육이 죽고 효종의 북벌 계획이 구체화되자, 척화론자인 산당이 다시 정국의 주도권을 잡았다. 그리고 1659년 5월 4일, 효종은 의문을 죽음을 당했다. 얼굴에 난 종기를 치료하던 중에 의원이 침을 잘못 놓아 엄청난 양의 피를 쏟고 숨을 거두었던 것이다. 이런 흐름 속에서 송시열이 산당의 영수로 정치 일선에 복귀했다. 송시열은 효종의 북벌을 뒷받침하는 역할을 맡으며 강력한 영향력을 가진 인물로 자리 잡았다.

효종이 갑작스럽게 죽고 현종이 왕위에 오르자 정국 구도가 크게 바뀌었다. 효종 대에는 특별한 당쟁이 없었다. 효종은 외척 세력을 등용하고 송시열과 산당에 대해서 예의를 갖추었지만, 특정 세력에 의존하지 않았기 때문이다. 그러나 김육이 죽고 난 현종 대, 송시열을 이조판서로 등용한 후 분란이 일어나기 시작했다. 서인 세력이 주도권을 잡은 데 대해 남인의 견제가 시작되었다. 이것이 두 차례의 예송을 통해 나타났다.

첫 번째 예송은 효종의 죽음과 함께 일어났다. 인조의 계비인 자의대비慈懿大妃 조씨가 얼마나 상복을 입어야 할 것인가가 논쟁의 핵심이었다. 송시열을 비롯한 서인들은 효종이 인조의 적장자였다면 당연히 그 어머니가 3년복을 입어야 하지만, 효종이 둘째 아들이기 때문에 중자복衆子服인 1년복을 입어야 한다는 주장을 폈다. 그러나 남인들은 효종이 왕실의 종통을 이었으므로 적장자로 보아 3년복을 입는 것이 타당하다고 주장했다.

이 문제는 겉으로는 상복 얼마나 입어야 하느냐가 문제인 것처럼 보이지만, 배후에는 효종이 적통인가 아닌가를 가리는 시비가 걸려 있었다. 이는 효종은 물론, 그의 아들인 현종의 정통성마저 위협하는 사안이었다. 서인보다 정치적 입지가 취약한 남인은 이 문제를 기화로 왕을 자극하여 유리한 고지를 점하고자 했다. 그러나 당시는 남인이 서인의 세력을 이겨낼 수 없었다. 그 결과 현종 즉위년인 1659년의 1차 예송에 해당하는 기해예송己亥禮訟에서는 서인들의 뜻대로 대비가 1년 동안 상복을 입는 것으로 마무리되었다.

그러나 논란의 불씨는 꺼지지 않고, 중앙 정계를 넘어 성균관과 지방 유생으로까지 번졌다. 결국 적지 않은 사람들의 예측대로 또 한 차례의 예송이 일어났다. 두 번째의 예송은 현종이 죽기 직전인 1674년에 일어났다. 이것이 갑인예송甲寅禮訟이다. 당시 현종의 어머니 인선왕후仁宣王后가 죽어 또다시 대왕대비가 입어야 하는 상복이 문제가 된 것이다.

송시열의 이론대로 한다면, 효종은 큰아들이 아니니 대왕대비가 9개월만 상복을 입는, 이른바 대공복大功服을 입으면 그만이었다. 그에 따라 처음에는 조대비의 상복을 1년으로 정했던 예조에서 다시 대공복으로 고쳐올렸다. 이는 기해예송 때부터 효종의 정통성을 부정하던 태도를 불쾌해하고 있던 현종의 심기를 건드렸다.

현종은 기해예송 때 서인들에게 밀려 약화된 효종과 자신의 정통성을 이번 기회에 강화하려 했다. 현종은 자신의 직권으로 조대비의 상복을 1년으로 확정 짓고, 김석주를 앞세워 반발하는 서인 세력을 몰아내고 남인 세력을 끌어들었다. 남인은 이번 예송에 적극적으로 나서지 않았지만, 현종과 외척인 김석주가 나서면서 세력을 회복하게 되었다. 그렇지만 이런 조치를 취해놓은 해 8월, 현종은 갑작스럽게 병세가 악화되어 죽었다. 그와 함께 현종의 업적도 묻혀버렸다. 1662년 호남 지방에 대동법 확대 시행, 1668년 동철활자 10만여 자와 혼천의 제작 등이 현종의 업적이다. 조세 징수체계의 확립과 지방관의 상피相避법 제정 등을 통한 관직체계 정비 등의 업적도 남겼다.

일본
동아시아 대전쟁의 뿌리

센고쿠다이묘의 부각

100여 년 동안 혼란이 지속되면서 막부 내부에서부터 상전의 권력을 빼앗는 일이 자행되자, 이러한 풍조가 전국으로 퍼져나갔다. 지방에서도 슈고다이 등이 세력을 키워 슈고다이묘를 압도하는 경우가 많아졌으며, 결국 슈고다이묘의 자리를 빼앗아 료코쿠를 지배하는 일이 잦아졌던 것이다. 이렇게 등장한 다이묘를 센고쿠다이묘라고 한다.

예를 들어, 간레이 시바씨의 영역 에치고越後와 오와리尾張는 가신이었던 아사쿠라朝倉 가문과 슈고다이 오다織田 가문의 손에 들어갔다. 주고쿠中国 지방에서는 오우치 요시타카大内義隆가 가신인 스에 하루카타陶晴賢에게 쫓겨난 후, 모리 모토나리毛利元就의 지배 아래에 들어갔다. 미노의 슈고 도키 가문을 추방하고 그 자리를 차지한 사이토 도산斎藤道三(또는 사이토 도시마사

斎藤利政)도 상전의 자리를 차지한 대표적 센고쿠다이묘이다.

이러면서 각 지역의 분열도 가속이 붙었다. 간토 지방에는 가마쿠라후가 이즈의 호리코시구보堀越公方와 시모사下總의 고가구보古河公方로 분열되었고, 간토칸레이 우에스기上杉 집안 내부에서도 야마노우치山內·오기가야쓰扇谷의 양쪽 가문의 갈등이 생겼다. 이를 틈타 슈고다이였던 산조 나가오三條長尾 가문이 실권을 쥐었고, 나중에는 우에스기 성까지 이어받았다. 이를 이룬 당사자가 우에스기 겐신上杉謙信이다. 에치고 지역을 기반으로 일어난 이 가문도 강력한 세력을 형성하여 이 시대의 대표적 센고쿠다이묘로 꼽힌다.

센고쿠다이묘들은 세력을 유지하고 더 나아가 확대시키기 위해, 수단과 방법을 가리지 않고 영토 확보에 나섰다. 이들도 처음에는 슈고다이묘처럼 료코쿠의 일부분만 직접 관리했을 뿐, 그 이외는 소영주에게 관리하도록 하며 유사시 병력을 동원하는 정도의 의무를 지게 했다. 그러나 상전의 자리를 빼앗는 일이 자주 일어나는 시대답게, 센고쿠다이묘들은 가신들의 인정을 받아야 했다. 주군다운 면모를 보이지 못하면 가신 쪽에서 먼저 주종 관계를 파기해버렸다. 아래 신분에게 권력을 빼앗기는 일이 잦아지자, 센고쿠다이묘들은 자신의 료코쿠 안에서 이러한 사태가 일어나는 것을 막기 위해 통제를 강화해나갔다. 그래서 소영주들을 직접 통제할 수 있는 가신으로 삼고, 그 영지도 직접 관리하는 조치를 취했다.

센고쿠다이묘들은 내부 조직 통제를 위하여 전투 중의 도박이나 약탈 행위를 엄격히 단속하는 등 부하들이 지켜야 할 규칙을 만들었다. 이 중에서 다케다 신겐武田信玄이 만든 규칙이 대표 격으로 꼽힌다. 이는 55개조로 구성되어 '신겐가법信玄家法', '고슈법도甲州法度' 등으로 불렸다. 다케다 신겐뿐 아니라 다른 센고쿠다이묘들도 자기들의 료코쿠를 다스리기 위해 규정을 만들었다. 오우치씨의 '오우치케가베가키大内家壁書', 이마가와씨의 '이마가와 가나모쿠로쿠今川假名目錄', 다테伊達씨의 '진카이슈塵芥集', 조소가베長宗我部씨의 '조소가베 모토치카 가조長宗我部元親百個條' 등이 이에 해당한다. 이것들을 분국법分國法이라고 불렀다.

대부분의 내용이 가마쿠라막부의 조에이 시키모쿠貞永式目를 모방한 것으로, 무사들이 지켜야 할 사항과 농민들에 대한 규정 위주였다. 이를 어기는 자에게는 엄격한 벌을 주어 권위를 유지했다. 가신끼리 분쟁이 생기면 다이묘가 시비를 가려주고, 가벼운 분쟁에서는 양쪽을 다 처벌해버렸다. 범죄뿐 아니라 세금이 체납되어도 연좌제를 적용시켰다. 이러면서 생산력 증대에도 힘을 썼다. 전쟁이 잦은 시대에 군사력을 유지하기 위해서는 필수적인 선택이었고, 이 덕분에 장원으로 경영되던 시대보다 경제적으로는 발전했다.

하지만 이렇게 해서 센고쿠다이묘의 료코쿠가 안정되었다고 분쟁이 줄어들지는 않았다. 자신의 영역이 안정되면 다른 다이묘의 영지를 빼앗기 위한 싸움을 벌였기 때문이다. 이러한 상황에서 살아남기 위해 동맹과 배신이 반복되며 전쟁이 그치지 않았다. 정략결혼이 성행했고, 그조차 믿을 수 없었다. 누이나 딸을 다른 다이묘에 출가시켰다가도, 상황이 바뀌면 강제로 이혼시키거나 희생시켜버리기도 했다. 이러한 풍조 때문에 일본에서 여자의 지위가 낮아지게 된 계기를 이 시기로 지목하기도 한다.

이 과정에서 그때까지 남아 있던 장원은 완전히 해체되었다. 자신의 실력으로 영지를 지배하던 상황에서 막부나 공가의 권위 같은 것이 의미를 가질 수 없었기 때문이다. 따라서 센고쿠다이묘들은 영지에서 나오는 연공을 막부나 공가에 바치지 않았다. 그 결과 장원의 수입에 의지하고 있던 황실과 공가도 몰락해갔다. 비용이 없어서 천황의 즉위식도 치르기 어려운 지경이었다. 공가의 중심인 천황이 이런 상황이었으니, 그 아래 귀족의 사정은 더 열악했다고 봐야 한다.

공가와 막부가 몰락해가면서 센고쿠다이묘들의 세력이 커졌고, 지방의 분쟁은 더욱 심해져갔다. 이런 와중에 부각된 센고쿠다이묘 중의 하나가 호조 소운北条早雲이다. 그가 주군을 쫓아내고 센고쿠다이묘가 된 대표적 인물로 꼽힌다. 출신도 분명하지 않은 그는 가마쿠라시대 호조씨와 관련이 없다. 그래서 구분을 위해 그의 집안을 고호조後北条씨라 불렀다. 호조 소운은 서쪽의 야마구치山口 지역과 함께, 동쪽의 오다와라小田原를 본거지로 하여 간토 지방을 장악해나갔다. 그가 기반을 잡은 이후, 후손들이 간토 지방의 8개국을 제압할 정도로 세력을 키웠다.

호조 소운과 함께 이름을 떨친 센고쿠다이묘로 다케다 신겐이 있다. 그의 집안은 가이甲斐(현재의 야마나시현) 지방의 슈고였다. 이 지역은 남쪽의 이마가와今川씨, 호조씨와 접해 있는 지역이었다. 다케다 신겐의 아버지인 다케다 노부도라武田信虎는 정략결혼을 통해 위기를 극복하는 전략을 썼다. 딸을 이마가와 요시모토今川義元와 결혼시켜서 고호조씨를 견제하는 연합을 이루는 형태로 남쪽의 위협을 줄였다. 시나노信濃(현재의 나가노현) 지역으로 진출하려다 스와諏訪씨와의 전투에서 패배하자, 다시 딸을 스와씨에 시집보내어 위기에서 벗어났다.

이렇게 세력을 유지하던 다케다 노부도라는 자신의 장남인 다케다 신겐에 의해 쫓겨났다. 아버지를 축출하고 권력을 잡던 당시 다케다 신겐의 나이는 21세였다. 다케다 신겐은 뛰어난 지략과 냉혹한 판단력을 바탕으로 주변의 여러 적들을 물리치며 세력을 키워갔다.

도카이도東海道의 이마가와 가문, 시고쿠의 조소가베 가문, 규슈의 오토모大友·아리마有馬·시마즈島津 등도 이 시기 부각된 센고쿠다이묘 가문들이다. 이와 같은 센고쿠다이묘의 부각은 중앙의 조정, 특히 쇼군의 정치적 입지에도 영향을 주었다. 1558년 11월, 나가요시와 또다시 화해하면서 교토로 돌아온 아시카가 요시테루는 쇼군 권위를 회복시키기 위해 노력했다. 마침 이즈음부터 미요시 나가요시의 힘이 되어주던 측근들이 연이어 사망하며, 미요시 가문이 약화되고 있었다.

아시카가 요시테루는 이를 기화로 여러 센고쿠다이묘들과의 우호를 닦고 그들 사이의 분쟁에 개입하며 쇼군의 존재를 부각시켰다. 이때 아시카가 요시테루가 협력하려 접촉한 유력 센고쿠다이묘로, 후에 센고쿠시대를 평정한 오다 노부나가織田信長나 우에스기 겐신 등이 있었다. 그러던 1564년 7월, 미요시 나가요시가 병으로 죽었다. 아시카가 요시테루는 이것을 기회로 보고 쇼군이 실질적으로 통치하는 체제를 부활시키려 했다.

그러나 미요시 나가요시의 말년 즈음에는 이미 실권이 그의 가신 마쓰나가 히사히데松永久秀에게 넘어가 있었다. 아시카가 요시테루의 활동이 거슬린 마쓰나가 히사히데는 미요시 일족과 함께 그를 견제하려 아시카가 요시히데足利義栄를 새로운 쇼군으로 옹립하려 했다. 이 갈등은 1565년 5월 19일, 마쓰나가 히사히데와 미요시 일족이 아시카가 요시테루를 암살하는 것으로 결말이 났다. 이를 '에이로쿠의 변永禄の変'이라 한다.

유럽 세력의 아시아 진출과 일본에 대한 영향

유럽에서는 15세기에 접어들면서 이른바 '대항해시대'라 하여 다른 지역에 대한 영향력 확대에 나섰다. 유럽 국가들 중에서 스페인과 포르투갈이 특히 이에 앞장섰다. 스페인은 남북 아메리카 대륙에 식민지를 개발한 이래, 16세기 중반에는 태평양을 건너 동아시아에 진출하여 1571년에는 필리핀제도를 점령하고 마닐라시를 건설했다. 포르투갈은 1510년 인도 서해안을 점령하여 동아시아 진출의 근거지로 삼고, 다음 해에 말레이 반도, 16세기 후반에는 명明으로부터 마카오를 할양받아 동아시아 진출 기지로 삼았다.

유럽인들의 아시아 진출과 함께 무역도 활성화되었다. 당시 동아시아에서는 명의 해금海禁 정책으로 사무역이 금지되어 있었지만 잘 지켜지지 않았다. 15세기 후반 이후 중국 내의 상품 생산과 유통이 활성화되자, 해금령海禁令을 어기고 밀무역을 하는 중국 상인들이 점차 많아지게 되었기 때문이다. 연해 지역의 호족들이나 부호들 중에서도 관리들과 짜고 교묘하게 법망을 피한 해외무역을 통하여 막대한 부를 축적하는 자들이 나타났다. 이들을 간상奸商, 해도海盜, 해구海寇 등으로 불렀다.

이 밀무역 집단에 왜구까지 합세하여, 이 시기쯤 되면 잠잠하던 왜구가 다시 활개를 치기 시작하고 있었다. 조선과는 계해약조癸亥約條를 통해서, 명과는 감합무역에 의해 왜구의 출몰은 한동안 잠잠해졌다. 그렇지만 16세기가 되면서 상황이 바뀌자 다시 극성을 부리기 시작했다. 이 시기의 왜구를 '후기後期 왜구'라고 부르기도 한다.

중국사에서는 이때를 '북로남왜'의 시대라고 할 정도로 중국 동남 지방의 해상에서 왜구에 의한 피해가 극심했다. 이때 출몰했던 왜구의 선단은 작게는 2~3척부터 많게는 200~300척에 이르렀다. 주요 근거지는 마쓰라松浦, 쓰시마, 이키 등으로 이전과 큰 차이가 없다. 재미있는 점은 이때 왜구의 수장으로 유명했던 인물이 규슈의 히라토平戸와 고토五島 지방을 중심으로 활약하던 중국인 왕직王直이었다는 사실이다.

중국 안휘성의 가난한 가정에서 태어났던 그는 1545년경에 무역을 위해 일본에 갔다가 하카타 상인들을 데리고 중국으로 돌아왔다. 이후 일본인들 중에 막대한 이익을 노리고 중국과의 밀무역에 참가하는 사람들이 늘어나게 되었다. 왕직은 이러한 무역을 통하여 막대한 재산을 모아 세력을 키웠다. 이 과정에서 중국의 관리, 토호 등과 결탁하며 경쟁자들을 제거해나갔다.

이런 상황에 포르투갈 상인들이 뛰어들었다. 그 계기는 1543년 포르투갈인을 태운 배 한 척이 폭풍우 때문에 규슈 남단의 다네가시마種子島에 도착하게 된 사건이다. 유럽인이 최초로 일본과 접촉하게 한 이 배의 주인이 왕직이었다. 그런데 당시 이 지역 영주였던 다네가시마 도키타카種子島時堯는 포르투갈인이 가지고 있던 서양식 철포鐵砲(화승총), 즉 조총鳥銃의 위력을 알아보았다. 그래서 이를 구입해 가신들에게 제조법과 사용법을 배우게 했다.

마침 다이묘들 사이에 경쟁이 치열했던 터라, 다네가시마 도키타카가 도입한 조총은 일본 전역에 퍼져나갔다. 위력적인 신무기에 대한 수요를 대기 위해, 사카이堺와 오미近江 지역은 조총의 생산 중심지로 번영했다. 이에 따라 일본 내전의 형태에도 변화가 왔다. 기마 중심 전법에 조총의 화력을 이용하는 전술이 접목되었고, 성의 구조도 조총의 사용을 염두에 둔 형태로 바뀌었다.

포르투갈 상인과 일본의 무역은 왜구가 열어주었지만, 이들은 1557년에 왕직이 체포되어 살해된 사건을 계기로 쇠퇴하기 시작했다. 여기에 1558년 도요토미 히데요시가 내린 '해적단속령'은 결정타가 되었다. 그렇지만 포르투갈과의 거래는 타격을 받지 않았다.

포르투갈 상인들은 일본에 필요한 물품을 간파하고, 규슈의 히라토와 나가사키長崎 등을 중심으로 다이묘들과 무역을 이어갔다. 일본에 중국산 비단실(생사生絲) 수요가 크다는 점을 간파하고, 중국에서 구입한 생사를 일본에 팔고 그 대금으로 은을 받는 중계무역을 시작했다. 이 무역으로 포르투갈 상인들은 상당한 이익을 얻었다. 그리고 그 결과 다량의 일본 은이 중국으로 흘러들어갔다. 이렇게 시작된 무역은 점차 확대되었다. 일본에서는 도검·해산물·칠기 등을 수출했고, 포르투갈에서는 무기류·가죽제품·향료 등을 팔았다. 1584년에는 스페인 상인들도 이에 가세했다.

당시 일본에서는 자신들과 접촉한 유럽인들을 남만인南蠻人, 그들과의 무역을 남만무역이라고 불렀다. 이들에게서 얻은 천문학, 의학, 항해술, 지리학 등의 지식을 '남만 문화'로 여긴 셈이다.

이런 와중에 유럽에서의 종교개혁으로 압박을 받게 된 가톨릭 세력은 그 대안으로 아시아와 아프리카로 교세를 넓히려 하고 있었다. 그 중심에 가톨릭의 개혁 단체로서 예수회가 있었다. 예수회 선교사 프란시스코 자비에르는 1549년 일본 포교를 목적으로 가고시마鹿兒島에 도착했다. 그는 교토까지 들어가 포교 허가를 받아내려 했지만 목적을 달성하지 못하고, 변방에 해당하는 주고쿠·규슈 등의 다이묘인 오우치 요시타카·오토모 요시시게大友義鎭 등의 후원을 얻어냈다.

그의 활동은 나중에 더 많은 선교사가 일본에서 포교할 수 있는 길을 열어주었다. 선교사들은 포교만 하는 차원에서 그치지 않았다. 이들은 서양과 무역 길을 열어주는 역할도 했기 때문에 여러 다이묘들이 선교사들을 보호해주었다. 일부 다이묘들의 후원을 얻은 선교사들은 병원 설치 등의 자선 활동도 병행하고 있었다. 일본 내부에서도 불교계의 부패에 대해 반감을 가진 세력이 있어 천주교도는 빠르게 늘어났다.

그 결과 천주교天主敎는 교토에까지 세력을 뻗쳤다. 그 배경에는 오다 노부나가가 있었다. 그가 일본 통일 과정에서 일부 불교 세력과 갈등을 빚었기 때문에, 불교에 대한 견제를 위해 천주교 포교를 막지 않았던 것이다. 오다 노부나가를 이은 도요토미 히데요시는 천주교 포교를 금지하기는 했지만, 서양과의 교류를 위해 방관하는 자세를 취했다.

오다 노부나가의 등장

약 1세기에 걸쳐, 일본 열도는 다이묘들이 세력 다툼을 하는 내란 상태에 빠져 있었다. 이를 정리한 인물이 오와리尾張의 오다 노부나가였다. 그가 일본의 실권을 잡은 시기를 이른바 아즈치모모야마시대安土桃山時代(혹은 쇼쿠호시대織豊時代)라고도 부른다. 오다 노부나가의 본거지가 아즈치성安土城이고, 그 뒤를 이른 도요토미 히데요시 만년의 중심지가 교토 모모야마桃山의 후시미성伏見城이었기 때문에 붙여진 명칭이다. 이 시기는 오다 노부나가가 아시카가 요시아키足利義昭를 추방한 1573년부터 도쿠가와 이에야스德川家康가 에도막부江戸幕府를 수립한 1603년까지로 보는 것이 보통이다.

이 기간은 30년에 불과했지만, 일본은 물론 동아시아에 역사 전체에서 중요한 전환기였다. 일본 내부에서는 각지에 할거한 센고쿠다이묘들의 세력을 제압하고 통제할 수 있는 체제가 성립되었다. 이것이 이른바 막부 체제의 기반이라 할 수 있다. 그리고 이렇게 통일된 세력을 바탕으로 이웃나라인 조선을 침공하는 임진왜란을 일으키며 중원 대륙의 왕조까지 바뀌는 계기가 된 시기이기도 하다.

이러한 시대의 서막을 연 오다 노부나가는 기존 체제에 얽매이지 않았다. 그래서 불교는 물론 신도의 권위도 인정하지 않았고, 출신 성분과 관계없이 인재를 등용했다. 이 덕분에 규제 완화를 통한 상업 진흥책인 이른바 라쿠이치 라쿠자樂市樂座, 일종의 토지조사인 겐치檢地, 서양에의 문호 개방 등 파격적인 정책의 실행이 가능해졌다. 이러한 정책 덕분에 천주교 포교를 비롯한 서양 문물의 일본 유입이 쉬워진 측면도 있다.

그의 혈통은 시바 가문의 영지였던 오와리의 슈고다이 집안이다. 시바 가문이 내분으로 힘을 잃은 틈을 타서 오다씨들이 실권을 잡은 상태였다. 오다 노부나가의 집안은 오다 가문 중에서도 방계 후손이었다. 그렇지만 아버지인 오다 노부히데織田信秀 때에 시바 가문은 물론, 같은 집안들까지 제압하고 오와리의 다이묘 자리에 올라섰다. 신분과 서열을 무시하고 실력으로 상전을 제압할 수 있는 시대였기 때문에 가능했던 일이다.

오다 노부나가에게는 형이 있었지만, 서자였기 때문에 적장자였던 그가 오다 노부히데의 지위를 물려받았다. 어린 시절부터 상식을 뛰어넘는 행동으로 많은 파문을 일으켰지만, 농민들과도 어울릴 정도로 스스럼없이 제 갈 길을 가는 면모를 보여주기도 했다.

그는 1548년 미노美濃의 다이묘 사이토 도산의 딸과 정략결혼을 하며 세력을 다졌다. 당시 오다 가문은 스루가駿河의 이마가와 요시모토와 갈등을 빚고 있는 상태였다. 그런데 이 두 가문의 영지 사이에 미카와三河가 끼여 있었고, 이 지역의 마쓰다이라 가문은 이마가와 가문에 종속되어 있었다. 여기에 내부 혼란까지 겹쳐, 다이묘가 가신의 손에 죽는 사태를 겪은 끝에 본거지인 오카자키성岡崎城까지 이마가와 가문에서 보낸 성주 대리에게 넘어갔다.

이 와중에 살해당한 다이묘의 아들인 마쓰다이라 다케치요松平竹千代(후일의 도쿠가와 이에야스)가 이마가와 가문에 인질로 가게 되었다. 그런데 마쓰다이라 다케치요가 호송되던 도중, 오다 가문이 그를 납치해서 데려갔다. 납치된 마쓰다이라 다케치요는 나중에 벌어진 협상 끝에 다시 이마가와 가문으로 보내졌지만, 이 납치 사건은 마쓰다이라 다케치요가 오다 노부나가와 친분을 쌓고 동맹으로 발전하는 계기가 되었다.

1551년 아버지 노부히데가 죽으면서 뒤를 잇게 된 오다 노부나가는 이 직후부터 몇 년 동안 지속된 집안 내부와 이마가와 요시모토의 위협에 직면했다. 1556년에는 장인 사이토 도산이 맏아들 사이토 요시타쓰에게 살해되며 처가 쪽과의 관계도 악화되었다. 그렇지만 오다 노부나가는 이렇게 연이어 벌어진 위기를 하나하나 극복해나갔다. 자신의 권위를 인정하지 않고 도전한 친족은 물론이고, 과거 오와리의 영주였던 시바 가문까지 제거하고 기반을 다졌다.

**정리되는
센고쿠시대**

이렇게 기반을 다진 오다 노부나가는 1559년, 교토로 올라가 무로마치막부 13대 쇼군 아시카가 요시테루를 만났다. 이를 계기로 자신의 영지뿐 아니라 일본 열도 전체를 통제할 수 있는 기반을 마련했다. 그러자 다음 해인 1560년 5월, 숙적 이마가와 요시모토가 오다 노부나가를 견제하기 위해 미카와의 부대를 앞세워 오와리를 침공해 왔다. 오다 노부나가는 처가였던 미노의 견제까지 감안해야 해서 매우 어려운 지경에 처했으나, 기습을 통해 이마가와 요시모토를 전사시키고 승리를 거두었다.

이를 계기로 미카와의 마쓰다이라 가문이 이마가와 가문에게서 벗어나 독립했다. 이후 마쓰다이라 가문의 수장은 이름을 여러 번 바꾸었다. 마지막으로 정한 성姓은 도쿠가와德川, 이름은 이에야스家康였다. 도쿠가와 이에야스는 1562년, 오다 노부나가와 동맹을 맺었다. 이 동맹은 오다 노부나가가 죽을 때까지 유지되었다. 도쿠가와 이에야스와의 동맹으로 기반을 다진 오다 노부나가는 주변 세력 정리에 나섰다.

1561년 자신과 갈등을 일으킨 매부 사이토 요시타쓰가 죽자, 장인에 대한 복수를 명분으로 미노 공략에 나섰다. 오다 노부나가는 이 분쟁에서 한때 고전했으나, 1567년 사이토 가문의 내분을 틈타 핵심 거점을 점령했다. 이 외에도 다른 주변 세력과 동맹을 맺거나 정벌을 해가며 자신의 기반을 다져나갔다.

이때 즈음 교토에서는 정국 변화가 일어나고 있었다. 1565년은 마쓰나가 히사히데와 미요시 일족이 쇼군 아시카가 요시테루를 암살했던 이른바 에이로쿠의 변이 있던 해이다. 이들은 아시카가 요시테루의 사촌동생인 아시카가 요시히데를 옹립했다.

그런데 아시카가 요시테루에게는 그가 쇼군에 오른 후 출가했던 친동생이 있었다. 그가 아시카가 요시아키이다. 마쓰나가 히사히데 일파는 아시카가 요시테루를 암살한 다음, 아시카가 요시아키까지 암살하려 했다. 그러나 죽은 아시카가 요시테루의 가신들이 도움을 주어 암살당하지 않고 탈출할 수 있었다. 그는 마쓰나가 히사히데 일파에 대한 토벌을 위해 노력하다가, 결국 오다 노부나가에게 이를 부탁했다.

오다 노부나가는 이를 계기로 1568년 교토에 진입했고, 마쓰나가 히사히데 일파는 그에게 굴복하거나 달아났다. 권력을 장악한 오다 노부나가는 아시카가 요시아키를 제15대 쇼군으로 옹립했다. 아시카가 요시히데는 교토에서 추방당한 후 여러 곳을 옮겨 다니다가 병으로 죽었다.

그러나 얼마 되지 않아 쇼군 중심의 질서를 재건하려는 아시카가 요시아키와 새로 잡은 권력을 유지하려는 오다 노부나가 사이에 갈등이 생겼다. 1569년 오다 노부나가는 자신을 견제하는 아시카가 요시아키의 권한을 제한하려 했고, 쇼군 측이 이에 반발했다.

1569년으로 접어들면서 오다 노부나가는 '천황과 쇼군의 명령'을 구실로 전국의 유력한 다이묘들에게 교토로 올라오라는 명령을 내렸다. 올라오는 사람은 자신에게 복종하는 꼴이 되고, 그렇지 않으면 천황과 쇼군에게 거역했다는 명분을 얻어 토벌할 수 있다는 계산이었다.

이 명령에 에치젠越前의 아사쿠라朝倉 가문을 비롯해 여러 다이묘가 반발했다. 그러자 1570년 4월, 오다 노부나가는 에치젠 원정에 나섰다. 그러나 오다 노부나가와 동맹 관계에 있던 아자이淺井 가문이 자신의 세력 기반을 다지는 데 도움을 주었던 아사쿠라 가문에 대한 침공에 불만을 품었다. 이들은 오다 노부나가의 군대가 아사쿠라 가문의 영지 깊숙이 진격했을 때, 배신하여 배후를 공격해 왔다. 이 때문에 오다 노부나가의 군대는 고립되어 큰 타격을 받았다. 오다 노부나가는 간신히 빠져나와 교토로 돌아왔지만, 위기가 여기서 끝나지 않았다.

오다 노부나가가 에치젠 원정에서 고전하자, 아시카가 요시아키는 이를 기회로 보고 오다 노부나가를 타도하자는 서찰을 여러 영주에게 돌렸다. 이에 다케다 신겐을 비롯한 여러 영주들과 미요시 일족의 일부 사원 세력도 호응해 왔다. 오다 노부나가는 이렇게 결성된 반대 세력과의 전투에서 한때 기세를 올렸으나 곧 수세에 몰렸다. 그러자 그는 조정에 압력을 넣어 이들과 화해하라는 칙명을 받아냈다.

다음 해인 1571년 9월, 오다 노부나가는 자신에게 적대적인 엔랴쿠지를 불태워버렸다. 법 밖의 성지인 엔랴쿠지를 불태워버리고 그곳의 사람을 학살한 이 사건은 당시 사회에 큰 충격을 주었다. 그러나 당시 불교 세력이 정치에 깊이 개입했기 때문에 어쩔 수 없는 조치였다는 시각도 있다.

이 사건이 있은 다음 해인 1572년에 오다 노부나가와 반대 세력의 전투는 재개되었고, 오다 노부나가는 전황을 유리하게 이끌었다. 그러자 이해 10월 다케다 신겐이 총공격을 개시했다. 이 공세에 오다 노부나가의 지원을 받은 동맹 도쿠가와 이에야스의 군대가 참패하며, 오다 노부나가 측이 궁지에 몰리게 되었다. 이를 틈타 쇼군 아시카가 요시아키가 미요시 일족, 마쓰나가 히사히데와 협력해 군대를 일으켰다. 그러자 오다 노부나가는 또다시 4월 5일, 오기마치正親町 천황으로부터 칙령을 얻어내 쇼군 측과 화친을 시도했다.

그런데 4월 12일, 다케다 신겐이 갑자기 죽으면서 그의 군대는 다케다 가문의 영지로 돌아갔다. 이로써 오다 노부나가는 일단 위기에서 벗어났다. 이를 기회로 본 오다 노부나가는 1573년, 아시카가 요시아키를 집중 공략하여 그를 교토에서 추방해버렸다. 이후에도 아시카가 요시아키는 여러 다이묘를 회유하여 오다 노부나가를 타도하려 했으나 별 성과를 거두지 못했기 때문에, 대개 이 시점을 무로마치막부의 종말로 본다.

이후 오다 노부나가는 미요시 일족을 비롯해서, 자신에게 적대적인 잇코우슈우―向宗, 다케다 신겐의 아들 다케다 가쓰요리武田勝頼 등을 제압해나갔다. 그리고 1575년 11월에 조정으로부터 잇달아 곤노다이나곤權納大言, 우코노에다이쇼右近衛大将 벼슬을 받았다. 그리고 다음 해 1월에는 통일 사업의 본거지 역할을 할 아즈치성 건설에 착수했다.

오다 노부나가의 위상이 높아져가자, 이 시기에 맞추어 그동안 우호적으로 지내던 다이묘 일부까지 그에 대한 견제에 나섰다. 1576년 1월, 하타노 히데하루波多野秀治가 이시야마 혼간지石山本願寺와 때를 맞추어 저항을 시작했다. 이어 모리森 가문과 그동안 오다 노부나가와 동맹 관계에 있던 우에스기 겐신까지 반대 세력으로 돌아섰다. 이들과의 분쟁에서 오다 노부나가 측이 고전하자, 그에게 눌려 있던 마쓰나가 히사히데까지 저항에 나섰다.

한동안 고전하던 오다 노부나가는 먼저 마쓰나가 히사히데를 제압했고, 1578년 3월 우에스기 겐신까지 갑자기 죽었다. 그가 죽은 이후 우에스기 가문 안에서, 친아들이 없어서 들인 양자들끼리 내분이 생겼다. 오다 노부나가는 이 틈을 타 반대 세력의 핵심이라 할 수 있는 우에스기 가문을 정벌했다. 이후 반대 세력은 급격하게 약화되었고, 오다 노부나가는 이들을 하나하나 제압해나갔다.

이렇게 일본 통일의 기반을 닦아나가던 오다 노부나가는 갑작스럽게 최후를 맞았다. 그는 1582년 5월, 그때까지 강력하게 저항하고 있던 모리 가문를 공략하고 있던 하시바 히데요시羽柴秀吉(훗날의 도요토미 히데요시)에게 증원을 요청받았다. 이를 받아들인 오다 노부나가는 가신 아케치 미쓰히데明智光秀에게 휘하 부대를 거느리고 하시바 히데요시를 지원하라는 명령을 내렸다. 그리고 이 전투를 총지휘하러 교토로 이동하던 중, 혼노지本能寺라는 사찰에 묵게 되었다. 그런데 당시 오다 노부나가의 신임을 잃고 있다고 여긴 아케치 미쓰히데는 이를 주군 암살의 기회로 보고, 소수의 경호 병력만 데리고 혼노지에 묵고 있던 오다 노부나가를 습격하여 살해해 버렸다. 이 사건이 '혼노지의 변'이다.

도요토미 히데요시와 센고쿠시대의 종말

도요토미 히데요시는 출신부터 명확하지 않다. 천한 출신이라는 점을 감추기 위해, 조상을 확인하기조차 어렵게 만들었다는 해석까지 나오는 실정이다. 도요토미 히데요시 이전에는 이 정도 천한 출신이 일본의 통치자가 되었던 사례가 없다. 이른바 '하극상'시대라는 센고쿠시대가 아니었으면 일어날 수 없었던 현상이다.

출신 때문에, 도요토미 히데요시는 신분을 높이느라고 여러 가지 방법을 썼다. 그는 셋쇼와 간파쿠의 자리를 차지했던 후지와라藤原씨 가문으로 들어가려고, 그 가문의 후예인 고노에 사키히사近衛前久의 양자가 되었다. 이런 다음에도 도요토미 히데요시의 출신 미화는 계속되었다. 대표적인 사례가 도요토미 히데요시 자신의 행적을 서술한 『덴쇼기天正記』라는 책의 편찬이다. 이는 도요토미 히데요시 자신도 이른바 귀종貴種만이 통치자의 자리를 차지하던 풍조를 바꾸려 하지 않았음을 보여준다. 오히려 집권한 뒤에는, 자신 같은 천한 출신이 권력을 장악할 수 없도록 조치를 취했다.

천한 출신이 그러기 쉽듯이, 젊은 시절의 그는 떠돌아다니며 불우하게 보냈다. 어른이 되어 기노시타 도키치로木下藤吉郎라는 이름으로 행세하던 그가 자리를 잡게 된 곳이 오다 노부나가의 휘하였다. 그 후 도요토미 히데요시는 온갖 잡일을 맡아 하면서도 정성을 기울였다고 한다. 그러면서 기지와 능력을 발휘하여 오다 노부나가의 신임을 얻었다.

그가 혼인했던 1561년 무렵부터 히데요시라는 이름을 사용했다고 한다. 결혼한 지 얼마 지나지 않은 1566년, 오다 노부나가 군대의 말단 장교가 된 뒤 승진을 거듭하다가, 1573년 오미近江의 한 성城을 하사받아 성주가 되었다. 이때 성姓을 하시바로 바꾸었다. 1577년 주코쿠 지방 정벌의 선봉에 나서, 짧은 시간에 큰 전과를 올리며 수 개국의 영지를 둔 다이묘로 성장했다. 그러던 1582년, 오다 노부나가가 혼노지의 변으로 죽었다.

오다 노부나가의 사망 소식을 듣자마자 도요토미 히데요시는 기민하게 움직였다. 자신이 공략하던 전선에서 휴전을 맺은 뒤, 군대를 돌려 아케치 미쓰히데의 군대를 격파해버렸다. 이후인 6월 27일, 오다 노부나가의 후계자 문제 및 영지 분할 문제를 논의하기 위해 열린 회의에서 오다 가문의 최대 가신 역할을 해오던 시바타 가쓰이에柴田勝家와 도요토미 히데요시의 권력투쟁이 시작되었다. 오다 노부나가의 후계자를 자신과 가까운 사람으로 세우려 한 것이다.

이날의 갈등 자체는 도요토미 히데요시의 타협안이 받아들여져 쉽게 수습되었다. 그래도 이후 도요토미 히데요시는 아케치 미쓰히데를 격파한 공로로 그의 영지를 인수하며 오다 노부나가의 가신 중 최대의 영지를 가진 영주로 떠올랐다. 이때 도요토미 히데요시는 또 성을 다이라平로 바꾸었다.

도요토미 히데요시의 세력이 커지자, 1582년 10월 시바타 가쓰이에는 도요토미 히데요시에 대한 탄핵장을 여러 다이묘에 뿌렸다. 이는 대규모 충돌을 불러왔다. 이 충돌로 벌어진 전투가 이른바 시즈가타케 전투賤ヶ岳の 戦い이다. 여기서 승리한 도요토미 히데요시가 오다 노부나가의 자산을 사실상 차지하게 되었다.

1584년, 도요토미 히데요시는 나이가 많은 자신에게 예禮를 표시하러 오라는 명령을 오다 노부나가의 둘째 아들인 오다 노부카쓰織田信雄에게 내렸다. 오다 노부나가의 실질적인 후계자가 자신이라는 점을 확인시키려는 의도가 뚜렷했다. 이에 반발한 오다 노부카쓰는 동맹 관계에 있던 도쿠가와 이에야스와 협력하여 맞섰다. 그러나 11월 11일, 오다 노부카쓰가 상의 없이 도요토미 히데요시와 강화를 맺자 도쿠가와 이에야스 역시 도요토미 히데요시의 가신이 되었다.

그다음 해인 1585년 7월, 일본 조정을 좌우할 수 있는 힘을 얻게 된 도요토미 히데요시는 간파쿠 자리에 올랐다. 이때쯤 성도 후지와라씨로 바꾸었다. 여기서 멈추지 않고 이듬해에는 조정으로부터 도요토미라는 성을 하사받으며, 최고의 관직인 다이조다이진에 올랐다.

이러한 권위를 등에 업은 도요토미 히데요시는 굴복해 오지 않은 다이묘들에 대한 공략에 나서, 기슈紀州·시고쿠·엣추越中·규슈 등의 지역을 복속시켰다. 1590년에는 마지막으로 저항하던 호조 가문을 굴복시켰고, 이후에도 일부의 저항이 있기는 했지만 도요토미 히데요시가 일본을 통제하는 데에 지장을 주지는 않았다. 이렇게 일본 열도를 통일한 그가 통치한 시기를 이른바 '모모야마桃山시대'라고 부르기도 한다.

도요토미 히데요시의 개혁

조정으로부터 다이조다이진 벼슬을 하사받은 도요토미 히데요시가 일본 열도 전체를 통제할 수 있는 지위를 확보했다고 할 수는 있다. 그러나 모든 다이묘를 실질적으로 제압하고 통제할 수 있는 상황은 아니었다. 따라서 아직도 강력한 군사력을 가진 다이묘들을 통제할 정책이 필요했다.

그래서 도요토미 히데요시는 다이묘들의 영지를 조정하는 수법으로 이들을 견제하는 정책을 고안해냈다. 다이묘들의 영지를 바꾸어 봉한다는 뜻을 가진, 이른바 영지 '덴포轉封'이다. 이 정책에는 일단 다이묘를 포함한 일본 열도의 사무라이 모두가 도요토미 히데요시의 가신이라는 의식을 심어주는 의미가 있었다. 또한 영지를 바꾸어버림으로써, 다이묘가 오랫동안 한 지역을 지배하면서 그 지역 사람들과 키워왔던 유대 관계를 끊어버리는 효과도 노렸다. 이를 통하여 다이묘는 단지 도요토미 히데요시가 보낸 지방관에 불과하다는 의식을 심었다.

도요토미 히데요시는 이러한 의식을 이용하여, 공을 세운 다이묘에게 그동안 지배해온 곳이 아닌 다른 영지를 주는 일이 많았다. 믿지 못하겠다고 생각하는 다이묘는 이렇게 기회가 있을 때마다 되도록 교토 같은 중심지에서 먼 곳으로 옮겨놓았다. 또 다이묘들이 협력하는 정도에 따라 영지를 추가하거나 삭감했다. 이렇게 다이묘들이 도요토미 히데요시의 눈에 들기 위해 애쓸 수밖에 없도록 만들면서, 이들과의 관계를 평등한 관계에서 주종主從 관계로 바꾸어갔다.

그러면서 도요토미 히데요시 자신의 직할지를 확대시킨 결과, 직할지는 일본 열도 전체 생산력의 10분의 1 이상에 달하는 지역에 자리 잡았다. 그의 직할지는 교토·오사카大阪와 같은 전략 거점이 있어 가장 발달된 기나이 지방에 집중되어 있었다. 그뿐만 아니라 국가 재산이라는 명분을 내세워 금은 광산까지도 실질적으로는 자신이 관리했다. 이러한 경제적 기반을 바탕으로 도요토미 히데요시는 다른 다이묘들이 단독으로는 넘보지 못할 세력 기반을 확보하게 되었다. 그러고도 심복 다이묘와 혈족들을 요충지에 배치하여, 복속한 지 얼마 되지 않아 신뢰가 가지 않는 다이묘들을 견제하도록 했다.

도요토미 히데요시는 기나이 지방의 중심지인 지금의 오사카에 자리 잡고 이러한 정책을 펴나갔다. 이곳은 평야로 둘러싸인 구릉 위에 있어 전략적인 이점이 있었다. 그뿐만 아니라 교토와도 가깝고 서쪽으로 세토내해와도 접한 교통의 요지이기도 했기 때문이다.

도요토미 히데요시는 특정 지역의 행정, 재판, 사무 등을 담당하는 부교奉行라는 직위를 만들기도 했다. 당시 먼 곳으로 군대를 보낼 때 군량과 무기 등의 수송을 상인에 의존할 수밖에 없었다. 그래서 다이묘들이 능력을 갖춘 상인에게 부교라는 자리를 주며 밀착 관계를 형성하는 경우가 많았다. 이를 통해 성장했던 집단 중 하나가 고니시 유키나가가 속해 있던 가문이다. 각 다이묘들도 나중에는 자신의 영지를 관리하기 위해 이 관직을 두었다.

이렇게 세력 기반을 안정시켜놓은 도요토미 히데요시는 다음 단계로 일본 열도 사회를 안정시키기 위한 조치를 취했다. 그중에서 영향이 컸던 것이 이른바 '다이코켄치太閤檢地'이다. 당시 도요토미 히데요시가 다이코라는 자리에 올라 시행한 이 정책은 토지의 수확량에 따라 조세를 납부하도록 하는 것이었다.

납득할 만한 세금을 매기기 위해서는 정확한 수확량을 파악해야 했지만, 신고를 통해 파악하는 방식으로는 한계가 있었다. 그래서 도요토미 히데요시는 검지관檢地官을 파견하여 토지를 실제로 측량하고 조사했다. 이와 같이 토지제도를 정비한 결과, 하나의 경작지에 한 명의 경작자만 두게 하는 원칙을 정하여 촌락 단위로 등록시켰다. 이전까지 하나의 토지에 몇 사람의 경작자를 등록해놓고 중복해서 세금을 받아가던 문제를 해결한 것이다.

이렇게 철저한 조사를 통해 전국 경작지에 등급을 매기고, 이를 기초로 산출한 생산량에 따라 연공, 즉 세금을 매겼다. 경작지마다 연공 부과 기준이 되는 수확량을 모두 쌀로 환산하고 연공의 단위를 석石으로 정하여 전국적으로 통일시켰다. 이것이 농민에게는 연공 부담의 기준인 동시에, 다이묘에게는 유사시 동원시킬 군역軍役의 기준이 되었다. 전체 수확량의 3분의 2를 연공으로 내게 한다는 원칙을 세우고, 논의 연공은 화폐로도 낼 수 있게 해주었다. 이 정책에 대한 저항이 있었지만 도요토미 히데요시는 시행을 밀어붙였다. 이렇게 해서 전국적으로 통일된 새로운 토지제도가 확립되었다.

다음으로 꼽히는 것이 백성들의 무기류 소지를 금지하는 이른바 '가타나가리刀狩'라는 정책이다. 이에 따라 무사계급과 농민이 신분적으로 분리되었다. 무사는 비록 하층 무사라 해도 농민이나 상공업자가 되는 것을 금지하고, 사는 곳도 분리하여 조카마치城下町라 불리는 성 아래의 도시에 거주하도록 했다. 백성이 무기를 가진 상태에서 무사와 구분되지 않기 때문에, 불필요한 싸움과 저항이 생겨난다고 보는 것이 이 조치의 발상이다. 그래서 생긴 사회불안과 경작 부진으로 인하여 세금이 잘 걷히지 않는 사태를 막겠다는 의도라 할 수 있다.

이 조치로 사회불안이 줄어들어, 농업생산성이 향상되고 대도시를 중심으로 시장이 활성화되어갔다. 그렇지만 다른 측면도 있었다. 농민이 일으키는 잇키라는 것 자체가, 영주 또는 지토의 부당한 요구나 정국 불안으로 인한 피해에 대응하기 위해 농민들이 단결하여 만든 것이다. 따라서 농민의 무장을 해제해버린다는 것은, 농민이 억울한 일을 당하더라도 무력으로 저항할 수 있는 이른바 잇키를 원천적으로 봉쇄해버리는 의미가 있다.

도요토미 히데요시의 개혁은 보통 오다 노부나가의 것을 계승하는 경향이 있었지만, 완전히 방향이 바뀐 것도 있었다. 오다 노부나가가 은근히 지원했던 천주교를 폐해가 크다는 이유로 금지시켰다. 천주교 교리가 전통적인 권위에 의지하는 통치에 악영향을 줄 것이라는 우려 때문이다. 여기에는 시대 상황의 변화도 한몫을 했다. 불교 세력을 견제하기 위해 천주교를 이용했던 오다 노부나가 때와는 달리, 도요토미 히데요시 집권 시기에는 저항하던 불교 세력이 웬만큼 정리된 상태였다. 따라서 잠재적인 위협을 감수하면서까지 천주교를 보호해줄 필요를 느끼지 않았던 것이다.

조선 침공

도요토미 히데요시는 여러 정책을 통해 일본 열도를 안정시켰다. 그렇지만 그는 여기서 만족하지 않았다. 일본 열도를 장악한 도요토미 히데요시가 중국 대륙에 대한 야심을 내비치기 시작했던 것이다. 그 이유에 대해서는 다이묘의 힘을 약화시키고 해외무역을 장악하려 했다는 등 여러 가지가 지목된다.

그렇지만 하나하나의 이유들을 따로 떼어보면 납득이 갈 것 같지는 않다. 그가 정치적 기반이 약했기 때문에 다이묘를 견제할 전쟁을 일으켰다고 보는 시각부터가 그렇다. 도요토미 히데요시는 다른 다이묘와 비교할 수 없는 규모의 세력 기반을 가지고 있었다. 이를 기반으로 다이묘의 영지를 마음대로 바꿀 수 있었고 대부분의 다이묘가 꺼리는 원정을 강행할 수 있었다는 점 자체가 그의 권력 기반이 쉽게 흔들릴 상황이 아님을 보여준다.

또 경쟁이 될 만한 다이묘를 견제하려 했다면, 가장 위협이 되는 도쿠가와 이에야스를 빼놓은 이유가 설명되지 않는다. 오히려 조선 침공에 앞세운 다이묘는 고니시 유키나가나 가토 기요마사加藤淸正 등 도요토미 히데요시의 아래에서 성장한 다이묘들이다. 평화적인 방법을 통해서 할 수도 있는 해외무역을 굳이 전쟁으로 해결하려 했다는 점, 공명심이나 영웅 심리, 아들 쓰루마쓰의 죽음 등도 납득할 만한 이유가 되기 어렵다.

그러고 보면 진짜 이유는 좀 복합적이라 해야 할 것 같다. 그 문제는 일본에서 무사가 권력의 핵심으로 등장한 이후의 구조적 문제였다. 이 체제에서 쇼군과 무사집단의 관계를 유지시켜주는 것이 주군에 대한 봉사를 은상恩賞으로 보상해주는 시스템이었다. 일본 열도가 내란으로 혼란스럽던 시대에는 이런 체제가 쓸모가 있지만, 내란이 해소되어버리면 그 문제점이 드러난다. 은상으로 나누어줄 영지를 확보할 수 있는 길이 막혀버리기 때문이다.

일본 열도를 형식적으로라도 통일한 이상, 다이묘들의 도움을 받을 때마다 보상해줄 영지를 구하기 어려워진 것이다. 결국 외부에서 영지를 찾아야 하는 구조가 조선 침공의 근원적인 원인이라 해야 할 것 같다. 도요토미 히데요시는 그래서 광활한 영토를 가진 중국 대륙에 눈을 돌렸고, 그 관문인 조선이 첫 번째 침공 대상으로 결정되었다는 것이다. 나중에 전쟁 중 시도된 강화 교섭의 조건 중 하나로 도요토미 히데요시가 조선의 4개 도道를 달라고 요구했던 것도 이를 시사해준다.

그러나 대부분의 다이묘들은 이런 발상을 좋아하지 않았다. 전쟁을 벌여본 경험이 없는 상태로 위험을 무릅쓰고 불확실한 전쟁에 나서야 하는 다이묘들이 불안을 느꼈던 것이다. 그럼에도 불구하고 도요토미 히데요시는 밀어붙였다. 일본에서는 이렇게 일으킨 전쟁을 분로쿠의 역文禄の役이라고 한다.

이 침공 초기에는 계획이 순조롭게 진행되었다. 그러나 시간이 흐르면서 각지에서 일어난 의병과 조선 수군, 명의 원군 등으로 인해 일본은 고전을 하게 되었다. 장기전이 된 전쟁에서 지친 양측은 1593년 강화 교섭을 시작했다. 협상 실무자였던 고니시 유키나가가 양쪽이 원하는 거짓말을 해가며 진행시켰기 때문에, 서로의 요구 조건이 터무니없을 만큼 차이가 났던 강화협상은 4년을 끌었다.

강화가 진행되던 중에도 일본 내부에서는 간파쿠 자리를 물려주었던 도요토미 히데요시가 조카 도요토미 히데쓰구豊臣秀次를 제거한 사건이 일어났다. 많은 파란을 겪었지만, 애초부터 타협이 이루어지기 곤란했던 강화협상은 곧 파탄을 맞았다. 그리고 1597년, 일본이 다시 조선에 대규모 병력을 상륙시키면서 전쟁이 재개되었다. 이를 게이초의 역慶長の役이라고 하며, 1592년의 침공과 합쳐 '분로쿠·게이초의 역'이라고 부르기도 한다. 재

개된 전쟁 중 도요토미 히데요시는 죽음을 맞이했다. 그의 죽음과 함께
일본군이 조선에서 철수하면서 전쟁도 끝났다.

6

전란 복구에서
근대의 입구까지

1

중국
중원의 새로운 정복왕조, 청

**청 제국의
성립**

1627년 조선을 정벌하고 난 홍타이지는 이어 몽골 지역을 정벌했다. 난공불락의 요새인 산해관을 우회하여 중원을 공략할 기반을 마련하기 위한 것이었다. 그러고 난 후인 1636년, 홍타이지는 나라 이름을 대청大淸, 연호를 숭덕崇德이라 정하고 황제에 올랐다. 황제에 오른 홍타이지는 이해에, 1627년의 정벌에도 불구하고 청에 적대적인 태도를 취한 조선을 친히 나서 정벌하여 굴복시켰다. 그렇게 배후를 다져놓은 홍타이지는 중원에 대한 압박도 증가시켰다. 그렇지만 산해관 후방의 중원 지역을 점령하지는 못했다. 배후가 차단될 수 있다는 위험을 감수할 수 없었기 때문이었다. 이런 와중인 1638년에는 산해관 북방의 성을 공략하여 명군에 큰 타격을 주기도 했다. 그럼에도 불구하고 중원 정복을 완성시키지는 못하고 1643년 죽었다.

청도 홍타이지의 죽음으로 인한 권력투쟁과 혼란이 발생할 수 있었으나, 당시 다섯 살에 불과했던 홍타이지의 아홉 번째 아들 아이신기오로 풀린愛新覺羅福臨이 즉위하며 수습되었다. 그가 청의 세조世祖 순치제順治帝이다. 어린 황제의 즉위로 인한 혼란은, 누르하치의 열네 번째 아들인 예친왕睿親王 도르곤多爾袞이 섭정하는 것으로 만회했다.

이에 비해 명 왕조는 내부 반란으로 무너져갔다. 1644년 이자성의 군대가 수도를 점령해버린 것이다. 청과 대치하던 명군이 이를 구원하러 출발했으나, 때를 맞추지 못해 수도의 함락을 막지 못했다. 그러자 이자성은 다시 산해관으로 돌아간 명군에게 이민족의 침략을 막는 데 협력하자는 설득에 나섰다.

하지만 당시 산해관 수비대장이었던 오삼계吳三桂는, 이자성에 협력하라는 아버지 이름의 편지를 받았음에도 그 제안을 거부하고 청과 협력하기로 결정했다. 청을 막는 역할을 했던 오삼계가 청 군대의 길 안내 역할을 하게 된 것이다. 이자성은 산해관에서 북경으로 진격하려는 오삼계와 청 연합군을 저지하려 했으나 실패하고, 북경으로 철수해 황제에 올랐다. 하지만 황제 자리에 오르자마자 청과 오삼계에게 북경을 내주고 서안으로 떠나야 했다. 덕분에 청은 쉽게 북경을 점령할 수 있었다. 이후 청은 명의 마지막 황제인 숭정제의 장례를 성대히 치러주고 중원 백성들의 인심을 얻으며, 이자성에 대한 추격에 나섰다.

이때 청의 황제였던 순치제는 대제국을 직접 통치하기에는 너무 어렸지만, 섭정을 맡고 있던 숙부 도르곤 등이 비교적 무난하게 중원 통치의 기반을 닦아갔다. 물론 홍타이지 대부터 6부를 설치하는 등 국가 조직 정비에 힘써놓은 덕도 보았다. 도르곤은 청이 북경을 차지한 뒤, 명의 관리에게 지위를 그대로 인정해주는 정책을 펴 혼란을 막았다.

그러던 1650년 도르곤이 사냥을 나갔다가 죽었다. 그리고 이때 도르곤 추종 세력이 도르곤의 형을 새 섭정으로 옹립하고, 자신들의 영향력을 유지하려는 음모가 발각되는 사건이 있었다. 이와 함께 도르곤이 섭정을 하며 저질렀던 횡포와 실질적으로 황제를 넘보는 태도를 취했다는 보고도 올라왔다. 순치제는 이를 계기로 도르곤의 지위를 박탈하고, 그 추종 세력을 제거했다. 더 나아가 황족들이 정치에 개입할 길까지 막으며, 황제의 권한을 강화해갔다.

이렇게 해서 순치제는 직접 정국을 운영할 수 있게 되었다. 그래도 순치제는 도르곤의 정책 상당 부분을 계승했다. 중원까지 통치하게 된 순치제는 명의 인재와 문화를 적극적으로 수용하는 정책을 폈다. 명나라 출신 인사에 대해 회유 정책을 펴며, 남명 출신들도 포용했다. 이러한 정책의 결과, 명에 대포를 소개했던 독일 출신 예수회 선교사 아담 샬도 순치제와 친분을 쌓으며 교회를 세우고 포교할 권리를 얻어냈다. 그러던 1661년, 순치제는 황제 자리를 셋째 아들 아이신기오로 히오완여이愛新覺羅玄燁에게 물려준 뒤 죽었다. 그가 청의 성조聖祖 강희제康熙帝이다. 즉위한 강희제는 여덟 살에 불과했지만 청의 세력은 계속 확대되었다.

숭정제가 죽은 뒤, 명의 나머지 세력은 남경에서 만력제의 손자인 주유숭朱由崧을 옹립하며 명의 부흥을 시도했다. 이를 남명南明이라 부르며, 이때 옹립된 주유숭은 홍광제弘光帝로 불린다. 한때 남명은 정성공鄭成功 등의 활약으로 대만臺灣(타이완)을 점령하고 바다에서 청을 괴롭혔다. 청과 오삼계 연합 세력에게 패배한 이자성은 이 남명 세력과 협력하여 사태를 반전시켜보려 했다. 그러나 패배를 거듭하며 세력이 약화된 이자성은 쫓겨 다니다가 결국 구궁산九宮山에서 죽었다. 남명 역시 1662년 6월, 버마(현재의 미얀마)까지 추격한 오삼계 군대에게 홍광제가 죽고, 뒤이어 정성공까지 병으로 죽으면서 실질적으로 붕괴했다. 이후에도 이자성과 남명의 일부 세력이 저항하기도 했지만 대세를 뒤집을 수는 없었다. 이렇게 해서 청이 중원을 장악하게 되었다.

청의 전성기를 이끈 강희제

1654년 태어난 강희제는 어렸을 때부터 총명하고 부지런하여 아버지 순치제와 할머니 효장태후의 총애를 받았다. 1661년 넷째 아들을 잃은 순치제는 이해 1월, 황제 자리에서 물러나 오대산 청량사로 출가하여 중이 되었다. 황궁으로 돌아와달라는 대신들의 요구를 한동안 거부하던 순치제는 결국 돌아오다가 죽었다.

이렇게 해서 즉위한 강희제는 1722년까지 61년 동안 황제 자리를 지켜, 청 왕조에서 가장 오래 자리를 지킨 황제로 꼽힌다. 그런 만큼 많은 업적을 남겼다. 하지만 즉위했을 때에는 너무 어렸기 때문에 직접 통치하기는 어려웠다. 이와 같이 어린 황제가 즉위하면 황태후나 태황태후가 수렴청정하는 것이 관례였으나, 친어머니 자화황태후慈和皇太后는 강희제가 등극한 지 얼마 안 되어 병에 걸려 1663년 죽었다. 그래서 홍타이지의 후궁이었던 효장문황후孝莊文皇后에게 섭정의 기회가 돌아갔다. 그런데 그녀는 직접 수렴청정하지 않고 오오바이鰲拜 등 네 명의 대신들에게 보필을 맡겼다.

그러다가 만주족의 예법에 따라 14세가 되던 1667년부터 강희제가 직접 정치를 챙기기 시작했다. 하지만 강희제는 오오바이가 강희제를 뜻을 거스르고 경쟁 관계에 있던 대신을 제거하는 등의 횡포를 막지 못하는 상황이었다. 그래서 1669년 오오바이와 그 추종 세력을 제거하면서부터 강희제가 실질적으로 통치를 시작했다고 볼 수 있다.

이렇게 해서 권력을 장악하게 된 강희제는 이후 신하들에게 주요 현안을 맡기지 않고 직접 챙기는 방식으로 정국을 주도해나갔다. 그러면서 국가적 재해 등도 강희제가 직접 나서서 해결했다. 이러한 정무 처리 방식은 한동안 후계자들에게 이어졌다. 강희제가 직접 정무를 챙기자 신료들의·부정부패가 줄어들어, 한족들이 만주족 청 왕조의 지배를 받아들이는 데에 중요한 요소가 되었다. 그만큼 강희제가 공익 추구에 중점을 둔 정책을 폈다는 점이 인정받는다.

내부의 문제를 해결하게 된 강희제에게 또 하나의 과제로 등장한 것이 이른바 삼번三藩의 처리였다. 원래 번藩은 주로 변방에 설치된 청의 특수 행정구역이었다. 그중에서도 세 개의 번은 남명을 처리하기 위하여 설치되어 운남·귀주 지역의 평서왕平西王 오삼계, 광동의 평남왕平南王 상가희尚可喜, 복건의 정남왕靖南王 경중명耿仲明이 각각 번을 관리하고 있었다. 이들은 모두 한족 출신이었으나, 순치제 대에 청나라의 중원 통일 사업에 가담하여 번왕藩王에 책봉되었다.

그런데 이들은 강력한 군대를 가지고 있었고, 남해에서 다른 나라들과 무역을 하며 상당한 자금을 모으고 있었다. 청 조정조차 이렇게 세력을 키운 번들을 통제하기 어려워졌다. 그 결과 번왕의 지위도 이들 가문이 승계하고, 청 조정은 승인만 하는 지경에 이르렀다. 강희제가 직접 정국을 챙길 때 즈음 정남왕의 직위를 경중명의 손자 경정충耿精忠이 승계한 것이 그러한 사례라 할 수 있다. 더욱이 오삼계는 청 황실의 공주를 며느리로 들여 인척 관계를 맺고 있었고, 그러한 오삼계에게 조정에서는 재정 부담을 감수하고 막대한 자금을 지원해주고 있었다.

이러던 중 아들 상지신尚之信과 불화를 겪던 평남왕 상가희가 은퇴를 요청하며, 자신의 작위를 아들 상지신에게 물려달라고 상소를 올리는 일이 있었다. 이때 번왕들을 견제할 필요를 느끼고 있던 청 조정에서는, 은퇴를 허락하지만 작위 세습은 허락하지 않는다는 결정을 내렸다. 이 조치는 삼번의 왕들에게 충격을 주었고, 오삼계와 경중명은 청 조정의 의도를 떠보기 위해 은퇴를 요청했다. 청 조정에서는 이들의 세력을 무시할 수 없으니 타협하자는 의견도 제시되었으나, 강희제는 이들은 어차피 모반을 일으킬 것이니 차라리 일찌감치 처리해야 한다고 주장했다.

그 결과 1673년 7월, 삼번을 철폐한다는 명을 내렸고 오삼계 등은 반란을 일으켰다. 그해 11월, 오삼계는 명나라의 갑옷을 입고 영력제의 능陵에서 '청에 저항하여 명을 다시 세우겠다反淸復明'라는 명분을 내세웠다. 하지만 이 자체는 영력제를 죽인 당사자가 오삼계 자신이었기 때문에 공감을 얻지 못했고, 따라서 명 황족을 옹립하지도 못했다. 그래도 청에 반감을 가지고 있던 여러 세력이 오삼계 측에 가담하여 전란이 확대되었다. 이때 상가희는 오삼계의 요청을 거절하고 반란 사실을 강희제에게 알리려 했으나, 아들 상지신은 상가희를 잡아 가두고 오삼계 측에 가담했다.

그러자 강희제 측에서, 오삼계가 보낸 인질들을 돌려보낼 테니 회군하라는 타협책을 제시하기도 했지만, 오삼계 측은 수도를 향한 진격을 멈추지 않았다. 이 결과 인질들은 처형당했지만 오삼계 측이 중국 남부를 거의 점령할 수 있었다. 섬서와 하남 지역 지휘관들 대부분이 오삼계 측에 협조적이어서 큰 저항이 없었기 때문이다. 이때 몽골의 칸 등이 강희제에게 병력을 보내겠다 했으나, 이들을 믿지 못한 강희제는 이 제안을 거절해버렸다. 이런 혼란 중에 오삼계에 가담하지 않았던 세력도 청 조정의 통제에서 벗어나는 사건도 있었고, 명의 후손을 자처하던 집단이 수도를 기습하려는 사태도 있었다. 하지만 강희제는 이런 위기를 극복해냈다.

그런데 오삼계는 수도로 진격하던 군대의 진군 속도를 늦췄다. 청 조정은 이 틈을 이용하여 반격을 가했다. 특히 청 조정에서 등용했던 한족 출신 장수들의 활약이 컸다. 이에 타격을 받은 오삼계 측 군대는 괴멸되어 갔고, 결국 1676년 상지신은 자살하고 경정충은 항복했다. 그럼에도 오삼계는 1678년 나라 이름 주周, 연호를 소무昭武라고 정하고 황제에 올랐다. 하지만 바로 이해 8월에 오삼계가 죽어버렸다.

이를 계기로 오삼계 측에 혼란이 생겨났고 그 세력은 약해져갔다. 결국 1681년에 오삼계의 손자이자 오삼계가 세운 주나라의 두 번째 황제인 오세번吳世璠이 영력제가 죽은 버마의 곤명昆明(쿤밍)에서 청의 군대에 포위된 상황에서 자살했다. 1676년 사로잡혔던 경정충도 이때 즈음 사형에 처해지며 삼번의 난도 끝났다. 이후 강희제는 번 제도 자체를 없애버리는 동시에, 황족과 귀족들이 지휘하던 병력도 최소한만 남겨두고 나머지는 팔기군 같은 정규 군사 조직으로 흡수해버렸다. 결과적으로 삼번의 난은 군 통수권을 비롯한 강희제의 권력을 강화시켜주는 계기가 된 셈이다.

한편, 삼번의 난은 조선에도 약간의 영향을 미쳤다. 삼번의 난이 일어나자, 청에서 조선의 북벌론을 의식해 견제하려 했기 때문이다. 당시 조선 왕이던 숙종肅宗은 청의 의심을 풀어주기 위해 대표적인 북벌론자 윤휴尹鑴를 숙청하는 조치를 취했다. 강희제는 조선 사신을 통해 '왕의 권력이 약하고 신하의 권력이 강하기君弱臣强 때문에 조선 백성이 가난하다'라는 말을 전했다 한다.

중원의 위협을 처리한 강희제는 명의 잔여 세력이 점령하고 있던 타이완으로 눈을 돌렸다. 삼번의 난이 진압되면서 중국 본토는 일단 잠잠해졌지만, 타이완 방면의 섬들은 그때까지도 청이 아니라 남명에서 작위와 명황실 성씨를 하사받은 정성공 가문의 통제 아래에 있었다. 이들은 삼번의 난이 일어났던 때부터 본토로 건너와 해안 마을을 약탈하며 피해를 주었다. 청에서도 여러 차례 수군을 동원해 정성공 세력을 소탕하려 했으나, 네덜란드의 기술까지 활용하던 타이완 세력에게 패퇴했다.

이렇게 타이완이 청에 저항하는 세력의 본거지 역할을 하자, 강희제는 타이완과 가까운 지역 주민들을 해안에서 30리 이상 떨어진 곳으로 옮기는 조치를 취했다. 이 조치는 타이완을 고립시키는 효과도 있었지만, 청쪽의 피해도 컸다. 당시 이 지역 주민들이 타이완과의 교역을 통해 생계를 유지하는 경우가 많았기 때문이다. 해당 지역 백성들의 불만이 생기자, 강희제는 이들에게 3년 동안 세금을 면제시켜주고 이주 비용까지 대주며 무마시켰다.

그리고 삼번의 난을 진압한 이후 타이완 공략에 나섰다. 이때 타이완은 정성공 가문의 내분으로 혼란스러웠다. 정성공이 죽고 나서 아들 정경鄭經을 비롯한 친족들의 권력 쟁탈전이 벌어지고 있었다. 강희제는 이 틈을 타 정경의 부하였던 시랑施琅을 포섭하여 수군 총제독으로 삼아 타이완 공략 계획을 세웠다. 결국 시랑 휘하의 청 수군과 서양 선교사로부터 기술을 구해 만든 최신식 대포를 동원한 공략에 1683년, 타이완은 항복을 선언했다. 강희제는 항복해 온 타이완에 관용을 베풀어 정성공 일가의 지위를 인정해주었다.

강희제가 중원을 안정시키는 동안 새로운 세력이 청과 갈등을 일으키기 시작했다. 이 시기 즈음에는 완전히 서양화되어가던 러시아가 그 당사자였다. 그 발단은 청이 1639년부터 1643년에 걸쳐 흑룡강 일대 원주민들을 복속시켰던 데에 있다. 1643년 겨울, 러시아 기병대가 흑룡강 지역에 나타나기 시작했고, 1650년대에는 충돌이 일어났다. 그러자 청은 조선에까지 군대 파견을 요구해 러시아 정벌 계획을 세웠다. 이에 따라 조선은 1654년과 1658년에 군대를 파병하여 러시아군과 싸웠다.

그럼에도 불구하고 이후에도 청과 러시아의 충돌은 계속되었다. 러시아는 송화강까지 세력을 넓히려 했고, 강희제는 이에 대응해서 국경에 아이훈성愛琿城을 쌓았다. 그래도 러시아의 침략이 계속되자 러시아의 국경 요새인 알바진雅克薩을 공격했다. 하지만 러시아가 빼앗긴 알바진 요새를 되찾으려 했기 때문에, 이는 새로운 충돌의 빌미가 되었을 뿐이다. 이후 공방을 거듭하다가, 1689년 강희제가 러시아에 협상을 제시했다. 이에 따라 러시아와 청나라 대표가 시베리아의 네르친스크尼布楚에서, "1. 흑룡강의 지류인 아르군강·케르비치강과 외싱안링산맥外興安嶺(러시아 스타노보이산맥)을 양국 간의 국경으로 하고, 알바진성은 파괴할 것. 2. 허가 없이 국경을 넘은 사람의 인도와 처벌. 3. 양쪽 민간인 사이의 자유로운 교류"를 골자로 하는 조약을 맺었다. 이것이 네르친스크조약이다.

이를 두고 중국이 맺은 최초의 근대적 조약이라고 부르기도 한다. 이전까지 중원을 지배하던 제국은 중화사상에 젖어 동등한 국가라는 전제에서 조약을 맺지 않았다. 그런데 이때 러시아와는 동등한 자격으로 조약을 맺었다. 그래도 이 조약을 유리하게 맺은 청은 그동안 통제하지 못하던 동북 방면의 영토를 얻었다.

이와 함께 오랜 골칫거리이던 몽골에 대한 정리도 이루어졌다. 청은 홍타이지 이후 몽골을 통제하고 있었으나, 어느 정도 자치권을 인정해주고 있는 상태였다. 그런데 삼번의 난으로 청이 위기에 몰리던 1675년, 세력을 키운 몽골의 준가르准噶爾족이 혼란을 틈타 중원을 침략하는 사태가 일어났다. 그러자 강희제는 몽골을 내몽골과 외몽골로 나누어 몽골 부족의 단결을 막는 조치를 취했다. 그럼에도 불구하고 티베트의 달라이 라마가 이들을 승인하며 결탁하는 조짐을 보였다.

1688년, 준가르족은 또 다른 몽골 부족인 할하Xanx족을 습격했고, 할하족은 청에 구원을 요청했다. 그러자 1690년 7월, 강희제는 자신의 이복형제들과 함께 친히 몽골 원정길에 올랐다. 이 원정은 중원 제국 황제가 직접 나선 마지막 정벌이었다. 이 원정에서 청군은 별다른 전과를 올리지 못하며 전염병에 시달렸다. 강희제 자신도 전염병에 걸렸고, 고전을 치른 끝에 청군은 결국 돌아왔다. 1696년 재차 원정에 나선 강희제는 준가르 군대를 격파했다. 하지만 이후에도 준가르 부족은 동맹이던 티베트에 정변을 일으키며 점령하는 등 청을 견제하며 갈등을 일으켰다. 그러자 강희제는 1720년 또다시 대규모 원정군을 파견하여 준가르 군대를 제압하고, 이듬해인 1721년 티베트를 청의 영토가 되었다고 선언했다.

파란을 딛고 이어진 청의 전성기

강희제가 많은 업적을 남겼지만, 후계자 문제만큼은 깔끔하게 처리하지 못했다. 그 원인은 지나치게 완벽하다 할 정도로 엄격했던 후계자 교육에 있었다 한다. 강희제는 유교이념에 입각하여 중원을 지배하려 했기 때문에, 아들들에게도 유학 사상을 교육시켰다. 그러면서 후계자도 가장 유능한 아들을 지목하는 만주족 관행이 아닌 유교 예법에 따라 적장자 인청胤礽으로 정했다. 이 때문에 신료들의 반발도 있었으나, 강희제는 이를 누르고 황태자로 책봉된 적장자에게 힘을 실어주었다.

그러나 나이가 들어가면서 황태자는 점점 황제의 기대에 어긋난 행위를 벌였고, 이에 따라 신임을 잃어갔다. 결국 황태자는 황제의 자리를 노리는 정변까지 시도하다 폐위되었다. 이 사건을 계기로 청 왕조에서는 이후 황태자를 책봉하지 못했다. 강희제부터도 후계자를 미리 지목하지 않고, 다음 황제를 지목한 조서를 황궁 액자 뒤에 보관해두고 자신이 죽은 뒤에 열도록 하는 조치를 취해놓았다. 이를 저위비건법儲位秘建法이라 부른다.

그러면서 후계자 자리를 둘러싼 암투도 심해졌다. 이러던 1722년 12월 20일, 강희제가 69세의 나이로 죽었다. 강희제가 지목한 후계자는 넷째 아들 아이신기오로 인전愛新覺羅胤禛이다. 그는 강희제가 남긴 조서를 확인하자 군대를 동원해 반대 세력을 제압하고 황제 자리에 올랐다. 그가 청의 제5대 황제 세종世宗 옹정제雍正帝이다.

그는 아버지 강희제 못지않게 치밀하면서 성실한 성격의 소유자였다. 그는 황제의 실권을 강화하기 위해 경쟁자가 될 수 있는 형제들을 제거하고 정국을 주도했다. 그의 능력은 황제가 되기 이전부터 발휘되었다. 1696년 강희제가 준가르 부족에 대한 원정을 감행할 때 크게 활약하여 이들을 토벌하는 데 큰 공을 세웠다. 이로 인하여 강희제의 인정을 받고, 이후 병부와 호부의 일을 주로 맡아 정국 운영 경험을 쌓았다. 이 경험을 바탕으로, 옹정제는 신하들에게 의지하지 않고 직접 중요한 문제들을 챙겼다.

이 과정에서 자신을 옹립하는 데 기여한 공으로 권세를 누리던 신하들까지 제거했다. 이러면서 자연스럽게 재상들을 비롯한 신료들의 영향력이 줄어들었다.

이러한 흐름을 굳히기 위해, 옹정제는 황족들이 팔기군을 지휘하던 체제를 황제에게 직접 통제받던 장군들이 관리하도록 제도를 바꾸었다. 이를 위해 군사기밀을 지키고 병력을 신속하게 동원해야 한다는 명분을 내세워, 1729년 황궁 안에 임시로 군수방軍需房을 설치했다. 그리고 1732년에는 판리군기처辦理軍機處로 이름을 바꾸고 독립적인 상설 관청으로 만들었다. 황족들의 반대를 물리치고 강행된 이 조치 덕분에, 청에서는 황제에게 군사 지휘권이 집중되어 군대를 통제하기 쉬워졌고, 전선에서 황제에게 올리는 보고도 효율적으로 이루어졌다. 군기처軍機處라고 줄여 불렀던 이 기관이, 처음에는 군사 문제만을 다루었으나 점차 정치적으로 중요한 문제를 심의 결정하는 국가 최고 기관으로 바뀌어갔다.

이러한 체제를 유지하기 위해, 옹정제는 밤 12시부터 새벽 4시까지밖에 자지 않고 정무를 보는 의욕을 보였다. 이렇게 시간을 투입하여, 지방 관리들의 보고서를 꼼꼼히 살펴보고 그 답을 다시 지방관들에게 보냈다. 이때 옹정제는 황제만이 쓸 수 있던 붉은 먹으로 쓴 글씨라는 뜻의 주필朱筆로 답장을 보냈고, 그 답장을 주비유지朱批諭旨라 불렀다. 그리고 이 내용을 곧바로 시행시켰다. 이러한 체제를 통해 옹정제는 말단 관리들까지 이용하여 전국의 동향을 파악하고 적절한 조치를 취할 수 있었다.

이와 같이 부지런히 업무를 챙기면서도, 옹정제는 공식적인 보고 이외에도 독자적인 보고 경로를 따로 활용하여 사실을 확인하려 했다. 양쪽 보고 내용이 맞지 않으면 추궁을 통해 사실을 확인하며 함부로 허위보고를 올리지 못하게 했다. 나중에는 이 주비유지를 『옹정주비유지雍正朱批諭旨』라는 책으로 묶어 지방 관리의 참고서로 삼았다. 또한 옹정제는 자신에게 충성스러우면서도 검소한 신하들에게 양렴전良廉錢을 지급하여 경제적으로 시달리지 않고 업무에 집중할 수 있게 도와주기도 했다.

이렇게 황제의 권한을 강화하며 그에 걸맞게 업무를 처리하는 방식은 강희제 시기의 흐름을 이어가고 있었다고 볼 수 있다. 그래도 강희제 시기와 차이는 있었다. 옹정제가 강희제와 큰 차이를 보이는 부분은 종교와 사상 분야였다. 옹정제는 강희제만큼 유학을 신봉하지는 않았다. 개인적으로는 불교에 심취했다고 한다. 그래서 불교를 지원하고 황자皇子 시절에 살던 건물에 라마교 사원 양식을 반영하기도 했다. 서양 선교사에 대한 태도 역시 달랐다. 옹정제는 강희제와 달리 선교사를 그리 총애하지 않았다. 옹정제의 태도는 이들이 말하는 천주天主 등의 개념이 중원에서 이해하던 것과 다르다는 점을 확인한 뒤에 확실하게 나타났다. 1724년, 옹정제는 기독교 포교 규제를 더욱 강화시켰다. 이 결과, 대부분의 선교사들이 마카오 등으로 쫓겨났다. 단지 주세페 카스틸리오네Giuseppe Castiglione 등 오랫동안 청 황실의 궁정화가 역할 등을 했던 일부 선교사들만 자리를 지킬 수 있었다.

옹정제는 정비된 국력을 바탕으로, 이전의 원정에도 불구하고 적대적 태도를 유지하고 있던 티베트에 대한 정벌에 나섰다. 1727년, 병력을 파견해 또다시 티베트 군대를 격파했다. 이때 티베트를 완전히 굴복시키지는 못했고 준가르에 대한 공략도 실패했지만, 이 원정은 아들 건륭제의 정복 사업에 큰 도움이 되었다. 그리고 이해 통상문제 해결을 위해 캬흐타恰克圖. Kyakhta조약을 체결하여 러시아와 외몽골의 국경을 정했다. 또한 자치를 허용해주던 일부 소수민족을 청을 통제 아래 넣기도 했다.

이렇게 많은 사업을 벌이면서도 청의 재정이 어려워지지 않았다. 강희제 말기부터 시작되어온 재정 개혁을 단행하여 국고를 충실하게 채웠기 때문이었다. 1712년 강희제는 정丁에 붙는 세금을 피하려 관청에 남자의 존재를 신고하지 않는 문제를 해결하기 위해 성세자생인정영불가부盛世滋生人丁永不加賦를 발표했다. 그래서 이해 이후에 태어난 남자에게는 영원히 세를 내지 않도록 만들었다. 여기에 옹정제는 명대부터 이어져온 일조편법을 지정은地丁銀 제도로 바꾸어, 정들이 내던 은을 땅에서 걷던 조세에 포함시켜 전통적인 인두세를 따로 걷지 않게 했다. 이러한 조치로 세금을 내지 않기 위해 남자의 출생신고를 기피하는 경향을 줄일 수 있어 정확한 인구를 파악하기 쉬워졌다.

이에 발을 맞추어, 기득권층의 횡포로 부당하게 천민이 된 사람들을 양민으로 돌려놓는 조치를 취한 것도 청의 재정 확보에 큰 도움을 주었다. 이 과정에서 악덕 지주를 심하게 처벌했다. 이러한 조치를 통해 옹정제의 청 왕조는 재정을 충실하게 운영하면서도 백성의 부담을 줄여줄 수 있었다. 하지만 이는 기득권층의 반발을 샀다. 이들은 옹정제가 아버지 강희제를 살해하고 황제 자리를 차지했다는 등의 소문을 퍼뜨렸다. 그뿐만 아니라 1726년경부터 일부 선비들이 옹정제에 모욕이 될 수 있는 표현을 쓰는 사태가 이어졌다. 옹정제는 이들을 처벌로 다스렸다. 이것이 청 왕조에서 벌어진 '문자의 옥獄'이다.

이어진 전성기, 그리고 이율배반적 쇠퇴

1735년 10월, 매일 4시간밖에 자지 않고 쉬는 날도 없이 일하여 '역사상 가장 부지런한 황제'라는 평가를 받는 옹정제가 쓰러졌다. 옹정제는 황제가 부지런해야 신하들과 백성들도 본받을 것이라는 사고방식을 가지고 있었다. 그러나 이 때문에 과로로 13년 정도밖에 집권하지 못했다고 본다.

옹정제의 뒤를 이은 인물이 넷째 아들 아이신기오로 홍리愛新覺羅弘曆이며, 그가 청의 고종高宗 건륭제乾隆帝이다. 어릴 때부터 할아버지 강희제와 아버지 옹정제에게 제왕의 자질을 인정받아 착실하게 경험을 쌓았다. 이를 바탕으로 다른 황족들의 견제를 물리치고 옹정제에게 후계자로 지명받았다. 이렇게 앞의 황제들이 집권 기반을 다져주었기 때문에, 건륭제는 강희제나 옹정제가 겪었던 파란 없이 즉위할 수 있었다.

즉위한 건륭제는 옹정제가 숙청한 숙부들을 사면하며 인심을 얻었으나, 황족들을 정치에서 배제시키는 정책에 변화를 주지는 않았다. 오히려 강희제나 옹정제 대에도 군대나 정계 요직에 있었던 일부 황족들까지 정치 일선에서 배제시켰다.

이렇게 권력 기반을 다진 건륭제는 보갑제保甲制와 이갑제里甲制에 대한 개혁에 착수했다. 왕안석의 개혁에서 등장하여 명 초기에 정비했던 이 제도를, 청에서도 이어받아 건륭제 대에 보완했다. 당시 문제가 되던 현상은 지방 관리들이 인구와 걷히는 세금을 줄여 보고하고, 실제로 걷은 세금을 빼돌리는 것이었다. 그러자 건륭제는 1740년, 여자까지 포함된 백성들의 나이·성별·이름을 적어 각자의 집 문 앞에 걸어놓게 하고, 이를 절차를 거쳐 중앙정부에 보고하도록 했다. 이를 통해 청 조정은 보다 정확하게 인구를 파악하여 지방 관리들이 세금을 빼돌리지 못하게 했다. 이러한 조치에도 불구하고 세금을 빼돌리다 적발된 지방 관리들은 목을 베는 형벌에 처하는 등 무겁게 처벌하게 부정부패를 저지르기 어렵게 만들었다.

국력을 키운 건륭제는 주변 세력에 대한 정복에 나섰다. 1747년 대금천大金川에 대한 정벌을 시작으로, 1755년과 1757년에 걸쳐 몽골 준가르 부족, 1769년에는 버마, 1776년에는 대금천과 함께 소금천小金川, 1788년 타이완, 1789년 베트남, 1791년과 1792년 네팔에 대한 원정을 감행했다. 이 원정을 통해 준가르 부족을 완전히 복속시켜 외몽골을 얻고, 여기에 티베트와 가까운 묘족苗族의 금천 지역까지 정복했다. 건륭제는 이렇게 얻은 영토에 새롭게 번성하라는 뜻인 신강新疆이라는 이름을 붙였다.

버마 원정 때에는 샴 국왕 탁신이 사이가 좋지 않은 버마를 공격해서 격파해주는 바람에 비교적 쉽게 원정을 성공시킬 수 있었다. 타이완 정복의 배경에는 1786년 일어난 반란이 있었다. 천지회天地會라는 종교 단체와 관련된 임상문林爽文의 반란이 일어나자, 건륭제가 이를 진압하는 과정에서 타이완에 대한 원정을 감행하게 된 것이다. 이때 진압된 천지회에서 지금까지도 유명한 범죄 조직 삼합회三合會가 생겨났다고도 한다.

타이완 원정을 감행하고 난 다음 해에는 왕조 교체로 혼란스러웠던 베트남 원정에 나섰다. 청 조정은 밀려난 왕조에서 망명한 왕을 다시 권좌에 앉혀 베트남을 통제하려 했으나, 이 자체는 실패했다. 하지만 새로 들어선 왕조가 타협하고 조공-책봉 관계를 맺으며 청의 체면을 세워주었다.

네팔 원정은 1788년경부터 시작된 구르카족의 침략과 관계가 있었다. 이때 구르카족이 티베트 남부를 점령하고 진격하자, 건륭제는 반격을 가해 몰아내라 명령했다. 구르카족은 일단 퇴각했다가 1791년 겨울, 다시 티베트로 진격해 왔다. 건륭제는 날이 풀릴 때까지 기다려 다음 해인 1792년 여름에 구르카족을 섬멸하고 히말라야산맥의 카트만두 계곡으로까지 진격해 갔다. 결국 다음 해인 1793년에 구르카족의 항복을 받아냈다. 이렇게 10번에 달하는 원정을 모두 성공적으로 치른 건륭제는, 이 원정을 십전무공+全武功이라 부르며 『십전무공기+全武功記』라는 책을 쓰고 자신을 십전노인+全老人이라 자칭하며 자랑삼았다.

그런데 건륭제의 원정 방식에는 이전과 다른 차이점이 있었다. 하나는 청 초기에 정비된 만주족 중심의 팔기군 대신 한족 장군과 병사들이 많이 활용되었다는 점이다. 그리고 강희제와 달리 군대를 직접 지휘하는 대신, 휘하 장수들을 파견하며 독려하는 방식으로 원정을 치렀다.

한편 건륭제는 1770년, 중원에서 전해져오는 책들을 수집하라는 칙령을 내렸다. 이에 따라 모은 고서적을 필사筆寫한 것이 『사고전서四庫全書』이며, 이는 1782년 완성되었다. 이 과정에서 청의 정통성에 문제를 제기하는 책은 모두 불온서적으로 지정하고 없애버렸다. 그러면서 그러한 내용을 쓴 자들까지 강력하게 처벌했다. 이와 함께 건륭제 대에 많은 서적을 편찬했다. 건륭제가 책을 수집하고 편집하며 새로운 책을 편찬해낸 의도를 보여주는 대목이라 할 수 있다.

즉위하면서 여러 가지 측면에서 성공을 거둔 건륭제는 여러 곳을 순행하는 것을 좋아했다. 순행을 통해 건륭제는 자신의 위엄을 과시했다. 그런데 이 과정에서 호화로운 연회를 베풀며 막대한 자금을 써서 백성들에게 부담을 안겼다. 특히 문인과 예술인들을 가까이하면서 많은 비용을 썼다. 주세페 카스틸리오네 등의 선교사들을 황궁 건축과 미술 등에 활용한 것도 예술에 대한 애착에서였다. 그래서 부분적인 선교 활동을 허락하기도 했다. 그렇지만 정작 선교사들이 포교하고자 했던 천주교에 대해서는 별 관심을 기울이지 않았다.

그런데 1742년 교황 베네딕토 14세는 칙서를 내려 가톨릭으로 개종한 신자들이 자기 사회의 풍습을 유지할 수 있게 허용해주던 관행을 깼고, 1744년 다시 또 다른 칙서를 내려 이를 재확인했다. 이 조치는 청에서 유학자들의 반발을 불러, 선교사들의 활동을 위축시키는 결과를 낳았다.

유럽과의 교역에 있어서도 서로의 관습을 무시하는 상황 때문에 더 이상의 관계 진척이 이루어지지 않는 상황이 벌어졌다. 유럽 상인들은 1750년대에 이미 광동성廣東省(광동성)에 들어와 중국식 길드라 할 수 있는 공행公行과 긴밀한 관계를 유지해왔다. 특히 청에 관심이 많던 영국은 1759년 영국 동인도회사 직원을 북경으로 보내 개항을 요구했다. 이 요구에 대해 처음에는 호의적이던 건륭제는 영국인들에 대한 규제를 대폭 강화하는 쪽으로 돌연 태도를 바꾸었다.

이후 영국은 이러한 상황을 타개하려 여러 차례 사절단을 보냈다. 그러나 상황이 어렵게 돌아갔다. 1788년에 파견된 영국 사절단은 대표가 청으로 가는 도중 병으로 죽는 바람에 파견 자체가 무산되었다. 1792년, 영국 정부는 다시 사절단을 편성해서 보냈지만 외국의 사신이 황제를 만날 때 취해야 하는 예법을 영국 사절이 거부하는 바람에 처음부터 파란이 일었다. 협상 끝에 영국식 예법으로 인사하고 황제를 만나는 것으로 타협을 보았으나, 영국이 섬 하나를 영국에 내주고 무역을 늘려달라는 요구를 하자 건륭제는 1793년 9월 영국 사절단을 강제로 귀국시켰다.

오히려 2년 뒤인 1795년 파견된 네덜란드 사절단이 청의 호감을 샀다. 네덜란드 동인도회사 대표로 파견된 사절단은 영국과 달리 땅을 넘겨달라는 요구도 하지 않았고, 삼배구고두 예법도 받아들였다. 하지만 이것이 청과 서양의 교류 확대를 의미하는 것은 아니었다.

청의 몰락

건륭제가 즉위할 즈음부터, 아메리카 대륙에서 전래된 새로운 작물과 재배 방식이 유럽 선교사들을 통해 도입되었다. 특히 고구마는 기근을 극복하는 데 큰 도움을 주었다. 이와 함께 외국과의 무역도 늘어나 면, 칠기, 도자기, 비단, 서적 등과 함께 차茶가 영국 등 유럽에 팔려나갔다. 이를 통해 청으로 많은 은銀이 유입되었다. 경제적으로 풍요로워지자 인구도 크게 늘어났다. 1722년 1억 5,000만 명이었던 인구가 1790년에는 3억 명을 넘어섰다.

건륭제는 나이가 들면서 젊은 시절처럼 직접 정무를 챙기지 못했다. 이 때문에 중앙과 관련된 일만 주필을 쓰며 지방 일을 챙기는 데 소홀해져, 지방 관리들의 재량권이 커졌다. 이 틈을 노린 지방 관리들의 부정부패가 늘어갔다. 가끔은 이런 상황에서 생겨난 관리들의 부정을 강력하게 처벌하기도 했지만, 이와 같은 사건조차도 이전처럼 황제가 직접 일을 챙기며 진두지휘하지는 않았기에 흐지부지되기 일쑤였다.

그러다 보니 황제의 신임을 이용하여 자신의 사리사욕을 채우려 하는 신하들이 나타났다. 그 대표적 인물이 화신和珅이다. 그는 황제를 호위하는 금군 출신으로, 27세가 되던 1776년 호부시랑이 되어 재정을 담당하는 호부의 일을 맡았다. 이후 뇌물수수 사건에 관련된 자금을 국고로 환수하는 데 큰 역할을 하며 능력을 보였다. 이를 계기로 황제의 신임을 얻어

1780년에는 31세에 호부의 수장인 호부상서가 되었다. 그런데 이것이 그의 부정이 본격적으로 시작되는 계기였다.

그는 각 지방의 관리들에게 일정한 돈을 받고 지은 죄를 사면하는 방식으로 돈을 모아두었다. 이 자금을 국고가 비었을 때에 활용하기도 했으나, 기본적으로 자신이 관리하는 재산을 모아두는 구조에서 벗어나지 않았다. 화신이 이럴 수 있었던 배경에는 건륭제 자신의 태도 변화도 관련이 없지 않다. 말년의 건륭제는 자신이 사용할 수 있는 재산을 모으는 데 집착하여 화신의 행각도 눈감아줄 수밖에 없었던 것으로 해석된다. 이렇게 부정부패가 심해지자 청 조정에 저항하는 반란 세력이 나타나기 시작했다. 1774년 백련교를 기반으로 일어난 왕륜王倫의 반란이 그러한 사례이다. 이 자체는 비교적 손쉽게 진압되었으나, 건륭제 말년에는 계속 지방에서 산발적인 반란이 일어났다.

그러던 1795년 건륭제는 황제 자리에서 물러나겠다고 발표했다. 즉위할 때부터 자신이 존경하는 할아버지 강희제보다 오래 황제 자리에 있지는 않겠다는 공약을 지키겠다는 뜻이었다. 그래서 15번째 아들 영염永琰을 황태자로 책봉했다가, 음력으로 이해 말일에 황제 자리를 물려주고 자신은 물러났다. 이렇게 해서 황제에 오른 영염이 청의 인종仁宗 가경제嘉慶帝이다. 하지만 건륭제는 물러나고 나서도 태상황제로서 핵심적인 권한을 행사했다. 가경제 역시 중요한 문제는 건륭제와 상의해서 처리했기 때문에, 건륭제가 살아 있는 동안이 진정한 의미에서 가경제의 집권 시기라고 하기는 어렵다.

가경제가 즉위하자 건륭제의 진압으로 한동안 주춤했던 백련교도의 반란이 또다시 일어났다. 여기에 차별을 받던 묘족들까지 가세했다. 이 반란들은 진압에 어려움을 겪으며 10년에 가까운 시일을 끌고 나서야 끝났다. 그런 와중인 1799년 건륭제가 죽었다. 그러자 가경제는 화신을 건륭제의 장례를 치르는 자리에 임명했다. 그러고는 장례가 끝나자 부정축재 등 20개의 죄목을 물어 자살하라는 명령을 내렸다. 화신이 자살하고 난 뒤 그가 모아놓은 막대한 재산은 가경제의 내탕금으로 흡수했다.

이렇게 화신을 처리한 가경제는 황제권 강화와 부정부패 처단에 나섰다. 건륭제 이후 유명무실해진 주필 제도를 부활시키려 했던 노력이 그 사례라 할 수 있다. 하지만 그리 큰 효과를 보지는 못했다. 건륭제의 치세 동안 부정을 저질러온 지방 관리들을 효과적으로 통제하지는 못했기 때문이다. 근본적으로는 10여 년 치 국가 예산을 웃도는 화신의 재산을 자신의 재산으로 흡수하는 등 가경제 역시 개인 재산 축적에 힘쓰며 비난받았던 것이 중요한 요인이라 할 수 있다.

이러던 1813년 백련교의 일파였던 천리교天理敎 두령 임청林淸과 이문성李文成 등이 환관 등을 포섭하여 가경제가 사냥 나간 사이에 황궁을 탈취하려는 사건이 일어났다. 이를 계유지변癸酉之變 또는 금문지변禁門之變이라 한다. 이 정변은 둘째 아들 민닝綿寧, 旻寧이 기민하게 대처하여 막았으나, 청의 분위기는 어수선해졌다. 이후 가경제는 자신의 죄를 쓴 죄기조罪己詔를 써서 발표하고 전국을 돌며 민심을 어루만지는 등 수습을 위해 애썼으나 별다른 효과를 보지는 못했다.

그만큼 청의 경제 사정은 나빠져 있었다. 한동안 사회가 안정되어 중원의 인구는 폭발적으로 늘어났으나, 중앙정부의 재정 악화 등의 문제로 이들을 먹여 살릴 만큼 경제를 부양하지 못했던 것이 이유였다. 그러자 가경제는 세금을 올려서 문제를 해결하려 했다. 이로 인하여 재정 악화는 조금

나아졌지만 백성들의 불만이 커졌다. 이즈음 기근이 발생하여 많은 사람들이 굶어 죽었고, 세금을 내지 못한 백성들은 유랑민이 되어 떠돌았다.

서양 세력의 침략과
태평천국의 반란

이런 상황에서 아편까지 청으로 들어오기 시작했다. 특히 영국은 청과의 교역에서 적자가 쌓여 막대한 은이 유출되자, 인도에서 아편을 가져와 청에 팔아 적자를 줄이는 수법을 썼다. 하지만 옹정제 대인 1729년에는 아편 금지령을 내리고, 2년 뒤인 1731년에는 아편 흡연자와 판매자를 가차 없이 처형하여 문제가 커지지 않았다. 하지만 건륭제의 치세를 거치면서 나라의 기강이 무너지자, 지방 관리들이 영국 상인들에게 뇌물을 받으면서 아편에 대한 규제도 느슨해졌다. 그래서 가경제 대에는 일반 백성뿐 아니라, 중앙·지방을 막론하고 관리들까지 아편에 중독되고 있었다. 이에 따라 아편의 반입량도 크게 늘었다.

이런 와중인 1820년 가경제가 죽었다. 그 뒤는 계유지변 때 공을 세웠던 둘째 아들 아이신기오로 민닝愛新覺羅旻寧이 이었다. 그가 청의 선종宣宗 도광제道光帝이다. 즉위한 도광제는 관료체제를 정비하며 청의 국력을 정비해보려 애썼다. 그러나 기울어져가는 청의 기강을 세우기에는 역부족이었고, 여기에 서양 세력이라는 변수까지 불리하게 작용했다.

이 점은 이른바 '아편전쟁'으로 불거졌다. 아편 유통이 청의 사회문제로 등장하자, 청 조정에서는 이에 대한 대대적인 단속을 결정했다. 그 결과 1939년 임칙서林則徐를 보내 아편을 단속하게 했다. 임칙서가 아편을 몰수하며 강력한 단속에 나서자, 영국이 반발하며 충돌이 일어났다. 처음에는 영국 동인도회사 선박과 청 함대의 충돌로 전쟁이 시작되었으나, 1840년 영국군이 파견되어 원정에 나섰고, 이에 저항할 만한 전력이 없었던 청은 굴복했다. 이것이 제1차 아편전쟁이다.

이에 따라 1824년 청은 몰수한 아편 값을 배상해줌은 물론, 홍콩을 영국에 넘겨주고 상해 등 5개 항구를 개항해주는 등의 내용이 담긴 조약을 체결했다. 이것이 난징조약南京條約이다. 이렇게 영국이 청과 일방적으로 유리한 조약을 체결하자, 이후 다른 서양 열강들도 청에 자신들에게 유리한 조약을 요구해 관철시켰다. 결국 제1차 아편전쟁이 서양 열강 침략의 계기가 된 셈이다.

이렇게 안팎으로 시달리던 도광제가 1850년에 죽었다. 그 뒤를 이은 인물이 도광제의 넷째 아들 아이신기오로 이주奕詝, 청의 문종文宗 함풍제咸豊帝였다. 함풍제는 즉위한 뒤 얼마 되지 않아 시련을 맞았다. 함풍제가 즉위하기 전부터 청 왕조의 통치에 반발한 반란이 이어지고 있던 와중인 1851년에 새로운 종교 집단의 반란이 일어났다.

그것이 이른바 '태평천국太平天國의 난'이며, 그 중심인물은 홍수전洪秀全이다. 홍수전은 광동성 화현花縣의 객가客家 출신으로, 과거 초기 단계도 합격하지 못하고 암울하게 살던 중 약 40일간 병을 앓던 일이 있었다. 이때 노인에게서 파사검破邪劍(사악함을 물리치는 검)을, 중년 남자에게서 요사스러움을 없애는 도끼를 받는 꿈을 꾸었다고 한다.

홍수전은 이 꿈을 침례교 선교사로부터 받았던 전도지와 연관시켜 해석했다. 노인은 야훼, 중년 남자는 예수이며, 자신은 예수의 동생이라고 이해했다. 이를 바탕으로 홍수전은 1847년, 기독교적 색채가 강한 배상제회拜上帝會를 만들었다. 기존 종교 대부분처럼 단순히 내세를 기약하는 것이 아니라 현실의 복을 강조하는 교리를 앞세워 교세를 불려갔다. 홍수전은 포교 지역에서 갈등이 생기며 압박을 받게 되었다. 그리고 교단의 주요 간부들이 체포되기 시작하자 혁명을 생각하게 되었다.

그 결과 1850년 배상제회는 단영團營이라는 군사 조직을 만들었다. 이 조직을 훈련시키면서 무기까지 갖추며 혁명 준비를 진행시켜나갔다. 곧 청의 군대 등과 충돌이 생겼고, 이를 기화로 1851년 혁명을 일으켰다. 홍수전은 천왕天王이라 자칭하며, 나라 이름을 태평천국으로 정했다.

청은 제1차 아편 전쟁에서 많은 전력을 잃었고, 남은 군대도 분산 배치할 수밖에 없었기 때문에 태평천국 군대를 격파하는 데 애를 먹었다. 이러한 약점을 이용한 태평천국군은 이동해 다니며 세력을 불렸고, 이렇게 모은 부대를 이용해 수적으로 우세한 청군을 여러 번 격파했다.

청군을 격파하면서 태평천국군의 세력은 더욱 불어났다. 여기에 청 조정이 전쟁 비용 조달 및 제1차 아편전쟁의 피해 배상을 지불하기 위해 법에서 정한 것보다 몇 배에 달하는 세금을 걷은 것이 화근이었다. 아편 값 등으로 은이 외국으로 유출되는 상황에서 세금을 은으로 걷었기 때문에 은값이 폭등하여 백성의 부담이 배가되는 문제가 더해졌다. 또 향용鄕勇이라 하여 임시로 동원하여 군대로 이용한 인원이 제1차 아편전쟁의 종말과 함께 해산되자, 이들이 백성들을 갈취하며 문제를 일으키기도 했다. 이러한 부담에 불만을 갖게 된 백성들이 대거 태평천국군에 가담했다.

이에 힘입은 태평천국은 1852년, 청군과의 전투 중에 주요 간부들이 전사하는 사태가 있었음에도 중원의 주요 거점들을 손에 넣었다. 1853년에는 남경을 함락시킨 다음, 이곳을 천경天京이라 이름을 바꾸고 본거지로 삼았다. 홍수전은 기독교 교리 일부를 이용하는 한편으로, 지주들의 토지를 몰수하여 농민들에게 공평하게 나누어준다는 공약을 해서 농민들에게 상당한 지지를 얻었다. 서양 세력도 이들을 주목했다. 1854년 4월 영국, 프랑스, 미국이 청 조정에 자기들에게 유리한 조항을 추가하여 난징조약을 고쳐달라는 요구를 해 왔다.

이후 1856년 10월 8일, 영국인이 선장으로 있던 범선 애로호에 중국 관헌이 올라가 승무원들을 해적 혐의로 연행한 이른바 '애로호 사건'이 일어났다. 영국은 이를 청을 침략할 빌미로 이용했다. 마침 비슷한 시기에 프랑스도 조약을 어기고 개항장 밖에서 활동하던 선교사가 중국 관리에게 적발되어 처형당한 사태를 겪고 있었다. 영국은 비슷한 입장에 있던 프랑스까지 끌어들여 청을 침략했다. 이것이 이른바 제2차 아편전쟁이다. 영국·프랑스 연합군은 6,000여 명에 불과했지만 광주廣州(광저우)를 쉽게 점령했다. 그리고 청에 교섭을 요구했지만 청은 응하지 않았다. 하지만 계속된 영국·프랑스 연합군의 공세에 천진天津(톈진)이 위협받자, 1858년 굴복하고 톈진조약을 맺었다.

조약의 주요 내용은 이렇다.

1. 서양의 외교사절이 북경에 상주할 수 있게 할 것
2. 난징조약 때의 5개 항구 외에 10여 개 항구를 추가 개항할 것
3. 외국인의 중국 내륙지역 여행 권리를 인정할 것
4. 크리스트교 선교의 자유를 인정할 것
5. 구룡반도九龍半島(주룽반도)를 영국에게 할양할 것
6. 배상금 800만 냥을 지불할 것

그런데 조약을 비준받을 즈음인 1859년, 청군이 조약 사절단이 탄 배에 포격을 가하는 사건이 일어났다. 이 때문에 다시 충돌이 재개되어 영국·프랑스 연합군이 북경을 점령하는 사태로 이어졌다. 그 결과 1860년 러시아의 중재로 톈진조약에서 확보한 이권을 확정짓고 다음 침략의 기반까지 갖춘 내용인 베이징조약(북경조약)을 체결하게 되었다. 중재에 나섰던 러시아는 지금의 블라디보스토크Vladivostok를 포함한 연해주 지역을 청으로부터 얻어냈다.

　영국·프랑스 연합군의 공격이 시작되자 함풍제는 피난을 갔다가, 피난 간 곳에서 1861년 8월 22일 세상을 떠났다. 이렇게 서양 세력의 침투가 본격화되었는데도 무기력한 모습을 보인 청 왕조의 권위는 크게 실추되었다. 또한 전쟁 비용과 배상금 지불 부담이 백성에게 전가되며 불만이 커졌다.

　이것이 태평천국의 반봉건·반외세 구호와 연결되었다. 그러자 태평천국 핵심인 홍수전이 기독교 교리를 이용하면서도 예수의 동생을 자처하는 등의 이단적 행태를 보이는 점 등의 이유로 서양 열강은 청과 함께 태평천국 공략에 가담했다. 이와 함께 남경 점령 이후 태평천국 내부의 문제도 불거지기 시작했다. 태평천국은 봉기 후, 주요 간부로 활동하던 익왕翼王 석달개石達開, 동왕東王 양수청楊秀淸, 서왕西王 소조귀蕭朝貴, 남왕南王 풍운산馮雲山, 북왕北王 위창휘韋昌輝의 5왕을 책봉했다. 근대적 요소를 갖춘 구호와 어울리지 않는 전근대적 체제로 태평천국을 운영한 셈이다. 그런데 이 안에서도 양수청은 천부하범天父下凡, 소조귀는 천형하범天兄下凡을 자칭하면서 각자 야훼와 그리스도의 계시를 받았다고 주장했다. 그리고 이것을 빌미로 자신의 위상을 강화하면서, 태평천국 지도부 사이에 균열이 커져갔다.

이러한 갈등은 1856년에 홍수전이 양수청을 제거하는 사태로 이어졌고, 이로 인해 태평천국은 크게 약화되었다. 1860년 5월, 태평천국군은 남경을 공략해 오던 청 정규군을 무찌르는 개가를 올리기도 했지만, 외국인까지 가담함 민병대와 증국번曾國藩·이홍장李鴻章 등의 활약으로 1862년 5월 즈음부터 남경이 위협받게 되었다. 결국 1864년 6월 1일에 홍수전이 죽고, 7월 19일에 남경이 함락당했다. 이후에도 태평천국의 잔당이 저항했지만, 얼마 가지 못해 진압되었다. 태평천국이 무너진 뒤 증국번, 이홍장 등의 위상이 높아졌다. 그리고 이것이 근대로 접어드는 중국에서 중요한 변수로 작용했다.

청의 사회와 문화

누르하치는 여진 세력을 통일해나갈 즈음부터 문화적 소통의 필요를 느꼈다. 그래서 1599년 몽골문자로 만주어의 음을 표시하는 만주문자를 만들도록 했다. 이를 노만문老滿文이라 한다. 뒤를 이은 홍타이지 시기에 이를 개선하여 신만문新滿文이 만들어졌다. 이와 같은 만주문자의 창제는 여진족을 통일하고 독자적인 문화를 남기는 데 중요한 역할을 했다.

청의 독특한 조직 구조의 대표로 꼽히는 것이 팔기군八旗軍(만주어로 자쿤 구사)이다. 이 제도는 누르하치가 여진 세력을 통일하는 과정에서 만들어졌다고 한다. 이 근원은 여진족의 전통에 있었다. 여진 사회에서는 사냥을 나갈 때 1명의 우두머리가 9명을 지휘하게 하는 전통이 있었다.

이때 각각 화살을 한 묶음씩 가지고 갔다는 점에서, 이 조직의 우두머리

를 화살이라는 의미의 니루와 주인이라는 뜻의 어전을 붙여 니루어전牛彔
額眞(厄眞)이라고 불렀다. 이 조직은 사냥이 끝나면 해산되는 조직이었지만,
누르하치가 금의 맹안모극 제도를 참고로 이 조직을 확대·개편하여 팔기
제도를 만들었다. 1601년경 누르하치는 300명을 니루어전이 지휘하는 1니
루로 편성했다. 이 지위가 나중에 좌령左領이라는 관직명으로 굳어졌다.

처음에는 4개의 니루로 출발하여 각기 황색·홍색·남색·백색의 깃발을
사용했지만, 니루 숫자가 급격하여 불어나 200개에 이르자 5개 니루를 하
나의 기旗로 묶어 일부라는 뜻을 가진 잘란甲喇(이후의 참령參領)으로 개편하
여 잘란어전이 지휘하도록 했다. 그리고 다시 다섯 잘란을 기라는 뜻을
가진 구사固山로 개편하고 구사어전이 지휘하는 체제를 갖추었다.

이렇게 숫자가 불어나자 4개의 기를 8개의 기로 그 숫자도 늘렸다. 원래
의 황색·흰색·남색의 기에는 홍색 띠를 둘러 양황鑲黃, 양백鑲白, 양람鑲藍이
라 부르고, 홍색 기치에는 흰색 띠를 둘러 양홍기鑲紅旗라고 불렀다. 그러
면서 원래의 기는 정황正黃, 정백正白, 정람正藍, 정홍기正紅旗라고 했다. 이러
한 체제에서 각 기는 모두 7,500명의 병력을 갖추었다. 그리고 이들은 누
르하치와 그 일족들이 나누어 지휘했다. 팔기의 각 기주는 관리자라는 뜻
의 버일러貝勒라고 불렸으며, 이들을 총칭하여 8구사 버일러나 8고산왕固山
王 등으로 불렀다. 이들 아래에 역시 누르하치의 일족으로 별도의 구사어
전을 임명했다.

누르하치는 1620년대 몽골족의 군대를 흡수·통합하면서 그들도 팔기
제로 흡수했으며, 나중에 한족의 군대에도 같은 조치를 취했다. 그 결과
1642년, 만주족·몽골족·한족 각각에 팔기군이 만들어져 3개 종족에 각 8
개로 24개 깃발 체제가 갖추어졌다. 전리품도 팔기군 조직에 분배되었으

며, 1613년부터는 각 니루 300명 중 10명과 4마리의 소를 차출하여 둔전을 경작하며 자급 능력까지 갖추었다. 이렇게 해서 군사 조직에서 출발한 팔기는 행정·경제 공동체라는 다양한 측면을 갖게 되었다.

강희제가 즉위하면서 팔기제에도 약간의 변화가 있었다. 청 초기에는 팔기군이 정예군 역할을 했으나, 중원 정복 이후로 숫자가 많은 한족 활용이 불가피해지면서 녹영綠營이라는 부대를 두었다. 강희제는 녹영을 팔기군이나 황제 직속 부대 아래에 두어 만주족의 지배체제에 한족을 포용하는 태도를 취했다. 그렇지만 이 부대가 삼번의 난이나 타이완 정벌 때 활약하면서 청 군사력의 비중에 변화를 가져왔다.

강희제는 전통적인 팔기군체계를 유지하면서도 엄격하게 운영했다. 지휘관과 병사들이 함께 돌아오지 않으면 부하나 상관을 버린 자들을 처벌하는 식이었다. 이렇게 엄격한 규율 덕분에 강희제를 비롯한 청 전성기의 팔기군은 큰 활약을 했지만, 시간이 흐르면서 팔기군의 기강은 많이 흐트러졌다. 중원이 안정되면서 전쟁이 줄어들고, 이에 비해 군사들의 수는 크게 늘어나 통제를 제대로 할 수 없게 된 결과였다. 그래서 청 후기의 반란이나 서양 열강의 침공에 무기력한 모습을 보이다가 역사의 뒤편으로 사라졌다.

청이 중원을 정복한 뒤, 중원의 향촌 사회는 혼란을 맞았다. 명의 말기부터 도적떼가 날뛰었고, 청의 지배에 반발하는 세력의 저항이 전개되었기 때문이다. 청 왕조의 입장에서는 자신들에 저항하는 세력을 제압하는 것 이상의 대책이 필요했다. 그래서 각 향촌의 지배세력이라 할 수 있는 지역 유지들을 우대하며 포섭하는 정책을 폈다. 이와 함께 세금을 면제해주면서 유랑민들이 정착할 수 있도록 황무지를 개간하는 사업도 벌였다.

이러한 정책에도 불구하고 한동안은 지방에 대한 지배가 쉽지 않았다. 청 왕조에 대한 반란이 이어지면서 형세를 관망하고 있는 세력이 많았기 때문이다. 그래서 청 왕조는 이들을 제도권 안으로 끌어들이기 위해 노력했다. 이와 함께 청은 명에서부터 이어져온 보갑제를 받아들여 시행하는 방법을 썼다. 그렇지만 이민족 지배에 대한 거부감을 없애고, 지방 세력이 무장하여 저항하는 사태를 막기 위해 약간의 변화를 주었다. 명대의 보갑제와 달리 향촌 방위 기능을 없애버리고, 연대책임을 물어 서로 감시하는 기능만 강조되었다. 그렇지만 청에 저항하던 세력이 대부분 사라지고 난 다음인 강희제 시기에는 다시금 보갑제에 향촌 방어 임무를 추가해나갔다. 자연재해가 잦았던 건륭제 시기에는 이에 대한 대응을 위해 보갑제를 이용하기도 했다. 그만큼 청 왕조의 필요에 의해, 자치보다 국가의 통제 위주의 운영에 중점을 두었다고 볼 수 있다.

청 왕조는 중원 지배를 위한 이념에도 많은 신경을 썼다. 특히 중원 정복 이후의 전성기를 이끌었던 강희제는 성리학에 심취하여 이를 지배이념으로 도입했다. 그런데 이때는 예수회 선교사들이 명 왕조 대부터 적극적으로 중국 진출을 꾀하고 있었다. 강희제는 예수회 선교사들에게서 서양 학문과 예술을 배웠다. 하지만 정작 선교사들이 보급하고자 했던 천주교 교리에 대해서는 별 관심을 기울이지 않았다. 뒤를 이은 옹정제는 강희제보다 선교사들에게 우호적이지 않았으며, 건륭제 역시 강희제와 비슷하게 서양의 문물에 관심을 보였을 뿐 천주교 자체를 믿는 성향은 아니었다. 이는 천주교의 중국 전파에 상당한 제약이 되었다.

한국

전란 수습에 이은 변화

환국

1674년 8월 18일, 현종이 죽고 14세의 나이로 왕위에 올랐던 숙종은 어린 나이임에도 과단성 있는 정치력을 발휘했다. 숙종은 즉위와 함께 효종과 현종의 정통성을 인정하려 하지 않던 서인을 몰아냈다. 숙종 즉위년에 일어난 이 사건을 갑인환국甲寅換局이라 한다. 이러한 변화 이면에는 외척 김우명金佑明, 김석주金錫冑 등의 역할이 있었다. 김석주는 서인이지만, 외척이라는 이유로 자신의 출세를 막았던 송시열을 축출하기 위해 남인을 끌어들였다. 그 결과, 숙종 즉위년에 남인이 대거 중요한 자리에 기용되었다.

남인은 정권을 잡자 서인에 대한 처리 문제를 놓고 허적許積·권대운權大運 등의 탁남濁南과, 윤휴尹鑴 허목許穆 등의 청남淸南으로 갈렸다. 청남은 서인을 완전히 몰아내자는 강경파였고, 탁남은 그렇게까지 할 필요 없다는 온건파였다. 갈등을 겪으며, 정권의 주도권은 탁남에게 넘어갔다. 그러나 남인 세력이 지나치게 강해지는 것을 꺼리던 숙종에 의해 남인 정권도 오래가지 못했다. 1680년 허적이 잔치를 벌이면서 왕의 허락 없이 대궐에서 쓰는 기름 먹인 장막과 차일遮日을 가져간 사건을 계기로 남인이 밀려났다. 이를 경신환국庚申換局이라 한다.

이런 와중에 실권을 쥐게 된 김석주는 남인 세력과 친밀한 관계를 유지하던 종친 세력 제거에 나섰다. 인조의 셋째 아들 인평대군麟坪大君의 세 아들 복창군福昌君, 복선군福善君, 복평군福平君이 반역을 도모했다는 죄를 뒤집어씌워 제거했던 것이다. 김석주는 남인 세력을 일망타진하기 위해 역모 사건을 조작하기도 했다. 서인으로 남인에 붙어 벼슬을 하고 있는 김환金煥에게 남인의 역모를 정탐하라고 했고, 김환은 공신이 되기 위해 남인이 역적모의를 꾸미고 있다고 고발해버렸다. 1682년에 일어난 이 사건을 임술고변壬戌告變이라 한다. 이런 식으로 사건을 조작한 데 대해서는 서인에 속한 젊은 관료들조차 못마땅하게 생각했다. 이때 송시열이 이런 행각을 지지하며 야합하자, 서인은 송시열을 지지하는 노론과 그를 비판하는 소론으로 갈라졌다.

이후에는 김석주와 송시열이 정국을 주도했으나, 이러한 구도 역시 오래가지 않았다. 1689년, 숙종이 후궁 장희빈에게서 낳은 아들을 원자로 책봉하고자 했던 사건이 계기였다. 송시열을 비롯한 노론이 원자 책봉을 반대하자, 숙종은 이를 서인 타도의 기회로 이용했다. 숙종은 이를 계기로 서인의 지지를 받던 인현왕후仁顯王后 민씨를 폐위시키고, 희빈禧嬪 장씨를 중전으로 삼았다. 이 와중에 송시열은 사약을 받고 100여 명 이상의 서인 인사들이 화를 당한 이 사건을 기사환국己巳換局이라고 한다.

이와 같이 숙종은 환국을 통한 정계개편을 반복했다. 노론과 소론의 대립을 적절히 이용해 정국을 이끌어갔던 이 형태는 이전까지 전개되어왔던 사림정치와는 다른 양상이다. 이렇게 된 원인은 숙종의 정책 때문이다. 숙종은 당파 간의 충돌을 부추겨 신료들의 세력을 약화시키고, 이를 이용해 왕권을 강화하고자 했다.

여기에 숙종의 여자관계까지 얽혔다. 1671년 혼인했던 김만기金萬基의 딸 인경왕후仁敬王后가 첫 번째 부인이지만, 그녀는 1680년에 20세의 나이로 일찍 죽었다. 그래서 맞이한 두 번째 부인이 민유중閔維重의 딸, 인현왕후이다. 그녀가 후계자를 낳지 못하는 상황에서, 남인계 역관譯官 집안 출신 희빈 장씨가 첫아들을 낳았다. 그러자 숙종은 인현왕후를 쫓아내고 희빈 장씨를 중전에 책봉했다.

그러던 1694년 3월, 김만기의 장손 김춘택金春澤 등이 인현왕후 복위 음모를 꾸미다가 발각되었다. 이 사건의 심리를 맡았던 남인 우의정 민암은 사건을 최대한 확대해 노론 세력을 일망타진하려 했다. 그러나 서인의 반격이 개시되며, 뒤에 영조의 생모가 된 숙원 최씨에 대한 독살설이 불거졌다. 이러한 사태 속에서 숙종은 갑자기 비망록을 내려 민암 등 남인 세력을 몰아내고 서인을 다시 기용했다. 이를 갑술환국甲戌換局이라 한다. 이렇게 해서 인현왕후가 복위되고 장희빈은 폐비되었다. 인현왕후가 1701년에 병으로 죽자, 숙종은 장희빈의 저주 때문이라며 장희빈과 세자의 외삼촌인 장희재張希載를 죽였다.

이후 숙종은 숙원淑媛(후궁에게 내리던 종사품 내명부의 품계) 최씨에게서 아들을 얻었고, 세 번째 부인으로 김주신金柱臣의 딸 인원왕후仁元王后를 맞이했다. 인원왕후 역시 자식을 낳지 못하여, 숙종은 3명의 왕비가 아닌 후궁들에게서만 아들을 얻은 꼴이 되었다. 숙종은 장희빈에게서 세자(뒤에 경종)를, 숙원 최씨에게서 연잉군延礽君(영조)을, 명빈複嬪 박씨에게서 연령군延齡君을 얻었다. 이들 중 세자로 선택된 장희빈의 아들은, 갑술환국 이후 소론과 남인의 비호를 받지 못하며 그 지위를 위협받게 되었다.

숙종은 성장하면서 김석주의 영향 아래에서 벗어나 직접 정국을 주도하려 했다. 그래서 서인들이 장악하고 있던 군영軍營들을 5군영五軍營으로 정비하여 손아귀에 넣었다. 5군영은 수도와 그 외곽을 방어하기 위해 설치된 훈련도감訓鍊都監, 어영청御營廳, 금위영禁衛營, 총융청摠戎廳, 수어청守禦廳으로 구성되었다. 훈련도감·어영청·금위영은 수도 방어를, 총융청·수어청은 수도 외곽 방어를 담당했다. 이를 통해 힘을 얻은 숙종은 임진왜란의 피해 복구 작업을 마무리하며 상당한 치적을 남겼다. 특히 대동법의 전국적 실시와 양역 변통 문제 해결 시도 등 민생 문제에 큰 관심을 보였다.

그러나 말년에는 노론에 의지하는 정책을 폈다. 이 점은 1717년 7월 19일, 숙종이 노론 좌의정 이이명李頤命과 독대하며 연잉군·연령군 두 왕자의 보호를 부탁했던 점에서 나타났다. 이것이 이른바 정유독대丁酉獨對이다. 그리고 이 직후, 숙종은 돌연 세자의 대리청정을 명했다. 그러자 평소 세자의 교체를 바라던 노론은 반대하지 않았던 반면, 오히려 소론 쪽에서 반대하는 현상이 벌어졌다. 실수를 유발시켜 세자를 폐위시키려는 음모라 보았기 때문이다. 결국 세자가 그해 8월부터 대리청정을 시작하게 되며, 소론의 정치적 입지가 좁아졌다. 숙종 대에 이르러 단종과 사육신, 소현세자빈 강씨의 지위가 복원된 것도 이러한 흐름과 무관하지 않다.

그렇지만 세자 교체는 이루어지지 않았다. 경종景宗이 대리청정을 하는 3년의 시간 동안 딱히 흠이 될 만한 실수를 저지르지 않았기 때문이다. 그러다 대리청정을 맡긴 지 3년째 되던 해에 숙종이 죽는 바람에, 세자가 그대로 왕위를 이어받았다. 하지만 경종이 즉위한 직후에도 노론의 영향력은 유지되었다. 노론은 경종을 압박하여, 경종의 생모 장희빈의 복권을 거론한 유생을 죽이게 하는 등의 힘을 과시했다. 노론은 경종을 죄인의 자식으로 낙인찍어 왕의 권위와 정통성까지 흔들려는 움직임까지 보였다. 희빈 장씨가 인현왕후를 제거하려 한 죄로 죽었다는 사실을 기록으로 남기자고 주장하기까지 했다.

노론은 한발 더 나아가, 즉위한 지 겨우 1년이 지난 경종에게 이복동생인 연잉군을 세제世弟로 책봉하라고 강요했다. 신하가 왕을 택한다는 '택군擇君'의 의미를 가진 사태였다. 결국 조정을 장악한 노론과 대비의 결탁으로, 세제 책봉은 시작한 지 하루 만에 일사천리로 진행되었다. 노론은 더 나아가 세제 책봉 두 달 뒤인 1721년 10월, 세제의 대리청정까지 요구했다.

이 자체는 무산되었지만 곧 분란이 일어났다. 노론은 경종을 퇴진시키려고 했고, 소론은 이를 막으려고 했다. 소론의 반격은 1721년의 신축환국辛丑換局과 이듬해인 1722년의 임인옥사壬寅獄事로 나타났다. 소론 김일경金一鏡 등이 세제 책봉과 대리청정을 주장한 행위가 경종에 대한 반역이라고 몰아, 노론 세력을 쫓아내고 소론 정권을 세운 사건이 신축환국이다. 또 노론 고관 자제들이 경종을 죽이려 한다는 목호룡睦虎龍의 고발을 계기로 노론이 일망타진된 사건이 임인옥사이다. 이 두 사건을 합쳐 신임옥사辛壬獄事라고도 한다.

이를 통해 김창집金昌集, 이이명, 이건명李健命, 조태채趙泰采 등 노론 4명의 대신이 사형당한 것을 포함해 60여 명의 노론 인사들이 숙청당했다. 이 시점에서 당쟁은 예송 같은 정책 대결이나 정권 교체 수준이 아니라, 신료가 국왕을 선택하려는 과정에서 대규모 숙청이 따르는 정쟁 형태로 바뀌었다. 두 사건을 계기로 소론은 노론에게 큰 타격을 입힐 수 있었다. 그러나 경종이 즉위한 지 4년 만인 1724년 8월 25일에 죽었다. 그런데 경종의 죽음에 대한 의혹이 돌기 시작했다. 경종이 의원들이 매우 꺼리는 조합인 계장과 생감을 같이 먹은 다음인 8월 25일에 사망하자, 사실 여부에 상관없이 의혹이 퍼졌다.

영조 초기의 탕평

경종의 갑작스러운 죽음으로 왕위에 오른 세제가 21대 영조英祖이다. 왕위에 오르기는 했지만, 경종 독살설이 퍼지면서 영조는 정치적 부담을 가지고 출발하게 되었다. 경종 독살 혐의를 벗고 자신의 정당성을 확보하기 위해 당쟁의 부담에서 벗어나려는 것이 영조가 펼친 탕평책의 핵심이었다. 그래서 영조는 인재를 등용할 때에도 노론과 소론의 온건파인 완론緩論 중심으로 고르게 하고, 처벌할 때도 균형을 유지하려고 애썼다. 그러면서 소론 온건파의 손으로 신임사화에서 처벌받은 노론 인사들의 죄를 풀어주게 함으로써, 자신도 경종 독살에 관련되어 있다는 혐의를 벗으려 했다.

왕위에 오른 영조는 우선 이광좌李光佐, 유봉휘劉鳳輝, 조태억趙泰億 등 소론을 정승 자리에 앉히며, 신임옥사 때 유배되었던 노론 민진원閔鎭遠을 풀어주었다. 그러나 신임옥사의 시비를 가리지 않겠다는 사실부터 소론에게 불리한 것이라, 즉위 직후의 탕평책은 소론에게 지지를 받지 못했다. 노론 역시 불만이 있기는 마찬가지였다. 그래서 영조는 1725년에 접어들면서 노론 위주의 정권을 수립하려 했다. 영조는 소론에 대한 비난 상소가 올라온 것을 계기로 소론 요인들을 파직시키고, 세 정승과 모든 삼사三司 관원을 노론으로 채운 정권을 출범시켰다. 그러면서 신임옥사를 무옥誣獄 (억울한 옥사)으로 규정하고, 이때 처벌된 4대신을 복권해주는 작업에 착수했다. 을사처분乙巳處分이라 부르는 이 조치를 통해 노론의 목적이 달성되었다.

노론은 이를 계기로 소론을 역적으로 규정하며 영조에게 소론 대신들의 처벌을 요구했다. 영조는 이 요구에 대해서 미온적인 태도를 취했지만, 노론 강경파 민진원은 소론 대신들을 처벌하든지 아니면 자신을 내치라며 압박을 넣었다. 결국 영조는 노론 강경파의 핵심 인물 민진원을 해임하고, 노론 온건파 홍치중洪致中을 기용했다. 소론 인사와도 무난하게 지냈던 홍치중 덕분에 한동안 조정은 영조의 뜻대로 안정되어가는 듯했다.

그러나 노론 강경파의 견제와 공격으로 홍치중이 물러나는 사태와 함께, 1727년 4월에는 유배되었던 소론 유봉휘가 사망하는 사건도 터졌다. 이를 계기로 노론 강경파들은 소론에 대한 공세를 강화했고, 영조는 이에 대한 대응으로 을사처분을 백지화했다. 이와 함께 을사처분 당시 파직되었던 소론 인사들을 다시 등용하여 소론에게 정권을 넘겨주었다. 이것이 정미환국丁未換局이다.

그러던 중인 1728년에 경종 독살설을 명분으로 무신란戊申亂(일명 이인좌李 麟佐의 난)이 일어났다. 이는 소론 강경파와 남인들이 일으킨 전국적인 규모의 반란이었다. 이 반란은 애초부터 많은 문제점을 안고 있었다. 반란을 일으키기 직전에 소론이 다시 정권을 잡게 되어 명분이 약화된 점, 주동자 중 한 명인 박필현朴弼顯이 태인현감으로 부임하게 되어 반란군 전력이 약화된 점 등 변수가 생겼다. 그래서 반란군 내부에서 신중하자는 말이 있었음에도 불구하고 이인좌 등은 거사를 강행했다.

반란 세력의 전략은 지방에서 병력을 동원해 올라가면 서울에서 내응하는 작전으로 정해졌다. 조정에서는 도성 수비를 강화하는 한편, 반란군과 내응할 만한 소론 강경파와 남인 인사들을 미리 체포하는 등의 대비를 했다. 반란은 결국 온건파인 소론계 병조판서 오명항吳命恒이 이끄는 토벌군에 의해 진압되었다.

그런데 반란이 진압되면서 소론 정권은 위기에 빠졌다. 반란을 일으킨 쪽이나 진압한 쪽이나 다 같은 소론이었기 때문이다. 노론은 이를 빌미로 소론을 탄핵했다. 이러한 상황에 직면한 영조는 자신이 특별히 잘못한 게 없는데도 반란이 일어난 이유가 당파 싸움 때문이라고 보았다. 반란을 일으킨 쪽은 소론과 남인이었지만, 노론이 반란의 원인을 제공했다고 생각했다. 그래서 인재를 고루 등용하는 탕평만이 왕권을 안정적으로 지킬 수 있는 길이라 여기게 되었다. 이러한 생각은 탕평파의 중용으로 이어졌고, 그들이 새로운 집권 세력으로 떠올랐다. 탕평파의 대표적인 인물은 무신란 당시 반란군 토벌에 공이 큰 소론계 인사인 조문명趙文命, 조현명趙顯命, 송인명宋寅明이었다. 더욱이 이들은 노론을 설득해 난의 진압에 동참하게 했다는 공로까지 추가되었다.

이때의 탕평은 노론과 소론의 공평한 등용이 원칙이었다. 그러나 노론계 인물이 집단적으로 사퇴해버리는 등 노론의 비협조적인 자세는 탕평파의 행보에 커다란 걸림돌로 작용했다. 어려운 상황에 빠진 탕평파는 온건파 노론 홍치중의 협력을 얻어 돌파구를 찾았다. 홍치중은 신축옥사와 임인옥사를 구분해 전자를 충, 후자를 역으로 구분하는 해법을 내놓아 탕평파가 경직된 정국을 풀어갈 결정적인 힌트를 주었다. 이에 따라 1729년 5월, 조현명은 같은 대신이라도 죄의 경중이 있기 때문에 동일하게 취급할 수 없다는 탕평파의 공식적인 입장을 제시했다. 노론과 남인의 반대에도 불구하고, 영조는 1729년 8월 18일에 이 결정을 공식적으로 확인했다. 이른바 기유처분己酉處分이다. 결국 기유처분은 노론을 정계에 나서게 하기 위해 4명의 대신에 대해 복권해주면서도, 소론의 반발을 감안한 절반의 복권으로 노소 공존의 틀을 마련하고자 하는 의도였다.

그러나 노론계 인사들이 벼슬길에 나서게 되면서 노론 세력은 급속하게 성장했다. 이를 빌미로 영조는 신임의리辛壬義理(신축년과 임오년에 있었던 두 옥사를 처리하는 논리)에 대해 적극적으로 개입하기 시작했다. 영조는 임인옥사 당시 사건을 확대시킨 장본인인 자신의 처조카 서덕수徐德壽의 신원伸寃을 지시했다. 영조는 다음 단계로, 1739년 생모 숙빈 최씨에 대한 불경不敬을 이유로 탕평파를 대거 파직시키고 노론을 기용했다.

그러면서 노론은 4대신의 완전한 신원을 요구했고 영조를 이를 수용했다. 이것이 경신처분庚申處分이다. 결국 영조가 즉위하고 15년 만에 충역忠逆 시비는 처음에 내렸던 을사처분대로 정리가 되었다. 그러나 노론은 자기파 대신들의 명예를 찾는 데에만 급급할 뿐, 정작 영조의 혐의를 벗기는 일에는 신경을 쓰지 않았다. 이에 실망한 영조는 노론 강경파를 퇴진시키고 다시 탕평파를 기용했다. 그리고 이듬해 영조는 신유대훈辛酉大訓을 통해 자신의 정통성을 인정받았다.

그 내용은 이렇다.

첫째, 신축년의 건저建儲(세자 책봉)는 대비와 경종의 하교에 따른 것이다.

둘째, 임인옥은 무옥이므로 국안鞫案은 소각하고 피화자는 신원한다.

셋째, 김용택, 이천기, 이희지, 심상길, 정인중은 역逆으로 단정해 별안別案에 둔다.

사림정치의 붕괴와
사도세자의 죽음

이와 같이 영조는 치세 전반기에는 소론 위주의 탕평을 실시했고, 문제가 해결된 뒤에는 노론 위주의 탕평을 실시했다. 이후에도 30년 이상의 세월을 탕평을 내세워 정국을 주도했다. 자신의 정통성 문제를 해결한 영조는 서원 철폐와 청요직 혁파 등의 조치를 통해 사림정치의 틀을 깨고 정국을 주도하려 했다. 신유대훈이 발표된 1741년에 이조정랑과 좌랑이 후임을 추천하는 관례가 없어지고, 언관의 언론권 제한과 인원 감축 조치가 취해졌다.

이에 대한 반발에 대비해 영조는 궁궐을 수비하는 금군禁軍을 용호영龍虎營으로 승격시켰다. 그리고 이를 병조판서 직속으로 만들어 도성 수비 체제를 강화해나갔다. 이와 함께 영조는 가혹한 형벌을 금하고, 서얼들이 벼슬길에 진출할 수 있는 길을 열어주었으며, 첩의 자손에 대한 상속권도 인정해주었다. 성종 대 이래 폐지되었던 신문고도 다시 설치했다. 이밖에도 영조는 우리나라 최초의 백과사전 격인 『동국문헌비고』를 비롯해 『속대전』 등 많은 서적을 간행해 조선 후기 문화의 중흥을 이끌었다.

그러나 부작용도 적지 않았다. 전랑에게 힘을 실어준 이유는 본질적으로 대신의 독단을 막기 위한 조처였다. 나아가 사림의 공론을 토대로 이루어지는 정치를 유지시키는 장치였다. 이러한 전랑권의 제한과 축소는 사림정치의 와해를 의미했다.

또한 영조가 추구한 탕평은 시간이 흐르면서 노론이 정국 주도권을 가지면서 기본 취지가 퇴색되었다. 그러면서 외척 중심의 탕평파에 의지하게 되는 결과를 낳았다. 이 배경에는 18세기 이후, 지방 세력의 중앙 정계 진출이 사실상 봉쇄된 상황이 있었다. 그러면서 형성된 서울의 벌열京華閥閣들은 탕평 정책 아래에서 왕권 보호를 자처했다. 이는 왕실이 이들의 보호를 받는 꼴이었고, 나중에는 실권까지 빼앗기는 원인이 되었다.

그 조짐은 영조의 후계자였던 사도세자思悼世子의 죽음에서 나타났다. 그 빌미는 영조가 1749년 정월, 15세 된 세자에게 일부 업무를 제외한 정무 일체를 맡긴 데에서 생겼다. 영조는 탕평을 통해 사회적·정치적 문제 해결을 시도했지만 노론 세력을 함부로 대할 수 없었다. 노론 세력 역시 영조가 그들을 멀리하려 할 때 경종의 죽음을 들먹이며 영조를 궁지로 몰았다. 세자는 이런 상황을 보며 어릴 때부터 노론 세력을 눌러야 한다는 생각을 가지게 되었다.

그러면서 영조도 세자에 대해 불만을 가지게 되었다. 세자는 23세를 전후해 사람을 죽이고, 내수사의 재물을 낭비하며, 의복을 두려워하는 등 이상행동을 보였다. 이는 세자를 경계하던 노론에게 좋은 빌미가 되었다. 노론은 자신들과 성향이 다른 세자를 끌어내리기 위해 애썼다. 그래서 세자의 기이한 행실을 알고도, 결정적인 순간에 사용하기 위해 영조에게 알리지 않았다. 이에 비해 영조와 노론으로부터 배척당하는 세자를 보호할 세력은 약했다. 영조가 세자에게 대리청정을 명령한 것도, 세자의 정치적 능력을 기르기보다 실수를 빌미로 제거하려는 의도가 있었다. 실질적인 의사 결정은 주로 영조가 하면서도, 가끔씩 세자가 자신의 견해와 다른 결정을 내리자 영조도 부담을 느꼈다.

이러한 흐름 속에서 영조의 비호를 받는 외척 세력이 부각되었다. 이들 중에서도 세자의 장인인 홍봉한洪鳳漢과 김구주金龜柱가 두드러졌다. 이렇게 되자 노론 내부에 외척 세력과 나머지 세력 사이에 알력이 생겼고 세자 문제에 대해서도 의견이 달랐다. 홍봉한은 점점 심각해지는 세자의 기행이 정치적으로 부각되는 것을 막기 위해 애썼다. 이러한 홍봉한을 비판하는 세력을 공홍파攻洪派라고 하고, 옹호하는 세력을 부홍파扶洪派라고 불렀다. 영조의 후비로 들어온 김구주의 경주 김씨 가문도 외척 세력이기는 했으나 공홍파에 동조했다.

그러던 중 공홍파의 사주를 받은 나경언羅景彦이 형조에 세자의 비행을 알리는 사태가 일어났다. 영의정인 홍봉한이 이를 미리 알기는 했지만, 더 이상의 비호가 불가능하다는 판단에서 영조에게 알리는 것을 막지 않았다. 진노한 영조는 나경언과 세자의 행각에 관련된 인사들을 모조리 죽이고도 분이 풀리지 않아 마침내 세자까지도 죽였다. 세자의 아들(훗날의 정조)과 여러 신하들이 말렸음에도 불구하고 세자를 뒤주에 가두어 굶겨 죽인 것이다. 이 사건이 1762년에 일어난 임오화변壬午禍變이다. 홍봉한도 위기를 맞았으나, 홍봉한의 혐의는 자신의 과오임을 잘 알고 있었던 영조의 비호 덕분에 홍봉한 일파는 권력을 유지할 수 있었다.

**정조의 탕평과
개혁**

영조의 완론緩論 탕평책은 외척 세력이 정국을 주도하게 하는 부작용을 낳았다. 그러면서 외척 세력 중 사도세자의 부인

혜경궁 홍씨의 가문과 정순왕후의 친정 경주 김씨 가문이 주도권 다툼을 벌이고 있었다. 이 갈등 속에서 세손의 처지가 위태로워졌다. 정순왕후 계통의 세력에게 생명의 위협을 받았던 것이다. 이들뿐 아니라 어머니 혜경궁 홍씨의 작은아버지 홍인한洪麟漢도 세손을 해치려는 음모를 꾸몄다. 그런 세손을 비호한 인물이 시강원 춘방관春坊官이었던 홍국영洪國榮이었다. 홍국영은 의지할 곳 없는 세손의 신뢰를 얻었지만, 이 과정에서 세손은 외가와 등지게 되었다. 외척 세력은 세손의 즉위를 막으려 했으나, 이미 병이 깊은 영조와 소론계 서명선徐命善의 힘으로 세손의 대리청정이 실현되었다. 그리고 1776년 3월, 대리청정을 시작한 지 3개월 만에 영조가 죽고 세손이 왕위를 물려받았다.

왕위에 오른 정조는 홍국영, 서명선, 김종수金鍾秀 등을 앞세워 외척을 제거했다. 이와 함께 영조의 탕평책을 계승했으나 정조의 탕평은 성격이 달랐다. 영조의 탕평은 당파 간의 시비를 절충하고, 이 절충안에 따르는 자들 위주로 등용하는 형태였다. 그렇기 때문에 영조 말기에 이르면 탕평에 따르는 세력이 외척으로 성장해 그 폐단이 나타나게 되었다.

반면에 정조는 당파 구분 없이 왕에 충성하는 인물 위주로 기용하는 준론峻論 탕평을 펼쳤다. 조정의 절대 다수가 노론이었던 집권 초반에는 노론의 눈치를 보며 정국을 운영할 수밖에 없었으나, 왕권이 어느 정도 안정된 이후에는 어느 한 정파에 치우치지 않으려 했다. 이를 위해서 남인을 주목했다. 그래서 노론의 반대에도 불구하고 남인 채제공蔡濟恭을 재상의 자리에 앉혔다. 그러면서 정계는 시파時派와 벽파辟派로 나뉘게 되었다. 이는 새로운 당파가 아니라 기존의 당파 안에서 정조에 동조하는 사람을 시파, 반대하는 사람을 벽파라고 했다.

그렇지만 시파는 정파가 아니었기 때문에 단결되지 않았다. 시파건 벽파건 기존의 당색을 그대로 지니고 있었기 때문이다. 이 과정에서 부작용도 나타났다. 여전히 왕의 신변을 위협하는 인물들이 있어, 신변에 위협을 느낀 정조는 친위부대의 필요성을 느꼈다. 그래서 새로운 군사기구인 숙위소宿衛所를 설치하고, 세손 때부터 자신을 보호하던 홍국영을 승지로 발탁했다. 그리고 왕궁 호위를 강화하고 규장각을 설치해 측근을 모았다.

그러다 보니 홍국영에 권력이 집중되며 세도정치勢道政治가 시작되었다. 홍국영은 이 상황을 이어가기 위해 자신의 누이를 정조에게 바쳤다. 그 누이 원빈元嬪이 후사를 잇지 못한 채 후궁이 된 지 1년 만에 죽자, 조바심이 난 홍국영은 정조의 이복동생인 은언군의 아들 담湛을 죽은 원빈 홍씨의 양자로 삼은 후 세자로 책봉하려고 했다. 이러한 행동에 심기가 불편해진 정조는 여러 신하들의 탄핵 상소를 유도했고, 1779년 9월에 홍국영은 축출되었다.

그 후 정조는 소론 시파 서명선을 등용해 탕평을 밀고 나가다가, 채제공·이가환李家煥·정약용丁若鏞 등 남인 세력을 끌어들여 연립 정권을 세웠다. 그러나 노론 벽파의 압박을 받아 어려움을 겪었다. 한동안 노론 세력의 눈치를 보던 정조는 1788년, 노론 김치인金致仁·소론 이성원李性源·남인 채제공을 3정승에 임명하는 인사를 단행했다. 이후 채제공의 지휘 아래 정국의 주도권을 노론 시파에게 넘겨 노론 벽파의 세력을 위축시킨 다음, 1791년에는 채제공이 주도권을 잡고 정조의 여러 개혁 정책을 추진했다.

이렇게 기반을 다진 정조는 서자 출신인 박제가朴齊家·이덕무李德懋·유득공·서리수 등을 등용하고, 서학에 대해서도 유연한 정책을 펴나갔다. 그러면서 이인좌의 반란 이후 소외되어왔던 영남 유림 세력을 이용하려 했다. 그 결과 1792년에 영남 유생 1만 57명이 이른바 '영남만인소嶺南萬人疏'라 하여 사도세자의 죄를 신원하고 그를 모함한 무리들을 처벌해야 한다는 상소를 올렸다. 이를 계기로 시파와 벽파의 대립은 더욱 격화되었다.

심각해지는 갈등에 위협을 느낀 정조는 1785년, 정예무관 30명을 선발해 국왕 호위만을 맡는 장용위壯勇衛를 만들었다. 그리고 장용위는 규모가 점차 커져 1788년에는 장용영壯勇營으로 확대·개편되었다. 이후에도 장용영은 계속 확대되었으며, 다른 5군영의 병력과 예산까지 흡수했다. 결국 이렇게 커진 장용영은 다른 군영들을 합친 것보다 강력한 전력을 갖추게 되었다.

1789년 7월, 정조는 사도세자의 묘를 수원으로 옮기며 이를 계기로 통치의 중심지를 수원 화성華城으로 옮기려 했다. 이러한 의도는 장용영으로 5군영을 통합하고, 화성을 새로 쌓으면서 정조가 추진하는 개혁 중심지로 만들려는 것으로 나타났다.

1791년 6월에는 육의전六矣廛을 제외하고 다른 가게가 들어서지 못하도록 하는 이른바 '금난전권禁亂廛權'을 전격적으로 없애버렸다. 이것이 신해통공辛亥通共이다. 이는 상인의 자유로운 상행위 보장과 물가 안정만이 목표가 아니라, 독점권을 가진 상인이 주로 기득권층인 노론과 결탁해 있음을 파악하고 여기에 타격을 주는 효과까지 노린 것이다.

그뿐만 아니라 수원의 상권을 키우려는 의도도 있었다. 그 의도는 1794년 새해, 화성 축조 계획을 발표하면서 드러났다. 노론 벽파는 위기감을 느껴 반발했지만, 정조는 화성 경영 계획을 강력하게 밀어붙였다. 재상 채제공과 규장각 학사 정약용이 화성 건설 사업에 앞장서자 화성은 계획보다 빨리 완공되었다. 이를 통해 자신감을 갖게 된 정조는 자신의 학문적 우월성을 주장하는 군주도통론君主道統論을 내세웠다. 이는 산림이 아닌 '군주가 통치의 최고 권위자'라는 이념이었다.

그러나 노론 벽파의 공세에 지친 채제공이 물러나면서 정국이 바뀌자 정조는 한계를 느꼈다. 그럼에도 정조는 1800년 5월, 자신의 입장을 밝히는 이른바 '오회연교'五晦筵敎를 발표했다. 그리고 한 달도 지나기 전인 1800년 6월 28일에 갑작스럽게 죽었다. 이후 정조에 동조했던 개혁 세력은 정치적 기반이었던 국왕의 후원을 잃으며 급격히 와해되었다.

정조의 탕평을 뒷받침했던 남인 채제공 계열과 노론 시파 계열 사이에는, 국왕의 후원 외에 가문이나 당색을 초월하는 공조 기반이 거의 없었다. 정조의 죽음 이후 개혁 진영이 급속히 와해된 까닭도 여기에 있었다. 그러면서 순조 즉위 이후에는 규장각 학사에게 주었던 실권까지 모두 없어지고 말았다. 장용영도 없어지면서, 군대 지휘권도 다시 노론 척신 계열이 차지했다.

북학파의 등장과 상업의 변화

17~18세기에 들어서면서 조선의 학문체제에 새로운 경향이 보이기 시작했다. 흔히 이를 실학實學이라 부른다. 하지만 이는 원래 '진정한 학문'이라는 일반명사였다. 그런데 최근에는 17~18세기의 특정 분야만을 실학이라 부르는 경향이 있다. 17세기 이후 당쟁의 와중에서 주자학이 지나치게 독선적이 되며, 이에 대한 비판과 함께 외부에서 서학西學과 고증학考證學 등의 사상이 들어오자 새로운 학풍이 일어났다. 그래서 이 시기에 실용·실증·실사를 추구하고, 지나친 주자학적 관념론을

비판하며, 제도개혁·기술혁신·실사구시를 추구하는 학풍이 일었다. 최근에는 이것만을 실학이라 부르는 경향이 생긴 것이다.

실학은 임진왜란과 병자호란, 양대 전란의 후유증으로 일어났다고 할수 있다. 40년에 걸쳐 치른 전쟁 때문에 조선왕조는 총체적인 난국을 맞았다. 그러나 조선의 기득권층은 이런 와중에도 근본적인 반성을 하지 않고, 정치 투쟁의 기술과 방법만 발전시키며 체제 유지에 집착하고 있었다. 그 결과 정파 간의 세력 균형마저 깨지고, 권력은 서인 중에서도 노론이 장악하게 되었다. 탕평도 큰 효과를 보지 못했고, 실질적으로 권력을 장악한 노론은 국가를 효율적으로 경영하지 못했다.

노론 기득권층은 특권을 차지하고 키워나갔지만, 이에 비례하여 수많은 사대부들이 정권에서 소외되어 선비±로서의 지위를 유지하기도 어려웠다. 이에 따라 빈익빈 부익부 상태가 심해지고 사대부층은 분화되어갔다. 국가에서도 재정 확보를 위해 공명첩을 남발하여, 재산을 모은 평민과 중인들이 관직이나 양반 신분을 사는 풍조가 퍼졌다. 이러한 상황 변화에 따라 소외된 사대부들은 집권층의 자기중심적이고 무사안일한 태도에 반발했다. 북벌 정책과 존명사대 정책, 예학 지상주의, 주자학적 권위주의는 비판의 대상이 되었다. 신분 질서에 대해서도 약간의 변화를 보였다. 선비도 백성 중의 하나라는 생각을 가지기도 했던 것이다. 하지만 선비의 위상이 일반 백성보다 우위에 있다는 생각을 버리지는 않았다.

실학 형성에는 서학, 고증학 등 외국 학문의 영향도 컸다. 서양 학문인 서학은 비판과 견제를 심하게 받았던 데 비해, 청나라의 고증학은 조선에 비교적 쉽게 수용되었다. 실증을 매우 중시하는 고증학은 조선의 실학자에게 많은 영향을 미쳤다. 이러한 상황에서 남인 일부는 서학과 천주교를 받아들였다. 이는 정감록 사상과 미륵 신앙 등 민간신앙과 맥락을 같이하는 반체제 운동의 일환이었다.

그래서 18세기 후반 이후로는 일부 노론계 소외 세력이 북벌의 비현실성을 비판하고, 중화 문명을 주도하고 있는 청의 선진 문물을 배워야 한다는 주장을 내놓았다. 김석문金錫文, 홍대용洪大容, 박지원朴趾源, 박제가, 이덕무 등이었다. 직접 북경을 다녀왔던 바 있던 이들을 북학파北學派라 불렀다.

이와 함께 18세기부터 노론 내부에서 이른바 '호락湖洛논쟁'이 벌어졌다. 이는 단순한 형이상학적 논쟁 차원에서 끝나지 않고, 당시 국제정세에 대한 이해의 차이로 연결되었다. 사람의 본성과 물질의 본성이 다르다는 호론湖論의 주장은 기존의 존주론을 계승한 것이다. 반면 인성과 물성이 본질적으로 같다는 낙론의 논리는, 중화와 오랑캐의 구분이 필요치 않다는 '화이동론華夷同論'으로 연결되어 북학 형성의 기반이 되었다.

북학파들은 18세기까지 여러 대에 걸쳐 서울에서 벼슬살이를 하고 있던 집권층 주자학의 핵심부에서 성장했기 때문에 '서울 생활'에 젖어 있었다. 따라서 관심의 대상이 농촌보다 도시 생활양식이나 상공업 발달 등에 있었다. 그러나 이들의 주장이 조선의 정책에 적극적으로 반영되지는 않았다.

이와 함께 조선의 상업체제도 크게 변화를 일으켰다. 15세기 말에 전라도 지방에서 나타나기 시작한 장시場市가 전국적으로 확대되어간 것이 하나의 척도였다. 18세기 중엽에는 이 장시가 1,000여 개를 넘어섰다. 장시는 보통 5일마다 열려서 인근 주민들이 물물교환 장소로 이용했고, 부보상이라는 행상단이 먼 지역의 특산물을 팔았다.

장시는 시장의 기능만 가진 것이 아니라 축제 장소이기도 했다. 장시는 시간이 흐름에 따라 상설 시장으로 발전하기도 하고, 대형화해가는 동시에 전국적으로 확대되었다. 특히 항구를 낀 장시에서는 대규모 교역의 발생과 함께 도고업과 위탁판매업, 창고업, 운송업, 숙박업, 은행업 등의 역할을 하는 객주客主와 여각旅閣 등이 생겼다. 이와 함께 거래를 붙이는 거간居間도 생겨났다.

장시와 함께 도로와 해로가 개척되고 운송 수단도 발달했다. 이에 따라 새로운 상업 도시가 성장해나갔다. 국내의 상업 발달에 따라 청·일본 등과의 대외 무역도 활기를 띠었다. 특히 동래(왜관) 상인은 청에서 수입한 물품을 일본에 팔고, 일본 상인에게서 받은 은을 다시 청에 결제하는 수단으로 삼는 형태의 중계무역을 통해 많은 이익을 얻었다.

이에 따라 사상私商들의 활동도 활발해졌다. 사상들은 자리 잡고 판매하는 난전亂廛뿐 아니라, 전국 각지에 지점을 설치해 전국의 지방 장시를 연결하면서 판로를 확장하기도 했다. 이에 따라 육의전六矣廛의 비중이 점차 작아져갔고, 17~18세기에 걸쳐서 생겨난 난전은 금지해도 없어지지 않았다.

오히려 1791년에는 이른바 신해통공으로 육의전을 제외한 나머지 시전의 금난전권을 없애버렸고, 사상들은 육의전 상품이 아닌 한 자유롭게 판매할 수 있게 되었다. 이에 따라 시전 이외의 새로운 시장이 형성되며 시장을 상대로 하는 중간도매상 중도아中都兒도 나타났다.

조선 후기의 사회 변화와 균역법 시전 상인과는 대조적으로 공인貢人은 날로 번창했다. 공인들은 대개 공납과 관련을 맺었던 부류에서 생겼다. 이들은 관청에 필요한 물품을 공가貢價로 납품했다. 이들은 한 가지 물품을 대량으로 거래했기 때문에, 이득도 커서 손쉽게 성장할 수 있었다. 대신 세금으로 공인세를 바쳤다. 공인들은 한양에서는 육의전, 지방에서는 장시의 객주나 여각, 심지어 수공업자들과 직접 거래하기도 하며 성장해갔다.

또 한 가지 주목해야 할 존재가 도고都賈/都庫이다. 상품 수요가 커지자 매점이나 매석을 통해 가격을 조작하며 이익을 취하는 도고상인이 나타났다. 도고상인에는 시전상인이나 공인도 있었지만, 경강상인이나 송상과 같이 풍부한 자본력을 가진 일반 상인들도 있었다. 상대적으로 자금이 부족했던 일반 상인들까지도 계를 통하여 자본을 모아 도고 활동을 했다.

처음에는 사상私商 도고가 권력의 비호를 받는 특권 상인층과 대립했다는 점에서, 소상인이나 직접생산자들과도 이해관계가 같았다. 그러나 신해통공의 영향으로 특권을 가졌던 상인들이 위축된 후에는 도고상인 일부가 권력자의 정치자금을 대는 역할을 하며 점차 이들과 대립 관계를 이루게 되었다. 도고의 발달은 특권 상업체제를 해체시키는 역할도 했으나, 독점 행위로 인해 영세한 상인이나 직접생산자들에게 타격을 주며 상업 발달을 저해하는 측면도 있었다. 생활필수품을 부족하게 만들고 물가를 올려 백성의 생활을 어렵게 만들기도 했다. 1833년, 서울에서 일어난 쌀 폭동의 이유도 이런 것이었다.

상공업 발전은 금속화폐에 대한 수요도 키웠다. 1678년에 상평통보라는 동전(속칭 엽전)을 만든 뒤, 17세기 말에는 전국적으로 유통되었다. 그러나 아직도 금속화폐의 주류는 은자銀子였으며, 쌀과 포布도 현물 화폐로 사용되었기 때문에 동전은 보조 기능밖에 하지 못했다. 그러나 18세기 후반에 들어서서 대동미大同米와 기타 세금과, 땅에 대한 세地代도 화폐로 지불되면서 동전은 핵심적인 유통수단이 되었다.

금속화폐의 보급은 유통과 경제 활성화에 크게 기여했으나 부작용도 있었다. 상인이나 양반지주들은 화폐를 유통수단뿐 아니라 재산 축적 수단으로도 삼았다. 그리하여 국가가 동전을 대량으로 만들어도 이들이 쌓아두는 화폐가 많아져 유통되는 화폐는 부족했다. 이러한 현상을 '전황錢荒'이라 한다. 이 현상과 빈부격차의 가속화, 금전만능주의 등이 18세기 중엽 이후 심각한 사회문제로 대두되면서, 일부에서는 화폐를 없애라는 주장까지 했다.

조선 후기에는 수공업에서도 새로운 양상이 나타났다. 관영수공업은 점점 쇠퇴해 조선시대 경외京外의 공장工匠을 기록한 장부인 공장안工匠案은 장인세를 징수하는 대상자 명부에 불과해졌다. 그나마 정조 대인 18세기 말경에는 공장안 자체가 없어지고 말았다. 이는 공장들이 독립해 독립적인 수공업자가 되었다는 사실을 의미한다. 대동법이 실시된 뒤에는 수공업자들이 공인으로부터 주문을 받고 그들에게 판매할 물품을 생산하는 방식이 생겼다. 이리하여 수공업자들은 자본을 축적하여, 이를 토대로 시장에 내다 파는 상품을 생산했다. 민간에서는 중국과의 밀무역을 위해 금과 은을 채굴하기도 했다. 조선 초기에는 이를 금지하던 국가에서도, 세금을 걷어 결과적으로 이를 공인한 셈이 되었다. 그럼에도 불구하고 세금을 피하기 위해 몰래 채굴하는 광산들도 있었다.

이렇게 시대 상황이 달라지고 있던 1750년, 영조는 균역법均役法을 실시했다. 백성들이 져야 하는 역役이 지나치게 무거웠기 때문에, 양인良人이 2~3필씩 부담하던 군포를 일관적으로 1필로 줄이는 대신, 줄어든 수입을 다른 세금을 통해 보충하도록 했다. 역을 균등하게 지게 한다는 뜻의 균역법은 균역청均役廳이 담당했다.

이런 조치를 취하게 된 배경에는 노동력을 징발하는 역의 부담 방식이 달라진 상황이 있었다. 역은 크게 노동력을 부담하는 요역徭役과 군대에 복무하는 군역軍役으로 구분되었다. 양쪽 다 백성들에게 큰 부담이었지만 군역의 문제가 특히 컸다. 조선시대에는 원칙적으로 양반과 양인 모두 군역을 졌으나, 양반은 여러 가지 방법으로 군역을 면제받아 군역은 실질적으로 양인만이 부담했기 때문이다.

그런데 이 부담 방식에도 변화가 있었다. 조선 초기에는 군역이, 직접 복무하는 정군正軍과 그 비용을 부담하는 보인保人으로 나뉘어 있었다. 그런데 평화가 지속되면서 이른바 고가대립雇價代立이라 하여, 일부 사람들이 다른 사람을 사서 자신의 군역을 맡기는 현상이 나타났다. 조정에서 이를 인정하면서 군역 대신에 포를 받는 대역납포代役納布 제도가 시행되었다.

하지만 거둬들인 포布가 병력 충원이 아닌 군영 유지 비용으로 사용되면서 조선의 군사력을 약화시켰다. 그 결과 임진왜란 때 대가를 치렀다. 이후 조선은 유명무실해진 오위제 대신에 훈련도감 등 5개의 군영을 유지하는 체제로 개편했다. 훈련도감은 호조가 마련한 비용에서 지급하는 포로 유지되는 군영이었다. 5군영의 다른 군영들도 양인이 군역 대신 낸 군포로 비용을 충당했다. 결국 양인은 직접 군대에 가지 않는 대신, 1년에 군포 2~3필만 부담하는 방식으로 바뀌었다.

그러나 양인의 숫자가 줄어들면서 문제가 생겼다. 관직 매매와 족보·호적 위조로 양인의 숫자가 줄어들면서, 양인 신분에 남아 있던 이들의 부담이 늘어날 수밖에 없었던 것이다. 그 부족분을 나머지 양인들에게 떠넘기면서 백골징포白骨徵布, 황구첨정黃口簽丁, 족징族徵, 인징隣徵 등과 같은 착취가 자행되었다. 백골징포란 죽거나 60세가 넘어 대상에서 빠진 사람에게

포를 부과하는 것, 황구첨정은 군역 부과 대상이 아닌 16세 이하의 아이들에게 군포를 징수하는 행위를 말한다. 이와 같은 부담을 견디다 못한 양인들이 도망하거나 노비가 되어 군역을 피하면, 관리는 그 부족분을 도망자의 친족이나 그 마을에 부과해 메웠다. 이것이 족징과 인징이다. 이러한 사태는 윤리적인 문제를 넘어 국가 지배체제를 위협했다.

조정에서는 폐해를 개선하기 위한 방안으로, 역을 면제받는 사람의 수를 제한하고 양반들에게도 군포를 내도록 하는 방법을 모색했다. 그러나 양반의 반발로 시행할 수 없었다. 그 해결에 나선 왕이 영조였다. 군역법의 성패는 줄어든 군포의 부족분을 충당하는 방법에 달려 있었다. 영조는 그 부족분을 왕실이나 국가기관이 가지고 있던 어염세魚鹽稅와 군역을 부담하지 않고 있던 양인으로 양반 행세를 하는 자들을 군관으로 삼아 포를 징수하는 선무군관포選武軍官布 및 모든 토지에 대해 1결당 2두씩 별도로 부담하게 한 결작結作의 징수로서 충당하고자 했다. 특히 결작은 토지를 가지고 있는 모든 지주들이 부담해야 하는 세금이었다.

이처럼 균역법은 양인의 부담을 줄이고, 땅을 많이 가진 지주에게 부담을 지우는 방식으로 운영되었다. 특히 왕실이나 국가기관의 차지였던 어염세를 양보한 점도 주목된다. 그러나 이후에도 양반들은 여전히 군역을 지지 않았고, 자신들이 부담해야 할 결작까지 양인과 농민에게 전가시켰다. 그러므로 군역으로 인한 역 부담의 불균형은 균역법 시행으로 인해 일시적으로는 개선되었으나 근본적으로 해결된 것은 아니었다. 그래도 강화된 왕권 덕분에 균역법과 같은 정책을 시행할 수 있다는 평가를 받는다.

**외척 세도정치와
천주교**

정조가 죽은 뒤 그의 아들 순조가 11세의 나이로 즉위했고, 영조의 둘째 왕비 정순왕후貞順王后가 수렴청정을 하게 되었다. 벽파 김구주金龜柱의 누이였던 정순왕후의 영향으로 정권은 노론 벽파에게 돌아갔다. 정순왕후는 어린 임금(순조)을 보호하고 정조가 내세운 의리를 지키겠다고 공언했다. 하지만 실제로는 정조의 입장을 뒤집으려는 노론 벽파에 힘을 실어주었다. 정순왕후를 등에 업은 벽파는 탕평 정국의 구도를 깨고, 반대당 핵심 인물들을 역적으로 몰아 제거해버렸다. 이미 죽은 채제공에게도 의리를 바꾸고 당을 모았다는 이유로 관작을 박탈했다.

이 과정에서 천주교도 박해를 받았다. 천주교는 18세기 말부터 조선 사회에 본격적으로 전파되기 시작했다. 그리하여 왕실에서도 천주교 신자가 나오게 되었고, 정조와 채제공 등은 이들을 비호하는 입장에 있었다.

당시 서양에서는 천문, 수학, 지리, 농학, 물리 등의 과학 지식이 발전 중이라 그것이 서양 세력의 동양 진출이 쉬워지는 요인이었다. 그래서 정계에서 소외된 재야 남인 계열을 중심으로 점차 서학에 심취하는 경향이 나타났다. 특히 정약용과 이가환은 존경받는 사람들이었다. 이 두 사람이 서학에 심취하자 그를 따르던 많은 사람들이 추종하게 되었다. 이들은 주자학만이 진리가 아니며, 서양의 학술도 우리보다 우수한 것이 많다는 것을 깨닫게 되었다.

서학이 확산되자 천주교회의 활동도 활발해졌다. 1785년에는 형조에서 천주교도들을 적발해 순교자들이 발생하기도 했다. 그럼에도 불구하고 1794년 말에는 중국인 주문모周文謨 신부를 영입하는 등 조직적인 교회 활동이 시작되었다. 선교사가 와서 포교한 것이 아니라 외국 선교사를 주도적으로 영입한 것이다. 그리하여 1800년, 천주교인이 1만 명으로 늘어나며 교세가 급속도로 확산되었다.

이렇게 되자 천주교를 공격하는 정파는 그것을 사학邪學으로 규정하고, 관련된 인물을 비난하는 상소를 연일 올렸다. 그러나 정조는 사교邪敎는 저절로 일어났다가 저절로 없어질 것이며 유학의 진흥으로 막을 수 있다면서 적극적으로 박해하지는 않았다. 이 배경에는 남인 시파의 실권자인 채제공의 영향도 있었다.

한편 노론은 남인을 일망타진하기 위해서 남인이 천주교에 빠져드는 것을 방조하고 있었다. 1800년 6월 28일에 정조가 죽고 그동안 천주교를 비호하던 채제공까지 죽자, 정계의 주도 세력이 벽파로 바뀌었다. 이를 계기로 대대적인 박해가 일어나게 되었다. 이것이 신유박해辛酉迫害(또는 신유사옥辛酉邪獄)이다. 천주교도 색출에는 오가작통법을 동원했다. 그래서 많은 교인들이 체포되었고, 300여 명의 순교자가 생겨났다. 이때 대표적 순교자로는 중국인 신부 주문모와 초기 교회의 지도자인 이승훈李承薰과 정약종이 포함되어 있었다.

노론 벽파는 정순왕후를 움직여 신유박해를 일으키고 시파를 몰아갔다. 죽은 채제공도 천주교에 호의적이었다는 이유로 비판당했다. 벽파는 천주교를 인륜을 저버린 종교라며 탄압했으나, 사실 벽파 대신들보다 대왕대비가 천주교 탄압에 더 강경한 태도를 보였다. 신유박해는 기호 남인을 정권에서 완전히 뿌리 뽑는 사건이었다. 남인의 구심점 역할을 하던 이가환, 정약용 형제 등이 처형되거나 귀양길에 올랐기 때문이다.

신유박해는 1801년 여름 무렵부터 심해졌다. 왕실의 일족을 제거하는

정치적 박해로 변질되어갔기 때문이다. 이 영향으로 1801년 9월에 황사영
黃嗣永 백서帛書 사건이 일어났다. 황사영은 그해 봄부터 벌어진 천주교 박
해 상황과 대응책을 비단에 적어 비밀리에 중국 북경의 구베아 주교에게
보내려고 했다. 그러나 백서는 전달되기 전에 압수되었고, 황사영 자신도
체포되어 서소문 밖에서 능지처참되었다.

황사영 백서의 내용 중에는 조선 교회를 재건하고 천주교를 공인받을
방법이 제시되어 있었다. 조선이 선교사를 받아들이도록 청나라 황제가
조선 정부에 강요할 것을 요청하고, 그렇지 않으면 조선을 청나라의 한
성으로 편입시켜 감독하게 하자는 것이었다. 아울러 서양의 배 수백 척과
군대 5~6만 명을 조선에 보내 조정이 신앙의 자유를 허용하도록 하는 방
법 등이 제시되어 있었다.

이러한 내용을 접한 조선 조정에서는 관련자들을 즉각 처형함과 동시에
천주교인들에 대한 탄압을 한층 더 강화했다. 그런가 하면 백서의 사본이
중국에 전달되어 주문모 신부의 처형 사실이 알려질 것을 염려한 나머지
황사영 백서의 내용을 요약, 청나라 예부에 제출해서 그동안 이루어진 박
해가 정당했음을 설명하도록 했다. 황사영은 외세를 이용하려고 한 행동
때문에 용서받지 못했다. 이 사건을 계기로 천주교도를 비롯해 그와 조금
이라도 관련 있는 정치 세력은 더욱 박해를 받게 되었다.

남인은 거의 재기 불능의 상태가 되었지만, 1804년 정월 정순왕후가 수
렴정청을 거두었고, 1805년 정월에 죽은 후유증을 수습하지 못해 벽파 정
권 역시 6년 만에 무너졌다. 이때 야기된 정치적 혼란 상태를 수습하는 과
정에서 정국 운영권은 노론 시파 세력에게 돌아갔다.

그러면서 영남 유생들이 상소를 올려 채제공의 억울함을 호소함으로

써, 신유박해의 후유증이 약해지기 시작했다. 그래도 살아남은 교도들은 여전히 위험을 피해 경기도의 야산지대나 강원도의 산간 지방, 태백산맥, 소백산의 깊은 산과 골짜기로 숨어들어 천주교를 전파했다. 그리하여 종래 지식인 중심의 신앙이 민간으로 퍼져갔다.

안동 김씨와 풍양 조씨, 그리고 대원군

노론 벽파가 정권을 장악한 상황에서도, 정조로부터 순조의 보호를 부탁받은 안동 김씨 김조순金祖淳의 지위는 쉽게 흔들리지 않았다. 김조순은 김상헌의 후손으로, 많은 사림을 배출한 가문의 배경과 정조의 권위를 등에 업고 영향력을 행사했다. 정순왕후조차도 김조순의 딸이 왕비로 간택되는 것을 반대하지 않았다. 벽파도 함부로 반대하지 못하여, 1802년 10월에 김조순의 딸은 마침내 순조의 왕비가 되었다.

김조순은 막강한 안동 김씨 가문을 등에 업고 정권을 장악해나갔다. 한편 풍양 조씨 조득영趙得永은 시파를 섬멸하려다 죽은 김달순金達淳을 공격함으로써 벽파 세력을 격파하는 데 공을 세웠다. 이것은 풍양 조씨 가문이 김조순의 안동 김씨 가문과 협력 관계를 맺는 계기였다. 이 덕분에 그의 팔촌 형인 조만영趙萬永의 딸이 순조의 세자빈으로 결정되었다.

1804년 정월에 정순왕후의 수렴청정이 끝나고, 이듬해 정월에 그녀가 죽음으로써 기댈 데가 없어진 벽파 정권은 몰락했다. 이후 노론 시파 정권이 들어섰지만 얼마 가지 않아 무너졌다. 이 과정에서 김조순은 반남 박씨 가문과 풍양 조씨 가문의 도움을 받아 벽파 세력을 제거할 수 있었다.

김조순을 중심으로 하는 안동 김씨는 권력의 핵심인 비변사를 장악해 영향력을 키웠다. 청과의 관계가 안정되던 숙종 이후, 비변사는 외교 통상 업무가 추가되며 그 기능이 강화되었다. 이 시기 명칭을 바꾸자는 소극적 논의가 있었을 뿐, 인원과 소관 업무는 오히려 확대되는 추세였다. 순조 즉위부터 시작된 세도정치 기간에는 비변사의 조직과 권력은 더욱 강화되었다.

철종 대에는 당초 20명 내외였던 비변사 관리가 66명으로 증가할 정도였다. '절대 권력은 부패한다'라는 격언처럼 비변사의 정치적 지위가 높아가는 만큼 그로 인한 폐해도 점차 커져갔다. 특히 비변사 구성원 내에서 자신을 추천하는 관행이 생겨나고, 친족이 같은 관청에 근무하지 못하게 하는 상피제相避制까지 없어지면서 이러한 문제점은 더욱 늘어갔다. 안동 김씨를 비롯한 외척 세도 가문들은 이러한 비변사의 권한을 십분 활용했다. 확대된 비변사의 권한이 남용되면서, 조선 후기 정치적 문란의 주요한 원인 중 하나가 되어갔다.

이렇게 해서 순조 이후로 안동 김씨의 세력이 계속 커져 세도정치로 이어졌다. 이 때문에 순조는 안동 김씨 세도 가문에 눌려 왕권을 제대로 행사할 수 없었다. 1808년부터 순조는 안동 김씨를 누르고 정국을 장악해보려 했지만 뜻을 이루지는 못했다. 더욱이 1811년 12월에 평안도에서 농민 반란이 일어나 순조의 왕권 회복 노력은 더욱 어려워졌다.

사태가 여의치 않음을 느낀 순조는 안동 김씨 세력의 양해를 얻어, 1827년 2월에 효명세자孝明世子에게 대리청정을 명했다. 표면적으로는 자신의 건강 악화와 세자에게 정치적 경륜을 쌓게 해준다는 명분을 내세웠다. 그러나 내심으로는 왕권을 회복하려는 의도가 있었다.

세자는 대리청정을 맡자 안동 김씨 반대 세력을 기용했다. 또한 처가인 풍양 조씨들로 하여금 측면에서 돕게 했다. 그동안 소외되어 있던 소론, 남인, 북인, 서북인의 일부도 탕평을 통한 왕권 강화를 주장하며 이에 합류했다. 이들 중의 주류는 외척의 세도정치를 반대하는 노론 청명당淸明黨 계열이었으며, 이전부터 세자의 측근들이기도 했다. 이들은 안동 김씨 대신 실질적인 지배기구 비변사의 당상을 맡아 정국 주도권을 잡았다. 권좌에서 밀려난 김조순은 몇 달 동안 여주 현암서원玄巖書院에 은거하다가 1832년에 결국 죽고 말았다.

세자는 경복궁 중건도 구상했으며, 정조가 실시하려다 못한 서얼 허통에도 관심을 기울였다. 또 민생을 보살피려고 부단히 애쓰기도 했다. 그러나 세자는 1830년 5월 6일에 죽고 말았다. 세자가 죽은 뒤 안동 김씨 세력에 의해 세자의 측근들은 제거되었고, 그 추종 세력들도 모두 쫓겨났다. 그러나 조만영, 조인영趙寅永 등 풍양 조씨들은 왕실의 외척이었기 때문에 무사할 수 있었다.

세자가 죽고 나서 순조가 다시 복귀하여, 조인영에게 세손(뒤에 헌종)을 돌봐달라고 부탁했다. 이것이 헌종 대에 조인영을 비롯한 풍양 조씨가 세도를 잡을 수 있는 기반이 되었다. 순조가 1834년 11월에 죽자, 손자인 헌종이 여덟 살의 나이로 즉위했다. 나이 어린 헌종 대신 순조의 왕비인 순원왕후 김씨가 대왕대비로서 수렴청정을 하게 되었다. 이렇게 해서 조정은 안동 김씨와, 순조로부터 헌종의 보호를 부탁받은 조인영 세력 간에 균형을 유지했다.

김조순이 죽은 뒤에는 아들 김유근金逌根이 안동 김씨 세도의 주역이 되었다. 김유근·조만영 연립 정권이 성립되었지만, 안동 김씨들은 순원왕후 (순조비)의 수렴청정이 끝나기 전에 미리 세력 기반을 확충하기 위해 1835

년 7월, 조인영계를 쫓아내도록 공작을 했다. 이런 와중에도 헌종은 19세가 되던 해부터 국정을 주도하고자 했다. 헌종은 자신의 외가 쪽인 조인영계를 지원했지만, 안동 김씨와 풍양 조씨의 연정체제에는 큰 변화가 없었다.

풍양 조씨들은 김정희, 성해응成海應 등의 도움을 받아 서학은 배격하되 청나라로부터 고증학을 받아들였다. 이때 특히 김정희의 제자 중에는 신헌申櫶, 이하응李昰應(뒤에 흥선대원군), 남상길南相吉, 민태호閔台鎬 등 경화사족들뿐만 아니라 조희룡趙熙龍, 이상적李尙迪, 강위姜瑋, 오경석吳慶錫 등 중인 출신 지식인들도 많았다. 이들은 대원군의 집권 시대에 큰 역할을 했다. 또한 조인영은 사림정치를 표방하고 산림을 받들었으나, 그들이 공론의 주체가 되는 것은 반대했다. 이 시기에 산림은 세도 가문의 시녀로 전락해 서학을 배척하는 전위대로 활용되었을 뿐이다.

헌종은 군권 강화를 통한 독자적인 힘을 축적하기 위해 총융청을 총위청으로 승격시키고 2품 이상의 문신으로 하여금 군문대장을 맡게 했으나, 마음대로 정치를 할 수 있는 상황은 아니었다. 헌종이 왕위에 있던 기간은 1834년에서 1849년까지 15년간이었다. 그 기간 중 국가 재정의 기본이 되는 전정, 군정, 환곡 등 삼정三政의 문란이 심해졌으며, 남응중·이원덕·민진용 등이 모반을 일으키기도 했다. 또한 이양선異樣船이 동서 해안에 자주 출몰해 행패를 부려 민심은 더욱 흉흉해졌다.

**조선 후기
사회체제의 붕괴**

임진왜란과 병자호란 후 식량 부족으로 어려

움을 겪게 되자, 나라에서는 부유한 백성들에게 돈이나 곡식을 받고 공명첩空名帖이라는 문서를 만들어 팔았다. 그 결과 부유한 중인, 상민, 노비 중에는 공명첩을 받아 양반이 되는 사람들이 늘어났다. 또한 양반의 자식이지만 양반으로 인정받지 못하던 서얼에게도 벼슬에 오를 수 있는 길이 열렸다. 이 때문에 양반의 수가 늘어나면서 신분제가 문란해졌다. 또한 산업 변화로 인해 천한 신분의 상인이 돈을 모아 형편이 나아진 반면, 몰락한 양반은 그들보다 못한 처지로 전락하는 경우도 있었다. 이러한 상황은 결국 신분제의 동요를 가져왔다.

조선 후기 신분제의 동요를 보여주는 가장 큰 변화는 노비제의 변화였다. 전근대사회에서 노비는 토지와 함께 국가나 개인의 중요한 재산이었다. 조선시대의 노비는 국가의 소유냐 개인의 소유냐에 따라 크게 공노비와 사노비로 구분되었다. 본래 공노비는 독자적으로 집안을 꾸리고 살림을 하면서 소속 관청에 의무를 지고 있었다. 이들은 크게 국가에 노동력을 제공하느냐 현물을 납부하느냐에 따라 선상노비選上奴婢와 납공노비納貢奴婢로 구분되었다. 그러나 선상노비도 역을 지는 대신 현물을 내는 납공노비로 점차 변해가 조선 후기에는 대부분이 납공노비였다.

조선이 1592년부터 수년 동안 일본과 전쟁을 치르고 1636년 병자호란을 겪으면서, 노비들이 큰 공을 세움으로써 양인이 되기도 했다. 또한 국가에서는 부족한 재정을 보충한다는 목적으로 나라에 곡식을 바치면 양인이 되는 기회를 주었다. 한편 조선 후기에는 그동안 법으로 엄격하게 금했던 양인과 천인의 통혼이 흔해졌다. 그 때문에 그들 사이에서 낳은 아이를 어떤 신분으로 할 것인지에 대해 논란이 있었다. 그런 과정을 거치며, 성종 대에 35만여 명에 이르던 노비 숫자가 효종 대에는 19만여 명으로 줄었다.

정부에서도 노비의 역을 점차 줄여주었다. 현종 대인 1667년 5월, 납공 노비가 바치는 면포를 반 필씩 감해 노奴는 1필 반, 비婢는 1필로 줄여주었다. 영조 대에는 1731년 1월 1일 자정을 전후해 태어난 아이를 시작으로, 어머니가 양인일 경우 모두 어머니의 역을 따라 양인이 되게 했다. 또한 천한 아내나 첩의 자녀라도 다른 노비를 대신 채우고 자신은 양인이 될 수 있도록 하는 대구속신代口贖身을 허용해주었다. 1755년에는 노비의 역을 다시 반 필씩 감해 노는 1필, 비는 반 필로 역이 줄게 되었다. 이어 1774년에 영조는 비가 바치는 면포를 아예 없애버리고 노에게만 1필을 부과하도록 했다. 이렇게 되자 1750년 균역법 실시 이후 노비의 역이 일반 평민과 비슷해져, 양인과 천인의 차이가 많이 없어졌다. 이 때문에 양인과 노비의 신분을 합쳐 상한常漢이라고 부르기도 했다.

더욱이 조선 후기에 부를 축적한 노비들은 법에 규정된 곡식을 내거나 도둑을 잡아 합법적으로, 때로는 호적을 위조하는 등 불법적인 일도 서슴지 않으며 노비 신분에서 벗어났다. 그 결과 노비의 수는 점점 더 줄어들어갔다. 노비가 줄어들자 국가에서는 노비를 찾아내는 추쇄推刷를 강화했다. 그러나 문제가 많아 제대로 시행되지는 않았다. 그리하여 1745년에는 세금의 총액을 각 지방에 할당하는 비총법比摠法을 노비가 지는 역과 현물의 징수에도 적용해 영남 지방에 시행했다.

1777년 2월에는 그동안 노비를 찾아내는 관리를 파견하던 추쇄관推刷官 제도를 없애버렸다. 정조 대에는 노비의 추쇄를 일절 금하고 비총법을 전국적으로 확대 실시했다. 비총법의 실시로 각 도에 노비 수가 일정하게 정해진 반면, 추쇄관이 혁파되자 노비의 도망은 더욱 늘어났다. 노비 수가 감소하자 대신 남아 있는 노비는 부담을 그만큼 더 져야만 했다.

이때 남인 시파는 내시노비의 존속을 계속 주장했고 노론 벽파는 이미 유명무실해진 내시노비를 없애자 했다. 1799년에 채제공이 죽고 곧이어 1800년 6월에 정조가 세상을 떠나자 공노비, 즉 내시노비의 해방은 정조가 죽은 지 6개월 만에 신속하게 이루어졌다.

1801년 1월 조정에서는 이미 유명무실한 공노비를 없애버리고, 내수사 및 각 관청 수입의 부족분에 대해서는 장용영에서 대신 맡게 했다. 그러나 재정 부족으로 허덕이던 장용영마저 1802년 없어져버리자, 각 관청에 필요한 재정은 이제 일반 양인이 지는 양역에 기댈 수밖에 없었다. 1801년 공노비 해방은 집권 세력들이 자기들의 사노비는 전혀 해방하려 하지 않고 국가나 관청 소속의 노비만을 해방시키는 데 합의했다는 뜻이다. 노비 자체가 법적으로 완전히 없어진 것은 1894년 갑오개혁 때였다.

삼정의 문란과 민란

19세기에는 신분제와 함께 경제체제도 흔들렸다. 이른바 전정田政·군정軍政·환곡還穀, 삼정의 문란이라고 불렸다. 기본적인 문제는 수취체제에 있었다. 당시에는 국가가 최소한의 수입을 보장받기 위해서 군현이나 마을을 단위로 총액할당제(비총제比摠制)를 채택했다. 이러한 제도는 향촌 사회 내부가 안정되어 있을 때는 그 역할을 했지만, 급격한 변화가 일어나며 많은 불만을 샀다.

여기에 법을 집행하는 사람들이 문제를 키웠다. 수령과 아전들은 토지에서 걷는 세금인 전결田結을 가지고 온갖 농간을 다 부렸다. 농사를 쉬는 토지를 경작하는 토지로 만들어 세금을 걷는 진결陳結, 토지를 대장에서 누락시켜주는 대신 뇌물을 받는 은결隱結, 빈터를 토지대장에 올려놓고 세금을 강제 징수하는 백징白徵, 허위로 토지 결수를 조작하고 자신들의 급료에 보조한다고 세금을 징수해 착복하는 허결虛結 등이 있었다.

이와 더불어 부가세도 많았다. 걷는 과정에서 손실과 보충을 명목으로 걷는 가승미加升米와 곡상미斛上米, 서울 창고에 곡식을 납부할 때 그 사무를 맡은 사람의 보수로 걷는 창역가倉役價, 납세 수수료인 작지作紙, 세무 관청 담당 관리에게 주는 인정미人情米 등 매우 다양했다. 이 가운데 인정미란 일을 맡은 관리에게 주는 수수료이다. 그래서 중국에서는 조선을 '인정'이 많은 나라라고 비아냥거리기도 했다.

군포의 부과에서도 부정이 많았다. 당연히 면제받아야 할 어린아이를 군적에 등록시켜 군포를 부과하는 황구첨정과 죽은 사람에게까지 군포를 물리는 백골징포가 있었다. 양인에게 이같이 가혹하게 군포를 걷은 데 비해 양반들은 군역이 없었다. 이러다 보니 양반이 아닌 계층은 여러 가지 방법을 써서 양반이 되려고 했다. 양반이 많아지니 노동력이 줄어들고, 노동력이 줄어드니 생산성이 낮아져 국가 경제가 어려워졌다.

가장 큰 문제는 환곡이었다. 본래 가난한 백성을 구하기 위한 제도였던 환곡이, 18세기 말에서 19세기 초로 접어들면서 농민을 수탈하는 수단으로 변질되었다. 수령과 아전들은 관청 창고에 있던 곡식을 불법적으로 나누어주며 이익을 챙겼다. 환곡을 회수할 때나 이자를 받아들일 때 공동 책임을 지우며, 각종 수수료를 붙여 고리대 제도로 변질시켰다. 고리대에 도저히 견디지 못한 백성들이 도망가면 이웃이나 친척에게 떠넘겼다.

특히 순조 이후 안동 김씨 세도정권 아래에서 환곡과 관련된 부정이 심해졌다. 1862년 임술민란의 직접적인 원인이 여기에 있었다. 임술민란으로 조정에서는 환곡제도를 개선하고 그에 따른 부족한 경비는 줄일 수 있을 만큼 줄여서 토지에서 걷는 세금田結에서 보충했다. 이것이 곧 삼정이정청三政釐整廳에서 취한 파환귀결罷還歸結, 즉 환곡에서 모곡을 거둬들이는 것을 파하고 전결에서 세금을 추가로 징수해 부족분을 보충한다는 정책이었다. 그러나 이러한 대책은 곧 흐지부지되었다.

사회가 어지러워지면서 백성들이 살기 어렵게 되자 많은 반란이 일어났다. 그중 대표적인 것이 홍경래洪景來의 난이다. 평민의 아들로 태어난 홍경래는 평안도 지방에서 실시한 향시에 급제했으나, 별 의미가 없음을 깨닫고 본시험인 회시에 응시하지 않았다. 사실 조선왕조는 건국 초부터 400년 동안 대대로 인재 등용에서 서북 지역을 의도적으로 배제해왔다. 그래서 서북인들의 불만이 쌓인 상태였다. 설상가상으로 흉년이 들었고, 부패한 관리의 세금 착취가 가혹해졌다. 여기에 『정감록』 등을 통해 반정부적인 분위기가 생겨났다.

홍경래가 반란을 일으킨 배경에는 사회 변화도 작용했다. 18세기를 전후한 시기부터 상업과 수공업이 발달하자, 조정에서도 1791년에 이른바 신해통공을 실시해 상업의 자유를 어느 정도 인정해주었다. 이를 통해 부를 축적한 새로운 계층이 나타났다. 특히 평안도 지방은 정부의 규제에도 불구하고 청과의 무역이 더욱 활발해져, 개성상인과 의주상인 가운데는 크게 성장한 사람들이 많았다. 또한 금·은 등의 수요가 늘어나 평안도 지방에서는 광산이 개발되고 있었다. 이 바람을 타고 많은 이들이 새로운 일자리를 찾아 평안도 지방의 광산에 몰려들었다. 조선 후기에 새롭게 성장한 상인 계층의 경제력 및 광산 노동자의 조직력은 이 봉기에 큰 역할을 했다.

홍경래는 시국에 불만을 품고 있는 자, 벼슬길이 막혀 현실에 불만을 품고 있던 양반 지식층, 황해도·평안도 일대의 부를 축적해 성장한 상인들과 가까이 지냈다. 인삼 밀매를 금지하는 법령에 불만을 품은 개성, 의주 등지의 거상과 부호들이 그에게 가세했다. 또한 광산 채굴의 성행으로 각처의 빈민들이 광산촌에 모여드는 것을 이용해, 운산 촛대봉 아래에 광산을 열었다. 그리고 모여든 임금 노동자들을 모아 병사로 전환시켰다. 홍경래 무리에 모인 일반 백성과 천민들은 수천 명에 이르렀다. 봉기 10년 전부터 치밀하게 준비한 결과였다.

준비가 끝난 홍경래는 1812년 1월에 거사를 계획했다. 그러나 정보가 새어나가자 거사 날짜를 앞당겨 우군칙, 김창시 등과 함께 1811년 12월에 반란을 일으켰다. 홍경래 군은 한때 기세를 올렸다. 관군은 제대로 대응해 싸우지도 못하고 계속 후퇴했다. 승기를 잡은 홍경래는 얼음이 얼 때를 이용해 청천강을 건너 서울을 향해 진격하고자 했으나, 마침 큰비가 내려 얼음이 녹아버렸다. 이 때문에 전략을 바꾸어 1812년 1월에 정주성을 함락시켰다. 그러나 곧 관군의 반격에 거의 4개월간 공방전을 펼친 후 결국 평정되었다.

그 뒤에도 농민 항쟁과 역모는 끊이지 않았다. 1862년 2월 4일에는 단성에서 민란이 일어났다. 그 직접적인 원인은 환곡의 폐단에 있었다. 이 영향으로 단성의 인근 지역인 진주에서도 1862년 2월 18일 민란이 일어났다. 이후 민란은 충청도와 전라도로 번져갔다. 이를 임술민란壬戌民亂이라 한다. 조선 후기에 들어와 충청도는 양반의 횡포가 심했고, 전라도는 아전들의 폐단이 극심했다. 당시 조선의 삼대 폐단이 바로 충청도 양반, 전라도 아전, 평양의 기생이었다. 조정에서는 임술민란을 수습하기 위해 삼정이정청을 설치했다. 그리하여 그해 5월 25일부터 윤 8월 19일까지 4개월 동안 삼정이정절목三政釐整節目 41개조를 제정해 반포했다. 그러나 이런 조치로는 삼정의 폐단을 뿌리 뽑을 수가 없었다.

풍양 조씨의 권력 장악과 흥선대원군

18세기 이후 유럽 제국은 세계 여러 곳으로 세력을 뻗치며 아시아에도 진출하려 했다. 시간이 흐르면서 조선에서도 서양 선박과의 접촉이 늘어나, 조선에서는 이를 이양선 혹은 황당선荒唐船이라고 불렀다. 그럼에도 불구하고 조선에서는 기존 체제를 고수하는 데에 골몰했을 뿐, 능동적으로 대처하려 하지 않았다.

그래도 조선 내부에서는 서양 세력과 접촉하면서 천주교에 귀의하는 사람들이 늘어났다. 그 대표적인 인물이 이승훈이다. 1783년 겨울, 이승훈은 아버지를 따라 청나라 수도 북경에 가서 세례를 받았다. 그리고 이듬해 천주교 교리 서적과 십자가상을 구해와 천주교를 전파하기 시작했다. 그 당시는 주로 그의 친인척들이 천주교를 믿었다. 1791년, 조선 최초의 천주교 박해인 신해박해가 일어났으나 정조가 그 처벌에 소극적이고 채제공이 교도들을 비호해 일부가 희생되는 데 그쳤다. 그래서 그 뒤에도 천주교는 확산되어갔다.

1801년에는 천주교도 300명을 처형한 신유박해가 일어났지만, 천주교의 뿌리는 뽑히지 않고 더욱 번져갔다. 1835년 겨울에 프랑스 신부 모방Maubant이, 이어 1837년 1월에는 프랑스 신부 앙베르Imbert가 조선 주재 주교로 임명되어 샤스탕Chastan을 데리고 서울에 몰래 들어왔다. 1835년에는

6,000명밖에 안 되었던 교도 수가 이때에 이르러 9,000명을 넘게 되었다.

이에 조선 조정에서는 대대적으로 천주교를 배척하는 척사정책斥邪政策을 펴나갔다. 그 과정에서 억울하게 희생된 자도 무척 많았다. 조정에서 언론을 맡은 관료와 재야의 유생들은 평소 자기들과 원한이 있던 사람들을 밀고해 죽이거나 귀양 가게 했기 때문이다. 겉으로는 천주교 배척을 내세웠으나, 이를 빌미로 정적을 제거하려 한 것이다.

기해박해는 1838년 겨울부터 시작해 1840년 봄까지 1년 넘게 지속되었다. 포도청에서는 그해 1월부터 2월까지 천주교인 수십 명을 잡아 이들에게 배교背敎를 종용하고, 배교를 하지 않는 자는 처형했다. 이 과정에서 많은 천주교도들이 희생되었다. 풍양 조씨의 실세인 조인영은 이 기회를 이용해 평소 천주교 배척에 소극적이던 안동 김씨들을 몰아냈다. 그 결과 풍양 조씨가 1849년에 헌종이 죽고 철종이 즉위할 때까지 정국 주도권을 잡았다.

그럼에도 불구하고 천주교 포교가 중단되지는 않았고, 결국 조선인 신부 김대건金大建까지 배출해냈다. 마카오에서 신학 공부를 하고 신부가 된 김대건은 1845년 1월에 귀국했다. 귀국 후 포교에 전력을 다하던 김대건은 1846년 5월 13일에 체포되었다. 혹독한 고문을 받으면서도 김대건은 급박하게 돌아가는 세계정세를 알리고 조선의 지식인과 정부의 각성을 촉구했다.

1846년 9월, 프랑스 동양 함대 사령관 세실Cecil 제독이 군함 세 척을 이끌고 충청도 홍주 해역에 나타났다. 1839년 기해년 천주교 박해 때 프랑스 선교사를 학살했던 일을 빌미로 통상通商을 요구하기 위해서였다. 이와 같이 정세가 불안해지자 김대건 신부에게 사형선고가 내려졌고, 그와 함께 여러 사람이 처형되었다.

헌종이 1849년 6월에 아들 없이 죽자, 순원왕후의 명으로 전계대원군全溪大院君의 셋째 아들인 원범元範이 19세의 나이로 왕위에 올랐다. 그가 철종哲宗이다. 원범은 집안이 몰락해 강화도에서 어렵게 살아가고 있었고, 강화도령이라고 불릴 정도로 중앙 정계에서는 생소한 인물이었다. 순원왕후가 헌종 초에 이어 두 번째 수렴청정에 나서면서, 정권은 안동 김씨에게 돌아가게 되었다. 철종이 즉위하자 안동 김씨가 풍양 조씨를 압박하여 핵심 인물 조병현趙秉鉉이 죽임을 당하고, 풍양 조씨를 추종하던 인사들이 대거 몰려났다.

그리고 1851년에 헌종의 상喪을 마칠 때 즈음, 철종의 종통을 둘러싼 전례典禮 문제가 터졌다. 이른바 기유예론己酉禮論이다. 철종이 종통으로는 헌종의 뒤를 이었지만, 가계는 순조의 뒤를 잇는 꼴이 되어버린 상황을 어떻게 맞추느냐가 이 논란의 핵심이었다. 안동 김씨 측이 철종을 순원왕후의 아들로 입적시켜 이를 해결하는 과정에서 논란이 일었다. 이하전李夏銓과 같이 대代수도 맞고 인물도 출중한 왕위 계승자가 있었음에도 불구하고, 안동 김씨 세도정치를 이어가기 위해 방계인 데다 정치 경험도 없는 철종을 무리하게 즉위시킨 것이 근본적인 문제였다.

1851년 윤 8월에는 김문근金汶根의 딸을 철종의 왕비로 맞이했다. 이로써 안동 김씨가 순조·헌종·철종 3대에 걸쳐 왕비를 배출하게 되어, 자연스럽게 안동 김씨의 세도정치가 60년간이나 지속될 수 있었다. 안동 김씨가 반대 세력을 일망타진하고 난 뒤인 1862년에 이하전도 제거되었다.

철종은 안동 김씨 세력을 두려워해 아무 일도 독자적으로 처리하지 못하고 전권을 김좌근金左根에게 위임했다. 그러자 김좌근의 일족들이 완전히 정계를 장악했다. 이때 등장한 안동 김씨는 모두 철종의 처족이 아니면 외척들이었다. 철종 연간은 안동 김씨 세도정치가 가장 절정을 이뤘던 시기라고 할 수 있다. 철종 치세인 14년 동안 요직은 모두 안동 김씨들이 차지하고 있어 인재 등용에 있어 공정성이 사라져갔다. 비판 세력이 없는 상태에서 안동 김씨들은 관직을 팔고 온갖 비행을 다 저질렀다. 국가의 기강이 해이해지자 이른바 삼정의 문란이 더욱 심해지고 탐관오리가 날뛰어 백성들의 생활이 도탄에 빠지게 되었다. 이에 농민들은 1862년 전국 여러 곳에서 민란을 일으켰다.

이에 대응한 대책은 임시 특별 기구 삼정이정청을 설치하는 데 그쳤다. 철종은 근본적 정책 수립을 하지 못하고 관료와 재야 선비들에게 그 대책을 강구해 올리게 했다. 이와 같이 밖으로는 외세의 침입을 받고 안으로는 민란이 끊일 사이가 없어, 나라는 위기에 처할 수밖에 없었다.

그러던 중, 철종이 재위 14년 만인 1863년 12월에 아들 없이 죽었다. 이에 대왕대비 조씨가 이하응의 12세 된 둘째 아들 명복命福을 왕으로 삼았다. 그리고 그의 아버지 이하응이 흥선대원군興宣大院君이 되어 섭정에 임하게 되고, 신정왕후 조씨가 수렴청정하게 되었다. 그러나 곧 국정의 모든 권한은 흥선대원군의 수중에 들어갔다. 안동 김씨 세도가 일시에 흥선대원군의 세도로 바뀐 것이다.

3

일본
에도시대

**도쿠가와 이에야스의 집권과
도요토미 가문의 몰락**

도쿠가와 이에야스는 어렸을 때 맺어놓은 오다 노부나가와의 친분을 바탕으로 협력 관계를 맺어 자신의 세력 기반을 다져나갔다. 그는 오다 노부나가가 죽은 후, 한때 도요토미 히데요시와 대립 관계에 서기도 했다. 그러나 도요토미 히데요시의 여동생과 정략 결혼을 하며 그와 주종 관계를 맺고 협력하게 되었다. 1590년 고호조 가문을 정벌할 때, 도쿠가와 이에야스는 도요토미 히데요시 측의 선봉으로 참전해서 공을 세웠다.

그럼에도 불구하고 도요토미 히데요시는 도쿠가와 이에야스를 견제하기 위해 그의 영지를 교토에서 멀리 떨어진 고호조 가문의 지역으로 옮기도록 했다. 변방이었지만 간토 지역 250만 석의 영지를 지배하게 된 도쿠가와 이에야스는, 조선 침략 때에 병력 동원을 면제받아 자신의 군대를 소진시키지 않았다. 이것이 나중에 그가 권력을 장악하는 데에 중요한 요소가 되었다.

도요토미 히데요시가 죽은 이후, 그가 기반을 닦아놓은 체제는 급속히 무너졌다. 그 원인 중 하나는 후계자 문제였다. 도요토미 히데요시가 양자로 삼으며, 간파쿠 자리까지 물려주었던 조카 도요토미 히데쓰구는 전쟁 중에 제거되었다. 도요토미 히데요시의 친아들인 도요토미 히데요리豊臣秀賴가 태어났던 것이 화근이었다. 친아들에게 권좌를 넘겨주고 싶어진 도요토미 히데요시가 적당한 이유를 붙여 조카에게 할복을 명했다고 보는 것이 보통이다.

그런데 이 조치가 바로 도요토미 가문 자체가 몰락하는 원인이 되었다. 조카를 제거한 뒤, 얼마 가지 못하고 도요토미 히데요시 자신이 죽어버렸기 때문이다. 도요토미 히데요시는 죽기 직전, 이른바 고다이로五大老라 불리는 다섯 명의 원로를 불러 어린 아들을 돌봐달라고 부탁했다. 도요토미 히데요시의 구상은 고다이로 중 옛 친구 마에다 도시이에前田利家가 도쿠가와 이에야스를 견제하며 균형을 잡아나가는 것이었다. 그러나 도요토미 히데요시가 죽은 바로 다음 해에 마에다 도시이에도 죽어버렸다.

이렇게 견제 역할을 해줄 마에다 도시이에가 사라진 상태에서, 실권은 자연스럽게 도쿠가와 이에야스에게 집중되었다. 그러자 도요토미 히데요시의 측근이었던 이시다 미쓰나리石田三成가 반발하고 나섰다. 그는 고니시 유키나가, 모리 데루토모毛利輝元, 시마즈 요시히로島津義弘 등과 결탁하여 도쿠가와 이에야스와 맞섰다.

도쿠가와 이에야스는 가토 기요마사, 후쿠시마 마사노리福島正則, 구로다 나가마사黑田長政 등 자신을 따르는 다이묘들을 규합했다. 이때 이시다

미쓰나리 측을 서군, 도쿠가와 이에야스 측을 동군이라 불렀다. 이는 양측 다이묘 전체가 아니라 핵심 다이묘의 영지를 기준으로 한 구분이었다. 1600년 9월 15일, 이들이 결전을 벌인 곳이 세키가하라關ヶ原였다. 이 때문에 이 전투를 '세키가하라 전투'라 부른다.

이 전투에서 승리한 도쿠가와 이에야스는 상대 진영에 가담했던 다이묘들을 처형하거나, 이른바 '가이에키改易'라 하여 신분을 강등시키든가, 겐포減封라는 영지 삭감 조치를 취했다. 이렇게 반대파 다이묘들에게 빼앗은 영지는 도쿠가와 이에야스에게 충성하는 일족 및 가신들과, 이른바 동군 편에 가담하거나 서군 등에서 협력했던 다이묘들에게 분배되었다. 그렇게 분배하고 막부가 차지한 영지가 전체의 40퍼센트 정도에 해당하는 700여만 석에 이르렀다.

이때 도쿠가와 이에야스는 세키가하라 전투 전부터 충성을 바쳐온 가신 일부를 새로 다이묘 반열에 올렸다. 그러면서 다이묘를 크게 셋으로 분류했다. 도쿠가와 일족인 다이묘를 신판다이묘親藩大名, 세키가하라 전투 전부터 충성을 바쳤던 다이묘를 후다이다이묘譜代大名, 세키가하라 전투 이후 가담한 다이묘를 도자마다이묘外様大名라 불렀다. 이 중 신판다이묘와 후다이다이묘는 에도와 이를 방어할 요충지에, 도자마다이묘는 주로 에도에서 먼 변방으로 내몰았다. 이들은 철저하게 감시당했으며 막부에서의 발언권도 약했다.

1603년 3월 24일, 도쿠가와 이에야스는 천황으로부터 세이이타이쇼군征夷大将軍 지위를 하사받았다. 그리하여 실권자로 인정받은 도쿠가와 이에야스는 무로마치막부 쇼군들처럼 교토에 본거지를 두지 않고 자신의 영지인 에도에 두었다. 이후 1604년부터 에도성에 대한 대대적인 증축이 시작되었다. 이 과정에서 도쿠가와 이에야스는 에도성 증축 부담을 다이묘들에게 분담시켰고, 이는 쇼군이 다이묘를 통제하는 하나의 수단으로 자리 잡았다. 이렇게 해서 개펄에 불과했던 에도는 도쿠가와 이에야스에 의해 도시로 성장했다. 물론 에도가 수도는 아니었다. 이 시대에도 수도는 천황이 살고 있는 교토였다. 그러나 도쿠가와 이에야스에 권력이 몰리며 에도가 실질적인 수도 역할을 했다. 이곳이 지금의 도쿄이다.

1605년, 도쿠가와 이에야스는 쇼군 지위를 셋째 아들 도쿠가와 히데타다德川秀忠에게 물려주었다. 이는 쇼군 지위가 도쿠가와 가문에 세습될 것이라는 점을 확인시켜준 셈이다. 물론 그렇게 하고 나서도 도쿠가와 이에야스는 오고쇼大御所라고 자칭하면서 실권을 놓치는 않았다.

그러면서 늦추지 않고 도요토미 가문에 대한 압력도 넣었다. 쇼군 지위를 물려받은 아들 도쿠가와 히데타다가 교토에 상경했을 때, 도요토미 히데요시의 아들 도요토미 히데요리에게 인사를 오도록 요구했던 것이다. 이에 도요토미 히데요리가 강력하게 반발하며 갈등이 불거졌다. 이 갈등 자체는 타협이 이루어졌지만 완전히 해결된 것은 아니었다.

도쿠가와 이에야스 측은 장래 화근이 될 수 있는 도요토미 가문을 완전히 제거하기 위한 음모를 꾸몄다. 그 시발점은 신사神事와 절의 보수를 허가해주는 것이었다. 이 조치가 취해지자 도요토미 히데요리는 아버지 도요토미 히데요시가 세웠다가 지진으로 무너진 호코지方廣寺를 재건하는 데 많은 힘을 쏟았다.

당시에는 절이 완공된 후 절의 종에 글을 새겨놓는 관례가 있었다. 호코지가 완공된 후 이 관례대로 새겨놓은 글을 두고 도쿠가와 이에야스 측은 트집을 잡았다. 여기 새겨진 '국가안강國家安康 군신풍락君臣豊樂'이라는 구절을 두고, '국가안강'은 이에야스의 이름(家康)을 잘라 도쿠가와 가문에 대해 저주를 걸었다는 식으로 해석했다.

이에 도요토미 히데요리가 반발하며 군대를 모으자, 도쿠가와 이에야스는 1614년 겨울에 대군을 동원하여 정벌에 나섰다. 이 정벌에서 도요토미 히데요리의 본거지인 오사카성 공략에 고전하자, 도쿠가와 이에야스는 성의 방어 시설인 해자를 메운다는 조건으로 일단 강화를 맺었다. 이를 통해 성의 방어가 약화되자 이듬해 여름, 재차 오사카성에 공격을 가하여 함락시켰다. 이로써 도요토미 가문은 몰락해버렸다.

새로운 막부의 정책과 막번체제의 성립

권력을 장악해놓은 1613년, 도쿠가와 이에야스는 구게쇼핫토公家諸法度 5개조를 제정했다. 1615년에는 이를 보완한 긴추나리비니쿠게쇼핫토禁中幷公家諸法度를 내놓았다. 이렇게 만들어놓은 규정에서, 천황은 학문과 예술에만 전념해야 한다고 해놓았다. 그뿐만 아니라 이를 통하여 천황과 공가의 세밀한 부분까지 통제할 규정을 만들었다. 또 교토쇼시다이京都所司代를 두어 천황을 중심으로 한 공가와 서쪽 방면의 다이묘를 감시하도록 했다. 이를 통해 다이묘들이 천황에게 접근하지 못하도록 막았다. 막부가 황실을 돌봐준다고는 했지만, 황실의 영지는 약 3만 석 정도였고 상황과 공가의 영지를 더해도 12~13만 석에 불과했다. 결국 약간의 영지를 주어 천황의 품위를 유지시켜주는 대신, 통치에 개입하지 못하도록 만들어놓은 것이다.

그리고 다이묘들에 대한 통제 수단도 만들었다. 오사카를 공략한 직후인 1616년, 막부에서는 다이묘가 거주하는 본성을 제외한 성을 모두 파괴하라는 이른바 '잇코쿠이치조레이—國—城令'를 내렸다. 이는 본질적으로 막부에 대항할 수 있는 다이묘들의 거점을 제거하기 위해 취해진 것이었다. 그러나 결과적으로, 각지의 성을 거점으로 다이묘에게 저항할 만한 세력을 약화시키는 효과도 있었다.

같은 해에 부케쇼핫토武家諸法度를 제정하여 다이묘를 통제할 수 있는 근거도 마련했다. 여기에는 새로 성을 쌓을 때는 물론, 무너진 성을 수리할 때에도 막부의 허가를 받도록 해놓았다. 다이묘의 혼인이나 양자를 들일 때에도 마찬가지였다. 그러면서 요충지인 오사카·슨푸駿府·후시미伏見·교토의 니조성 등에는 조다이城代를 두어 관리했다. 사원에 대해서는 지샤부교寺社奉行를 두어 관리와 통제를 담당시켰다. 여기에 지인핫토寺院法度를 발표하여 사원과 신사를 통제할 근거를 마련했다. 이 조치가 발전하여 1665년에는 사원 전체를 통제할 쇼슈쇼혼잔핫토諸宗諸本山法度로 발전했다.

도쿠가와 이에야스는 이와 같은 통제체제의 윤곽이 잡힌 후인 1616년 병으로 죽었다. 그가 죽자, 천황은 그에게 '도쇼다이곤겐東照大權現'이라는 신호神號를 내렸다. 도쿠가와 이에야스를 신의 반열에 올려놓은 셈이다. 도요토미 히데요시도 죽은 다음 조정으로부터 같은 급의 호칭을 받았으나, 도쿠가와 이에야스가 조정에 압력을 넣어 이를 취소시켰기 때문에 실질적으로 자신이 처음 받은 셈이다. 이 조치가 250년에 걸쳐 에도막부의 권위를 뒷받침했다.

이렇게 정비되어가던 막부의 행정기구는 3대 쇼군 도쿠가와 이에미쓰德川家光 집권기인 1635년을 전후해 완성되었다. 막부의 최고위직은 다이로大老였지만, 의사결정에 항상 참여하는 것이 아니라 중요한 일이 있을 때만 참가시켰다. 실질적인 정무는 그 밑의 로추老中 4~5명이 맡았다. 로추를 보좌하는 와카도시요리若年寄는 1만 석 이하의 영지를 가진 무사 하타모토旗本를 감독하는 역할도 맡았다. 17세기 이후에는 쇼군과 로추 사이에서 의중을 전달하며 조율하는 소바요닌側用人을 두었다.

관리는 무관武官을 의미하는 반가타番方와 문관文官을 의미하는 야쿠가타役方로 구분되었다. 막부 군사력은 쇼군 직속인 하타모토, 고케닌으로 유지되었다. 이들은 영지가 1만 석이 되지 않는 사무라이를 의미했다. 단지 쇼군을 알현할 수 있는 지위에 있으면 하타모토, 그렇지 못하면 고케닌이라고 불렀다. 막부에서는 유사시 이들을 통해 군대를 동원했고, 이들은 에도에 살면서 쇼군의 호위와 함께 행정업무도 맡았다. 유사시에는 이들뿐 아니라 다이묘들에게도 영지에서의 쌀 생산량을 의미하는 석고石高에 따라, 동원할 인적·물적 자원이 부과되었다.

오메쓰케大目付는 다이묘에 대한 감찰과 함께 에도성의 사무를 보았으며, 메쓰케目付는 하타모토와 고케닌에 대한 감찰을 맡았다. 사원과 신사는 지샤부교를 통해 통제했고, 행정과 사법 등의 업무를 맡는 마치부교町奉行를 통해 도시를, 간조부교勘定奉行를 통해 지방관을 통제했다. 이러한 조직에 다이묘와 하타모토를 몇 명씩 배치하여 간단한 사안은 각 부서에서 처리하고 주요 사안은 호조쇼評定所에서 로추와 3개 부교 요인들의 모여 합의로 처리했다. 이러한 막부의 요직은 한 달에 한 번씩 바꾸는 이른바 '월번제月番制' 방식이었다.

중앙의 체제가 정비된 이후, 지방에 대한 지배체제도 자리를 잡았다. 막부의 쇼군과 지방의 다이묘가 주종 관계를 맺어 토지와 백성을 지배하는 체제를 막번幕藩체제라고 한다. 이는 쇼군의 통치기구인 막부와 다이묘의 영지인 번藩을 합쳐 부르는 말이다.

다이묘의 기준은 쇼군에게 1만 석 이상의 영지를 받은 자였다. 그 다이묘가 지배하는 영역과 지배기구를 '번'이라 한다. 이 체제는 막부와 거의 비슷했고, 정치·경제적인 독립성을 인정받았다. 그렇지만 다이묘의 영지는 한 대代가 지날 때마다 쇼군에게 하사받는 형식을 취하고 있었다. 쇼군을 이를 이용하여 후계자가 없거나 부케쇼핫토를 위반한 다이묘의 영지를 몰수 또는 줄이거나 바꾸어버릴 수 있었다. 즉, 각 번의 독립성을 인정하면서도, 막부가 다이묘를 통제하는 것이 막번체제의 특징이라고 할 수 있다.

이 체제를 유지하기 위해, 다이묘의 처자식은 에도에 볼모로 보내고, 다이묘 자신도 자기 영지와 에도를 1년 단위로 오가며 거주하도록 하는 규정도 마련했다. 이를 산킨코타이參勤交代라 불렀다. 이 규정을 지키느라 다이묘들은 대규모 수행원들을 데리고 자신의 영지와 에도를 오가며 살아야 했다. 이 때문에 써야 했던 비용은 큰 부담이었다.

다이묘는 막부의 통제를 받았지만 자기 영지 안에서의 권위는 강해졌다. 에도시대 초기만 해도 다이묘가 자신의 영지 안에 있는 유력 무사에게 일부 영지의 관리를 맡기는 경우가 있었으나, 잇코쿠이치조레이가 선포된 이후로는 무사들의 거점이 소멸되면서 다이묘의 통제가 강화되었다. 무사들은 조카마치에 모여 살게 되었고, 17세기 후반에 접어들면서부터는 징수한 연공에서 봉급을 받는 처지가 되어갔다.

에도막부의
사회구조

이러한 체제 정비를 통하여, 에도막부에서 쇼군의 권력은 이전 막부에 비해 월등하게 강화되었다. 겉으로는 쇼군이 천황에게 임명받는 형식을 취하고 있었으나, 실제로는 쇼군이 천황까지 통제하는 실질적 지배자로 자리 잡았다. 에도시대 초기, 막부는 약 400만 석의 직할령天領을 확보하고 있었다. 여기에 하타모토가 관리하는 300만 석을 합하면, 전국 쌀 생산량의 4분의 1을 생산하는 토지를 손에 넣은 셈이었다. 이에 더하여 주요 금광과 은광을 직할지에 편입시켜 경영했고, 나가사키長崎 등의 항구까지 장악하여 무역도 통제했다. 이를 통해 주요 도시의 상인들에게서 들어오는 조세 수입도 막대했다.

이와 같은 경제적 기반이, 서양 세력에 의하여 개항이 될 때까지 에도막부가 일본을 통치할 수 있는 기초가 되었다. 지방의 다이묘들이 결탁한다 해도, 웬만해서는 막부의 동원 능력을 능가할 수 없었다. 이 덕분에 250년이 넘도록 일본 열도에서 내전이 일어나지 않았다.

사회가 안정되면서 신분도 고정되어갔다. 이 시대 일본에서도 신분제의 기초는 동아시아 사회의 공통적인 사농공상士農工商이었다. 그렇지만 다른 지역과는 달리 지배 계층은 무사였다. 무사는 원칙적으로 쇼군, 다이묘, 하타모토의 가신단에 소속되어 충성을 바쳐야 했다. 이전까지 다른 곳에 거주하고 있던 무사들까지도, 모두 다이묘가 살고 있는 성곽을 호위하는 형태로 형성된 조카마치에 이주시켜 배치했던 것도 그러한 맥락이라 할 수 있다. 그 대가로 자신의 주군으로부터 지교지知行地라 불리는 봉토나 봉록俸祿을 받았고, 이는 세습되었다.

도요토미 히데요시가 가타나가리刀狩를 선포하여 서민이 무사가 될 수 있는 기회를 없애버리면서, 하나의 신분으로 자리 잡게 된 무사계급은 갖가지 특권을 누렸다. 우선 아래 계급과는 달리 성姓을 사용할 수 있었다. 또 아래 계급에 명예를 훼손당했을 때에는 기리스테고멘切捨御免이라 하여 모욕한 당사자를 죽일 권리를 인정받았다. 이는 서민들에게 무사에게 절대복종을 강요하여 무사의 지위를 다지는 의미가 있었다. 그렇지만 무사계급 안에서도 신분적 서열이 존재했다. 하급 무사인 아시가루足輕가 상급 무사로 신분상승 하는 것은 물론, 이들 집안 사이의 혼인도 곤란했다. 또 에도막부가 다이묘들에 대해 가이에키, 겐포 등의 조치를 취하는 과정에서 주군을 잃은 로닌浪人들이 생겨났고, 막부에 불만을 가진 이들의 존재는 에도시대에 있어서 하나의 사회문제였다.

무사와 함께 지배 신분을 이룬 집단이 천황가天皇家를 중심으로 한 공가였다. 그러나 기본적으로 무사집단인 막부가 실질적으로 지배하는 체제에서 이들의 지위에는 한계가 있었다. 이들은 막부의 지배를 뒷받침해주는 정도의 역할을 하는 데에 불과했다. 이 점은 불교 사원이나 신사神社, 유학자들도 마찬가지였다. 물론 이들 사이에서도 서열은 존재했다.

이들이 지배층을 이루고 있었다면 피지배 신분의 대부분은 농민이었다. 농민은 논밭과 집을 가지고 있어 토지대장 격인 검지장檢地帳에 등록되어 연공을 바치는 자작농 혼햐쿠쇼本百姓와 이들에게 땅을 빌려 소작을 하는 미주노미햐쿠쇼水呑百姓로 구분되었다. 여기에 혼햐쿠쇼에 종속된 나고名子, 히칸被官, 게호家抱 등도 있었다. 표면적으로는 농민의 사회적 지위를 인정해주었다. 막부를 비롯한 지배층의 수입 중 상당 부분이 농민에게서 걷는 연공에서 나왔기 때문이다. 그러나 실질적으로도 그에 걸맞은 대우를 받았다고 할 수는 없다.

농민이 부담하는 세금은, 수확량을 기준으로 매겨져 쌀로 납부하는 것이 원칙이었다. 논밭을 기준으로 보통 수확량의 40~50퍼센트를 세금으로 거둬들였다. 그렇지만 기본적인 연공이 그렇다는 것일 뿐, 이 외에도 다양한 명목으로 실질적인 세금이 부과되었다. 농민에게는 경작지와 집에 부과되는 기본 연공을 비롯하여, 산림 등에서 들어오는 수입에 매기는 잡세, 지역 전체 생산량에 비례해서 매기는 부가세, 구니 단위로 부과되는 국역國役이 있었다. 도로 주변 지역에는 고위층이나 관리의 숙박 장소에도 역을 부과했다.

이렇게 농민에게서 수취한 자산이 통치의 중요한 기반이었기 때문에, 막부에서는 농민들의 생활을 안정시키기 위하여 많은 조치를 취했다. 그중 하나가 1643년에 선포된 덴바타에이타이田畑永代 매매금지령이다. 이는 경작지의 소유권을 사고팔 수 없도록 하는 조치였다. 농민이 토지를 팔고 소작농이 되는 것을 막겠다는 발상이었다. 1673년에는 분할 상속으로 경작지가 쪼개지는 것을 막기 위해 분치세이켄레이分地制限令도 선포했다. 이는 농민이 땅을 잃어 영세화되는 것을 막아 연공을 확보하겠다는 의도였다.

이 밖에도 농민의 의식주, 부부 관계에 이르기까지 세부적인 것까지 일일이 규정하여 통제를 가하려 했다. 그래서 농민들이 경작지를 개간하는 것과, 쌀·보리·기장·조·콩의 다섯 가지 곡식을 제외한 담배·면화·차 같은 작물을 재배하는 것도 금지시켰다. 농민에게는 사는 곳을 옮길 자유조차 없었다.

에도막부에서는 무라村라는 행정 단위를 통해 농민에 대한 통제를 강화했다. 이는 연공과 여러 역을 부과하는 단위였다. 무라는 혼햐쿠쇼 중심으로 운영되었고, 연공과 부역 업무를 원활히 하기 위한 대표자를 두었다. 이들은 나누시名主, 구미가시라組頭, 햐쿠쇼다이百姓代로, 혼햐쿠쇼 중에서 뽑았다. 나누시가 촌장 역할을 하며, 연공 관리와 치안 유지 등을 맡았다. 구미가시라는 나누시를 보좌하는 역할이었으며, 햐쿠쇼다이는 촌민 대표로 나누시와 구미가시라를 감시했다.

나누시와 예속 농민을 제외한 무라의 농민은, 5개의 집을 1조로 묶는 고닌구미五人組로 편성되었다. 구미가시라가 각 조별로 책임을 분담시켰고, 연공이 체납된다든지 범죄가 발생했을 경우 해당 조에게 연대 책임을 지웠다. 이 제도를 무라우케세이村請制라고 불렀다.

무라는 공동 경비를 분담하며 서로 협력하는 공동체 조직이기도 했다. 모내기와 추수를 공동 작업으로 처리하는 유이結라는 조직도 있었다. 무라는 자체의 규범에 해당하는 무라오키테村掟에 의해 운영되었고, 이를 어긴 자는 무라하치부村八分라는 처벌을 받았다. 이는 화재나 장례를 제외하고는 당사자와의 교류와 협력을 막는 제도였다.

도시에 집중될 수밖에 없는 상인과 수공업자는 조닌이라 불렀다. 신분적으로는 조닌이 농민 아래였지만 통제는 덜 받았다. 이들이 내는 세금으로는 영업세에 해당하는 운조킨運上金, 영업 활동을 보호받는다는 의미로 개인이나 동업조합이 막부에 바치는 헌금에 해당하는 묘가킨冥加金이 있었다. 그러나 이들에게 세금을 많이 매기면 물가가 올라 실익이 없다는 발상 때문에 농민에 비해 부담은 가벼웠다. 수공업자들은 각자의 기술로 국가에 대한 역國役을 부담했다.

조닌도 토지와 점포를 가지고 있는 지누시地主·이에모치家持와, 이들에게 토지와 점포를 빌려 영업하는 지가리地借와 다나가리店借로 나뉘었다. 마치의 자치를 맡는 상인 대표도 지누시와 이에모치 중에서 선발되었다. 이들은 마치부교의 통제를 받았고, 마치의 행정은 그 밑의 마치토시요리町年寄와 마치나누시町名主 등이 맡았다.

　무사들을 성 주변에 조성된 도시에 살도록 하는 정책 덕분에 조카마치는 더욱 발전했다. 이들에게 필요한 물자를 공급할 상인과 수공업자들이 모여들었기 때문이다. 에도시대에 들어와 도시가 크게 발달한 이유가 여기 있었다. 특히 에도·교토·오사카는 이 시대 정치·경제·문화의 중심지로 성장했다.

　그런데 에타穢多, 히닌非人이라 하여 이들 부류에도 들지 못하는 천민집단도 있었다. 에타는 주로 짐승 가죽 제품을 다루는 사람들이었고, 히닌은 주로 시체를 처리하는 일에 종사했다. 천민은 사는 장소까지 일반 민가와 동떨어진 곳으로 격리시켰고 입는 옷까지도 달랐다. 이들에 대한 사회적 편견은 매우 커서 신분제가 철폐된 메이지유신 이후에도 영향이 남았다.

　이와 같은 신분제는 매우 엄격하여, 에도시대 이후 근대화될 때까지 신분은 세습되었다. 같은 신분 사이에서만 혼인이 이루어지며 신분 이동이 어려워졌다. 이 때문에 신분제가 철폐될 때까지 사회는 매우 경직되었다. 이는 막부의 지배체제를 굳히는 효과가 컸다. 지배층은 이렇게 조장해놓은 신분 차별을 피지배층 통제에 이용하기도 했다. 영주의 가혹한 수취에 저항하는 잇키가 일어나면 천민을 동원하여 진압했던 경우가 그에 해당한다.

**에도막부의
대외 관계**

　권력을 굳혀가던 도쿠가와 이에야스는 외국과

의 관계도 안정시켜나갔다. 우선 도요토미 히데요시의 침략 이후 악화되었던 조선과의 관계부터 개선했다. 이를 위해 이전부터 조선과의 관계를 중재해왔던 쓰시마의 소宗씨 가문으로 하여금 교섭을 추진시켰다. 1607년, 포로를 교환하며 진행시켰던 교섭이 결실을 맺어 조선에서 통신사가 파견되었다. 조선에서도 일본에 대한 정보를 얻을 기회라고 판단했기 때문에 통신사 파견은 이후에도 계속되었다. 새로운 쇼군이 즉위할 때 축하 명목 등으로, 1811년까지 총 12회 통신사 파견이 이루어졌다.

이를 바탕으로 1609년에는 기유약조己酉約條가 맺어져, 삼포왜란 이래 폐지되었던 왜관이 동래에 다시 설치되며 교역이 정상화될 수 있었다. 단지 쓰시마에서 보내는 세견선이 20척으로 한정되었다. 이후 조선과의 교역은 부산의 왜관을 중심으로 이루어졌다. 교섭이 성공적으로 재개되었지만, 이전부터 쓰시마 도주가 조선에 보내는 외교 문서를 위조하는 일이 많았기 때문에 막부에서는 쓰시마를 완전히 믿지는 않았다. 그 결과 1635년, 막부는 쓰시마에 교토 고잔五山의 선승을 파견하여 조선과의 교섭을 감시하기 시작했다. 이러한 관계는 양국의 재정 불안과 서양 세력의 압력을 받던 일본의 사정 때문에 통신사 파견이 중단되던 1811년까지 유지되었다.

조선과는 관계가 회복되었지만, 침략 전쟁의 또 다른 상대였던 명과의 관계는 회복하지 못했다. 그 결과 타이완, 필리핀 등 동남아시아 국가들처럼 사무역을 하는 정도로 그쳤다. 한편 중개무역으로 이익을 얻으며 번성했던 류큐는 포르투갈 등의 등장으로 교역에서 얻는 이익이 줄어들며 쇠퇴해갔다. 그러던 중 1609년에는 사쓰마薩摩 시마즈島津 가문의 침략으로 그 속령屬領으로 전락했다. 그럼에도 불구하고 류큐는 명은 물론 그 뒤를 이어 중원의 패자로 등장했던 청의 책봉도 받았다. 형식적으로는 청과 사쓰마 양쪽에 종속 관계를 유지했던 셈이다.

그러자 사쓰마번에서는 막부의 허가를 받아, 류큐로 하여금 명과 청에 대한 조공을 유지시키면서 이를 통해 얻은 물자를 나가사키에서 매각하는 방식으로 이익을 얻었다. 그와 함께 새로 쇼군이나 류큐 국왕이 즉위할 때에 류큐로 하여금 쇼군에게 사절단을 파견하도록 했다.

지금의 홋카이도北海道 지역에 대한 지배도 이 시기에 다졌다. 이전까지 이 지역은 에조蝦夷라 부르는 오랑캐의 땅으로 여겨왔다. 그러던 1669년, 이 지역 원주민인 아이누 부족들 사이에서 일어난 분쟁을 계기로 마쓰마에松前 가문이 개입했다. 이 결과 아이누 부족은 하나하나 복속되었다.

서양 세력과의 관계에 있어서도 파란이 일었다. 도쿠가와 이에야스도 권력을 장악해나가던 초기에는 서양 세력에 우호적으로 대했다. 조총을 보급시켜 여러 다이묘들에게 환영받았던 포르투갈 상인들은 중국산 비단生絲을 구입해 일본에 파는 중개무역으로 막대한 이익을 얻고 있었다. 그렇지만 일본에서는 이들에 대한 견제도 잊지 않았다.

세키가하라 전투가 있던 해인 1600년, 네덜란드의 데 리프데De Liefde호가 규슈의 분고豊後에 표류해 온 사건은 하나의 계기가 되었다. 도쿠가와 이에야스는 이 배에 타고 있던 영국인 윌리엄 애덤스William Adams와 네덜란드인 얀 요스텐Jan Joosten을 에도로 초빙하여 만났다. 이들에게서 유럽의 정세 등에 대한 정보를 얻은 다음, 이들을 고문으로 삼고 각기 본국과의 통상을 여는 임무를 맡겼다. 그 결과 1609년에는 네덜란드, 1613년에는 영국과의 교역이 열렸다. 당시 네덜란드와 영국은 가톨릭권에서 이탈하려 스페인과 경쟁을 벌이며 동아시아로 진출하려던 상황이었다. 따라서 이들은 천주교 포교에는 관심 없이 교역에 의한 이익만이 목적이라 밝혀 막부의 환심을 샀다.

이러면서 막부에서는 1604년부터 이토왓푸絲割符 제도를 실시했다. 막부에서 이토왓푸 나카마絲割符仲間라고 불리는 상단을 조직하게 하고, 이들에게 포르투갈 상인들이 가져온 생사를 일괄 구입하도록 한 것이다. 이를 통해 사실상 막부에서 가격을 조절할 수 있게 만들었다. 이는 포르투갈 상인들의 교역 독점을 견제하려 한 조치였다.

권력을 장악해나가던 초기, 도쿠가와 이에야스는 해외무역에 의한 이익을 확대하는 데 노력을 기울였다. 그는 다이묘들과 상인들에게 해외무역을 장려하여, 이에 대한 허가증인 슈인조朱印狀를 발급했다. 이를 받은 상선을 슈인센朱印船이라고 했다. 이때 일본의 주요 수출품은 은이었으며, 그 액수가 세계 은 산출액의 3분의 1에 해당되는 양이었다. 이 조치 덕분에 일본 상인들은 동남아시아 각지로 활동 영역을 넓혀갔고, 현지에 머물면서 무역에 종사하여 일본인 마을日本町도 생겨났다.

같은 맥락에서 도쿠가와 이에야스는 스페인과의 교역에도 열의를 보였다. 1609년 가즈사上總에 표류해 온 필리핀 루손 행정부의 전 총독 돈 로드리고Don Rodrigo를 다음 해에 송환해주면서, 교토의 상인 다나카 쇼스케田中勝介 등을 같이 보내 교섭을 시도하며 기술자의 파견 등을 요청했다. 이와 함께 멕시코와의 교역도 적극적으로 추진했다.

쇄국

에도시대로 접어들던 시기에 대외정책의 구

조는 외국과의 무역을 장려한다는 취지로 잡혔다. 그러나 곧 이런 흐름이 뒤집히기 시작했다. 그 원인은 천주교 포교에 있었다. 도요토미 히데요시 집권 시기에도 천주교 포교를 금지하는 조치를 취하기는 했지만, 서양인과의 교역을 유지하기 위해 이를 묵인해왔다. 도쿠가와 이에야스 역시 초기에는 도요토미 히데요시와 마찬가지로 천주교 포교는 금지시켰지만, 서양인과의 교역을 확대하기 위하여 묵인하는 입장이었다.

그 결과 다이묘들 중에서도 독실한 신자가 나오면서, 에도시대에 이르러서는 일본인 75만 명이 개종했다는 통계도 나온다. 이 때문에 천주교 교리를 통해 전통적인 관습이나 문화와 다른 세계관이 일본에 침투하기 시작했다. 일부다처제를 인정하지 않거나, 할복을 금지하는 등은 막부에 달가운 내용이 아니었다. 특히 신 앞의 평등을 설파하는 교리는 막부에서 확립해놓은 신분제를 부정하며 체제를 위협할 수 있는 것이었다.

여기에 당시 천주교는 다른 종교에 대해 상당히 배타적이었다. 이 때문에 현지의 문화 및 관습과 충돌을 일으키는 경우가 많았다. 또 천주교 선교사들은 본국인 스페인과 포르투갈의 식민지 정책에 적극적으로 개입하고 있었다. 여기에 새로 일본에 진출하려는 신교 국가인 영국과 네덜란드는 가톨릭 국가인 스페인과 포르투갈이 천주교를 통해 일본을 정복하려 한다는 식으로 몰아갔다.

이러한 사태는 막부를 긴장시켰다. 그러던 중 1610년, 천주교도인 오카모토 다이하치岡本大八(세례명 바울)의 뇌물사기 사건이 터졌다. 그 전해, 아리마 하루노부有馬晴信가 나가사키항구에서 포르투갈 선박 노사 세니뇰라다 그라사호를 공격해서 침몰시킨 사건이 있었다. 오카모토 다이하치는 도쿠가와 이에야스에게 그 공을 보고하고 은상을 받아 오겠다는 거짓 약속을 하고, 아리마 하루노부로부터 그 대가로 거액의 뇌물을 받았다. 이 약속이 지켜지지 않아 문제가 되자, 뇌물 사건을 조사하는 과정에서 천주교도인 오카모토 다이하치가 관련되어 있음을 빌미로 천주교도에 대한 조사로 번졌다.

도쿠가와 이에야스는 자신의 측근 중에도 천주교도가 있다는 사실에 진노하며, 이를 천주교 탄압의 빌미로 삼았다. 그 결과 1612년 3월, 에도·오사카·교토에 천주교 포교 금지령이 내려졌다. 그리고 이듬해 12월에 천주교 포교 금지령이 전국으로 확대되며, 교회가 파괴되고 선교사도 추방당했다.

여기에 후속 조치까지 내려졌다. 일본 백성들에게 천주교 신자가 아니라는 점을 증명하기 위하여, 사원이나 신사에 소속을 가지게 하는 데라우케제도寺請制度를 시행한 것이다. 그리고 이 사실을 기록해두어 호적戶籍 역할까지 하게 된 슈시닌베쓰초宗旨人別帳도 만들었다. 이 정책이 실효를 가지게 하기 위해, 여행이나 이사를 할 때에는 사원이나 신사에서 발행하는 슈몬아라타메초宗門改帳라는 증서를 가지고 다니도록 했다. 이때까지 천주교를 믿고 있는 신자들에게는 신토나 불교로의 개종을 강요하고, 이를 거부하면 국외로 추방해버렸다.

이 조치는 서양인에 대한 규제로 이어졌다. 1616년, 막부는 유럽인이 거주하며 교역할 수 있는 항구를 히라도平戶와 나가사키로 제한했다. 이어서 1624년에는 천주교 포교에 가장 적극적이었던 스페인 선박의 입항을 금지시켰다. 1633년에는 막부의 허락을 받은 선박 이외에는 일본 배가 해외로 나가는 것을 금지했다. 1635년에는 일본인이 외국으로 나가 교역하는 것과 외국에 나가 있던 일본인의 귀국까지 전면적으로 막았다. 또 이제까지 제한하지 않았던 중국 배의 입항도 나가사키의 한 곳으로 제한했다. 이 기간 중에 나가사키항 안에 데지마出島라는 인공섬을 만들었다. 그리고 1636년에는 포르투갈인을 이곳으로 이주시켜 일본인과의 접촉을 제한했다. 이를 쇄국정책鎖國政策 또는 해금정책海禁政策이라 한다.

이러한 조치를 취하게 된 원인은, 먼저 천주교 신도가 증가하면서 보인 단결력에 있었다는 점이 지적된다. 이를 등에 업고, 개종한 다이묘들이 교역의 이익으로 경제적·군사적으로 강해지는 것도 위협으로 여겼다. 또한 무역이 활발해지며 상공업이 발전하면, 농업을 기반으로 한 막부의 통치제도가 흔들리게 될 것을 우려했다고도 본다. 그래서 이전까지 장려하던 무역까지 강력하게 통제하게 되었다.

이렇게 막부가 천주교 포교과 무역 통제를 강화했으나, 1637년에 천주교 신자를 중심으로 한 반란이 일어났다. 사실 이 반란의 본질적 원인은 시마바라島原 성주 마쓰쿠라松倉 가문과 아마쿠사天草의 영주 데라사와寺澤 가문의 지나친 착취에 있었다. 이러한 착취에 맞서, 두 지역 백성이 탄압을 받던 천주교도 중심으로 일어나 저항했던 것이다.

천주교도 아마쿠사시로 도키사다天草四郎時貞를 지도자로 한 농민은 두 지역을 장악했으나, 막부에서는 이를 진압하기 위해 12만여 명의 병력을 파견했다. 불리함을 느낀 반란군은 시마바라의 남쪽에서 바다를 등지고 있는 하라原성으로 물러나 농성에 들어갔다. 막부의 진압군은 이 성을 공략했고, 이때에 네덜란드인들도 해상에서 포격 지원을 제공하며 막부에 도움을 주었다. 결국 1639년 2월 28일, 성이 함락되며 반란은 진압되었다. 이것이 시마바라·아마쿠사島原天草의 난이다.

이때 농성에 들어간 백성들이 모두 천주교 신자였던 것은 아니다. 그렇지만 이를 기화로 막부는 천주교에 대한 탄압을 강화했다. 1640년에 막부 직할의 슈몬아라타메야쿠宗門改役를 두어 천주교도를 색출에 힘을 기울였다. 이로 하여금 개인과 집안이 어느 종파, 어느 사찰에 소속되어 있는지를 조사했고, 이를 슈몬아라타메라 불렀다. 이 과정에서 천주교 신자인지를 확인하기 위해 사람들에게 마리아·예수 등의 그림을 짓밟게 하는 후미에繪踏(에부미)를 실시하고, 천주교와 관련된 서적 수입도 금지했다.

이는 외국 상인과의 교역에 대한 통제로까지 이어졌다. 1639년에는 포르투갈 선박의 입항을 전면 금지했다. 1641년에는 시마바라·아마쿠사의 난을 진압하는 데 도움을 주었던 네덜란드 상인들까지 히라토에서 데지마로 옮겨놓았다. 그러고도 나가사키 부교長崎奉行의 감시를 받게 하며 일본인과 격리시켰다.

이후 나가사키에는 천주교 포교에 관심을 두지 않는 네덜란드와 중국 배만이 들어오게 되었다. 그나마 이 덕분에 네덜란드와 중국 상인들과의 교역이 활발해졌고, 나가사키는 일본의 해외 문화 중심지로서 자리를 잡아갔다. 그 이외에는 쓰시마를 통해 조선과, 사쓰마를 통해 류큐와, 마쓰마에를 통해 아이누와 교역이 유지되었을 뿐이다. 이 때문에 막부는 네덜란드 선박이 들어올 즈음에 제출하는 후세쓰가키風說書와 중국 상인을 통해서 들어오는 일부 정보에 의지하여 해외의 사정을 파악하게 되었다.

이조차도 나가사키를 통한 수입량이 늘어가자, 막부는 1685년에 수입액을 제한하는 조치를 취했다. 이어 1688년에는 중국 배의 입항을 1년에 70척으로 줄이고, 그다음 해에는 나가사키에서의 중국인 거주를 도진야시키唐人屋敷에 제한시켰다. 이러한 쇄국정책에 의해 막번체제는 오랫동안 유지될 수 있었지만, 상품·화폐경제의 발전은 늦어졌고 한동안 세계에서 고립되었다.

에도막부의 정책 변화

　　도쿠가와막부의 창업주인 이에야스부터 3대 쇼군 이에미쓰 대까지는 일본 내부를 통제하기 위하여 군사력에 의지하는 경향이 강했다. 그렇지만 도쿠가와 이에쓰나德川家綱가 4대 쇼군이 되면서 분위기가 달라졌다. 그 계기는 도쿠가와 이에쓰나의 취임 직후에 일어난 반란 음모였다. 1651년 7월, 유이 쇼세쓰由井正雪라는 자가 로닌 집단을 이끌고 막부를 전복시키려 한다는 밀고가 들어왔다. 막부에서는 관련자 체포에 나섰고, 유이 쇼세쓰는 체포당하기 전에 할복했다. 이 사건을 '게이안慶安의 역役'이라고도 한다.

　사태는 간단하게 진압되었지만 막부에서는 그 배경을 무시하지 않았다. 에도막부가 권력 기반을 굳혀가는 과정에서 많은 다이묘들을 숙청했고, 이에 따라 주군을 잃은 무사인 로닌들이 많이 생겨났다. 이들이 무사 신분을 포기하지 않는 한, 어떤 분쟁에든 개입해서 새로운 주군을 찾아 공을 세우려 할 수밖에 없었다. 이 때문에 심각한 갈등이 생겨날 때마다 이들 집단이 몰려들었다.

　이것이 도쿠가와 이에야스가 도요토미 히데요리를 토벌할 때, 많은 로닌들이 도요토미 히데요리 측에 가담하여 저항할 만한 전력을 모을 수 있었던 배경이기도 했다. 시바마라의 반란에서도 농민을 지휘한 것은 로닌들이었다. '게이안의 역'을 전후해서도 몇 차례 로닌들의 소요가 있었다.

　이 점을 의식한 막부에서는 다이묘에 대한 가이에키 등이 로닌을 양산

한다는 현실을 감안하여, 이러한 통제부터 완화시켰다. 예를 들어, 이전까지는 죽기 직전에 들인 양자는 인정하지 않고 해당 다이묘의 영지를 막부에서 환수했지만, '게이안의 역' 이후로는 이를 인정하여 영지를 유지시켜주었다. 그뿐만 아니라 로닌들의 일자리를 알선해주기도 했다. 동시에 에도를 중심으로 로닌과 해괴한 차림을 하고 남의 눈을 끄는 언동을 하던 가부키모노歌舞伎者에 대한 단속도 강화했다. 이렇게 해서 로닌들이 늘어나는 것을 막으려 했다.

1657년 1월, 에도는 세계적으로 유례를 찾기 힘든 대화재를 겪었다. 이때의 사망자는 3만에서 10만에 이를 것으로 추산한다. 이를 '메이레키明曆의 대화재'라 부른다. 이 사태 역시 이후 큰 영향을 주었다.

이런 일을 겪고 난 도쿠가와 이에쓰나는 1663년, 부케쇼핫토에 주군이 죽었을 때 뒤를 따라 할복하는 행위를 금지하는 조항을 추가했다. 이는 주군과 생사를 같이한다는 센고쿠시대의 풍속에서 나온 것이지만, 내란이 끝난 이 시대까지도 주군을 따라 할복하는 풍조가 찬사를 받으며 이어지고 있었다. 이런 가신이 많다는 것은 주군의 입장에서 자랑거리가 되기도 했다. 도쿠가와 이에쓰나는 이에 대해 '의롭지도 않고 얻을 것도 없는' 짓을 하지 말고 주군의 후계자를 섬기도록 촉구했다. 이와 같은 정책들을 무단정치武斷政治에서 문치文治로의 전환이라고 평가하기도 한다. 이러한 조치는 내전이 끝나고 평화가 정착되어가는 상황에서, 무사들에게도 시대에 맞는 이념을 주입시킬 필요에서 취해졌다고 할 수 있다.

그럼에도 불구하고 1702년 12월, 47명의 무사가 에도성에서 칼을 휘둘러, 영지를 몰수당하고 할복한 주군의 복수를 벌이는 사건이 일어났다. 막부에서는 이 무사들에게 할복을 명령했으나 세간에서는 이들을 칭송하는 목소리가 높았다. 그 결과 이들과 관련된 사건은 〈주신구라忠臣蔵〉라는 이름의 연극으로 만들어져 현대에까지 이어지고 있다.

도쿠가와 이에쓰나 대에 정책적 전환이 이루어졌다고 하기는 하지만, 장본인이 적극적으로 개혁에 나선 것은 아니다. 실질적인 업무는 사카이 다다키요酒井忠清 등에게 맡기고 자신은 직접적으로 개입하지 않으려 했다. 그래도 사카이 다다키요 등이 취한 조치들을 통해 다이묘들의 지위와 함께 정국도 안정되어갔다. 나라는 안정되었지만, 도쿠가와 이에쓰나는 아들을 얻지 못한 상태에서 1680년 병으로 쓰러졌다. 위독한 상태에 빠진 이에쓰나는 중신 홋타 마사토시堀田正俊의 권유로, 동생 도쿠가와 쓰나요시德川綱吉를 양자로 맞아들여 쇼군의 지위를 물려준 뒤 죽었다.

그런데 쓰나요시가 쇼군이 되자 양상이 달라졌다. 그는 다이로로서 통치에 중요한 역할을 했던 사카이 다다키요를 파면시켰다. 그리고 그 자리에 자신이 쇼군으로 취임하는 데 공이 컸던 홋타 마사토시를 임명했다. 그러면서 유능하지만 신분이 낮아 제대로 기용되지 못하던 하타모토 등용에 힘썼다.

이는 자신이 직접 통치 일선에 나서기 위한 포석이었다. 그는 전임 쇼군인 도쿠가와 이에쓰나가 정치 일선에 직접 나서지 않고 사카이 다다키요 등에게 처리를 맡기면서, 로추들의 영향력이 커진 상황에 변화를 주고자 했던 것이다. 이를 위해 신판다이묘와 후다이다이묘 위주이던 중앙 정계 요직에 도자마다이묘를 등용하기도 했다. 그러면서 쇼군과 로추 사이에서 의중을 전달하는 역할에 불과하여 그리 높지 않은 관직이었던 소바요닌의 위상이 비약적으로 높아졌다. 오기와라 시게히데荻原重秀가 그러한 의도로 소바요닌에 기용된 인물이다. 그는 막부의 회계를 감사監査하는 간쇼

긴미야쿠勘定吟味役 제도를 도입해 재정도 통제했다.

이와 같이 직접 통치를 챙기면서 정치 분위기도 바뀌었다. 쓰나요시의 아버지이자 3대 쇼군 이에미쓰는 장남 이에쓰나에게 쇼군 지위를 물려주면서, 다른 아들들이 쇼군의 지위를 넘보지 못하게 하기 위해 유학을 공부시켰다. 그 영향을 받은 쓰나요시는 유학자인 하야시 노부아쓰林信篤를 초청하여 경서에 대한 토론을 벌이고 직접 사서와 주역을 막부의 가신들에게 강의하기도 했다.

1683년에 부케쇼핫토의 제1조인 "문무궁마文武弓馬의 도道를 익힐 것"을 "문무충효文武忠孝를 장려하고 예의를 갖출 것"으로 바꾸었던 것도 이러한 맥락에서였다. 1690년에 유시마세이도湯島聖堂를 세워 하야시 라잔林羅山의 손자인 하야시 노부아쓰를 그 수장 격인 다이가쿠노카미大學頭에 임명했던 것도 마찬가지이다. 그러자 다이묘들 중에서도 유학을 권장하는 사람이 나오게 되었다. 그러면서 상징적 구심점인 황실과 공가의 영지를 늘려주었다. 또한 수리가 필요한 천황의 능陵을 복구시켜주기도 했다.

에도막부의 혼란

이와 같은 개혁을 통하여 문치 정착에는 성공했으나, 시간이 흐르면서 쓰나요시의 정책에도 문제가 드러났다. 신앙심이 두터웠던 쓰나요시는 자신뿐 아니라 어머니가 원하는 사원을 짓는 데에 거액의 비용을 지출했다. 또 유교적인 의례를 정비하고 실행하는 데에도 많은 비용이 들었다.

이와 같이 방만한 지출에 비하여 수입은 줄어만 갔다. 에도시대 초기에는 직할령에서 거둬들이는 연공, 광산과 무역에서 얻는 수입 등으로 재정이 안정되어 있었다. 그러나 쇄국 때문에 무역에서 얻는 수입이 줄어든 데다가, 쓰나요시가 쇼군이 될 즈음에는 광산에서의 산출까지 줄어들었다. 더욱이 1657년에 발생한 화재로 에도의 재건에 막대한 비용이 들어가는 바람에 막부의 재정은 어려워져갔다. 이 사태에 직면한 쓰나요시는 재정을 맡긴 오기와라 시게히데의 의견을 받아들여 금·은화의 질을 떨어뜨려 유통시키는 방법을 채택했다. 그러나 이 때문에 물가가 불안해지며 많은 사람들의 생활이 어려워졌다.

여기에 또 한 가지 조치가 취해져 빈축을 샀다. 아들을 일찍 잃고 나서 다시 얻지 못한 쓰나요시는 그 원인이 전생에 살생을 많이 했기 때문이라는 승려의 말을 들었다. 특히 쓰나요시가 태어난 해가 12간지 중 개의 해이기 때문에 개를 특히 보호하라는 것이었다. 이에 따라 개를 비롯하여 벌레에 이르기까지 살아 있는 생명에 대해 살생과 학대를 금지하며, 이를 어기면 엄벌에 처하라는 명령이 내려졌다. 이른바 쇼루이아와레미노레이生類憐令라는 것이다.

이 조치 때문에 많은 사람들이 고통을 받았다. 모기를 잡아도 처벌당했을 뿐 아니라, 사냥과 어업으로 식량을 얻지 못하게 되었고, 떠도는 개의 사료에 드는 비용까지 애꿎은 농민들이 부담해야 했기 때문이다. 이로 인하여 쓰나요시에게는 이누쿠보犬公方(개 쇼군)라는 별명이 붙기도 했다. 이와 같이 파란만장했던 시기를 겐로쿠元祿시대라고 한다.

말년에 많은 물의를 일으켰던 쓰나요시는 1709년 죽었다. 그리고 그 자리는 조카인 도쿠가와 이에노부德川家宣가 이어받았다. 그는 쓰나요시의 측근들을 관직에서 몰아내고, 자신의 가신인 마나베 아키후사間部詮房와 아라이 하쿠세키新井白石를 기용했다. 이에노부가 취임하고 곧 취한 조치가 쇼루이아와레미노레이를 폐지하는 것이었다. 이어 여러 가지 정치 쇄신을 모색했지만, 유교이념을 활용하려 했다는 점에서는 변화가 없었다. 유학자인 아라이 하쿠세키를 실세로 기용한 것도 이러한 맥락에서였다. 이를 '쇼토쿠正德의 치治'라 한다.

이 시기 개혁의 핵심 중 하나라 할 수 있는 것은 화폐개혁이었다. 재정난을 해결하기 위해 질이 떨어지는 화폐를 발행해왔던 정책이 근원적인 문제였다. 이 때문에 물가가 불안해지며 경제를 악화시킨 사태를 진정시켜야 할 과제를 안고 있었던 것이다. 아라이 하쿠세키는 금과 은의 비율을 회복시키는 대신 무게를 줄인 화폐를 발행하도록 해봤지만 이 역시 혼란을 일으켰다. 그러자 질 낮은 화폐를 발행하도록 한 원흉인 오기와라 시게히데를 파면해버리고 화폐의 질을 완전히 회복시켰다.

화폐의 질을 유지하기 위해서는 금과 은이 필요했기 때문에, 그 유출을 막기 위해 나가사키를 중심으로 이루어지고 있던 외국과의 교역 액수에 제한을 가했다. 그와 함께 연공 징수를 늘리려는 사전 조치로 지방 관리들의 부정을 강력하게 처벌해나갔다. 여기에 재정난을 해결하려는 의도로 조선 통신사 같은 외국 사절을 대접하는 데 들이는 비용도 줄였다.

그러나 이런 개혁 조치는 얼마 가지 못했다. 아라이 하쿠세키의 개혁을 후원했던 이에노부가 3년 만에 병으로 죽었다. 그 뒤는 외아들 도쿠가와 이에쓰구德川家継가 이어받았으나, 그 역시 쇼군이 된 지 3년 만에 여덟 살밖에 안 되는 나이로 죽었다. 그러면서 아라이 하쿠세키의 개혁도 끝났다. 1716년 쇼군이 된 도쿠가와 요시무네德川吉宗가 그를 해임해버렸기 때문이다.

그의 개혁이 어느 정도 막부의 정치를 쇄신하는 효과가 있었으나, 이상에 치우쳐 현실에 맞지 않았다는 시각도 있다. 그래서 에도막부의 동요를 근본적으로 막지 못한 측면도 있었다는 평가를 받는다. 이 시기 즈음이 되면 일본 사회는 전반적으로 어려워지고 있었다. 일단 사회 상위 계급인 무사의 사정부터 악화되었다. 이들은 평화가 지속되면서, 생산 활동에 종사하지 않으면서 소비만 하는 집단이 되어가고 있었다.

이들의 경제 기반이 기본적으로 연공 수입이었던 것도 문제의 하나였다. 이 수입이 대체로 고정되어 있던 반면, 사회 변화에 의해 연공으로 들어오는 쌀의 가치는 극심하게 달라졌다. 특히 질이 떨어지는 화폐 발행으로 물가가 오르면서, 무사들이 받는 쌀의 가격이 이를 따라가지 못하는 현상이 잦았다. 이 때문에 궁핍해진 무사들 중에는 고리대금업자로부터 돈을 빌리고, 이것도 감당하기 어렵게 되면 돈 많은 상인의 양자로 들어가 사실상 무사의 신분을 파는 경우도 생겼다.

도쿠가와 요시무네는 이와 같이 막부를 비롯한 지배계급의 재정 상황이 악화되는 상황에서 쇼군이 된 것이다. 그는 이러한 상황을 개선하기 위하여 여러 가지 조치를 취했다. 우선 창업주인 도쿠가와 이에야스의 시대로의 복귀를 내세웠다. 그러면서도 실질적으로는 변화를 추구했다. 1721년 호조쇼 앞에 투서함을 만들어놓고 백성들로 하여금 진정서를 넣도록 했다. 한계는 있었지만, 관리의 부정부패를 줄이고 화재 예방과 구휼을 위한 정책을 수립할 계기를 마련하는 효과도 있었다.

그와 함께 소바요닌을 없애며 정사를 직접 챙겼다. 구지가타오사다메가키公事方御定書를 제정하여 합리적이고 공정한 재판을 할 근거를 마련했다. 무사들에게 무예 연마를 권장하며 기강도 잡았다. 이를 위해 그동안 금지되었던 매사냥을 권장하며 무사들의 무예 실력을 평가하기도 했다. 1724 년 사치를 금하라는 법이 공표된 것도 기강 확립 차원이었다.

그는 당시 가장 심각한 문제였던 재정 개혁에도 힘썼다. 사치를 금지하는 명령을 통해 지출을 줄이며 수입을 늘리려 했다. 이를 위해 취해진 대표적 조치가 1722년에 내려진 아게마이上米였다. 이는 다이묘들에게 매년 1만 석당 100석의 비율로 막부에 쌀을 바치게 하는 대신, 산킨코타이의 부담을 줄여주는 조치였다. 다이묘들이 에도에 머물러야 하는 기간을 반년으로 줄인 것이다. 예산을 절감하면서도 인재를 등용하기 위해, 다시다카 足高 제도를 도입하기도 했다. 이는 관리로 재직하는 기간에 한해서, 부족한 봉급을 보충해주는 제도였다.

또 수확량의 일정 비율을 거두던 이전의 게미호檢見法와 달리, 풍작·흉작에 관계없이 일정량의 연공미를 내도록 하는 조멘호定免法을 실시했다. 수확량을 평가하는 관리들의 농간을 줄여 수입 안정을 도모하려는 의도였다. 물론 실질적으로는 세금 걷는 비율을 올려 막부의 수입을 늘렸다.

또 새로운 농토 개발도 장려하며 자금을 동원할 수 있는 조닌들의 참여를 허용했다. 이전까지는 금지되어 있었던 조닌들의 참여를 허용함으로써, 그동안 금지해왔던 토지의 매각과 농사를 짓지 않는 지주의 등장이 사실상 허용된 셈이다. 이와 함께 고구마, 사탕수수, 인삼 같은 상업용 작물 재배도 장려했다. 이렇게 새로운 분야를 개척하기 위한 학문의 도입을 위해, 천주교와 관계가 없는 서양 서적에 대해서는 도입 금지 조치를 풀어주었다. 이러한 조치에 힘입어 수입이 늘어나며 막부의 재정도 안정되었다. 이를 '교호享保 개혁'이라고 한다.

에도막부의 동요

이른바 교호 개혁을 통하여 막부가 일시적으로 안정되기는 했으나, 본질적인 문제가 해결된 것은 아니었다. 막부의 지출이 증가하는 만큼 농민에게서 거둬들이는 연공 수입이 따라가기는 어려웠다. 무사계급 대부분이 이러한 문제를 안고 있었다. 산킨코타이 때문에 지출되는 비용에, 농민에 비해 상대적으로 높은 무사 숫자의 증가, 사치 풍조 등의 이유로 무사들은 점점 쪼들렸다.

여기에 곤란을 더한 것이 쌀값의 변동이었다. 무사들의 주요 수입은 농민에게서 거둬들인 쌀이었다. 그런데 풍년이 들어 쌀값이 떨어지면 무사들의 수입이 줄어두는 결과가 되었다. 반면에 흉년이 들면 농민에게서 쌀을 거둬들이는 것 자체부터 문제가 되었고, 이에 따라 사회불안이 생길 수밖에 없었다.

그래서 도쿠가와 요시무네도 쌀값 안정에 힘을 썼다. 이 덕분에 그는 '고메 쇼군米將軍'(쌀장군)이라는 별명까지 얻었다. 하지만 그의 노력에도 불구하고 쌀값을 안정시키는 데 성공하지는 못했다. 풍년이 들면 쌀을 사들여 저장을 해도 감당하기 어려울 정도로 떨어지던 쌀값이, 흉년이 들면 굶어 죽는 사람이 줄을 이을 정도로 올라버렸다. 그의 집권 시기에는 자연재해가 많이 일어나 쌀값의 변동이 매우 심했다.

이 때문에 무사계급은 많은 곤란을 겪었다. 더욱이 무사들이 필요한 물건을 얻으려고 쌀을 처분할 때, 상인들에게 의지해야 했기 때문에 문제는 더 커졌다. 상인들은 거래하는 과정에서 돈을 벌었지만, 이들에게 의지하는 무사들의 빚이 쌓여가는 경우가 많았기 때문이다. 이러한 사정은 각 번들도 마찬가지였다. 재정난에 처한 번들도 가신들에게 주는 봉급을 줄이고 농민들에게서 세금을 더 거둬들이려 했다. 그만큼 무사집단을 비롯하여 많은 사람들이 빚을 지고 있었다.

이러한 상황에서 막부에서 내놓은 해결책은 빚을 강제로 탕감해버리는 것이었다. 돈 문제는 소송을 못 하게 하고, 당사자끼리 해결하도록 하는 아이타이수마시레이相對濟し令를 발표했다. 물론 이 조치는 자금을 빌려준 상인들의 반발로 많은 갈등을 빚었을 만큼 부작용이 컸다.

지배계급인 무사들의 사정이 이런 정도였으니 농민의 사정은 더 어려웠다. 그럼에도 불구하고 재정 파탄을 극복하기 위해 당시 일본의 지배층이 취했던 조치는, 농민에게 더 많은 세금을 거둬들이는 것이었다. 농민들에게 특산물 같은 작물 재배를 권한 이유도, 파산을 막아 세금을 무리 없이 거둬들이기 위해서였다. 그렇지만 여기에는 한계가 있었다. 상공업 발달에 의해 돈을 번 상인들보다 농민에 대한 수탈을 강화하는 꼴이었기 때문이다. 농민들은 어차피 수탈당할 특산물 재배에 적극적이지 않았고, 이런 상품을 생산한다 해도 그 처분은 상인들의 손에서 이루어졌다. 결국 돈을 버는 쪽은 농민이 아니라 상인들이었던 셈이다.

그럼에도 불구하고 농민에 대한 세금 징수는 강화되었다. '참기름과 백성은 쥐어짜면 나온다'라는 말이 나온 것도 도쿠가와 요시무네 정권 후반이었다. 파산한 농민은 가지고 있는 토지를 처분해야 했고, 막부에서는 덴바타에이타이 매매금지령이 유명무실하게 되는 것을 방치하는 지경에 이르렀다. 이 결과 사실상 소작인들을 두고 매입한 토지에 농사를 짓는 지주층이 생겨났다. 새로운 농토 개발에 조닌의 자금을 끌어들인 것도 이러한 상황을 부추겼다. 이 때문에 사회적으로 빈부격차가 커졌다. 조닌마저도 지누시와 이에모치가 줄어들고 지가리와 다나가리가 늘어났다.

견디기 어려울 정도로 세금을 걷어가며 살기가 어려워지자, 농민과 도시 빈민의 저항도 자주 일어났다. 오래전부터 있어왔던 농민의 저항인 잇키는 물론, 도시 빈민들의 저항을 의미하는 우치코와시打ちこわし라는 현상도 나타나기 시작했다. 이러한 저항이 일어나면 요구 조건이 관철되는 경우도 있었으나, 그러한 경우에도 주동자는 가혹한 처벌을 받았다. 그럼에도 불구하고 잇키와 우치코와시는 없어지지 않았다. 에도시대에는 확인되는 것만 약 3,000건이 발생하고 있었다.

개혁을 내세웠던 도쿠가와 요시무네도 본질적인 문제를 해결하지 못한 채, 1745년 맏아들 도쿠가와 이에시게德川家重에게 쇼군 자리를 물려주고 자문 역할을 하다가 1751년 죽었다. 집권한 도쿠가와 이에시게는 다시 소바요닌에 의지하는 정치로 돌아갔다. 이러한 상황에서 실권을 잡은 인물이 다누마 오키쓰구田沼意次이다. 도쿠가와 이에시게도 1760년 쇼군 자리를 아들 이에하루家治에게 물려주고 물러났으며, 다음 해에 죽었다. 이런 와중에도 다누마 오키쓰구는 로추로 승진하여 더 큰 실권을 휘두르게 되었다. 그뿐만 아니라 그의 아들 오키토모意知 역시 와카토시요리에 올라 아버지를 보좌했다.

이렇게 다누마 부자가 20년 동안 실권을 휘둘렀던 시기를 '다누마시대'라 부르기도 한다. 다누마는 명문가 출신이 아니었다. 그렇기 때문에 관례에 얽매이지 않고 정책을 폈다. 그는 위기에 빠진 재정 문제를 타개하기 위해 상인의 힘을 적극적으로 이용하고자 했다. 그래서 상인·수공업자 조직을 공인해주고, 일종의 영업세인 운조킨과 특허세인 묘가킨을 거두었다. 동시에 동, 철, 조선 인삼 등을 취급하는 자座를 설치하여 전매권을 주었다. 이를 위해 상품 유통을 독점하기 위해 만들어진 조합, 가부나카마(株仲間)를 인정했다. 그 대가로 상인에게 헌금을 받아 위기를 극복하려던 것이다. 또 그는 러시아 등 외국과의 무역에도 적극적으로 나섰다. 다누마는 이렇게 모은 상인의 자금을 활용하여, 홋카이도 등에 새로운 농토를 개간하려 했다.

그렇지만 부작용도 있었다. 상인에게 주요 품목의 전매권을 준 결과, 정작 생산자인 농민들에게는 별다른 수익이 돌아가지 않았다. 이에 농민들이 저항하자, 다누마가 장악한 막부에서는 집회를 금지하고 밀고를 장려하여 저항을 눌렀다. 더구나 다누마시대에는 홍수 등의 자연재해가 심하게 일어났다. 그 영향으로 기근이 생겼고, 이는 지배계급의 무능·수탈과 겹쳐 많은 사람들이 굶어 죽는 사태로 연결되었다. 당연히 막부의 재정도 악화되지 않을 수 없었다. 결국 다누마 오키쓰구의 개혁으로 막부의 재정이 조금 나아지는 듯했지만, 자연재해에 의한 피해 때문에 도로 악화되어 버린 셈이다.

이 후유증은 심각한 결과를 불러왔다. 다누마 오키쓰구의 후원으로 돈을 번 상인들 사이에서는 사치와 뇌물이 유행했다. 무사의 기강도 엉망이었다. 이 모든 책임은 다누마 부자에게 돌아갔다. 그 결과 1784년 3월에 다누마 오키토모가 살해당했고, 다누마 일가의 세력은 급격하게 약화되었다. 여기에 1786년 쇼군 도쿠가와 이에하루가 죽었다. 이 여파로 다누마 오키쓰구가 권좌에서 밀려났고, 다누마시대도 끝났다.

그리고 1787년 5월부터 에도와 오사카를 비롯한 전국 30여 개 도시에서 우치코와시가 일어났다. 이러한 상황에서 등장한 사람이 마쓰다이라 사다노부(松平定信)였다. 그는 다누마와는 반대 정책을 폈다. 마쓰다이라 사다노부는 청렴한 정치를 강조하며 무사의 기강을 바로잡으려 했다.

이를 위해 사치 풍조를 금지하고, 기근에 대비해 사창社倉과 의창義倉을 설치하여 쌀을 비축하도록 했다. 이 쌀을 가코마이囲米라고 불렀다. 또 경비 절감을 강력하게 추진했다. 에도에서는 조닌이 부담하던 마치 비용을 절약하게 하고, 그 절약분의 70퍼센트를 빈민 구제에 사용하도록 했다. 1789년에는 이른바 기엔레이棄捐令를 내려 하타모토, 고케닌 등 무사계급이 진 빚을 탕감해버렸다.

이러한 정책은 주자학적 질서를 세우려는 의도가 있었다. 마쓰다이라 사다노부는 주자학만을 정통으로 여기고 다른 학문을 이단으로 취급했다. 민간에서 하는 다른 학문 연구를 막지 않았다고 하지만, 막부에서 등용하지 않았기 때문에 사실상의 사상 통제가 된 셈이다.

그러한 맥락에서 농민에 대한 통제는 강화되었다. 그는 농민이 돈을 벌기 위하여 도시 등 다른 지역으로 가는 사태를 막았다. 이와 함께 노숙자를 모아 에도의 이시카와지마石川島에 직업 훈련을 시키는 인소쿠요세바人足寄場를 설치해 사회 안정을 꾀했다. 이를 간세이寬政 개혁이라 한다.

이 개혁을 통해 일시적으로는 위기를 극복하고, 막부의 권위도 어느 정도 회복시킬 수 있었다. 그러나 엄격한 통제는 반발을 샀다. "물이 너무 맑아 고기가 살 수 없을 지경이어서, 차라리 더러웠던 논물(다누마를 은유적으로 표현한 것)이 그리울 정도"라는 동요가 돌았다. 게다가 이러한 정책은 상공업의 비중이 높아지는 시대의 흐름을 역행하는 것이었다. 마쓰다이라 사다노부는 다누마시대에 비중을 높였던 운조킨과 묘가킨 수입을 포기하면서까지 상인들의 전매권을 통제하려 했다. 그만큼 근본적으로 재정 문제를 타개하는 데에는 한계를 가질 수밖에 없었다. 여기에 다른 문제도 겹쳐, 마쓰다이라 사다노부는 도쿠가와 이에하루의 뒤를 이은 쇼군 도쿠가와 이에나리德川家齊와도 갈등을 빚었다. 결국 그는 실권을 잡은 지 6년 만에 로추 자리에서 물러났다.

서양 세력의 접근과
에도막부의 붕괴

17세기 이래 근대화를 이룬 서양 세력이 동아 시아 국가에 영향을 미치기 시작한 현상은 일본에 있어서도 예외가 아니 었다. 이러한 시대적 흐름에 따라, 19세기에 접어들면서 일본에 대한 서 양 세력의 통상 요구도 강화되었다. 1792년 러시아에서는 9년 전 표류해 온 일본 선원을 돌려준다는 명분을 내세워 일본과의 교섭을 시도했다.

이 교섭에서는 실권자인 마쓰다이라 사다노부가 직접 나섰다. 그는 선 원들을 돌려받기는 했지만, 통상을 요구하는 러시아의 국서는 받지 않았 다. 대신 나가사키에서 교섭하는 것이 좋겠다는 의사를 전한 뒤, 1793년에 는 해안 방어를 강화하라는 지시를 내려놓았다. 러시아의 압력을 우려한 그가 쇄국 방침에 수정을 가하려 했다고 보기도 하지만, 그가 실세에서 밀려남으로써 실현되지는 않았다.

이후에도 서양 세력의 압박은 계속되었다. 1908년에는 영국 군함이 유 럽에서 적대 관계에 있던 네덜란드 선박을 추격하다가 나가사키에 들어와 네덜란드인들을 인질로 잡는 사태가 일어났다. 이때 일본에서는 이렇다 할 대응을 하지 못했다. 영국 군함은 이틀 뒤 식량과 연료 등을 공급받고 떠나버렸지만, 제대로 대응하지 못한 일본의 충격은 컸다. 나가사키 부교 는 할복하고, 여러 사람이 처벌받았다.

이후 막부에서 에도만에 포대를 설치하고 방어를 강화했지만, 영국·미국 선박이 일본 근해에 출몰하면서 물자를 요구해 오는 일은 잦아졌다. 이에 대응하여 막부에서는 1825년, 중국과 네덜란드 배 이외의 외국 배들이 나타나면 격퇴하라는 명령을 내렸다. 이 때문에 1837년 미국 상선 모리슨호가, 구조한 일본 표류자를 돌려보내며 통상을 요구하다가 막부의 방침에 따라 포격을 받고 쫓겨났다.

그러나 이 사건의 영향은 적지 않았다. 1840년, 중원의 청이 이른바 '아편전쟁'으로 서양 세력에 굴복했다는 사실이 일본에도 알려졌다. 민간에서는 쇄국에 대한 비판의 목소리가 나왔고, 막부에서도 1842년 외국 선박 격퇴 명령을 완화했다. 어려움에 처한 사람을 구해야 한다는 명분을 내세웠지만, 서양 세력에게 침략의 명분을 줄 것도 우려해서였다.

이렇게 서양 세력의 압력은 강해지고 있었지만, 막부에서는 권력 유지를 위해 쇄국정책을 비판하는 사람들을 처벌하기 바빴다. 일본 내부의 정세는 더욱 혼란스러워졌다. 이러한 혼란을 부추긴 것이 1833년부터 1839년에 걸쳐 일어났던, 이른바 덴포天保의 대기근이다. 이 결과 생존의 위협을 받게 된 농민의 잇키와 도시 빈민의 우치코와시가 빈번하게 일어났다. 이 이면에는 자금력 있는 상인들이 쌀을 매점하여 폭리를 취하고 있었다는 사실도 있었다. 그런데도 기근의 피해가 심했던 오사카의 마치부교는 백성들을 구제할 대책을 마련하지 않고, 오사카로 들어오는 쌀을 에도로 보내는 데 열중했다.

이러한 처사는 극단적인 반발을 불렀다. 1837년에 이와 같은 사태를 지켜보던 오사카 마치부교쇼町奉行所의 전직 관리였던 오시오 헤이하치로大鹽平八郎가 자신의 재산을 팔아 가난한 백성들에게 나누어주고 무장 봉기를 일으켰다. 그가 여러 차례 가난한 백성에 대한 구제를 요청했음에도 묵살되었던 결과였다. 이 무장 봉기는 하루 만에 진압되고, 피신했던 오시오 헤이하치로도 체포 직전 자살했다. 그러나 전직 관리가 무장 봉기의 주동자였다는 점에 막부의 충격은 컸다. 더구나 이 사건이 전해지자, 오시오 헤이하치로를 영웅으로 떠받드는 풍조가 생겼다. 그 결과 가시와자키柏崎 같은 곳에서 이쿠타 요로즈生田萬가 오시오 헤이하치로의 후계자를 칭하며 봉기를 일으키는 등, 이 영향을 받은 잇키가 잇달았다.

이와 같은 위기에서도 쇼군 도쿠가와 이에나리는 사치에 열중했다. 여기에 서양 세력의 침입에 대비한 자금까지 염출해내야 했기 때문에 재정은 더 어려워졌다. 그러자 막부에서는 질 떨어지는 화폐를 만들어 부족한 자금을 메웠고, 이 때문에 경제 상황은 더욱 악화되었다. 이러한 위기 상황에서 도쿠가와 이에나리는 1837년 쇼군 자리를 이에요시家慶에게 넘겨주었다. 하지만 그러고 나서도 오고쇼로서 실권을 놓지 않았다. 그가 집권한 50년의 시대를 '오고쇼시대'라고도 한다.

그가 죽고난 1841년 로추 미즈노 다다쿠니水野忠邦를 중심으로 개혁이 추진되었다. 이를 '덴포天保' 개혁이라 부른다. 그렇지만 그 개혁은 도쿠가와 요시무네나 마쓰다이라 사다노부처럼 사회 통제를 강화하여 위기를 극복하려는 것이었다. 그래서 비싼 과자 및 요리나 화려한 의복 등은 물론, 농민이 농촌을 떠나 에도로 이주하는 것을 금지하고 돈을 벌기 위해 다른 곳으로 갈 때에는 영주의 허락을 받도록 했다. 이에 더하여 오랫동안 에도에 살며 기반을 잡지 못한 사람은 고향으로 돌려보냈다. 문화와 출판물에 대한 통제도 강화되었다. 막부가 검열을 통해 부적합다고 지목한 책은 출판을 금지당했고, 에도의 가부키歌舞伎 공연장도 교외로 옮기며 배우가 도시를 다닐 때에는 삿갓을 쓰도록 했다. 물가가 오르는 원인도 가부나카마의 독점 때문이라고 여겨 운조킨·묘가킨 같은 영업세도 포기하고 이를 해체시켰다. 또 재정 확보를 위해 에도와 오사카 주변 땅을 막부의 직할지로 삼겠다는 명령도 내렸다. 이른바 조치레이上知令라는 것이다.

하지만 이러한 개혁이 큰 효과를 보지는 못했다. 특히 가부나카마 해체 조치는 독점 구조를 깨려 한 것이었으나, 물가가 오르는 중요 원인이 상품 공급 감소와 질 낮은 화폐 발행에 있었기 때문에 효과를 거두기 어려웠다. 더욱이 에도와 오사카 주변 땅을 막부의 직할지로 삼겠다는 명령은 해당 지역의 다이묘와 하타모토는 물론 백성들까지 가세한 반발을 받고 무산되었다. 에도막부 성립 이래, 다이묘에 대한 덴포轉封가 철회되기는 처음이었다. 그것도 쇼군이 직접 철회 명령을 내렸다. 이는 막부의 권위 실추를 의미했다. 결국 미즈노 다다쿠니가 로추 자리에서 해임되며 이 개혁도 끝났다.

이렇게 막부 핵심에서 실행한 개혁이 실패로 돌아간 반면, 일부 지방 번藩의 개혁은 성공을 거두었다. 기득권에 집착한 막부와는 달리, 지방에서는 중하급 무사가 개혁 주도 세력으로 나서는 경우가 많았다. 이들은 중요 물품 판매에 개입하여 재정난을 타개하고 서양식 기술을 들여와 군사력 강화를 추진하는 등, 시대의 변화를 수용했다. 이 때문에 중앙정부의 세력은 약화되고, 지방 세력에 대한 통제도 약화되는 결과를 낳았다.

**에도시대의
학문과 문화**

에도시대 역시 무사가 집권한 시대였지만, 오랫동안 평화가 유지되면서 문화도 달라졌다. 신분 질서가 굳어진 막번체제를 안정시키기 위해서는, 기성 질서를 긍정하는 이념이 필요했다. 즉, 유학의 도덕적 교화를 통해 막부의 통치에 순응하는 사회 분위기를 조성하려 했다.

도쿠가와 요시무네 집권 이후 충효와 예의를 강조한 유학이 권장된 것도 이런 사회 분위기와 관련이 깊었다. 그 결과 유학, 특히 주자학이 막부와 각 번의 보호를 받아 활성화되었다. 데라코야寺子屋라는 초등교육기관과 각 번에서 무사 자제들에 대한 교육기관인 한코藩校가 설치된 것도 이런 맥락에서였다.

일본의 주자학은 조선을 통해 도입되었고, 퇴계의 영향을 특히 많이 받았다. 일본 주자학의 창시자라 할 수 있는 후지와라 세이카藤原惺窩는 원래 선종 승려였으나, 1590년 조선 통신사로 일본에 온 허성許筬을 만나 주자학에 눈을 뜨게 되었다. 그 후 임진왜란 때 조선에서 가져간 주자학 서적과, 포로로 잡아 간 강항姜沆의 가르침을 받아 일본에 주자학을 도입했다.

그렇지만 에도시대 후기로 접어들면서 사회가 혼란스러워지자, 주자학의 한계를 느끼고 새로운 학문에 관심을 돌리는 경향이 나타났다. 그 대안 중 하나가 아는 것과 행동의 일치를 강조한 양명학이었다. 또 공자·맹자의 원전을 통해 주자학을 뛰어넘는 진리를 찾아보려는 경향도 있었다. 이를 고학古學이라 불렀다. 이를 대표하는 학자로 창시자라 할 수 있는 이토 진사이伊藤仁齋와 오규 소라이荻生徂徠가 꼽힌다.

이와는 달리 유교와 불교 등 외래 사상의 영향을 받지 않은 사상을 담은 일본의 고전에서 고유의 민족 신을 찾아보려는 경향도 있었다. 겐로쿠元祿 시대부터 시작된 『만요슈萬葉集』 등의 고전 연구는 『고지키古事記』와 『니혼쇼키日本書紀』 연구로 이어졌다. 이것이 일본 국학國學으로 발전했다.

그런데 일본의 국학은 국수주의적인 측면이 강했다. 일본의 조상신인 오미가미 아마테라스는 신 가운데 최고신이며, 천황은 그런 아마테라스의 후손이라는 논리를 깔고 있다. 따라서 신의 도가 실현되고 있는 나라는 일본뿐이며, 일본인이 가장 우월한 민족이라는 논리이다. 이는 후에 존왕양이尊王攘夷 운동과 일본 제국주의에 영향을 주었다.

국학과 상반되는 경향이 이른바 난학蘭學이다. 쇄국 정책의 결과, 서양 세력 중에서도 네덜란드만이 통상을 허용받았다. 이 때문에 서양 학문은 네덜란드를 통해서 들여올 수밖에 없었다. 당시 일본에서는 네덜란드를 화란和蘭이나 오란다阿蘭陀로 표기했기 때문에, 이를 통해 들여온 서양 학문을 '난학'이라 부른 것이다. 막부에서는 정권 유지에 대한 악영향을 우려하여, 검열을 거친 후 허용된 부분만 번역하는 방식을 취했다. 이 때문에 종교적 내용을 들여오기는 어려웠으나 과학에 관련된 내용은 도입될 수 있었다. 이렇게 도입된 난학은 이후 근대화의 기초가 되었다.

학문은 이와 같이 기득권층이 주도했지만, 문화의 주도 세력은 좀 달랐다. 에도 초기의 문화에서는 무사보다 경제력을 바탕으로 한 교토와 오사카 중심의 대도시 상인들이 주도 세력으로 부각되었다. 이를 겐로쿠元祿 문화라 한다. 유교적 도덕에 속박되어 있던 지배 계층에 비해, 자유로움을 추구하며 실리적이고 현실적인 것이 겐로쿠 문화의 특색이다. 일정한 봉록 이외의 수입이 없는 무사에게는 검소한 생활을 미덕으로 여기는 풍조를 주입시켰다.

이와 달리 상인들은 막대한 재산을 모을 수 있었고, 이렇게 모은 재산을 막부나 무사들에게 빌려주며 영향력을 키워가기도 했다. 그럼에도 불구하고 이들이 사회 주도 세력이 될 수는 없었다. 아무리 재산을 모아도 막부를 비롯한 무사집단의 결정에 따라 하루아침에 모든 재산을 빼앗길 수 있었다. 따라서 이미 정해진 신분 질서를 바꾸기는 불가능했다. 이러한 사회구조 속에서 재산을 사회의 주도권을 장악하는 데 쓸 수 없었던 상인들은 사치를 통해 자신을 과시하기도 했고, 일부는 지식 축적에 투자하는 경우도 있었다. 가부키가 시작되어 유행한 것도 이러한 분위기와 관계가 깊었다. 상인들은 신분 구조에 대한 불만을 가부키를 비롯한 연극 같은 문화를 통해 풀고자 하는 경향이 있었다.

에도시대 후기로 들어서면서 이러한 문화의 경향에 약간의 변화가 있었다. 그 중심지가 교토·오사카에서 에도로 옮겨졌다. 이를 가세이化政 문화라고 부른다. 이 시기에는 사회적 혼란이 문화에 반영되어 향락적인 색채가 강해졌다는 평가를 받는다.

한편 19세기에 들어오면서, 상품의 생산 지역에서는 도이야問屋 상인들이 생산자에게 자금과 원료를 빌려주고 생산에 종사하게 하는 도이야세이問屋制 가내공업이 더욱 활성화되었다. 일부 지주와 도이야 상인은 작업장을 설치하여 농촌을 떠난 임금 노동자를 모아 분업과 협업을 통한 수공업 생산에도 착수했다. 이는 일본이 공장제 수공업 단계에 접어들었음을 보여준다. 이러한 생산 방식은 오사카 주변과 오와리尾張, 기류桐生, 아시카가足利 등 간토 북부 지역의 견직물업 등에서 나타났다. 그러나 근대 공업의 모체가 된 것은 서양식 기계 공장이었다.

에도시대 전기, 교토와 그 주변을 중심으로 발전했다 할 수 있는 겐로쿠 문화에 비해 에도시대 후기에는 약간의 변화가 있었다. 이른바 '분카文化·분세이文政시대'를 중심으로 한 문화는 에도의 경제적 번영을 배경으로 도시민에 의해서 이루어졌다. 에도는 최대의 소비 도시로서, 교토 주변 지역과 견주는 전국 경제의 중심지로 발달했다. 이를 기반으로 한 조닌 문화가 전성기를 이루었다. 이 시대의 문화는 분카·분세이라는 연호의 한 글자씩을 따서 가세이化政 문화라고 한다.

가세이 문화의 특색은 다양한 내용이 많은 사람에게 퍼졌다는 데 있다. 전국적 규모의 유통과 교통의 발전을 통하여 사람과 물품의 교류가 이루어져, 여기에서 발생한 문화는 각지로 전해졌다. 상인에 의해서 연결된 전국적인 유통망은 도시와 지방을 문화적으로도 연결시켰다. 학자·문인의 전국적인 교류, 교육의 보급에 의한 지식층의 증가, 출판의 발전 등에 의해 중앙의 문화도 지방으로 퍼졌다. 그래서 이 시기의 문화는 도시만이 아닌 전국 각지에서 향유되었다.

또, 학문·사상의 분야에서는 과학적이고 실증적인 연구가 발전했다. 막번체제의 동요가 심해지면서 이 혼란을 극복하기 위한 비판적 사상도 나타났다. 예술 면에서는 겐로쿠 문화가 가지고 있던 참신하고 건강한 문화 기풍에 비해, 섬세하고 자연적인 아름다움이 나타났다. 엄격한 통제가 계속되면서, 우키요浮世라 하여 인생을 달관하는 경향도 두드러졌다.

마치면서

  이 책으로 문명 시작부터 근대 이전까지 동아시아 세 나라가 얽힌 역사를 비교해 써내려간다는 작업은 일단락된 셈이다. 사실 『옆으로 읽는 동아시아 삼국지』 1권을 일단락 짓고 난 이후 아쉬움이 남았다. 동아시아 삼국지를 기획한 기본 의도는 일단 한국사까지 포함된 동아시아 역사를 한번에 볼 수 있게 쓴 책을 내보자는 데에 두었다. 역사를 보는 추세가 주변 국가와 얽힌 관계를 중요하게 여기는 방향으로 나아가고 있음에도 불구하고, 정작 이러한 관계에 중점을 두고 쓰인 역사책은 별로 없다는 점에 주목한 것이다.

  그렇지만 고대사에 대한 정리에서는 이러한 점이 뚜렷하게 부각되지 못한 감이 있다. 앞서 언급했듯이, 일본은 상당 기간 국제적으로 고립되어 있었고 다른 나라들과의 관계도 상대적으로 복잡하지 않았기 때문이다. 그래서 주변 국가와 얽힌 관계를 보여준다는 측면에서 아쉬움이 많았다. 이러한 측면에서 이번 2권은 조금 나아진 점이 있을 듯하다.

  물론 한정된 지면 속에서 1,000년이 넘는 삼국의 역사를 요약해 넣다 보니 어쩔 수 없이 구체적으로 서술할 수 없었다는 점은 이번에도 한계로 작용했다. 그렇지만 이번 책을 통하여 두어 가지 메시지를 전하고 싶다.

하나는, 반만년에 해당하는 역사를 정리하면서 느낀 점인데, 재정財政을 중심으로 한 내부 운영이 국가 존립의 핵심이라는 사실이다. 중원을 장악했던 대제국의 경우, 단순히 외부의 침략만으로 무너지는 경우는 보기 어렵다. 대부분 내부에서부터 무너져가는 상황에서 외부의 충격을 받고 붕괴되었던 것이다. 한국 역사에서도 비슷한 경향을 볼 수 있다. 근대 이전에는 몽골 이외의 외부 침략을 받은 데이터가 없는 일본 역사만이 그러한 경향을 확인하기 어려울 뿐이다.

또 한 가지는 이 책을 통해 일본의 역사에 대해 가지는 환상이 없어졌으면 하는 바람이다. 현대 일본이 서양 세력 이외에 유일하게 자체적인 근대화에 성공해 이른바 '선진국' 대열에 진입한 나라이다 보니, 전근대에서도 국제적으로 앞서나갈 문화적 기반이 있었던 것처럼 미화되는 경향이 있다.

이는 근본적으로 일본 제국주의 세력이 만들어낸 허상일 뿐이다. 그럼에도 그 영향을 받은 이들이 아직까지도 그 논리를 보급하고 다니는 경우를 많이 본다. 책에서 살펴본 바와 같이, 일본의 전근대 역사에서는 상대적으로 넓지도 않은 일본 열도에조차 제대로 된 통치력을 발휘하지 못한 시기가 압도적이었다. 그래서 다른 두 나라에 비해 혼란스러운 상황도 많았고, 백성에 대한 착취도 심했다. 이와 같은 역사를 해괴할 만큼 조작해냈던 일본 제국주의가 만든 환상을 깨기만 해도 이 책의 가치를 느낄 수 있을 듯하다.

찾아보기

일러두기 인명 및 지명은 저자와 협의하여 생략합니다.